石油高职高专规划教材

石油仪表及自动化

（第三版）

主　编　王克华　姜月红　于洪庆
副主编　张晓萍　鱼敏英　孙　翔

石油工业出版社

内 容 提 要

本书采用项目驱动、模块化教学模式组织编写。全书按不同生产环节的测控需求设计教学项目 12 个。围绕同一个生产环节的测控需求,在教学项目内设置相关的生产工艺测控需求、测控仪表、控制方案等教学模块共计 55 个。各教学项目涉及的内容分别为:石油仪表及自动化基础、转油(增压)站温度与压力测量、联合站分离器液位测量及压力控制、联合站油气水外输计量、炼油厂油气成分及物性分析、输油管道泄漏监测、油库储油罐区监测及控制、联合站脱水系统状态监测及控制、化工厂加热炉温度测量及复杂控制、轻烃站脱硫工艺 DCS 控制系统、油气生产信息化与 SCADA 系统、抽油机采油井工况数据采集及远传。

本书可作为高职高专油气储运、油气开采、石油炼制、石油化工、热工自动化、城市燃气工程等专业的仪表自动化教材,并可以作为函授、成人教育、企业培训的教材,也可供相关行业工艺技术人员及工人参考。

图书在版编目(CIP)数据

石油仪表及自动化/王克华,姜月红,于洪庆主编.
—3 版.—北京:石油工业出版社,2024.2(2025.7 重印)
石油高职高专规划教材
ISBN 978-7-5183-6410-7

Ⅰ.①石… Ⅱ.①王…②姜…③于… Ⅲ.①石油化工-化工仪表-自动控制系统-高等职业教育-教材
Ⅳ.①TQ056

中国国家版本馆 CIP 数据核字(2023)第 210644 号

出版发行:石油工业出版社
（北京市朝阳区安华里二区 1 号楼　100011）
网　　址:www.petropub.com
编辑部:(010)64251362
图书营销中心:(010)64523633
经　销:全国新华书店
排　版:三河市聚拓图文制作有限公司
印　刷:北京中石油彩色印刷有限责任公司

2024 年 2 月第 3 版　2025 年 7 月 2 次印刷
787 毫米×1092 毫米　开本:1/16　印张:21.5
字数:550 千字

定价:54.00 元
(如发现印装质量问题,我社图书营销中心负责调换)
版权所有,翻印必究

第三版前言

党的二十大报告指出：教育、科技、人才是全面建设社会主义现代化国家的基础性、战略性支撑。必须坚持科技是第一生产力、人才是第一资源、创新是第一动力，深入实施科教兴国战略、人才强国战略、创新驱动发展战略。要坚持教育优先发展、科技自立自强、人才引领驱动，加快建设教育强国、科技强国、人才强国，坚持为党育人、为国育才，全面提高人才自主培养质量，着力造就拔尖创新人才，聚天下英才而用之。

党的二十大报告首次明确提出"加强教材建设和管理"这一重要任务，为我们进一步做好教材建设指明了前进方向，提供了根本遵循。

《石油仪表及自动化》第一版是为了适应各相关高职院校的专业建设需要，经过对企业工程技术人员和相关专业教师进行深入调研，在满足油气储运、采油、石油炼制、石油化工等高职专业仪表自动化教学需求、反映高职人才成长和学生认知规律的基础上组织编写的，于2006年8月出版。经过全国石油高职院校几年的教学实践，该书广受师生欢迎，在职工培训、成人教育教学中的应用效果也较好。由于仪表自动化设备更新较快，根据各院校对第一版使用效果和读者的反馈意见，2015年对教材进行修订，出版了《石油仪表及自动化（第二版）》。

第二版本着适应当时形势下高等职业教育的培养目标，突出高职教育技能性、应用性特点，根据教学需求，增删了部分内容，改变了教材内容偏深、偏难，多理论、少实践的弊病，侧重实务学习和技能训练，设计了针对实践技能操作、应用能力训练的指导环节。

近年来，随着职业教育的普及，社会对高职高专毕业生的要求也在发生显著的变化，更加倾向于培养实践技能和专业应用能力。高职专业教学不断创新改革教材、教法，努力将教学与企业生产实务相结合，以适应高职高专教学需求。根据近几年来各院校对《石油仪表及自动化（第二版）》的使用效果反馈和读者的意见，在石油工业出版社的组织下，决定对教材进行再次修订。

第三版的修订过程中，编者努力适应新形势下高等职业教育的教学特点，把握职业教育规律，突出职业教育实践性。努力体现校企合作元素，适当邀请相关行业企业人员参与教材深度开发。教材结构按照"十四五"规划教材建设要求，突破了传统的教材编排方式。教材放弃了传统的测量基础知识-测量仪表-自动控制基础知识-简单和复杂控制系统的编写体系，采用了全新的项目驱动方式、模块化教学模式组织编写。教材结构设计取消原来按四大测量参数主线编写的模式，根据检测项目的需要，将各种测量仪表、控制仪表分散到具体的教学项目中去，力求体现"能力本位、任务载体、以做为主"的职业教育特色，以满足新形势下高职教学模式改革的需要。

一个教学项目就是一个具体的生产环节或设备的监控任务，项目以生产工艺及设备的检测控制为主线，引入相关的测控仪表教学模块。以问题和任务为导向，用项目驱动教学过程。在学习过程中逐渐形成用仪表自动化系统思维解决实际生产测控问题的能力。

本教材的教学项目具体来说通常包括以下内容：某生产环节工艺流程及主要设备介绍，生产监控需求，测控仪表特点比较及选型，典型仪表的组成结构、工作原理、安装使用维护等教学模块。教学模块是最基本的教学单位。一个教学模块就是一个完整的教学环节，单独拿出来可以实现一个知识环节的学习。几个相互关联教学模块的组合，就形成了一个完整的教学项目，针对实际生产问题，完成一个具体的解决方案。

本教材紧密结合石油化工行业的工程应用实际，着眼于基本内容的掌握和应用，突出实践能力的培养。每个项目都拿出一定篇幅介绍仪表的安装、维护应用知识及常见故障处理。

本教材主要用于石油类高职高专院校油气储运、油气开采、石油炼制、石油化工以及热工自动化、城市燃气工程等专业的仪表自动化教学，教材适用对象是高职非自动化专业学生。该类学生对于仪表与自动化方面的内容了解比较少，在学习仪表自动化时通常有一定的畏难情绪。针对这一情况，本教材尽量避免繁琐的理论公式推导，内容由浅入深，编写语言力求通俗易懂，并辅之以大量插图增强可读性，对大部分结构原理图做了重新设计，减少了抽象线条，增加了仪表实物图、结构分解爆炸图等辅助元素，建立原理图与仪表实物之间的联系，便于学生理解教材内容和自学教材内容，教材直观认知效果好。

第三版除了结构的调整，在内容选择上为适应石油石化行业新技术的应用，调整了相关的内容。一方面删减掉结构简单、无信号传输功能且今后学生可以自学的直读式仪表（如弹簧管压力表、玻璃板液位计、膨胀式温度计等）的内容；另一方面增加了无线压力-温度变送器、新型载荷-位移传感器、RTU、油气生产信息化等内容，以拓展采油井数据无线远传的学习需要。

第三版设计教学项目 12 个、教学模块 55 个。全书由王克华、姜月红、于洪庆主编，张晓萍、鱼敏英、孙翔任副主编。其中山东胜利职业学院王克华编写了项目一、项目三的模块 3.1、项目五、项目十二；山东胜利职业学院姜月红编写了项目四；北京特种工程设计研究院张晓萍编写了项目七的模块 7.1 至模块 7.7；大庆职业学院鱼敏英编写了项目六的模块 6.3 至模块 6.5、项目九的模块 9.1 至模块 9.4；山东胜利职业学院于洪庆编写了项目八、项目九的模块 9.5 至模块 9.6、项目十；山东胜利职业学院孙翔编写了项目二；胜利油田信息化管理中心匡波编写了项目十一；胜利油田油气集输总厂常桂宁编写了项目六的模块 6.1 至模块 6.2；胜利油田石油化工总厂邱敬敏编写了项目七的模块 7.8；山东胜利职业学院何双双编写了项目三的模块 3.2 至模块 3.3；东北石油大学秦皇岛校区刘素娟编写了项目三的模块 3.4 至模块 3.6。全书由王克华、姜月红统稿。时事政治部分经东营职业学院俎明、山东胜利职业学院刘立支、刘丽萍参与编写审定。

由于水平有限，书中错误、不妥之处在所难免，恳请广大读者批评指正。

编者

2023 年 8 月

第二版前言

随着高等职业教育的发展与普及，社会对高职高专毕业生的要求发生了显著的变化，这反映在培养目标及教学大纲上，更加倾向于实践技能和专业应用能力培养。要求专业教材要更加突出技能性、应用性，侧重实务学习和技能训练。改变教材内容偏深、偏难，重理论、轻实践的弊病，以适应高职高专新的教学需求。

《石油仪表及自动化》第一版教材具有一定的技术先进性，其实践性、行业相关性、易学性较好。教材突出应用性、实用性，不过分追求知识的系统性、全面性。教材内容选择上，照顾到了石油工业下游行业各专业的需要，增加了分析仪表等专用仪表内容。

教材提供了很多精美的仪表外形图、实物图片、结构原理图，增强了教学的直观性。对配合实验和技能训练，增强学生的感性认识很有帮助。

经过全国各石油高职院校的教学实践，教材广受师生欢迎。在进行职工培训、技能操作训练等成人在职教育教学中，应用效果也较好。自出版以来，已经过多次印刷，广受读者好评。

由于仪表自动化设备更新较快，石油化工行业已有许多新型自动化仪表推广应用、也有一些逐渐淘汰。因此教材有些内容已经过时，有些内容需要补充。根据近几年来各院校对《石油仪表及自动化》第一版的使用效果和读者的反馈意见，决定对教材进行修订。

修订版力图适应新形势下高职、高专职业教育的培养目标，突出高等职业教育特点。内容设置从本行业的需要出发，以应用为目的、够用为原则，适当拓宽知识范围，突出技能性、应用性，侧重实务学习和技能训练。较系统全面地介绍了常用测量仪表、控制仪表的基本结构原理与应用维护知识，并对石油工业典型自动控制系统类型、组成与特性进行了分析。

修订版的编写突出应用性、实用性原则，不过分追求知识的系统性、全面性。教材内容选择上，尽量照顾石油工业上下游各专业的需要，对第一版内容进行了适当调整，增加了一些近年来新出现的自动化仪表知识，对于一些已经在现场淘汰或不太常用的仪表做了较大篇幅的删减。在进行仪表基本原理和组成结构介绍的基础上，注意增强仪表的应用、校验、常见故障及处理等知识。

修订版从内容上删除了不太常见的 DDZ-Ⅲ型电动调节器、老式数字调节器的内容，尝试用可编程控制器 PLC 取代普通电动调节器的内容。增加了硅谐振式压力变送器、双螺杆流量计、含水分析仪等内容，重点加强了计算机控制系统，增加了计算机监测控制 SCADA、集散控制系统 DCS 的生产应用案例和实训样例。修订版降低了自动控制系统及仪表原理结构上的难度，增加了诸如仪表外形、类型、接线、日常维护及应用等实用知识。每章增加了一至二个实训课题，结合修订版教材内容，设计了针对实践技能锻炼、应用能力培养的指导环节。以利于各院校根据自己的条件选择性开出实训项目。每章章后设"习题与思考题",以方便教学、启发学生思考及培养学生的自学能力。全书按总学时 72 学时编写,各学校可根据专业与教学计划,适当选择、增减教学内容。

本书由王克华、姜月红主编,郭巧占、鱼敏英、于洪庆任副主编。其中山东胜利职业学院王克华编写了绪论、第六章以及第二、四、五章部分内容、插图与实训课题;渤海石油职业学院郭巧占编写第一章、第四章部分内容;大庆职业学院鱼敏英编写第二章、第十一章;山东胜利职业学院姜月红编写第三章,以及第七、十章部分内容及插图;天津石油职业技术学院李建铭、江德华编写第五章;延安职业技术学院辛颖编写第七章部分内容;东北石油大学秦皇岛分校刘文龙编写第八章、第九章;西南石油大学应用技术学院赵书朵编写第十章部分内容;山东胜利职业学院于洪庆编写第十二章;全书由王克华、姜月红统稿。

由于水平有限,书中错误、不妥之处在所难免,恳请读者批评指正。

编者

2015 年 2 月

第一版前言

为适应高职、高专学校石油钻井、采油、储运、炼制、化工、燃气输配等石油类各专业的仪表自动化教学，石油工业出版社组织全国各石油高职高专院校，分别召开了漓江、重庆教材编写会议。根据石油工业的特点，针对上、下游两类不同的专业，组织编写《钻采仪表及自动化》和《石油仪表及自动化》教材。本教材适用于高职、高专石油类下游专业——石油储运、炼制、化工、燃气输配等专业的仪表自动化教学，也可以延伸至轻工、热电、供热等专业。

本教材力图适应高职、高专职业教育的培养目标，突出高等职业教育特点。以反映典型性、针对性、实用性、先进性的原则，按仪表功能组织教材。介绍目前国内常用的检测、控制仪表，反映当今最新技术动态。内容设置从本行业职业的需要出发，以应用为目的、够用为原则，适当拓宽知识范围，尽量照顾石油工业下游行业各专业的需要。较系统全面地介绍了常用测量仪表、控制仪表和自动控制系统的基本知识。

本教材内容力求深入浅出，着眼于为实际应用服务，重视仪表及自控系统的应用知识。教材给出了部分仪表外形图、实物图片等，以配合实验和技能训练，增强学生的感性认识。为便于学习，每章末附有习题与思考题，以帮助读者学习时练习与参考。

全书按总学时72学时编写，各学校可根据专业与学时情况，适当选择、增减教学内容。

本书共分十二章。第一章到第六章分别介绍了测量基本知识；压力、物位、流量、温度等参数的测量；对显示仪表、成分分析仪表也进行了介绍。第七章到第九章分别介绍了控制系统的基本知识和调节仪表。第十到第十二章分别介绍了自动控制系统的组成、简单和复杂控制系统的特征与投运，并介绍了石油加工、集输等方面自动控制的应用实例和一些新的控制方法。

本书由王克华、张继峰主编。绪论、第三章、第六章由山东胜利职业学院王克华、姜月红（第三章第五节）、于洪庆（第六章第六节）编写，第一章、第四章由渤海石油职业学院王伟华编写，第二章由大庆职业技术学院张晔（一、三节）、白术波（二、四节）编写，第五章由天津石油职业技术学院解晓飞编写，第七章、第十章分别由重庆科技学院张其敏、严宏东编写，第八章、第九章由大庆石油学院张继峰、刘文龙编写，第十一章、第十二章由河北石油职业技术学院王晖、扬文川编写。

全书由辜忠涛教授主审，在此深表感谢。

由于水平有限，书中错误、不妥之处在所难免，恳请读者批评指正。

编者

2006年2月

目 录

项目一　石油仪表及自动化基础 ·· 1
　　模块 1.1　自动化的概念与仪表 ··· 1
　　模块 1.2　测量仪表基础知识 ··· 8
　　模块 1.3　自动控制基础知识 ··· 13
　　模块 1.4　基本控制系统与复杂控制系统 ··································· 29
　　习题 ·· 41

项目二　转油（增压）站温度、压力测量 ···································· 49
　　模块 2.1　转油（增压）站生产监控需求与仪表选型 ················· 49
　　模块 2.2　热电阻温度计 ··· 51
　　模块 2.3　扩散硅压力变送器 ··· 57
　　习题 ·· 61

项目三　联合站分离器液位测量及压力控制 ································· 65
　　模块 3.1　联合站三相分离器液位测量及压力控制需求 ·············· 65
　　模块 3.2　磁翻板液位计 ··· 69
　　模块 3.3　浮筒式物位计 ··· 71
　　模块 3.4　静压式液位计 ··· 75
　　模块 3.5　自力式执行器控制方案 ·· 82
　　模块 3.6　数字显示控制器监控方案 ··· 86
　　习题 ·· 91

项目四　联合站油气水外输计量 ·· 94
　　模块 4.1　联合站油气水流量检测 ·· 94
　　模块 4.2　容积式流量计 ··· 98
　　模块 4.3　差压式流量计 ··· 106
　　模块 4.4　旋涡流量计 ··· 114
　　模块 4.5　超声波流量计 ··· 120
　　模块 4.6　电磁流量计 ··· 124
　　习题 ·· 127

项目五　炼油厂油气成分及物性分析 ... 130
模块 5.1　分析仪表的性能、特点及组成 ... 130
模块 5.2　振动式密度计 ... 132
模块 5.3　原油含水分析仪 ... 139
模块 5.4　氧化锆氧含量分析仪 ... 148
模块 5.5　可燃气体报警仪 ... 153
习题 ... 157

项目六　输油管道泄漏监测 ... 161
模块 6.1　输油管道泄漏监测概述 ... 161
模块 6.2　泄漏监测系统专用软件简介 ... 168
模块 6.3　智能差压变送器 ... 169
模块 6.4　硅谐振压力变送器 ... 173
模块 6.5　质量流量计 ... 174
习题 ... 178

项目七　油库储油罐区监测及控制 ... 181
模块 7.1　油库监控需求及仪表选型 ... 181
模块 7.2　浮子式液位计 ... 189
模块 7.3　伺服式物位计 ... 191
模块 7.4　超声波液位计 ... 195
模块 7.5　雷达式物位计 ... 197
模块 7.6　磁致伸缩物位计 ... 202
模块 7.7　射频导纳界面仪 ... 204
模块 7.8　炼厂原料缓冲罐氮封控制 ... 208
习题 ... 209

项目八　联合站脱水系统状态监测及控制 ... 213
模块 8.1　联合站电脱水工艺流程及控制要求 ... 213
模块 8.2　基本控制系统设计及整定 ... 216
模块 8.3　PLC 控制器 ... 227
习题 ... 237

项目九　化工厂加热炉温度测量及复杂控制 240

模块 9.1　加热炉工艺监控需求及仪表选型 240
模块 9.2　复杂控制系统设计及整定 242
模块 9.3　热电偶温度变送器 249
模块 9.4　气动执行机构 254
模块 9.5　电动执行机构 261
模块 9.6　调节机构 266
习题 271

项目十　轻烃站脱硫工艺 DCS 控制系统 274

模块 10.1　轻烃站脱硫工艺流程及控制要求 274
模块 10.2　集散控制系统 DCS 277
模块 10.3　脱硫工艺 DCS 实施 285
习题 293

项目十一　油气生产信息化与 SCADA 系统 294

模块 11.1　油气生产信息化系统 294
模块 11.2　油气田 SCADA 系统 299
习题 309

项目十二　抽油机采油井工况数据采集及远传 312

模块 12.1　抽油机采油井工况监控需求及示功图量油 312
模块 12.2　无线载荷传感器 317
模块 12.3　无线位移传感器 322
模块 12.4　无线温度-压力一体化变送器 325
习题 330

参考文献 332

项目一　石油仪表及自动化基础

本教学项目是石油仪表及自动化课程学习的基础。主要介绍后续教学项目中所涉及不到的基础性、概念性知识，集中在一起，首先学习掌握。包括4个模块：自动化的概念与仪表、测量仪表基础知识、自动控制基础知识、基本控制系统与复杂控制系统。后面2个模块可以放在后续相应教学模块前学习，也可以单独拿出其中一个与其他项目组合使用。

【学习重点】
1. 自动化仪表信号方式及防爆。
2. 测量误差处理及仪表性能参数计算。
3. 自动控制系统组成原理、方框图与 P&ID 图辨识。
4. 自动控制系统的品质指标与对象特性参数。
5. 基本控制规律的特点与应用。
6. 基本控制系统的构成原则、负反馈。
7. 串级、比值、分程复杂控制系统组成与特性。

【核心知识点】
1. 生产过程自动化、自动控制。
2. 模拟信号、数字信号、仪表本安防爆。
3. 测量误差、引用误差、系统误差、随机误差。
4. 精度、线性度、变差。
5. 自动控制系统组成原理、负反馈、闭环、方框图。
6. 余差、衰减比、过渡过程、对象的放大倍数与滞后时间。
7. 比例控制、积分控制、微分控制的规律。
8. 基本控制系统构成原则。
9. 串级控制、比值控制、分程控制。

模块 1.1　自动化的概念与仪表

1.1.1　自动化的作用及意义

石油仪表自动化泛指在石油生产、加工处理过程中实现的自动化过程，属于生产过程自动化范畴。所谓生产过程自动化，就是在流程型连续性生产过程中，采用自动化仪表及装置，来检测、控制生产过程中的工艺参数，以代替操作人员的直接操作。这种用自动化仪表来控制生产过程的方法，就称为生产过程自动化。

例如，在油田采油、集输、天然气输送、石油化工、炼油等生产过程中，所处理的介质一般是气体、液体、蒸汽等流体，如原油、天然气、水及水蒸气等。它们的生产及处理工艺过程都是在密闭的设备、管道中连续进行的，是一种连续型生产过程。只有实现生产过程的自动化，借助测量仪表与自动化装置进行检测和控制，才能正确地指导生产操作，监控设备运行。将生产中的各项工艺参数控制在最佳值，使生产设备在最佳状态下自动地运行，才能确保安全生产、提高生产效率、改善劳动条件、提高管理水平。

目前，石油工业自动化、信息化技术已经得到了广泛的应用。从沙漠腹地无人值守的集输泵站，到海上采油平台的遥测遥控，从长输管线远程监控及数据采集，到炼油厂、化工厂的大型集散控制系统的应用，自动化、信息化系统已成为生产过程中必不可缺的重要组成部分。特别是计算机技术、通信技术、传感器技术在自动化领域中的应用，提高了仪表和自动化系统的性能，提供了更有效的控制手段，石油工业正在经历从机械化到自动化、信息化、智能化的革命性变革。

因此，从事石油储运、炼制、化工等方面的专业技术人员，除了必须深入了解和熟悉生产工艺外，还必须学习和掌握自动化与仪表方面的知识，这对于控制和管理工业生产过程是十分必要的。

1.1.2　自动化系统的组成与功能

生产过程自动化系统主要由两大部分组成：一部分是起控制作用的仪表及装置，称为自动化装置。另一部分是自动化装置所控制的生产设备，称为被控对象。

自动化系统的组成及功能如图 1.1 所示。

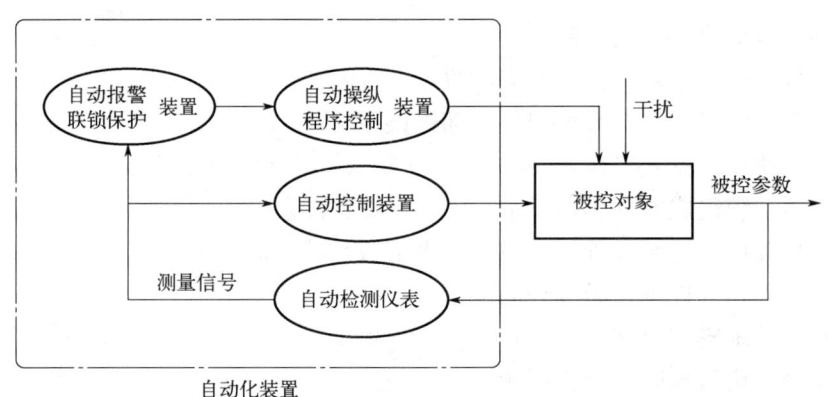

图 1.1　自动化系统组成与功能示意图

1. 自动检测

自动检测是指用自动化仪表自动测量、指示或记录生产过程中被控对象的参数，并将其变换为测量信号传送给其他控制及报警仪表。自动检测是实现自动化的基础。所有形式的自动化系统都是在自动检测仪表提供的测量结果基础上实现其监控功能的。自动检测仪表的种类和功能繁多，遍布生产现场，是工业控制应用最多的自动化装置。

2. 自动报警及联锁保护

自动报警是在被控对象的生产参数超出安全范围而导致事故前，通过报警装置发出声、光报警信号，提醒操作人员注意。联锁保护是有危险报警出现时，采取措施消除事故或实施停机。自动报警及联锁保护需要自动检测仪表提供测量信号，报警的甄别及联锁保护功能由显示报警仪表或报警控制器实现。常见的报警信号装置有电铃、蜂鸣器、报警灯、喇叭等。

3. 自动操纵及程序控制

自动操纵是指生产过程状态切换的自动操作。如设备根据预定条件自动起、停、周期操作以及阀门启闭、工艺流程的自动切换等工作。程序控制是按预定顺序、时间启停各种生产设备。其控制装置或许是各电动设备控制继电器、电磁阀，或是变频器、PLC 程控器等等。联锁保护最终也是通过此装置完成的。

4. 自动控制

自动控制是根据检测仪表提供的测量信号与工艺设定的给定值之间的偏差，产生相应的调节作用，使被控参数克服干扰因素的影响，保持在给定值。自动控制是生产过程自动化的核心。一种典型的液位控制系统如图 1.2 所示。详细内容后续介绍。

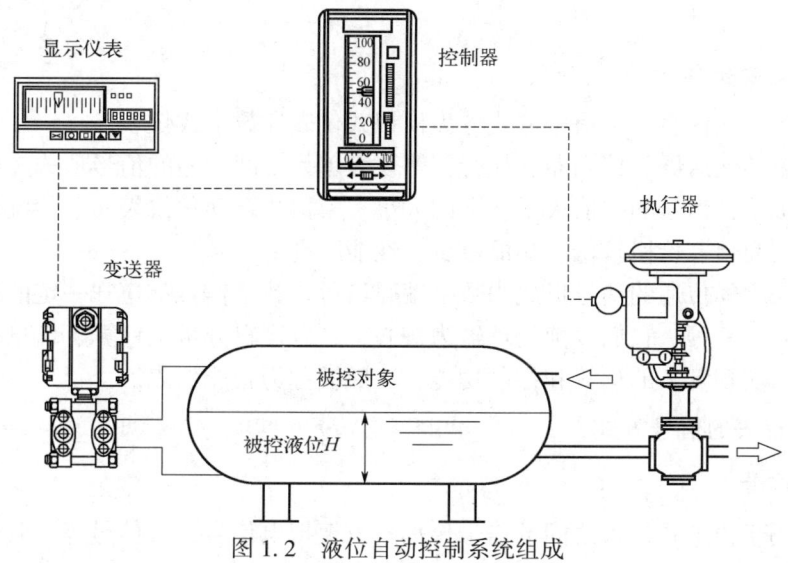

图 1.2　液位自动控制系统组成

自动控制装置主要由变送器（检测仪表）、控制器（或计算机控制系统）和执行器（如电动调节阀）组成。

1.1.3　自动化仪表的分类及信号方式

1. 自动化仪表的分类

1）按被测参数分类

自动化仪表可按被测参数分为化工（热工）仪表（包括压力、流量、物位、温度检测仪表）、分析仪表（包括成分分析、物性检测仪表）、电工仪表（包括电压、电流、电功率、功率因数、频率等电参数检测仪表）等。在石油化工自动化系统中所采用的自动化仪表主要属于化工仪表和分析仪表范畴。

2）按仪表使用的能源分类

自动化仪表可按仪表使用的能源分为电动仪表，气动仪表，自力式仪表等。其中自力式仪表采用被测参数自身的能量工作，无须施加外部能源，如玻璃液体温度计、普通压力表均属此类。

3）按仪表的组合方式分类

自动化仪表可按仪表的组合方式分为基地式仪表和单元组合式仪表。

基地式仪表集测量、显示、调节各部分功能于一体，单独构成一个功能完备的控制装置。主要应用于一些特定设备，目前应用很少。

单元组合式仪表将检测变送、控制、显示等功能制成各自独立的仪表单元，各单元间用统一的输入、输出信号相联系，可以根据实际需要选择某些单元进行组合、搭配，组成各种测量、控制系统。在我国自动化仪表发展过程中，经历了气动单元组合仪表 QDZ 系列、电动单元组合仪表 DDZ 系列Ⅰ型、Ⅱ型、Ⅲ型发展阶段。

现代自动化仪表已经进入了智能仪表、总线型数字仪表阶段，变送、显示、控制、运算功能的分界已不是很明显，能够实现多种复合功能，可更方便地构建复杂自动化系统，简化仪表配置。

4）按仪表输出信号方式分类

自动化仪表可按仪表输出信号方式分为模拟式仪表和数字式仪表。

模拟式仪表的变送器、控制器、执行器等仪表单元之间传递的信号形式为电压、电流等连续变化的模拟量，信号的幅值表示参数的大小。模拟式自动化仪表属于传统仪表，应用非常广泛，其结构简单、价格较低、功能较少、性能不高。

数字式仪表之间传递的信号形式为数字编码信号。数字信号都遵守一定的通信协议，如 HART、Modbus、FF 等。它们以微处理器为核心，具有逻辑分析、计算、信息存储、数字通信等能力，可以实现复杂的运算和控制功能，一般被称为智能仪表。

2. 自动化仪表的信号方式

1）模拟信号

模拟信号用于模拟式仪表之间的信号传输，有模拟电信号、气信号等。其信号制式、范围遵循统一标准。

国产 QDZ 系列Ⅰ型、Ⅱ型、Ⅲ型气动单元组合仪表，气源采用压力为 140kPa 的压缩空气，统一标准信号为 20~100kPa 的气压信号。

国产 DDZ 系列Ⅰ型、Ⅱ型电动单元组合仪表，采用 220V 单相交流电源，统一标准信号为 0~10mA 直流电流信号，仪表采用四线制连接，目前应用较少。

DDZ 系列Ⅲ型电动单元组合仪表，采用国际标准信号制式，如图 1.3 所示。目前绝大多数模拟式仪表都采用此信号制式。仪表电源采用 24V DC 集中供电电源，现场传输信号为 4~20mA DC；进入控制室后通过串联 250Ω 标准电阻转换为 1~5V DC 电压信号，有利于多个显示报警、控制仪表并联使用。现场变送器可以采用两线制传输，即两根导线可以同时传输直流电源电压和输出电流信号。采用两线制，不仅可以节省大量电缆和安装费用，而且还有利于安全防爆。

二线制信号传输方式需要仪表具有极低的功耗，在供电电压 24V（甚至更低）、功耗电流 4mA（即输出零位信号电流）的情况下正常工作，实际功耗小于 100mW。离开现代微电子技术和大规模集成电路的支持是无法实现的。有些仪表装置功耗较大，需要采用电源、信

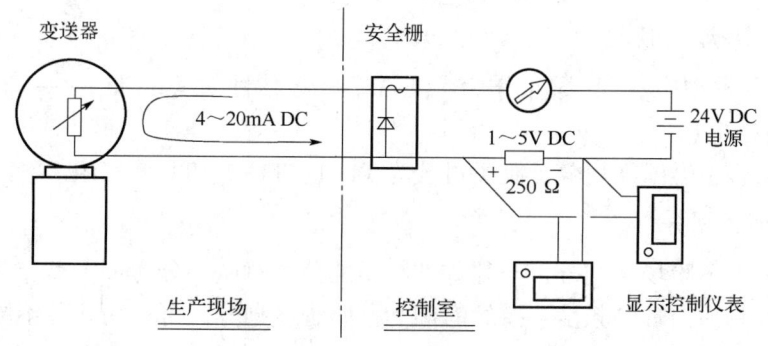

图 1.3 二线制仪表接线

号单独设置,采用四线制连接方式。

2)数字信号

数字式仪表各仪表单元之间及计算机控制系统间按约定的通信协议传递数字编码信号。

20 世纪 80 年代中期,美国 Rosemount 公司开发了一种可寻址的远程传感器通信协议 HART,采用在 4~20mA 直流模拟信号上叠加频率 1200Hz/2200Hz 的两种正弦交流信号分别代表数字 1 和 0,作为数字通信信息。随后与不同的公司合作,分别制定了 FIP 协议、PROFBUS 通信协议。1994 年,现场总线基金会在美国仪器仪表学会现场总线标准 IEC/ISA SP50 的基础上,开发了基金会现场总线协议。

具有一定影响和已占有一定市场份额的总线协议主要有,基金会现场总线(FF)、Lonworks 总线、PROFIBUS 总线、CAN 总线、HART 总线等。我国经过对全分布式控制系统和现场总线智能仪表的研究,针对国际上已经出现的多种现场总线协议并存的局面,重点选择了 HART 协议和 FF 协议进行攻关,取得了突破性进展。

1.1.4 自动化仪表的防爆

在石油、化工生产企业广泛存在着各种易燃、易爆气体或蒸气,在这些场所安装的仪表必须具有防爆性能,了解仪表和自动控制系统的安全防爆知识具有重大的现实意义。

1. 爆炸性物质的分类、分级与分组

我国对爆炸性物质分类按物质性质、易燃程度、引燃温度分为 Ⅰ、Ⅱ、Ⅲ 三类,A、B、C 三级,T1~T6 六组。

1)Ⅰ类:矿井甲烷

我国对矿井甲烷(瓦斯气)单独分类,不分级。

2)Ⅱ类:爆炸性气体、蒸气

按爆炸性气体最大试验安全间隙和最小点燃电流,Ⅱ类可细分为 ⅡA、ⅡB、ⅡC 三级。ⅡC 级最易爆、最危险。代表性气体分别是:ⅡA——丙烷;ⅡB——乙烯;ⅡC——氢气。

按爆炸性气体引燃温度 T 可以分为 T1~T6 六组。T1 组:$T>450℃$;T2 组:$450℃ \geqslant T>300℃$;T3 组:$300℃ \geqslant T>200℃$;T4 组:$200℃ \geqslant T>135℃$;T5 组:$135℃ \geqslant T>100℃$;T6

组：100℃ ≥ T > 85℃。其中 T6 组最易引燃。

3) Ⅲ类：爆炸性粉尘

按爆炸性物质划分，Ⅲ类可分为：ⅢA——可燃性飞絮；ⅢB——非导电性粉尘；ⅢC——导电性粉尘。

按爆炸性粉尘引燃温度划分，Ⅲ类可分为 T1-1、T1-2、T1-3 三组。

2. 危险场所的划分

我国对爆炸性危险场所划分，与爆炸性物质的分类对应，分为：Ⅰ类、Ⅱ类、Ⅲ类危险场所。按爆炸性物质出现的频度、持续时间和危险程度划分，可分为几种不同的区。

1) Ⅰ类危险场所

Ⅰ类危险场所为有煤井甲烷气体危险场所，无分区。

2) Ⅱ类危险场所

Ⅱ类危险场所为有可燃气体或易燃液体蒸气危险场所，可分为 0 区、1 区、2 区共 3 种。

0 区：正常情况下，爆炸性气体混合物断续、频繁出现或长时间存在的场所。

1 区：正常情况下，有可能出现爆炸性气体混合物的场所。

2 区：正常情况下，爆炸性气体混合物不能出现，仅在不正常情况下偶尔短时间出现的场所。

注意：正常情况指正常的开车、停车、运转等管道正常泄漏。不正常情况指装置损坏、误操作及拆卸、检修、维护不当泄漏等。

3) Ⅲ类危险场所

Ⅲ类危险场所为有爆炸性粉尘与空气混合物危险场所，可分为 20 区、21 区、22 区共 3 种。

20 区：正常情况下，爆炸性粉尘混合物断续、频繁出现或长时间存在的场所。

21 区：正常情况下，有可能出现爆炸性粉尘混合物的场所。

22 区：正常情况下，爆炸性粉尘混合物不能出现，仅在不正常情况下偶尔短时间出现的场所。

3. 爆炸极限

可燃物质（可燃气体、蒸气和粉尘）与空气（或氧气）必须在一定的浓度范围内均匀混合，形成预混气，遇着火源才会发生爆炸。这就是燃烧和爆炸的三要素：可燃物质、助燃氧气、点火源，三者缺一不可。混合的比例不同，爆炸的危险程度也不同。

可燃气体、蒸气或可燃粉尘与空气组成的混合物，能发生爆炸的浓度范围称为爆炸极限。

爆炸上限 UEL：形成爆炸性气体环境的浓度上限。

爆炸下限 LEL：形成爆炸性气体环境的浓度下限。

在低于爆炸下限和高于爆炸上限浓度时，既不爆炸，也不着火。这是由于可燃物浓度不够时，燃料的燃烧能量不足以维持火焰的蔓延；而浓度过大时，空气不足，燃烧不能产生足够的氧化反应，也不能维持燃烧爆炸。

气体或蒸气的爆炸极限浓度，是以可燃物质的体积分数来表示的，即可燃物质在混合物中所占体积的百分比（%）；可燃粉尘的爆炸极限浓度是以质量浓度（g/m^3）来表示的。例如：氢气 H_2 的爆炸极限浓度为 4%~75%；甲烷 CH_4 的爆炸极限浓度为 5%~15%；一氧化碳 CO 的爆炸极限浓度为 12.5%~74%；液化石油气的爆炸极限浓度为 1.7%~9.7%；铝粉的爆炸极限浓度为 $40g/m^3$。

可燃气体报警器显示的浓度单位不是以上述绝对浓度单位表示的，而是以爆炸下限 LEL 的百分比表示的。如甲烷环境 100%LEL 是指刚到爆炸下限，甲烷此时在空气中的真实体积浓度为 5%。

4. 仪表及系统的防爆措施

1）仪表防爆标志

自动化仪表属于低压电气设备，因此在危险场所使用的自动化仪表要按国家电气设备防爆规程管理。按规定，防爆电气设备可制成隔爆型 Exd、本安型 Exi、增安型 Exe、正压型 Exp、油浸型 Exo、充砂型 Exq、浇封型 Exm、外壳防护型 Ext 以及 n 型 Exn 等多种形式。Ex 为通用防爆标志，必须在醒目位置标注。

自动化仪表防爆结构主要有两种类型，即隔爆型 Exd、本安型 Exi。

2）隔爆型防爆措施

在仪表结构上用较厚重的密封外壳，将内部电路和周围环境隔绝，使电路在正常工作时所产生的热量和在故障态时形成的电火花及高温，均限制在密封的壳体之内，以防止将周围的易燃易爆气体引燃。

隔爆型仪表及电气设备可用于除 0 区之外的 1 区、2 区危险场所。隔爆型仪表在使用中要定期检查隔爆间隙是否得到满足。应定期检查外壳固定螺丝是否松动，密封胶圈是否老化松动，以保证仪表的防爆性能。

3）本安型防爆措施

本安型仪表有 ia、ib、ic 三级，可分别应用于 0 区、1 区、2 区危险场所。

本安防爆系统如图 1.4 所示。本安防爆就是本质安全防爆，是一种安全火花防爆系统。所谓安全火花，是指所产生的电火花能量受限，不足以引燃、引爆危险气体，从而构成了本质上就是安全的、不会爆炸的防爆系统。它要求不仅在危险场所使用本安型仪表（使用低功耗、低发热电路，不用大电容、电感等储能元件），而且要在控制室仪表与危险场所仪表之间设置安全栅。限制从控制室到爆炸危险的现场之间电源能量，通过限制现场仪表的工作电压和工作电流，保证在任何时候都不会有超过安全火花限制的能量流入危险场所。

如果上述系统中不采用安全栅，而由分电盘代替，分电盘只能起信号隔离作用，不能限压、限流，则这个系统就不再是本安防爆系统了。当然即使采用了安全栅，如果现场变送器等仪表不是本安防爆仪表，故障情况下大的电容、电感积聚较大的电能量或产生较大的发热，也不能构成本安防爆系统。

用于原油、天然气、污水及成品油的自动化仪表，有其专业特点和特殊性。对于原油，其特殊性在于其高黏度，并且具有易燃、易爆、易凝、不透明等特点。成品油成分单纯、透明、无腐蚀性、要求测量精度高、易燃易爆。对于天然气，其特殊性在于它的易燃易爆性。因此在选择、安装、使用仪表时，要特别注意仪表的适应性和防爆问题。

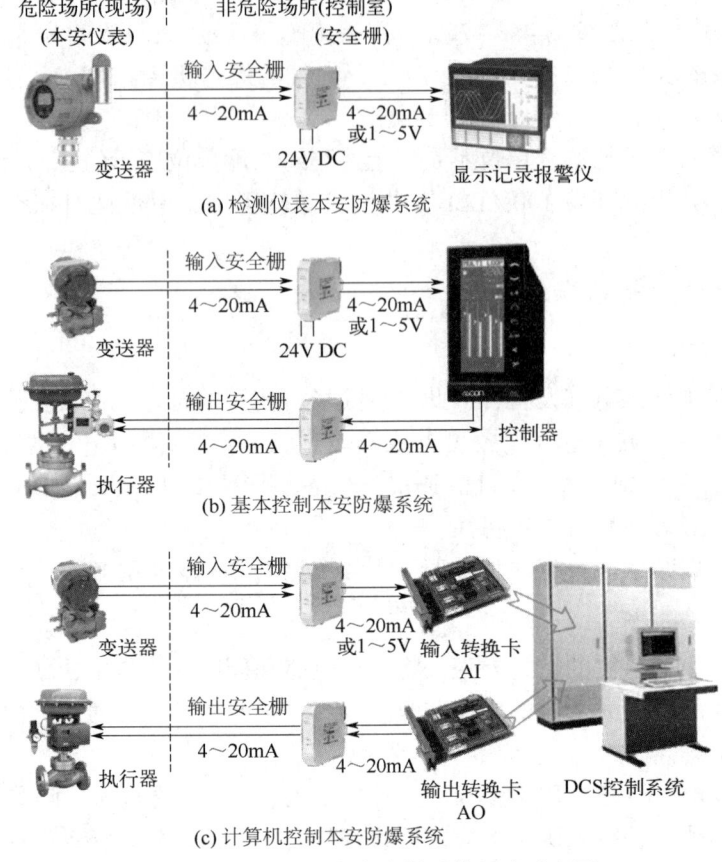

图1.4 安全火花本安防爆系统组成示意图

模块1.2 测量仪表基础知识

测量就是借助一定的工具或仪表，比较未知的被测量与作为测量标准的已知量，从而得到被测量数值大小的过程。测量结果——测量值，包括被测量的大小、符号（正或负）及测量单位。例如，用天平、砝码测量物体质量的过程就是一个非常典型的测量过程。

实际上，所有参数的测量过程，都是将被测参数与其相应的测量单位进行比较的过程。而测量仪表就是实现这种比较的工具。

1.2.1 测量误差及处理

所谓误差，就是某一被测量的测量值与客观真实值之差。测量的目的是希望能正确地反映被测参数的真实值。但是，测量过程始终存在着各种各样因素的影响，测量结果不可能绝对准确，而只能尽量接近真实值。测量值与真实值之间始终存在着一定偏差，这一偏差称为测量误差。一个测量结果，只有当知道它的测量误差或指明其误差范围时，这种测量结果才有意义。

1. 测量误差表现形式

测量误差通常有绝对误差、相对误差和引用误差三种形式。

1) 绝对误差

绝对误差是测量值 X 与真实值 X_t 之间的代数差，即：

$$e_a = X - X_t \tag{1.1}$$

如前所述，由于测量值不能绝对准确地反映被测参数的真实值，真实值往往是无法得到的，实际测量过程中，一般是利用误差更小的标准仪表的指示值作为被测参数的真实值（称为约定真值）。

绝对误差虽然可以描述测量结果的误差数值，但却不能表示测量结果的可信度。因为一个测量结果是否可信、绝对误差能不能被容忍，还取决于测量值的大小。例如对于测量 37℃ 的人体体温和 1200℃ 的加热炉炉膛温度，同样是 1℃ 的绝对误差，其可信度却完全不同。

2) 相对误差

相对误差为被测量的绝对误差和真实值（有时用测量值）之比，即：

$$E_r = \frac{e_a}{X_t} \times 100\% \approx \frac{e_a}{X} \times 100\% \tag{1.2}$$

相对误差越小，说明测量结果的可信度越高。因此，计算相对误差的目的就在于判断测量结果的可靠程度。

3) 引用误差

引用误差是测量值的绝对误差 e_a 与测量仪表的量程 S_p 之比，称为该仪表的引用误差，用 E_q 表示，即

$$E_q = \frac{e_a}{S_p} \times 100\% \tag{1.3}$$

式中，$S_p = X_{\max} - X_{\min}$ 为仪表的量程，即仪表测量上限值 $X_{\max}$ 与下限值 $X_{\min}$ 之差。

显然，具有相同绝对误差的两台仪表，量程大的仪表的引用误差要小于量程小的仪表。所以，引用误差可以反映仪表的准确度，是仪表性能计算的基础。

2. 测量误差的分类

测量误差按其产生的原因，可以分为系统误差、随机误差、粗大误差三类。

1) 系统误差

在相同条件下多次重复测量同一被测量时，如果每次的测量误差基本保持不变或者按一定规律变化，则这种误差被称为系统误差。系统误差是去掉随机误差等其他形式的误差以后还存在的误差。通常是由于仪表的测量方法本身不够完善，或者仪表使用不当，以及测量时外界条件变化等原因造成的。例如，仪表的零点变化或者量程未调整好，仪表未在规定的温度下使用，仪表的安装不符合要求等都会造成系统误差。

掌握了系统误差产生的原因后，可以通过改进测量方法、满足仪表工作条件，以及对测量结果加修正值等措施消除系统误差，以提高测量的准确程度。

2) 随机误差

在设法消除了系统误差之后,在相同条件下,对同一量值进行多次重复测量时,也会出现大小、正负不确定的微小误差,这种误差又称为随机误差,称为偶然误差。产生随机误差的原因很复杂,是由许多无法控制的干扰因素共同作用造成的,如环境干扰、电源波动、电子噪声等等。

对单次测量来说,随机误差是没有任何规律的,既不可预测,也无法控制。如果进行多次重复测量,随机误差的分布一般服从正态统计规律,产生正负误差的概率相同。因此,采取多次测量求平均值的方法有可能消除随机误差。

3) 粗大误差

粗大误差是在一定的测量条件下,测量结果明显偏离实际值的误差。粗大误差产生的主要原因是人为因素或测量条件的巨大改变,没有任何规律可循,严重影响测量结果的真实性,一经发现,必须剔除。一般情况下,人为因素引起的粗大误差往往是由于工作人员操作不当,读取或记录测量数据时疏忽大意造成的。因此,测量人员在测量过程中应有高度的责任感和熟练的操作技术,尽量避免粗大误差出现。

在由多个环节或仪表组成的测量系统中,整个系统的测量误差,不是系统中各个环节误差的简单叠加。因为各环节的误差不可能同时按相同的符号出现最大值,有时会相互抵消。因此必须按照概率统计的方法,用各环节误差 e_i 来估计系统的总误差 e,即

$$e = \pm \sqrt{\sum_{i=1}^{n} e_i^2} \tag{1.4}$$

1.2.2 测量仪表的品质指标

仪表的品质指标是评价仪表性能好坏、质量优劣的主要依据,也是正确选择仪表和使用仪表以进行准确测量所必须具备和了解的信息。

1. 精度

精确度(简称精度),是反映正常使用条件下,仪表测量结果准确程度的一项综合性指标。其大小用最大引用误差去掉百分号后的绝对值表示。可用下式描述:

$$A_c = \frac{e_{max}}{S_p} \times 100 \tag{1.5}$$

式中　A_c——精度;

　　　e_{max}——允许最大绝对误差(绝对值)。

精度等级是国家统一规定的、按精度范围划分的标准数值系列。某一等级仪表,反映在正常情况下,仪表所允许具有的最大引用误差对应其精度等级。例如:精度等级为1.0级的仪表,在测量范围内各点处的允许误差均不超过±1%。

常用仪表精度等级有:0.01、0.02、0.05、0.1、0.2、(0.25)、(0.4)、0.5、1.0、1.5、2.5等(括号内精度等级非必要时不采用)。

仪表的精度等级是衡量仪表质量优劣的重要指标之一,它反映了仪表的准确度和精密度,其数值越小,仪表的系统误差和随机误差都小,测量结果越准确。工业现场用的测量仪表,其精确度大多是0.5级以下。

仪表的精度等级一般用圈内数字等形式标注在仪表面板或铭牌上。

下面举例说明如何确定仪表的精度等级。

【例1】 某压力测量仪表的测量范围为0~1000kPa，校验该表时得到的最大绝对误差为±8kPa，试确定该仪表的精度等级。

解： 该仪表的精度为

$$A_c = \frac{e_{max}}{S_p} \times 100 = \frac{8}{1000-0} \times 100 = 0.8$$

由于国家规定的精度等级中没有0.8级仪表，而该仪表的精度又超过了0.5级仪表的允许误差，所以，这台仪表的精度等级应定为1.0级。

【例2】 某台测温仪表的测量范围为0~1000℃，根据工艺要求，温度指示值的误差不允许超过±7℃，试问应如何选择仪表的精度等级才能满足以上要求？

解： 根据工艺要求，仪表精度应满足为

$$A_c = \frac{e_{max}}{S_p} \times 100 = \frac{7}{1000-0} \times 100 = 0.7$$

此值介于0.5级和1.0级之间，若选择精度等级为1.0级的仪表，其允许最大绝对误差为±10℃，这就超过了工艺要求的允许误差，故应选择0.5级的精度才能满足工艺要求。

由以上两个例子可以看出，根据仪表校验数据来确定仪表精度等级和根据工艺要求来选择仪表精度等级，要求是不同的。根据仪表校验数据来确定仪表精度等级时，仪表的精度等级值应选大于等于由校验结果所计算的精度值；根据工艺要求来选择仪表精度等级时，仪表的精度等级值应小于等于工艺要求所计算的精度值。

2. 线性度

线性特性仪表的输出与测量值成正比，标尺刻度及信号处理都比较方便，符合使用习惯，所以通常希望仪表具有线性特性。线性度就是仪表特性曲线逼近直线特性的程度。仪表的非线性特性见图1.5。线性度用非线性误差来表示，即

$$E_L = \frac{e_{Lmax}}{S_p} \times 100\% \quad (1.6)$$

式中 E_L——线性度；

e_{Lmax}——仪表特性曲线与理想直线特性间的最大偏差（绝对值）。

3. 灵敏度

灵敏度反映仪表示值变化相对于被测量变化的灵敏程度，一般用于模拟量仪表。它用仪表的输出变化量（例如指针的线位移或角位移，输出信号变化）与被测量变化量之比来表示，是有单位的：

$$S = \frac{\Delta y}{\Delta x} \quad (1.7)$$

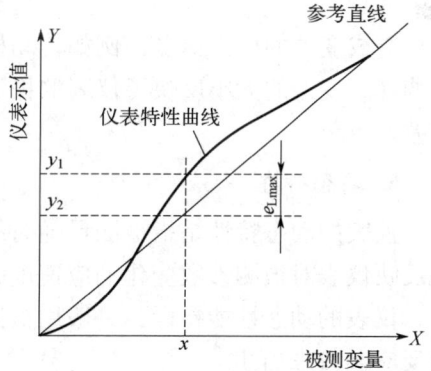

图1.5 测量仪表的非线性

式中　S——仪表的灵敏度；
　　　Δy——仪表输出的变化量；
　　　Δx——仪表输入的变化量。

测量仪表的灵敏度可以用增大仪表转换环节放大倍数的方法来提高。小量程仪表的灵敏度高。但是单纯增加灵敏度不能减小测量误差，反而会出现虚假的高精度现象。因此，通常规定仪表标尺刻度的最小分格值不能小于仪表允许最大绝对误差值。试图读取分格中间指示值没有意义。

4. 分辨率

分辨率是指仪表可能检测到的被测信号最小变化的能力，也就是使仪表示值产生变化时的被测量的最小改变量。数字式仪表的分辨率是指仪表在最低量程上最末一位数字改变一个字所表示的物理量。例如：3½位数字式电压表，若在最低量程时满度值为1V，则该数字式电压表的分辨率为1mV。数字仪表能稳定显示的位数越多，则分辨率就越高。

分辨率又称为灵敏限，是灵敏度的一种反映，一般说仪表的灵敏度高，则其分辨率同样也高。

5. 变差

在外界条件不变的情况下，使用同一仪表对同一变量进行正、反行程（被测参数由小到大和由大到小）测量时，仪表指示值不一样的现象称为变差（又称回差），见图1.6。

不同的测量点，变差的大小也会不同。为了便于与仪表的精度比较，变差的大小一般采用最大引用误差形式表示：

$$E_\mathrm{h} = \frac{e_\mathrm{hmax}}{S_\mathrm{p}} \times 100\% \tag{1.8}$$

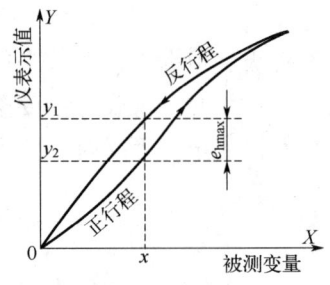

图1.6　测量仪表的变差

式中　E_h——变差；
　　　e_hmax——仪表的正、反行程指示值最大偏差（绝对值）。

造成变差的原因很多，例如传动机构的间隙、运动部件的摩擦、弹性元件的弹性滞后的影响等。变差的大小反映了仪表的稳定性，要求仪表的变差不能超过精度等级所限定的允许误差。

6. 动态特性

仪表的动态特性是指被测量随时间变化时，仪表指示值跟随被测量随时间变化的特性，是反映仪表对被测参数变化响应速度的指标。

仪表的动态性能指标，一般用被测量初始值为零，并做满量程阶跃变化时仪表示值的时间反应参数来描述。

被测量做满量程阶跃变化时，仪表的动态特性如图1.7所示。仪表指示值在稳定值上下振荡波动，被称为欠阻尼特性，见图1.7(a)。仪表指示值慢慢增加，逐渐达到稳定值，称为过阻尼特性，见图1.7(b)。

动态特性的主要指标是时间常数，对于欠阻尼特性，其时间常数为T_tc，等于被测量做满量程阶跃变化时，仪表指示值达到稳定值的5%以内时所需时间。

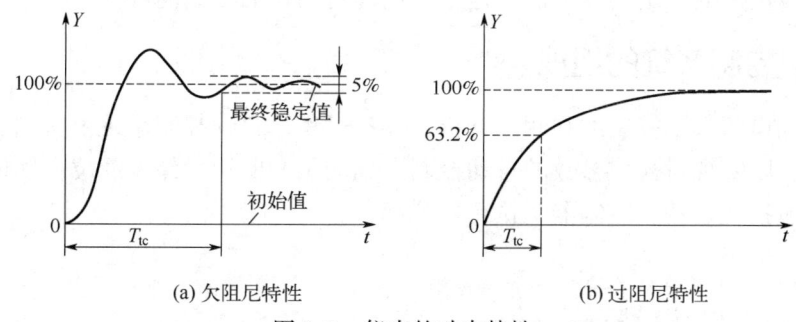

(a) 欠阻尼特性　　　　　　　　(b) 过阻尼特性

图 1.7　仪表的动态特性

对于过阻尼特性，时间常数为 T_{tc}，等于被测量做满量程阶跃变化时，仪表指示值达到满量程的 63.2% 时所需时间。

1.2.3　测量仪表的基本构成

各种测量仪表所测量的参数不同、测量原理及输出方式不同，其结构也各不相同。但就其测量功能而言，一般由检测部分、变换部分和显示部分三部分组成。

1. 检测部分

检测部分一般与被测介质直接接触，感受被测量，并将被测量转换成大小对应的机械的、电的或其他形式的易于传递的信号，完成对被测参数信号形式的转换。如玻璃水银温度计，其检测部分是水银泡，利用热胀冷缩原理，将被测温度转换成相应的水银柱高度；热电偶温度计的检测部分是热电偶，利用热电效应将被测温度转换成一定的毫伏电压都是如此。

如果检测部分将被测量转换成与之对应的电信号的，一般称之为传感器，如热电偶就是一种温度传感器，但不能将水银温度计称为传感器。

2. 变换部分

由于传感器的输出信号种类很多，而且信号往往很微弱，一般都需要由变换环节的进一步放大与处理，才能驱动显示部分进行指示。变换部分是测量仪表的中间环节，其作用是将检测元件的输出信号进行放大、传输、线性化处理，有的要转换成标准统一信号输出，以供仪表显示部分显示。如果变换环节将传感器的输出信号转换成 4~20mA DC 或 HART 协议数字信号等标准统一信号，一般称这样的检测仪表为变送器。

3. 显示部分

显示部分是人-机联系的主要环节，它的作用是将经变换部分放大处理的信号，以指针偏转、数字变化或时域曲线等形式，向观察者显示被测量数值的大小。

检测、变换和显示部分可以是三个独立的部分，也可以有机地结合在一起成为一体。有一点需要指出的是，在目前的检测和控制系统中，传统的显示仪表更多地被数码显示仪表、光柱显示仪表、无纸记录仪、计算机监控系统所替代。

模块 1.3　自动控制基础知识

自动控制是相对人工控制而言的。自动控制就是在没有人为干预的情况下，采用自动化装置自动调节被控参数稳定到设定值，是生产过程自动化的核心内容。

1.3.1 自动控制系统的组成

自动控制是模仿人工控制的观测、分析、操作过程。自动控制系统由检测、控制、执行三个环节组成，以实现对被控参数的自动控制。如图1.8所示，储罐液位自动控制系统的自动化装置主要包括变送器、控制器、执行器三部分。

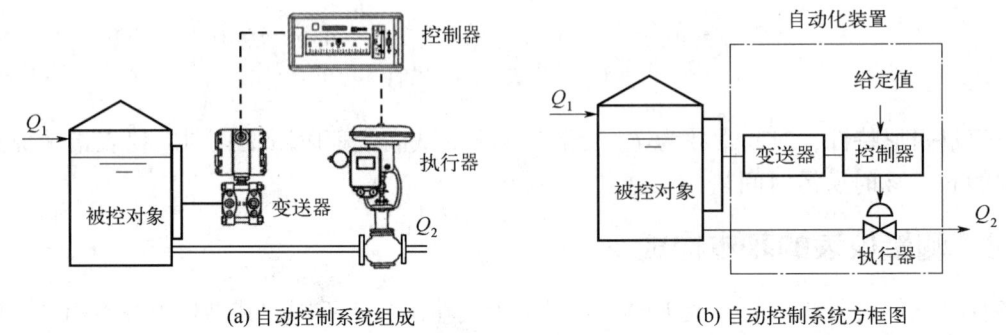

(a) 自动控制系统组成　　　　(b) 自动控制系统方框图

图1.8　液位自动控制系统组成

1. 变送器

变送器用于测量液位，并将测得的液位转化成标准信号输出，送给控制器。

2. 控制器

控制器又称调节器，接收变送器送来的测量信号，并与工艺要求的液位高度（给定值）进行比较，计算出偏差的大小，并根据偏差的大小与正负按控制规律计算的结果，向执行器发出一种按时间变化的控制信号（即操作指令信号）。

3. 执行器

执行器在图1.8中用的是调节阀。它接收控制器传来的控制信号，改变阀门的开度以改变出水流量的大小，从而完成液位的控制，使被控液位稳定在给定值上。

在自动控制过程中，储罐液位可以在没有人的直接参与下，按照人们的预先设定，自动地维持在给定值。这样一来，自动化装置在一定程度上代替了人的劳动。

1.3.2 自动控制系统的分类

在分析自动控制系统特性时，一般是按照控制的参数值（即给定值）是否变化来分类，即定值控制系统、随动控制系统和程序控制系统。

1. 定值控制系统

定值控制系统的给定值不变，是最基本的自动控制系统，在自动控制系统中应用最为广泛。

2. 随动控制系统

随动控制系统的给定值是随机变化的。随动控制系统的目的就是使所控制的工艺参数准确而快速地跟随给定值的变化而变化。

3. 程序控制系统

程序控制系统的给定值也是变化的，但它是按预设的时间程序变化。这类系统在间歇生产过程中应用较普遍，如加热炉点火初次升温过程的温度控制，就需要按时间分段升温，采用程序控制。

1.3.3 自动控制系统方框图与P&ID图

1. 自动控制系统方框图

研究自动控制系统时，为了能更清楚地表示自动控制系统各个组成部分之间的相互影响和信号联系，便于对系统进行分析研究，一般用方框图来表示控制系统的组成和作用。

图 1.8 所示的液位自动控制系统可用图 1.9 的方框图表示。每个方框表示组成系统的一个部分，称为"环节"。两个方框之间用一条带有箭头的线条表示其相互关系，箭头指向方框的信号是这个环节的输入，箭头离开方框的信号表示为这个环节的输出。

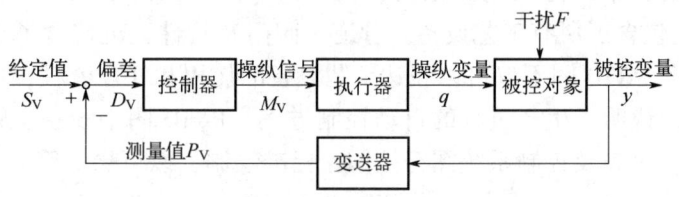

图 1.9 自动控制系统方框图

在方框图中，被控变量 y 就是对象的输出变量。影响被控变量的外来因素，称为干扰作用，用 F 表示，是作用于对象的输入变量。与此同时，上例中出料流量 q 称为控制作用，是作用于对象的另一个输入变量，它们都是影响被控变量 y 变化的因素。

变送器的输入是被控变量 y，其输出的测量信号 P_V 被称为测量值。测量信号送到控制器，与给定值 S_V 进行比较，得到偏差 D_V（$D_V = S_V - P_V$）。起比较作用的环节是控制器的一个组成部分，一般方框图中是以〇或⊗表示。在图中将它单独画出来，为的是能更清楚地说明其比较作用。

控制器根据偏差信号 D_V 的大小，发出控制信号 M_V 送至执行器，执行器改变的量 q 叫做操纵变量，是具体实现控制作用的。这里流过执行器的出口流量就是操纵变量。

必须指出的是，方框图中每一个方框都代表一个具体的实物。方框与方框之间的连线只是代表方框之间的信号联系，并不代表方框之间的物料联系。方框之间连接线的箭头也只是代表信号作用的方向，并不代表物料的流动方向，与工艺流程图上的管线标注意义是不同的。

对于任何一个简单的自动控制系统，只要按照上面的原则去绘制它们的方框图时，就会发现不论它们在表面上有多大差别，它的各个组成部分在信号传递关系上都形成一个闭合的环路。其中任何一个信号，只要沿着箭头方向前进，通过几个环节后，最后又会回到原来的起点。所以，自动控制系统是一个闭环系统。

图 1.9 中，系统的输出参数是被控变量 y，但是它经过变送器后转换成的测量信号，又返回到系统的输入端，与给定值进行比较（相减求差值）。这种将系统的输出信号重新送回到输入端的做法称为反馈。另外，反馈信号 P_V 旁有一个负号"−"，反馈信号 P_V 取负值，

控制器的偏差信号取给定信号与反馈信号之差 $D_V = S_V - P_V$，称为负反馈。在自动控制系统中只有构成负反馈，才能使被控变量 y 受干扰影响而升高时，反馈信号 P_V 升高，偏差信号 D_V 降低，因此控制器发出的控制信号 M_V 减小，使执行器的开度向相反方向变化，使被控变量下降，回到给定值，从而达到控制的目的。如果采用正反馈，那么控制作用不仅不能克服干扰的影响，反而推波助澜，使被控变量进一步上升，直至被控变量超出了安全范围而出现生产事故，所以控制系统绝不能采用正反馈。

综上所述，自动控制系统是具有负反馈的闭环控制系统。它与自动测量、自动操纵等开环系统比较，最本质的差别就在于控制系统有负反馈。它可以随时了解被控变量的情况，有针对性而不是盲目地进行控制。

2. 管道和仪表流程图（P&ID 图）

管道和仪表流程图又称为 P&ID 图，就是带控制点的工艺流程图。它是工程设计中从工艺流程到工程施工设计的重要文件，是自动化系统安装设计的基本依据。

P&ID 图在工艺流程图的基础上，标注上规定的检测和控制系统设计符号，用以表示控制功能。P&ID 图上包含了所有工艺设备、管道、阀门及管件，也包含了全部参数检测和控制仪表及功能。因此 P&ID 图不仅可以表达工艺设备的作用和处理流程，更重要的是体现了对工艺过程的控制，说明了生产过程的自动控制方案。P&ID 图中设备、管线、阀门表达方式与工艺流程一样，仪表及控制系统图符按国家标准绘制，以下做一简要介绍。

1）基本符号及仪表位号

P&ID 图中的基本符号如图 1.10(a) 所示。由仪表及控制系统的图形符号、仪表位号、连接线和测量点组成。

仪表的图形符号是一个细实线圆圈。仪表位号一般由功能标志和仪表回路编号两部分组成，功能标志填写在圆圈上半部分，仪表回路编号填写在圆圈下半部分，如 PC-101。回路编号的第一位数字通常表示工段号，后续数字表示仪表序号。对于处理两个或两个以上被测变量，具有相同或不同功能的组合仪表，可以采用两个相切的圆来表示。如图 1.10(c) 所示。

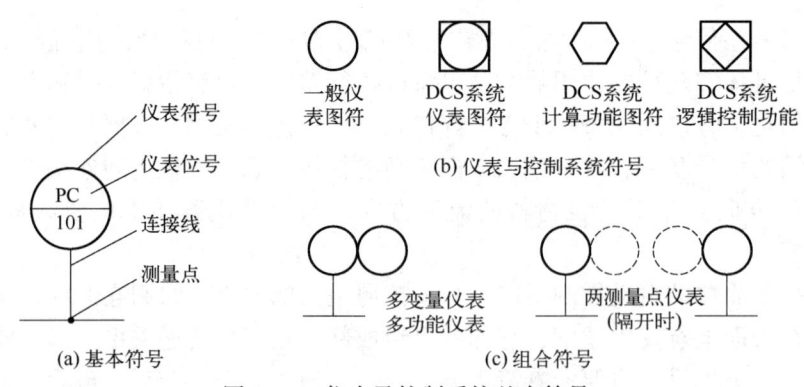

图 1.10 仪表及控制系统基本符号

2）字母符号

仪表的功能符号由字母组合表示。如 TIC、PDRA 等，其中第一位字母表示被测（控）变量，第二位字母如果是修饰符号，如 D（差）、F（比率）、Q（累积）等，与第一位字母共同表示变量。此后的字母表示功能要求,也可以附加修饰字母,如 H(高)、L(低)、M(中)等。例如 PDI-101 表示回路编号为 101 的有指示功能的差压变送器,PD 表示压力差、I 表示指示;PCAH-201 表示回路编号为 201 的有高限报警功能的压力控制器,PC 表示被控参数为压力,AH 表示压力高限报警。常用字母符号如表 1.1 所示。

表 1.1 常用字母符号

字母代号	测控变量(首位字母+修饰字母)		功能(后继字母)		
	变量	修饰词	读出功能	输出功能	修饰词
A	分析		报警		
B	烧嘴、火焰				
C	电导率			控制	
D	密度	差			
E	电压(电动势)		检测元件		
F	流量	比率(比值)			
G	毒性气体或可燃气体		视镜、观察		
H	手动				高
I	电流		指示		
J	功率		扫描		
K	时间、时间程序	变化速率		操作器	
L	物位		灯		低
M	水分、湿度	瞬动			中、中间
N					
O			节流孔		
P	压力、真空		连接或测试点		
Q	数量	积算、累计			
R	核辐射		记录、DCS 趋势记录		
S	速度、频率	安全		开关、联锁	
T	温度			传送(变送)	
U	多变量		多功能	多功能	多功能
V	振动、机械监视			阀、风门	
W	重力、力		套管		
X		X 轴			
Y	事件、状态	Y 轴		继电器、计算器、转换器	
Z	位置、尺寸	Z 轴		驱动器、执行元件	

3) 图形符号

仪表及控制系统图形符号用于表示仪表类型、安装位置、信号种类等信息,如表 1.2 所示。

表 1.2 仪表及控制系统图形符号

仪表类型	现场安装	控制室安装、操作员监视、数据可存取	现场盘装、操作员监视、数据不存取	盘后安装、操作员不监视、不与DCS通信	联锁控制功能
仪表	○	⊖	⊖	⊝	◇ I 继电器联锁
DCS 系统	□	⊟	⊟		◇ I DCS联锁
计算机功能模块	⬡	⬣	⬣	⬡	
PLC 控制功能	◇	◇	◇	◇	◇ T PLC联锁

仪表连接线用细实线表示仪表信号、能源及相互间的信息关系。连接线符号如表 1.3 所示。

表 1.3 连接线符号

序号	类别	图形符号	说明
1	通用仪表信号线	———	细实线(下同)
2	仪表与测量点的连接线	———	
3	表示信号方向的连接线	——→	
4	连接线交叉	—┼—	
5	连接线相接	—•—•—	
6	气压信号	⫽⫽⫽	当有必要区别时(下同)
7	电信号	⫽⫽⫽ / - - -	或
8	导压毛细管	××××	
9	液压信号	⊥⊥⊥	
10	电磁、辐射、声、光、热	∿∿∿	

执行器由执行机构与调节机构（阀、风门等）组合而成。其图例符号如表 1.4 所示。

表 1.4 执行器符号

气动执行机构		电动执行机构		带辅助装置		调节机构					
带弹簧气动薄膜执行机构	⌒	电动执行机构	Ⓜ	带手轮执行机构	⌒	截止阀	⋈	蝶阀	⋊
不带弹簧气动薄膜执行机构	⌒	电磁执行机构	Ⓢ	带气动阀门定位器执行机构	⌒	闸阀	⋈	球阀	⋈
活塞式执行机构-双作用		数字式执行机构	Ⓓ	带电气阀门定位器执行机构	⌒	角阀	⋈	旋塞阀	⋈

续表

气动执行机构	电动执行机构	带辅助装置		调节机构			
活塞式执行机构-单作用		带人工复位装置执行机构	S R	三通阀		隔膜阀	
		带远程复位装置执行机构	S R	四通阀		其他阀	

1.3.4 自动控制系统的过渡过程与品质指标

1. 系统的过渡过程

在定值控制系统中，将被控变量不随时间变化的平衡状态称为静态（或稳态），而将被控变量随时间变化的非平衡状态称为动态。

当控制系统处于平衡状态即静态时，系统各环节的输入和输出均不变，变送器、控制器和执行器都相对静止不动。一旦干扰进入系统，系统将产生控制作用以克服干扰，使被控变量回到给定值，恢复到新的平衡状态。期间整个系统各个环节的输入、输出参数都处于变动状态之中，这种变动状态就是动态。这一动态变化的过程称为自动控制系统的过渡过程。

干扰是没有固定形式的，且多属于随机性质。在分析和设计过程中，为安全和方便，常选择一些定型的干扰形式，其中最常用的是阶跃干扰，如图 1.11 所示。它在瞬间突然增大、跃变，并继续保持幅度值不变。这种阶跃干扰是危险性最大的干扰形式。如果一个控制系统能够有效地克服阶跃干扰，那么对于其他比较缓和的干扰也一定能很好地克服。同时，这种干扰的形式简单，容易仿真，便于分析、实验和计算。

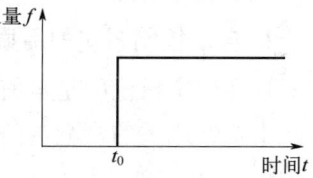

图 1.11 阶跃干扰作用

当系统的输入是阶跃干扰时，系统的过渡过程有如图 1.12 所示的五种基本形式。

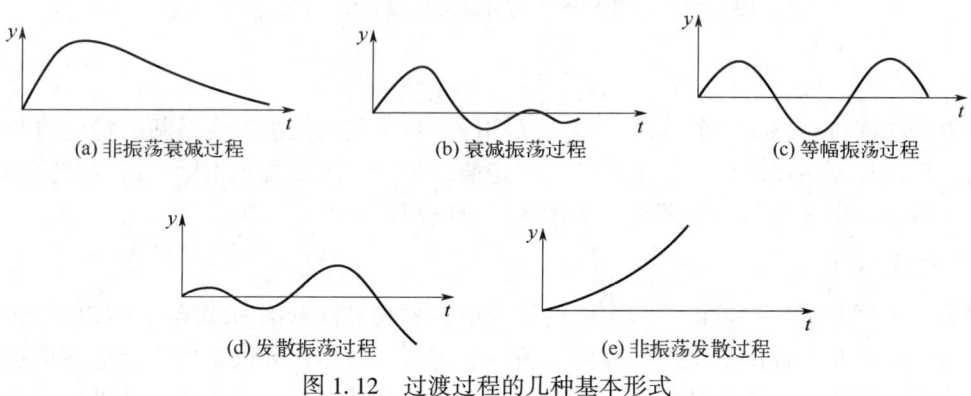

图 1.12 过渡过程的几种基本形式

（1）非振荡衰减过程：又称非振荡单调过程，被控变量在给定值的某一侧作缓慢变化，没有来回波动，最后稳定在某一数值上。

（2）衰减振荡过程：被控变量上下波动，但幅度逐渐减小，最后稳定在某一数值上。

(3) 等幅振荡过程：被控变量始终在某一幅值范围内上下波动。

(4) 发散振荡过程：被控变量上下波动，幅度逐渐变大。

(5) 非振荡发散过程：被控变量在设定值的某一侧作非振荡变化，且幅度逐渐变大。

非振荡单调过程（a）和衰减振荡过程（b）都是衰减的，称为稳定的过渡过程，被控变量经过一段时间后，逐渐趋向原来的或新的平衡状态，这是我们所需要的。但非振荡单调过程中，被控变量变化较慢，长时间偏离给定值，不能很快恢复平衡状态，故一般避免出现。但是，对于生产上被控变量不允许有波动的情况下，可以采用这种过程。衰减振荡过程能使系统最快地回到给定值，并很快稳定下来，是经常采用的形式。

等幅振荡过程（c）介于稳定和不稳定之间的临界状态，为了防止出现发散危险，这种过程需要避免出现。但是有些控制质量要求不高的控制系统，需要采用两位式控制，故意使系统在给定值上下波动，就另当别论了。

发散振荡过程（d）和非振荡发散过程（e）称为不稳定的过渡过程，其被控变量在控制过程中不但不能回到给定值，反而越来越偏离给定值，将导致被控变量超越工艺允许范围，严重时引起事故，显然这是生产所不允许的，应竭力避免。有些化学反应过程有可能出现发散情况；有些控制器设置不当、比例微分控制过强或是控制器错误设置成了正反馈，都会出现发散的情况。

2. 自动控制系统的品质指标

现在假定讨论的是定值控制系统，在 $t=0$ 时出现一个单位阶跃干扰。图 1.13 是在这种阶跃干扰作用下的衰减振荡过程。下面对衰减振荡过程给出几个描述过渡过程控制质量的品质指标。

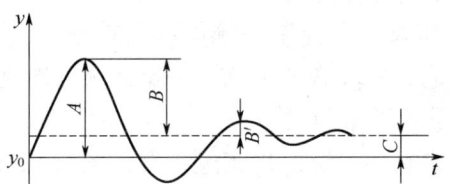

图 1.13 阶跃干扰作用时过渡过程品质指标示意图

1) 余差 C

余差是过渡过程终了时的残余偏差，又称静差。余差就是被控变量新的稳定值与给定值的差值，反映控制精度高低。在生产中，给定值是生产要求的技术指标，所以被控变量越接近给定值越好。但实现起来越困难，实现的代价越高。

2) 最大偏差 A

最大偏差就是被控变量偏离给定值的最大值，就是衰减振荡曲线第一个波的峰值 A。最大偏差表示工艺状态偏离给定值的程度，偏离量越大，对生产和设备的安全危害也越大。例如生产中的一些承压设备，被控压力需保持在一个安全范围内，超过这个范围，则会产生设备爆裂事故。另外，也必须考虑到干扰会不断出现，当第一个干扰还未消除，第二个干扰可能又出现了，偏差有可能叠加，这就更需要限制最大偏差。

有时也用超调量来表征被控变量的偏离程度，在图 1.13 中超调量用 B 表示，它是第一个波峰与新稳定值之差,即 $B=A-C$。

3) 衰减比 λ

衰减比是衰减振荡曲线第一个和第二个波峰值之比,即 $\lambda = A/(A-B+B')$。λ 是表示衰减程度的指标,习惯上用 $\lambda:1$ 表示。如果 λ 太小,稍大于 1,近似于等幅振荡,则过渡过程衰减缓慢,振荡剧烈,稳定时间必定变得很长。λ 大,意味着最大偏差 A 大,稳定时间也不见得短。λ 太大,接近于非振荡的单调过程,过渡过程也会很长。因此 λ 取值不能太大也不能太小,在实际生产中,一般都认为衰减比为 4:1 比较恰当。在 $\lambda=4:1$ 这样的振荡过程中,大约振荡两个波以后就可以认为是稳定下来了。但是,对于一些变化很缓慢的温度调节过程,波动一次的时间有时达一小时左右,一般采用 10:1 衰减曲线,或以非振荡曲线作为指标,效果可能会更好。

4) 过渡时间 T_s

从理论上讲,衰减振荡过渡过程要达到新的平衡需要无限长的时间,但是一般认为被控变量回复到允许范围(一般为稳态值的±5%)内就已经达到稳定。所以,过渡时间是从干扰开始作用到被控变量进入稳态值的±5%范围的这段时间。过渡时间短,表示过渡过程进行得比较迅速,即使干扰频繁出现,系统也能适应,系统控制质量就高。反之,过渡时间太长,被控变量长期不能稳定在给定值附近,如果几个干扰先后进入系统,可能会使干扰引起的波动叠加起来,控制系统的质量就不能满足生产的要求。

1.3.5 被控对象的特性

前面已经谈到,影响控制系统品质的主要因素是被控对象的特性。在自动控制中,只有深入了解对象的特性,了解对象的内在规律,才能结合工艺对控制的要求,设计出合理的控制方案,选用合适的自动化装置,设置最佳的控制器参数。

分析对象特性的方法有理论分析法、实验分析法两种。前者根据对象物料、能量平衡关系,通过建立数学方程的方式,得到对象输入输出关系的数学模型。后者是对已建成的对象施加人为干扰,记录被控变量随时间变化的规律,通过变化曲线辨识对象类型、确定特性参数。作为工艺技术人员,还是要着重了解对象类型及特性参数,以便今后更好地分析自动化系统。

被控对象的输入变量与输出变量之间的关系称为被控对象的特性。一般将被控变量看作是对象的输出量,而操纵变量和干扰变量都可看成是被控对象的输入变量。如图 1.14 所示。

对于同一个对象,控制通道特性描述的是控制作用与被控变量之间的关系,干扰通道特性描述的是干扰作用与被控变量之间的关系。很显然,在实现控制的过程中,要选择对被控变量影响最大、最灵敏的参数作为操纵变量,将干扰的影响降到最小。

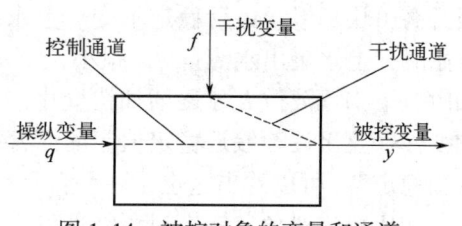

图 1.14 被控对象的变量和通道

1. 常见对象特性

根据储存物料或能量的"容器"的多少划分,有单容对象、双容对象和多容对象。

1) 单容对象

如图 1.15(a) 所示的储罐对象,只有一个储料容器,是一个典型的单容对象。

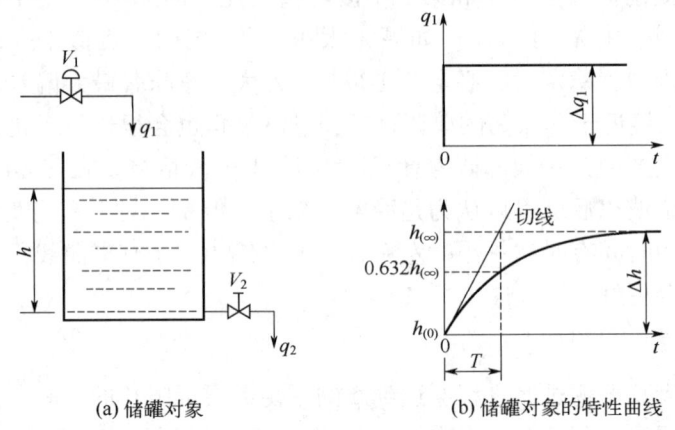

(a) 储罐对象　　　　(b) 储罐对象的特性曲线

图 1.15　单容对象及特性

作为一个生产过程中的缓冲容器,用于前后流程生产进度平衡的调节,应用十分普遍。假设储罐下游工序一定,出水阀门 V_2 的开度保持不变,我们利用进水阀 V_1 控制罐内液位 h 的变化。所以,液位 h 是对象的输出变量(即被控变量),进水量 q_1 看作对象的输入变量(即操纵变量)。

在稳定的静态,进、出水流量平衡,$q_1=q_2$,这时液位 $h=h_{(0)}$ 保持不变。假定在 $t=0$ 时刻突然开大进水阀门 V_1,进水流量阶跃变化 Δq_1,水罐对象的液位变化如图 1.15(b) 所示。

这种对象特性有一个很显著的特点,进水流量 q_1 阶跃增大后,液位 h 开始变化较快。随着液位持续升高,出水流量 q_2 也会逐渐增大。水罐的进、出水流量之差逐渐变小,最后趋于平衡。液位变化由快变慢,最后稳定在一个新的位置 $h=h_{(\infty)}$,呈现指数规律变化。可见这是一个能自平衡对象特性。

2) 双容对象

如图 1.16 所示串联水罐对象是一个典型的双容对象,有两个储料容器。假设上、下水罐的两个出水阀门的开度都保持不变,以下水罐的液位 h 作为输出变量,以上水罐的进水量 q_1 作为输入变量。

图中上水罐可以看成是一个单容对象,输入流量 q_1 突然增大后,液位 h_1 按指数规律逐渐升高由快到慢、最后稳定不变。上水罐出水流量 q_{12} 的变化与 h_1 变化过程相同。由于一开始时,上水罐出水流量 q_{12} 很小,下水罐液位 h 开始变化得很慢,后来直到 q_{12} 有较大增加时,下水罐液位 h 才逐渐加快变化,最后由于下水罐出水流量 q_2 增加会导致液位 h 的增加变慢,直至逐渐接近稳定值。简而言之,双容对象的变化特性是"先慢后快、之后又慢、逐渐稳定"。可以看出这也是一种自平衡对象特性。

相比单容对象,双容对象特性发生了畸变,特性曲线出现了拐点 O。拐点是液位 h 由慢变快的转折点,体现了由于多容对象前后影响,造成后级输出起始变化缓慢形成的"近似"滞后的现象。

3) 多容对象

有多个储存物料或能量环节的被控对象称为多容对象,多容对象的特性及特性参数求法

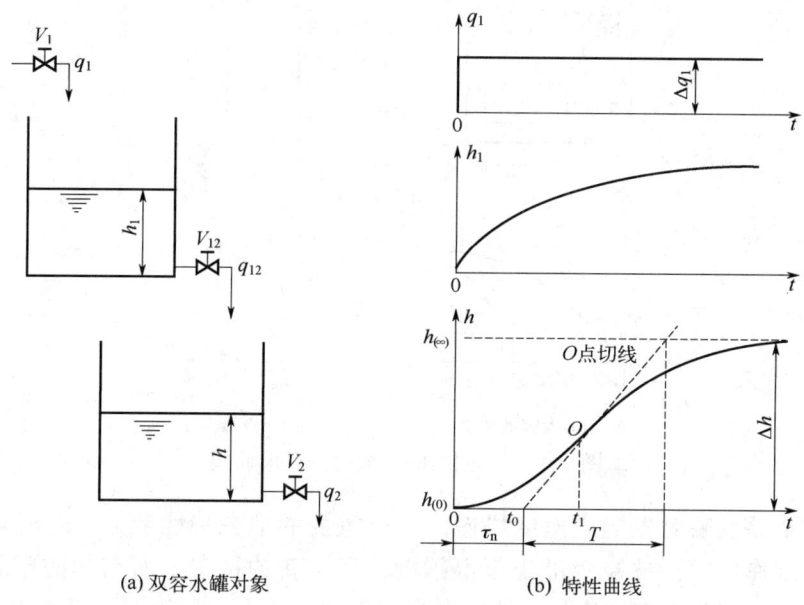

(a) 双容水罐对象　　　　(b) 特性曲线

图 1.16　双容水罐对象及特性

与双容对象基本相同。

2. 对象特性的参数

描述对象特性的参数主要有时间常数、放大系数、滞后时间三个参数。

1）时间常数

从大量的生产实践中发现，有的对象受到控制作用后，被控变量变化很快，较迅速地达到稳定值；有的对象经过很长时间才达到新的稳定值，原因就在于对象的时间常数不一样。

时间常数 T 就是被控变量以最大速度变化，达到新的稳定值所需要的时间。图 1.15 所示的单容对象，时间常数 T 就是沿 $t=0$ 时刻特性曲线的切线（被控变量变化速度最大）与液位稳定值 $h_{(0)}$、$h_{(\infty)}$ 线交点间的时间间隔。经过理论分析计算得到，T 也等于从输入量阶跃变化时刻 $t=0$ 起，到输出变化达到新稳态值 $0.632h_{(\infty)}$ 所用时间。

图 1.16 所示的双容对象，时间常数 T 就是特性曲线拐点 O（被控变量变化速度最大）处的切线与 $h_{(0)}$、$h_{(\infty)}$ 线交点间的时间间隔。

时间常数 T 反映对象惯性大小，取决于对象的"容量"与"阻力"两个因素。对上述水罐对象，时间常数与水罐的横截面积以及出口阀门的阻力系数有关。

图 1.17 中如水罐进水流量变化相同，出口阀门开度一定，截面积小的水罐存水量小、液位变化快、惯性小，并迅速稳定。截面积大的水罐惯性大，液位变化慢，需经过较长时间才能稳定。对于储罐而言横截面积表示水罐的储水能力，是所谓的"容量"因素。

另一方面，在进水流量发生同样变化的情况下，出水阀门开度、即出水阀的阻力对液位变化也有很大的影响。出水阀的开度越小，阻力越大，同样的水压下，出水流量就越小，稳定时间越长。对于储罐而言，阀门阻力是对水罐液位变化的"阻力"因素。其他各类对象也都存在容量-阻力因素，决定着时间常数大小。如电路的电容-电阻，换热器的热容-热阻等等。

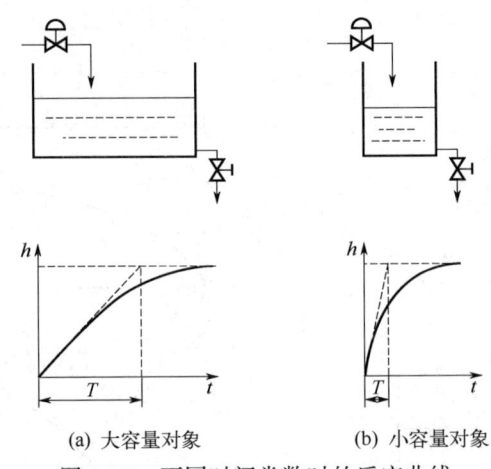

(a) 大容量对象　　　　(b) 小容量对象

图 1.17　不同时间常数时的反应曲线

时间常数 T 是反映对象响应速度快慢的一个重要的动态特性参数。时间常数越大，表示对象受到控制作用后，被控变量变化得越慢，到达新的稳定值所需的时间越长。反之 T 越小，对象输出量变化得就越快。当然，在自动控制系统中，希望控制通道的时间常数越小越好，控制作用迅速及时。但是，干扰通道的时间常数则越大越好。

2）放大系数

从图 1.15 单容对象特性曲线可看出，当有调节作用、进水流量 q_1 有一定的阶跃变化后，液位 h 也会有相应的变化，但最后会稳定在某一数值上。水罐对象输出变量是液位 h，操纵变量 q_1 就是对象的输入，那么在稳定状态时，对象输出变化量与输入变化量的比称为对象的放大系数。可表示为

$$K = \frac{\Delta h}{\Delta q_1} \tag{1.9}$$

式中，Δq_1、Δh 分别为水罐对象进水量变化量（输入）、液位变化量（输出）。

对象的放大系数 K 反映对象的静态特性。反映系统稳定、达到平衡的静态时，输入参数对对象输出参数的影响力和控制灵敏度。因此，对于控制作用而言，假如用阀门 V_1 控制液位 h，希望 K 大一些好，K 越大，控制作用越强，但是 K 太大会引起被控变量的频繁波动。假如 q_1 是水罐液位的干扰因素，对干干扰作用而言，则希望 K 越小越好。

3）滞后时间

在生产实践中发现，有的对象在输入信号作用后，被控变量不是立即变化的，而是要经过一段时间后才开始变化。这种现象称为滞后现象。

滞后通常是由两种原因造成的。一是由于介质的输送或热的传递在进入对象之前需要一段时间过程而引起的，称为纯滞后 τ_0。二是由于多容对象前后依次影响造成后级输出起始变化缓慢形成的"近似"滞后，称为容量滞后 τ_n。如图 1.16 中双容对象中时间常数 T 之前、O 点切线与横坐标轴交点到起始时刻间的时间就是容量滞后。

图 1.18 所示为蒸汽加热釜。以加热蒸汽流量 q_1 为输入量，溶液温度 T 为输出量。由于蒸汽调节阀到加热釜之间有较长的距离 L，阀门开度变化、阀门处流量变化时需要一段时间 τ_0 后增大的流量才到达加热釜，形成一定的纯滞后。而在夹层内，蒸汽要先加热夹层里的

水和釜内壁,再传热到釜内溶液。所导致的溶液温度变化滞后于夹层温度的变化,即有一定的容量滞后 τ_n。纯滞后与容量滞后有本质上的不同,但实际上也很难严格地区别开。在近似处理问题时,可以用一个总的滞后时间 $\tau=\tau_0+\tau_n$ 来表示。

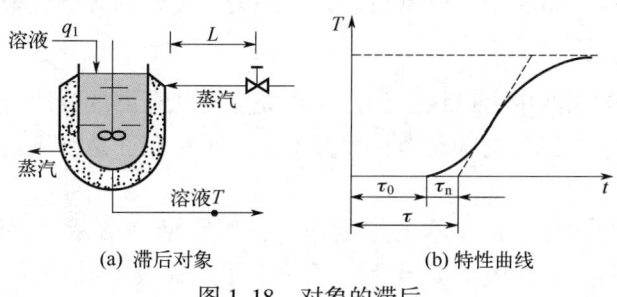

(a) 滞后对象　　　　　　　(b) 特性曲线

图 1.18　对象的滞后

1.3.6　基本控制规律

讨论控制器的特性,就是分析控制器接受了输入的偏差信号后,控制器的输出随输入变化的规律,即控制器的控制规律。

控制器总是按照事先规定好的某种规律来动作,这些规律都是长期生产实践的总结。在工业自动控制系统中最基本的控制规律有位式控制、比例控制、积分控制和微分控制四种,但后两种通常不单独使用。

各种控制规律是为了适应不同的生产要求而设计的,因此,必须根据生产的要求选用适当的控制规律。如选用不当,不但不能起到控制作用,反而会造成控制过程的剧烈振荡,甚至形成发散而造成严重生产事故。要选用合适的控制规律,首先必须了解常用的几种控制规律的特点和适用条件。

1. 双位控制

双位控制是位式控制的最简单形式。双位控制的动作规律是当测量值大于给定值时,控制器的输出为最大;而当测量值小于给定值时,则控制器输出为最小(也可以是相反)。因此,双位控制只有两个输出值,相应的控制机构也只有两个极限位置,不是开就是关,而且从一个位置变到另一个位置时间很快,如图 1.19(a) 所示。

实际上,双位控制器控制规律要按图 1.19(a) 的理想动作是很难保证的。若要按上述规律动作,控制机构的动作非常频繁,容易使系统中的执行器的运动部件很快损坏。况且实际生产中给定值也是允许有一定偏差的。因此,实际应用的双位控制器都有一个中间区〔有时就是仪表的不灵敏区,见图 1.19(b)〕。在中间区执行器是不动作的。这样,就可以

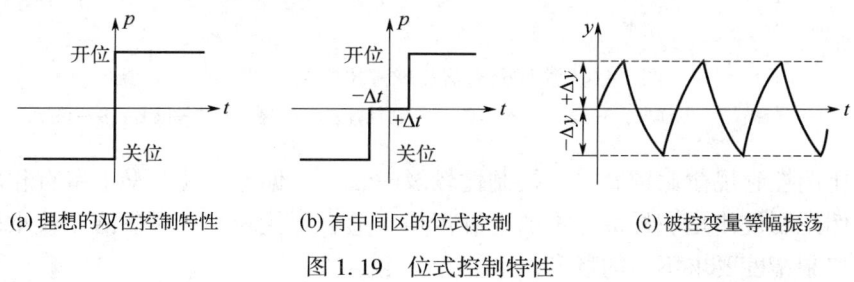

(a) 理想的双位控制特性　　(b) 有中间区的位式控制　　(c) 被控变量等幅振荡

图 1.19　位式控制特性

大大地降低执行机构开、关的频繁程度。而被控变量在上限值与下限值之间等幅振荡［见图1.19(c)］，但始终维持在允许的范围$\pm\Delta y$内，是最简单、要求最低的一种控制手段。

双位控制器结构简单，成本较低，易于实现，因此应用也很普遍。如空调、冰箱的控制；压缩机的压力控制；恒温箱、电烘箱、管式炉的温度控制等一般采用两位式控制方式。

2. 比例控制

从人工控制操作的实践中可以认识到，如果能够使执行器的开度与被控变量的偏差成比例变化的话，要比两位式控制更容易地让被控变量趋于稳定，达到平衡状态，这就是比例控制规律。

比例控制作用是最常用、最基本的控制作用，用字母P表示。比例控制器的输出变化量ΔM_V与输入变化量（偏差D_V）成比例，其关系用下式表示：

$$\Delta M_V = K_P D_V = \frac{1}{\delta_P} D_V \tag{1.10}$$

式中　K_P——控制器的比例放大倍数；

　　　δ_P——控制器的比例度，$\delta_P = \frac{1}{K_P} \times 100\%$。

控制系统中，习惯使用比例度描述比例控制强弱。比例度δ_P与放大倍数K_P成反比关系。比例度越小，则放大倍数越大，比例控制作用就越强，反之亦然。

比例控制规律比较简单，控制比较及时，一旦偏差出现，马上就有相应的控制作用。但有控制输出ΔM_V的前提是偏差D_V不等于零，因此比例控制无法消除余差。这是比例控制规律本身的特性所决定的，余差是不可避免的。

图1.20是一个简单的比例控制系统，被控对象是油田应用普遍的油气分离器，被控变量是分离器的液位。浮球通过杠杆控制出油阀开度。当系统受到干扰，使进油流量q_1增加时液位h升高，偏离给定值，$h>h_0$。此时浮球上升、杠杆偏转，控制出油阀芯上移，开度增大，以增大出油流量q_2，直至$q_2=q_1$建立起新的平衡为止。不过在新平衡状态，液位已经有余差了。这里，图中的浮球是测量元件，阀门是执行器，而杠杆就是一个最简单的比例控制器。

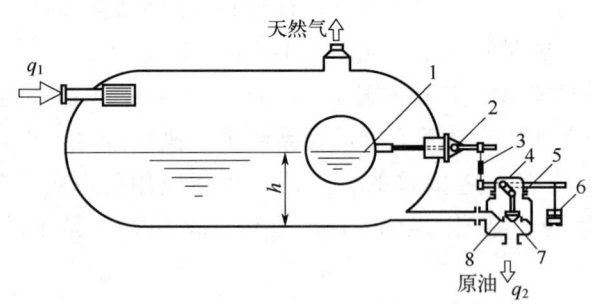

图1.20　油气分离器浮球液位控制器原理图

1—浮球；2—主杠杆；3—连杆；4—轴；5—副杠杆；6—平衡锤；7—阀芯；8—阀座

总之，比例控制规律比较简单，控制比较及时，一旦偏差出现，马上就有相应的控制作用。所以比例控制规律是一种最基本的控制规律，适合干扰较小、对象滞后较小而时间常数并不太小、控制精度要求不高的场合。

3. 比例积分控制

比例控制总是存在余差，控制精度也不高，这是比例控制的缺点。当对控制质量有更高要求时，必须在比例控制的基础上，再加上能消除余差的积分控制作用。

比例积分控制规律是生产上常用的一种控制规律（常用 PI 表示）。比例积分控制规律可用下式表示：

$$\Delta M_V = \frac{1}{\delta_P}\left(D_V + \frac{1}{T_I}\int_0^t D_V dt\right) \tag{1.11}$$

式中　T_I——积分时间；

　　　δ_P——比例度，$K_P = 1/\delta_P$。

比例积分作用下阶跃输入响应曲线如图 1.21 所示。比例积分控制器的特性就是比例控制器和积分控制器两者特性之和。当输入偏差是一阶跃变化时，比例积分控制器的输出一开始是一阶跃变化（比例作用），然后随着时间逐渐上升（积分作用）。

积分时间 T_I 等于图中控制器输出为 2 倍于比例部分输出（即 $2K_P A$）的时间。

积分时间 T_I 越小，表示积分速度越大，积分特性曲线的斜率越大，即积分作用越强。反之，积分时间 T_I 越大，表示积分作用越弱。若积分时间无穷大，则表示没有积分作用，控制器就成为纯比例控制器了。

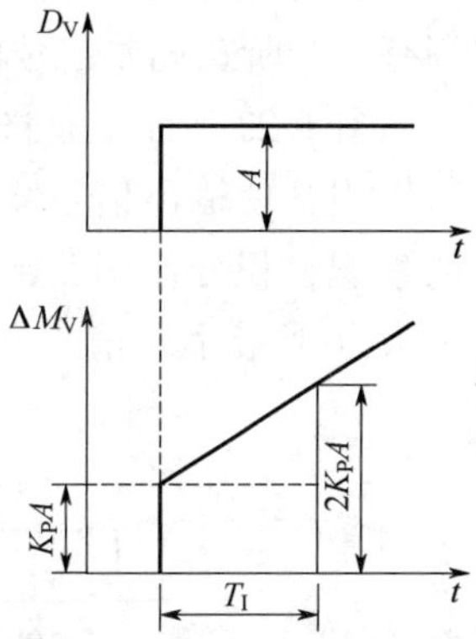

4. 比例微分控制

图 1.21　比例积分控制器特性

在实际生产中，有经验的人当看到偏差变化速度很大，估计即将出现很大偏差的时候，就过量地打开（或关闭）阀门，以克服这个预计的偏差。这种根据偏差变化速度实现的控制作用就是微分控制。

微分控制这种"过量"的控制效果，意味着有"超前"作用，因此能比较有效地改善容量滞后比较大的被控对象的控制质量。

微分控制作用，可表示为

$$\Delta M_V = T_D \frac{dD_V}{dt} \tag{1.12}$$

式中，T_D 为微分时间。在阶跃输入下的输出特性如图 1.22(b) 所示。

但是理论上的微分是无法实现的。如果控制器输入了一个阶跃信号，输入变化的瞬间，理论上微分输出趋于无穷大。在此以后，由于输入不再变化，输出立刻降到零。这种理论微分作用没有什么实用价值，故实际的微分部分如图 1.22(c) 所示。在阶跃输入发生时，输出突然上升，然后逐渐下降到零，只是一个近似的微分作用。由于微分控制在被控变量达到稳定时输出为零，对恒定不变的偏差没有克服能力，因此不能单独使用。所以实际上控制器都是采用比例微分控制。

实际的比例微分控制作用在阶跃输入下的输出特性如图 1.22(d) 所示，可表示为

$$\Delta M_V = A[1+(K_D-1)e^{-\frac{t}{T}}]$$
$$T = T_D/K_D \tag{1.13}$$

式中 K_D——微分放大倍数（常数，一般为6）；
　　　T_D——微分时间；

实际工作时，微分时间可按图1.22(d)测出。当 $t=T$ 时，比例微分控制器总输出达到 $\Delta M_V = A + 0.368(K_D-1)A = 2.84A$（$K_D = 6$ 时），由此可求出微分时间 $T_D = K_D T$。

微分时间 T_D 越大，微分特性曲线的下降速度越慢，微分作用持续时间越长，微分作用越强。

5. 比例积分微分控制

比例积分微分控制又称 PID 控制，它可由下式表示：

$$\Delta M_V \approx \frac{1}{\delta_P}\left(D_V + \frac{1}{T_I}\int_0^t D_V \mathrm{d}t + T_D \frac{\mathrm{d}D_V}{\mathrm{d}t}\right) \tag{1.14}$$

PID 控制作用就是比例、积分、微分三种控制作用的综合。

当有一个阶跃偏差信号输入时，PID 控制器的输出信号等于比例、积分和微分三部分输出之和，如图1.23所示。从图中可以看出，在输入阶跃信号后，微分作用立即变化，比例也同时起作用，使输出信号突然发生大幅度变化，然后逐渐下降，微分作用迅速消失。接着随时间的累积，积分作用越来越大，逐渐起主导作用。若偏差不消除，则积分作用可使输出变化到最大（或最小）值。

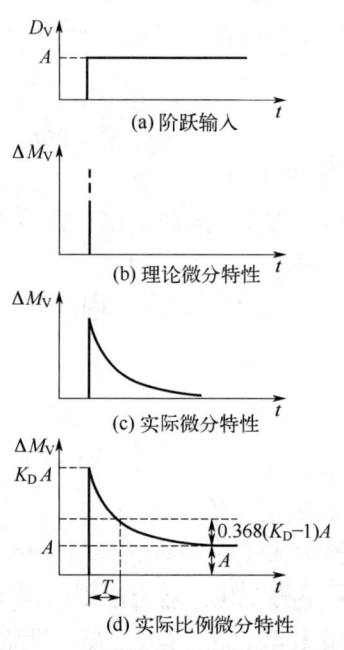

图1.22　阶跃输入时微分控制器特性

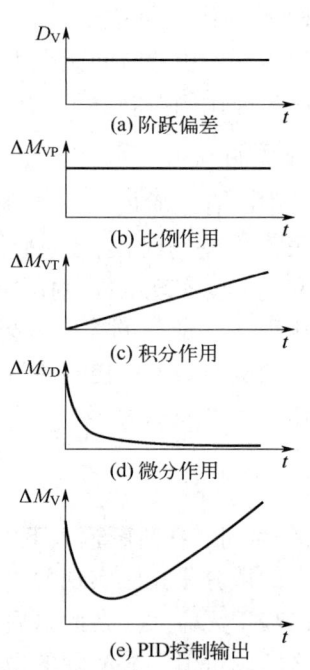

图1.23　PID 控制器输出特性

在 PID 控制中，有三个控制参数，就是比例度 δ_P、积分时间 T_I 和微分时间 T_D。适当选取这三个参数值，可以获得良好的控制质量。

将 PID 控制器的微分时间调到零（即微分作用为零），就成了 PI（比例积分）控制器。如果将 PID 控制器的积分时间放到最大（即积分作用为零），就成了一个 PD（比例微分）控制器。目前生产中的连续控制，都是这三种控制作用的组合。

最后，对比例、积分、微分三种控制规律进行一简单小结：

（1）比例控制根据"偏差的大小"来动作。控制器输出与偏差的大小成比例，控制及时有力，但是有余差。用比例度 δ_P 来表示其作用的强弱。δ_P 越小，控制作用越强。比例作用太强时会引起振荡。

（2）积分控制根据"偏差存在时间"来动作。控制器输出与偏差对时间的积分成比例，只有当余差完全消失，积分作用才停止。其实质就是消除余差。但积分作用缓慢，延长了控制时间。用积分时间 T_I 表示其作用的强弱，T_I 越小，积分作用越强，积分作用太强时，也易引起振荡。

（3）微分控制根据"偏差变化速度"来动作。控制器输出与偏差变化的速度成比例，其效果是阻止被控变量的一切变化，有超前控制的作用。对滞后大的对象有较好的效果。用微分时间 T_D 表示其作用的强弱，T_D 长则微分作用强，但若 T_D 太长则会引起振荡。

模块 1.4　基本控制系统与复杂控制系统

基本控制系统，又称简单控制系统。通常是指由一个变送器、一个控制器、一个执行器和一个被控对象构成的单回路控制系统。基本控制系统是自动控制系统中结构最简单、最基本的控制系统，也是各类复杂控制系统、先进控制系统的基础。

复杂控制系统，是相对于基本控制系统而言的，指具有多个输入、输出参数，由一个以上变送器、控制器、执行器组成的多回路自动控制系统。常见的复杂控制系统有串级、均匀、比值、前馈、分程等控制系统。

1.4.1　基本控制系统

基本控制系统所需要的自动化装置少，投资低，操作维护方便，应用十分普遍。在石油化工生产自动化系统中，基本控制系统占所有控制系统的绝大多数。如何在实际生产过程中，根据工艺要求，设计、投运、调整优化一个基本控制系统，是工作的重要内容。

基本控制系统，其方框图如图 1.24 所示。

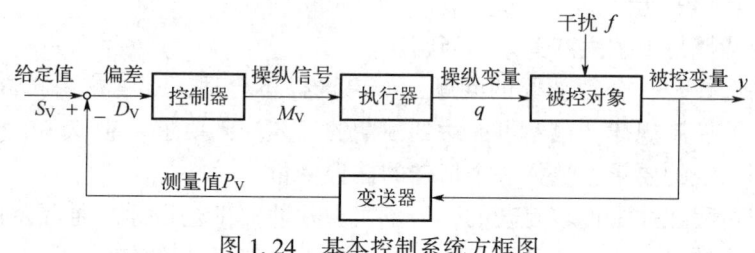

图 1.24　基本控制系统方框图

1. 基本控制系统构成原则

前面曾讲到，自控系统是具有被控变量负反馈的系统，也就是说，经过闭环控制作用后，使原来偏高的被控变量降低，而偏低的要升高。控制作用必须与干扰作用相反，才能使被控变量回到给定值。这里，就有一个作用的方向问题。

1) 自控系统各环节的作用方向

所谓作用方向，就是指此环节输入增加后，输出变化的方向是升高还是降低。在一个自控系统中，不仅是控制器，而且被控对象、变送器、执行器都有各自的作用方向。如果组合不当，使总的作用方向构成了正反馈，则控制系统不但不能起控制作用，反而会破坏生产的稳定。所以，在系统投运之前必须注意各环节的作用方向，以组成具有被控变量负反馈的自控系统，达到控制的目的。

对于变送器，其作用方向一般都是"正"的，因为被控变量增加时，其输出信号也是相应增加的。

对于控制器，虽然控制器的实际输入信号是给定值与测量值的偏差，但给定值是固定不变的。因此都是将变送器送来的测量信号作为输入量。测量信号增加后，控制器的输出也增加，称为"正作用"方向；反之，则称为"反作用"方向。

对于执行器，若为气开阀，则当控制器输出信号增加时，阀的开度增大、流量增加，将其称为"正作用"；若为气关阀，则当控制器输出信号增加时，阀的开度减小，将其称为"反作用"。

至于被控对象的作用方向，则看操纵变量增加时，被控变量是增加还是减小，被控变量增加的，则被控对象为"正作用"，反之为"反作用"。

2) 负反馈控制系统的构成原则

系统各环节的作用方向明确以后，就可以根据系统各环节作用方向的组合情况，使系统总的作用方向为"反"方向，构成负反馈，达到控制的目的。

构成负反馈系统的原则就是：通过改变控制器的作用方向，使系统的变送器、控制器、执行器、被控对象这四个环节的作用方向组合成"三正一反"或"三反一正"规律，动作方向就对了，就能形成负反馈控制系统。在一个控制系统中，当从工艺需要和安全角度确定了执行器的作用方向后，由于被控对象、变送器的作用方向已定，所以剩下的任务就是确定控制器的作用方向。控制器上有"正""反"作用开关，作用方向是可以改变的。在系统投运前，一定要根据前面所讲的原则，确定好控制器的作用方向。

2. 基本控制系统设计原则

1) 被控变量的选择

被控变量的选择与工艺生产关系相当密切。

被控变量的选择是一个很重要的问题，如果选择不合适，那么配备再高级的自动化仪表，使用再先进的控制规律，也不可能达到预期的工艺控制要求。应该多了解工艺内容以及工艺过程对控制系统的要求，选择一个最佳的被控变量。

实际的生产过程往往是比较复杂的，为了实现预期的工艺目标，通常会有多个工艺变量或参数可供选择为被控变量。这种情况下，被控变量的选择就应该格外慎重，多加分析和比较。选择被控变量的总体原则为：

（1）尽量采用直接指标作为被控变量。

（2）当无法获得直接指标信号，或其测量变送信号滞后很大时，可选择与直接指标有单值对应关系，对直接指标的变化有足够高的灵敏度、反应也较快的间接指标作为被控变量。

(3) 选择被控变量时，必须考虑工艺的合理性和国内仪表产品的现状。

(4) 被控变量应是独立的、可调的。

2) 操纵变量的选择

被控变量确定之后，接着要考虑的就是影响被控变量变化的因素有哪些。在对象的所有输入变量中，应选择一个对被控变量影响最大的变量作为操纵变量，才能有效克服干扰的影响。

在影响被控变量的诸多因素中，操纵变量确定后，其他因素就成为干扰因素了。希望操纵变量对被控变量的影响要尽量大，即放大系数大、时间常数小。同时希望其他所有干扰因素对被控变量的影响尽量小。所以，在选择操纵变量时，应遵循以下原则：

(1) 操纵变量应该是所有输入变量中对被控变量影响最大的一个，对象控制通道放大系数要大，时间常数、滞后时间尽量小。

(2) 应该尽量使干扰作用点远离被控变量而靠近执行器，使干扰通道放大系数尽可能小，时间常数、滞后尽可能大，以减小干扰对被控变量的影响。

(3) 所选操纵变量必须是可控可调的，并且此变量的调节在工艺上合理、经济。

3) 控制器控制规律的选择

控制器应根据对象的特性和工艺要求选择。包括控制器形式的选择和控制规律的选择。

经验证明，相同的控制系统用于不同的生产过程时，其控制质量往往差异很大。所以，必须通过对被控对象特性、干扰幅度的大小和频繁程度，来选择合适的控制器。在选择控制器时，除了考虑调节质量这一重要因素外，还应考虑节约投资和操作方便两个因素。目前实用的控制器主要有位式、比例、比例积分和比例积分微分四种形式。下面分别叙述各种调节规律对调节质量的影响，以作为控制器选型的依据。

(1) 位式控制。

位式控制系统适用于时间常数较大、纯滞后较小、负荷变化不大也不剧烈的场合。如常用的冰箱、空调、电烘箱等温度控制系统，储油罐放水的液位控制系统，以及空气压缩机储罐的压力控制系统等都可用位式控制。

各种模拟式控制器、数字式控制器及计算机控制系统都具有位式控制功能。在生产过程中实现位式控制比较简便。凡是有上、下限报警输出的检测仪表（如电接点压力表、温度计、浮球液位控制器等）也都可以用作位式控制器，再配上一些中间继电器、磁力起动器及快开式执行器、电磁阀或电动机等，便可以构成位式控制系统。

(2) 比例控制 P。

比例控制的特点是控制器的输出与偏差成比例变化，阀门位置与偏差有对应关系，当负荷变化时，克服干扰能力强，过渡过程时间短，过程终了存在余差。

比例控制适用于对象控制通道滞后较小而时间常数不大、负荷变化较小、控制精度要求又不高的控制系统，如某些塔和储罐的液位，气体和蒸气总管的压力控制系统。在一般情况下，如能将比例控制器应用得当，都可以获得较好的效果。比例控制器的主要缺点是调节的最终结果有余差，特别是当负荷变化幅度大时，余差更大。

(3) 比例积分控制 PI。

比例积分控制器的输出信号与偏差值对时间的积分成正比关系。所以当偏差存在时，控制器的输出一直在变化，直到偏差值等于零时为止。由于比例积分控制器具有这一特性，所以可以消除余差，使被控变量最终回到给定值。但该系统稳定性降低，虽然加大比例度可以提高稳定性，但超调量和振荡周期都加大，恢复时间也加长。

比例积分控制器适用于对象控制通道滞后较小且时间常数 T 也不大、负荷变化较大但变化缓慢、工艺参数不允许有余差的控制系统，例如流量控制系统、管道压力控制系统和要求严格的液位控制系统等，在炼油、化工过程中多数系统都可采用。对于纯滞后和容量滞后都特别大的对象，或者负荷变化特别剧烈的对象，由于积分作用的迟缓性质，调节作用不够及时，使调节时间较长，最大偏差也较大。在这种情况下不应考虑增加积分作用。

（4）比例积分微分控制 PID。

控制器在比例控制的基础上引入积分控制，可以消除余差，再引入微分控制的超前作用，可以使系统的稳定性增加，最大偏差减小，控制过程加快，控制质量改善。对于控制通道时间常数和容量滞后较大、纯滞后较小、负荷变化大但不甚频繁、控制质量要求较高、不允许有余差的对象，采用 PID 控制可以较全面地改善调节质量。例如温度控制系统多采用 PID 控制器。

需要说明的一点是，当对象控制通道和测量元件的纯滞后 τ_0 较大时，微分作用也无能为力，不能克服纯滞后。在这种情况下，应从工艺和仪表安装角度尽量减少纯滞后时间。如果纯滞后较大的情况不能改善，且负荷变化频繁，基本控制系统已无法满足要求，只能利用复杂控制系统来进一步加强抗干扰能力，改善系统性能，满足生产要求。

基本控制系统的组成简单，投运、整定都比较容易，在生产实践中能解决大多数的参数控制问题，满足定值控制的要求。然而，有些被控对象具有高滞后、大惯量、多关联参数、复杂耦合因素的特性，简单控制系统就无能为力了。因此在生产实践中，发展出了与基本控制系统不同的其他控制形式，这些控制系统就是复杂控制系统。常见的复杂控制系统有串级、均匀、比值、前馈、分程等控制系统。

3. 基本控制系统设计示例——精馏塔控制

精馏过程是石油和化工生产中应用很广泛的一种生产工艺。它是利用石油混合液中各组分挥发度的不同，将各组分进行分离以提取达到规定纯度要求的产品。精馏操作设备主要包括再沸器、冷凝器和精馏塔（见图 1.25）。精馏塔是完成精馏操作的主体设备，塔内设有供气液接触传质用的塔板。进料加在塔的中部，进料中的液体和上塔段来的液体一起沿塔下降，进料中的蒸气和下塔段来的蒸气一起沿塔上升。在整个精馏塔中，汽液两相充分逆流接触传质。位于塔顶的冷凝器使塔顶蒸气冷凝成液体，部分冷凝液作为回流液返回塔顶，其余馏出液是塔顶产品。位于塔底的再沸器使塔底液体部分汽化后送回精馏塔，余下的液体作为塔底产品。

精馏塔的直接质量指标主要是产品纯度，一般应使塔顶或塔底的产品之一达到规定的纯度，或维持在规定的范围内。产品纯度可用产品成分来衡

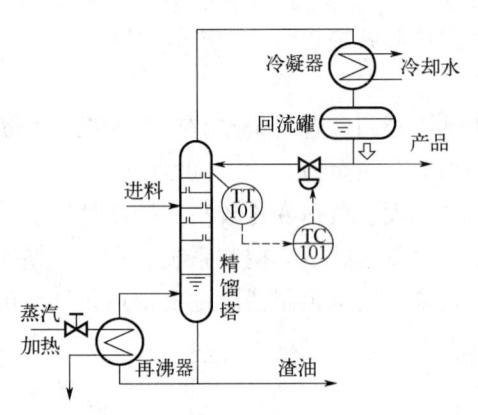

图 1.25 精馏塔的控制

量,但产品纯度分析仪表难以满足生产环境及实时测量要求。无法用直接质量指标作为被控变量。这样就需要在与其组分有关的因素中,找出合适的参数作被控变量,进行间接指标控制。温度是精馏塔最常用的间接质量指标。对于一个二元组分精馏塔来说,产品组分与塔的温度和压力存在着一定的关系。当压力恒定时,组分与温度之间存在着单值对应关系,即塔压恒定时塔板温度就能反映成分。而当温度恒定时,组分与压力之间也存在着单值对应关系。总之组分、温度和压力三者之间,只要固定温度和压力变量中的一个,则另一个变量就可作组分的间接指标控制。

从工艺的合理性考虑,压力往往需要固定,因为只有压力稳定,才能保证塔的产品纯度、效率和经济性。所以,结论是固定压力,选择温度作为被控变量。

被控变量确定之后,接着要考虑的就是影响被控变量变化的因素有哪些。在对象的所有输入变量中,应选择一个对被控变量影响最大的变量作为操纵变量,才能有效克服干扰的影响。这里对塔盘温度影响的因素有进料温度、成分及流量,再沸器温度、回流液温度、流量等。从工艺角度上看,塔顶的回流流量对塔顶温度影响最显著、最及时。虽然精馏塔的进料温度、流量和成分的波动是精馏塔温度控制的主要干扰,但是进料取决于上一工序出料或原料情况,它们是不可控的。虽然调节再沸器蒸汽流量比调节塔顶回流量经济的多,但会影响塔底产品质量,并且对塔顶温度的影响远不如回流量的影响更及时和显著。综合以上因素,选择回流流量作为操纵变量。

1.4.2 串级控制系统

为了学习串级控制系统,首先来分析加热炉出口温度简单控制系统,如图1.26(a)所示。

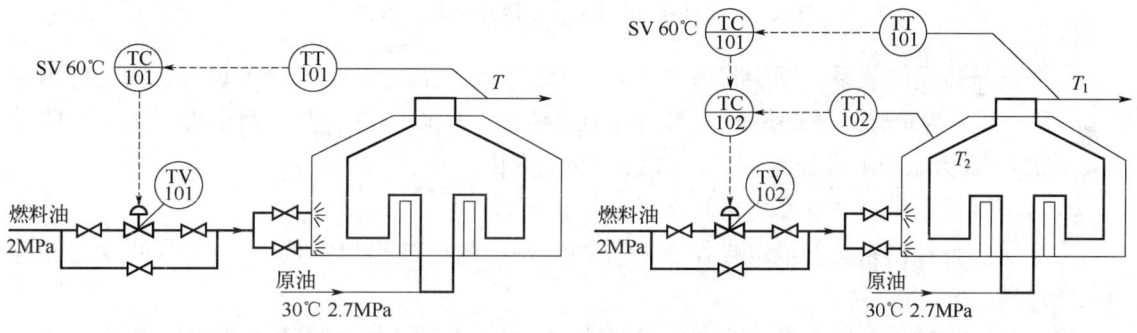

(a) 加热炉出口温度简单控制系统　　　　(b) 加热炉出口温度串级控制系统

图1.26　加热炉简单控制系统与串级控制系统对比

控制系统的被控变量是加热炉出口温度,操纵变量是燃油流量。当执行器改变了燃油流量以后,先影响的是炉膛温度,然后经炉管向原油的传热过程才能逐渐影响原油的出口温度。加热炉的这个传热惯性,也就是容量滞后很大,时间常数约15分钟左右。所以当燃油压力、环境温度干扰影响炉膛温度后,出口温度尚需多时才能反应出来,就不能较快地产生控制效果。另外,当原油流量变化等因素改变了出口温度时,容量滞后使得控制作用先改变了炉膛温度之后,延迟十几分钟才能影响到出口温度。由于控制不及时,控制质量差,上述简单控制系统难以满足生产要求。

1. 串级控制系统的构成

为了解决加热炉容量滞后问题，人们在生产实践中认识到，如果干扰发生了，先影响了炉膛温度，能否根据炉膛温度的变化，先改变燃料量，然后再根据加热炉原油出口温度与其给定值之差，进一步改变燃料量，以保持原油出口温度的恒定？根据这一控制思想，就构成了加热炉温度串级控制系统，图1.26(b)为加热炉出口温度串级控制系统示意图。

串级控制系统中，由于燃料油的压力升高，这个干扰首先使炉膛温度 T_2 升高时，无需原油出口温度反应过来，控制器TC-102首先产生控制作用，关小燃油阀门TV-102的开度，减小燃料油的流量，使炉膛温度在还未影响到出口温度之前就迅速降低下来（这部分惯性小得多）。

由于原油流量变化等因素使加热炉出口温度 T_1 高于给定值时，T_1 的变化反馈到控制器TC-101，使正作用控制器输出信号减小。而TC-101的输出就是TC-102的给定值。因此，TC-102成为一随动控制器，其输出控制信号随之减小，通过执行器TV-102减小燃料油流量。这样，两个控制器协同工作，就会很快地使原油出口温度重新回到给定值。

根据以上控制过程，给出如图1.27所示加热炉出口温度串级控制系统的方框图。

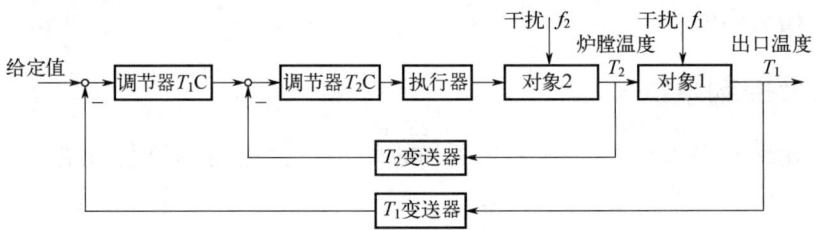

图1.27　加热炉出口温度串级控制系统方框图

根据信号传递的关系，图中将管式加热炉对象分为两部分。一部分为炉管，图上标为对象1，另一部分为炉膛及燃烧装置，图上标为对象2。干扰 f_2 表示燃料油压力、组分等的变化。干扰 f_1 表示原油本身的流量、进口温度等的变化。

现对串级控制系统方框图中各环节的意义进行说明。

主变量：是控制系统的最终控制参数。如上例中的原油出口温度 T_1。相应的变送器称为主变送器。

副变量：为辅助控制参数，也是一个中间变量，如上例中的炉膛温度 T_2。相应的变送器称为副变送器。

主对象：为主变量表征其特性的工艺生产设备。本例中主要是指炉内加热炉管，如图中的对象1。

副对象：为副变量表征其特性的工艺生产设备。本例中主要是炉膛及燃烧装置，如图中的对象2。

主控制器：控制主变量的控制器。如图中的 T_1C。

副控制器：其给定值来自主控制器的输出，直接控制执行器。如图中的 T_2C。

图1.27中，将由主变送器、主副控制器、执行器和主副对象构成的外回路称为主回路，而将由副变送器、副控制器、执行器和副对象所构成的内回路，称为副回路。所以，串级控

制系统中有两个闭合回路,副回路是包含在主回路中的一个小回路,两个回路都是具有负反馈的闭环系统。

2. 串级控制系统的特点

从串级控制系统结构分析,主、副控制器是串联工作的。主控制器的输出作为副控制器的给定值,系统通过副控制器的输出去操纵执行器动作,实现对主变量的定值控制。所以在串级控制系统中,主回路是个定值控制系统,而副回路是个随动控制系统。

在串级控制系统中,主变量是反映产品质量或生产过程运行情况的主要工艺变量。控制系统设计的目的就在于稳定主变量。而副变量是影响主变量的关键因素,所以副变量的选择在于可控、灵敏、直接。

在系统特性上,串级控制系统由于副回路的引入,改善了对象的特性,使控制过程加快,具有超前控制的作用,从而有效地克服滞后,提高了控制质量。

由于增加了副回路作用,因此具有一定的自适应能力,可用于负荷和操作条件有较大变化的场合。

1.4.3 均匀控制系统

石油化工生产过程绝大部分是连续生产过程,一个设备的出料往往是另一个设备的进料。均匀控制系统是在连续生产过程中,各种设备前后紧密联系的情况下,提出的一种特殊的控制方式。例如精馏塔多塔分离过程中,甲、乙两塔前后紧密联系、相互关联,但操作往往是相互矛盾的。如图1.28所示,对甲塔来说,需要保持液位稳定,就势必频繁改变塔底的排出量。而对于乙塔来说,如果甲塔的出料频繁波动就会造成乙塔进料剧烈波动,乙塔希望进料量稳定,两塔的操作就出现了矛盾,会顾此失彼。从工艺和设备上分析,甲塔的塔釜有一定的容量,并不要求液位保持在定值上,允许在一定的范围内变

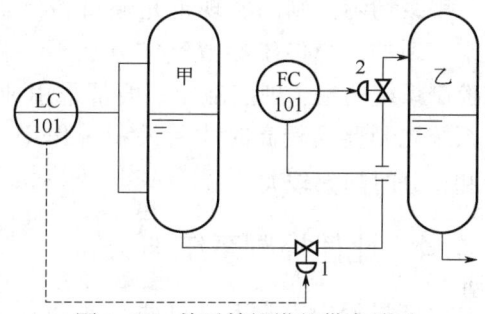

图1.28 前后精馏塔的供求关系

化。乙塔的进料如不能做到定值控制,使其缓慢变化也对乙塔的操作有益。为了解决先后的矛盾,达到前后兼顾、协调操作,使液位和流量在一定范围内均匀变化即可。为此就组成了均匀控制系统。

均匀控制的目的是使液位保持在一个允许的变化范围,而流量保持平稳。但是所谓"均匀"不是绝对平均或两者均好的意思。在具体实现时要根据生产的实际情况,哪一项指标要求高,就多照顾一些,使这两个矛盾的变量达到如下要求:首先,两个变量在控制过程中都是变化的,且变化是缓慢的。其次,前后联系又相互矛盾的两个变量应保持在允许的范围内波动。均匀控制的设计意图,本来就不是对某一个变量的定值控制。

均匀控制系统有简单均匀控制和串级均匀控制两种形式。

1. 简单均匀控制

如图1.29所示为均匀控制系统,从结构上看就是一个简单控制系统。但控制的目的不同。为了使液位和排出流量都在各自允许的范围内做缓慢变化,而不是非要保持定值,简单

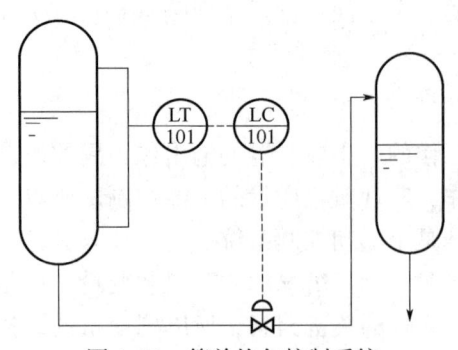

图 1.29 简单均匀控制系统

均匀控制系统是通过控制器的参数整定来实现的。控制器一般都选纯比例作用，比例度 δP 的值选的很大，当液位变化时，控制器的输出变化很小。排出流量只微小、缓慢地变化。有些情况下，即使控制器选 PI 作用，也是用来消除过大的偏差，防止液位超出规定范围。这时比例度一般都大于 100%，积分时间也要大一些。不采用微分作用，因为它不符合均匀控制的目的。

2. 串级均匀控制

为了克服简单均匀控制的不及时性，当有其他干扰影响流量时，可在原方案上增加一个流量副回路，这样就构成了如图 1.30 所示的液位-流量的串级均匀控制系统，其应用较为广泛。可以看出，由于增加了副回路，可以及时克服由于塔内压力变化所引起的流量变化。但是，它的设计目的是为了协调液位和流量两个变量的关系，使之能在规定的范围内做缓慢变化，所以其本质上是均匀控制。

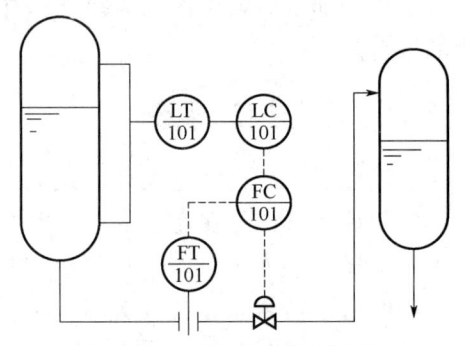

图 1.30 串级均匀控制系统

串级均匀控制的实现也是通过控制器的参数整定来实现的。与传统参数整定方法不一样，串级均匀控制系统的主、副控制器一般都采用纯比例作用，在系统控制要求较高时才引入积分作用，而且比例度和积分时间都较大。

1.4.4 比值控制系统

生产过程中常常需要将两种或两种以上的物料保持一定的比例关系，比例一旦失调就会影响产品质量，甚至造成事故。例如，原油脱水过程中，必须使原油和破乳剂以一定的比例混合，才能得到好的脱水效果。如果破乳剂的用量太少，则达不到规定的浓度，降低脱水效果；太多则会造成浪费。实现两个参数符合一定比例关系的控制系统，称为比值控制系统。

在需要保持比值关系的两种物料中，必有一种物料处于主导地位（如例子中的原油），这种物料称为主物料，用 q_1 表示。而另一种物料按主物料进行配比，在控制过程中随主物料而变化（如例子中的破乳剂），称为从物料，用 q_2 表示。比值控制系统就是要实现副流量与主流量成一定比值关系，满足下列关系式：

$$k = \frac{q_2}{q_1} \tag{1.15}$$

式中，k 为副流量与主流量的流量比值。

1. 开环比值控制系统

开环比值控制系统是最简单的比值控制系统。开环比值控制系统原理图如图 1.31 所示。

当主流量 q_1 由于干扰作用而发生变化时,通过控制器 FC-101 控制安装在从物料管道上的执行器来调节副流量 q_2,以满足 $q_2=Kq_1$ 的要求。从图中可以看到,系统的测量信号取自主物料 q_1,本身并无反馈,控制器的输出去控制从物料的流量 q_2,整个系统没有构成闭环,所以是一个开环系统。

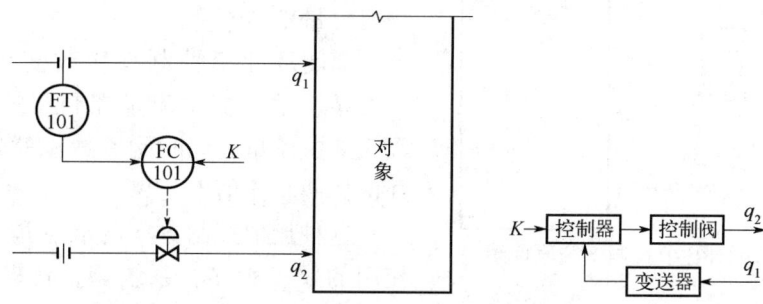

图 1.31　开环比值控制系统原理图

这种方案的优点是结构简单,所用仪表少,需一台纯比例控制器,其比例度可以根据比值要求来设定。从图上可知,只有 q_1 发生变化时比值控制系统才起作用。若 q_1 没有变化,只是因为管线上压力变化导致 q_2 变化,这时系统是不起控制作用的,这样就破坏了 q_1 与 q_2 的比值关系。也就是说,这种比值控制方案对副流量 q_2 本身没有抗干扰能力。所以这种系统只能适用于副流量较平稳而且比值要求不高的场合。

2. 单闭环比值控制系统

单闭环比值控制系统是为了克服开环比值控制方案的不足,在开环比值控制系统的基础上,通过增加一个副流量的检测控制而组成单闭环控制系统,如图 1.32 所示。

当主流量 q_1 变化时,主控制器 FC-101 按预先设置好的比值使输出成比例地变化,改变副控制器 FC-102 的给定值。此时副流量闭环系统为一个随动控制系统,q_2 跟随 q_1 变化,保持流量比值 K 不变。当主流量没有变化而副流量由于自身受到干扰发生变化时,此副流量闭环系统相当于一个定值控制系统,通过控制克服干扰,使工艺要求的流量比值仍保持不变。

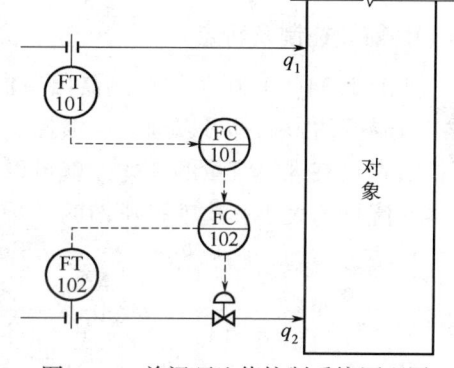

图 1.32　单闭环比值控制系统原理图

单闭环比值控制系统能克服从物料本身干扰对比值的影响,比值控制精确,结构较简单,所以得到广泛的应用。但是,这种方案因主物料不受控,在主流量受到干扰而出现大幅波动时,会导致总物料 q_1+q_2 出现较大的波动。

3. 双闭环比值控制系统

双闭环比值控制系统就是为了克服单闭环比值控制系统的不足而设计的。它是在单闭环比值控制的基础上,增加了主流量控制回路构成。图 1.33 所示为双闭环比值控制系统原理

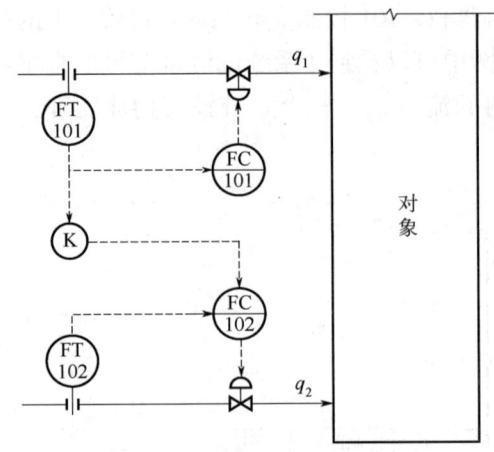

图。从图可以看出，该系统具有两个闭合回路，分别对主、副流量进行定值控制。同时，由于比值控制器 K 的存在，使得主流量受到干扰时，副流量能跟随主流量的变化而变化。这样不仅实现了比较精确的流量比值，而且也确保了两物料总量基本不变。

双闭环比值控制系统改变负荷比较方便，只要缓慢地改变主流量控制器的给定值，就可以改变主流量，同时副流量也就自动跟踪改变，并保持两者比值不变。

这种比值控制方案的缺点是结构比较复杂，使用的仪表较多，系统调整比较麻烦。双闭环

图 1.33 双闭环比值控制系统原理图

比值控制系统主要适用于主流量干扰频繁、经常需要改变负荷的场合。

1.4.5 前馈控制系统

在大多数控制系统中，控制器是按照被控变量相对于给定值的偏差而工作的，控制系统都属于反馈控制。反馈控制是测量偏差、纠正偏差的过程。控制信号总是在干扰已经造成影响、被控变量偏离给定值以后才能产生，控制作用是不及时的。特别在干扰频繁、对象有较大滞后时，或者是对象的干扰可测而不可控时，反馈控制质量的提升已经没有太大空间了。

考虑到产生偏差的直接原因是干扰，如果想办法直接按照干扰的情况进行控制，而不是按照偏差进行控制，那么在理论上就不会有控制信号的滞后发生。由于干扰发生后，被控参数还未明显变化前，控制器就进行控制，所以这种控制思想称为前馈控制。

1. 前馈控制及特点

如图 1.34(a) 所示的换热器出口温度的反馈控制中，所有影响被控变量的因素，它们对出口温度的影响都可以通过反馈控制来克服。但是，如果已知影响换热器出口温度的主要干扰因素只有进料流量的变化，就可以直接测量进料流量，并根据进料流量的变化去改变加热蒸汽流量的大小，这就是所谓的"前馈"控制，如图 1.34(b) 所示。

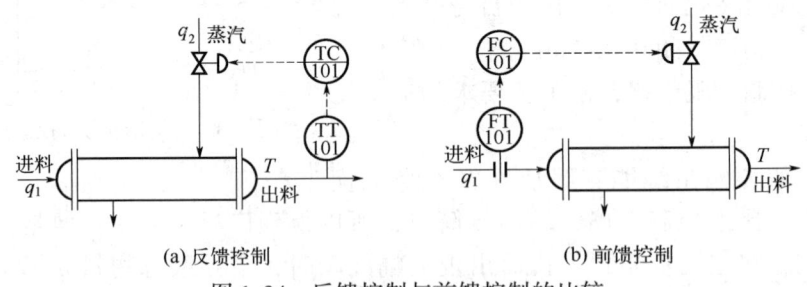

(a) 反馈控制　　　　　　　　　　(b) 前馈控制

图 1.34　反馈控制与前馈控制的比较

前馈控制比反馈控制及时、有效。前馈控制是根据干扰的变化产生控制作用的。如果能使干扰作用对被控变量的影响与前馈控制作用对被控变量的影响在大小上相等、方向上相反的话，就能完全克服干扰对被控变量的影响。

显然，前馈控制对于干扰的克服要比反馈控制及时得多。干扰一旦出现，不需等到被控变量受其影响产生变化，就会立即产生控制作用，这个特点是前馈控制的一个主要优点。

前馈控制属于"开环"控制系统。由图 1.34(b) 可以看出，在前馈控制系统中，被控变量根本没有被检测。当前馈控制器按干扰量产生控制作用后，对被控变量的影响并不返回来影响控制器。所以整个系统是一个开环系统。根据干扰施加了前馈控制作用后，对于被控变量是否达到所希望的值，控制系统并不理会。

前馈控制要采用视对象特性而定的"专用"控制器。一般的反馈控制系统多采用通用的 PI 或 PID 控制器，无法用来充当前馈控制器。而对于前馈控制器来说，对于不同的对象特性，控制器的控制规律将是不同的。为了使干扰得到完全克服，应该使控制作用对被控变量的影响与干扰作用对被控变量的影响大小相等、方向相反，所以，针对不同的对象特性，应设计出具有不同控制规律的前馈控制器。

一种前馈作用只能克服一种干扰。由于前馈控制作用是按干扰进行工作的，而且整个系统是开环的，因此根据一种干扰设置的前馈控制就只能克服这一干扰对被控变量的影响。而对于其他干扰，由于这个前馈控制器无法感受到，也就无能为力了。而反馈控制只用一个控制回路就可以克服多个干扰，所以这一点也是前馈控制系统的一个缺点。

2. 前馈控制的主要形式

1）单纯的前馈控制

单纯的前馈控制系统如图 1.34(b) 所示。图中的 FC-101 为前馈补偿装置。

2）前馈–反馈控制

前馈–反馈控制将前馈和反馈控制结合起来，取长补短，使前馈控制用来克服主要干扰，反馈控制用来克服其他的多种干扰，两者协同工作，就能提高控制质量。

由于换热器前馈控制系统，能克服由于进料流量变化对被控变量的影响。如果还同时存在其他干扰（例如进料温度、蒸汽压力的变化等），它们对被控变量的影响，再用"反馈"来克服，即可组成如图 1.35 所示的前馈—反馈控制系统。图中的控制器 FC-101 起前馈作用，用来克服由于进料量波动对出料温度的影响，而温度控制器 TC-101 起反馈作用，用来克服其他干扰对出料温度的影响，前馈控制和反馈控制共同施加作用，改变加热蒸汽量，使出料温度维持在给定值上。

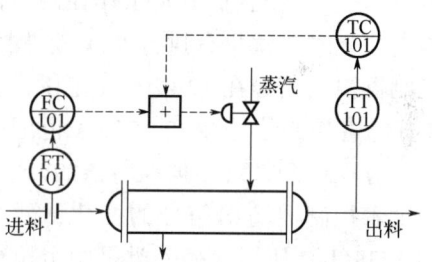

图 1.35 换热器前馈—反馈控制系统

图 1.36 是前馈—反馈控制系统的方框图。从图可以看出，前馈—反馈控制系统虽然也有两个控制器，但在结构上与串级控制系统是完全不同的。串级控制系统是由内、外（或

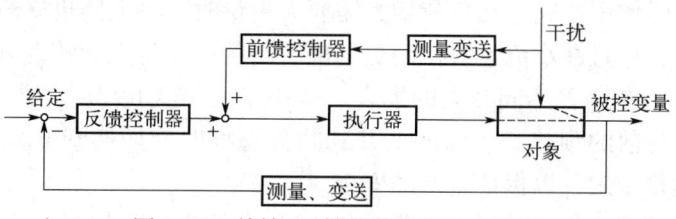

图 1.36 前馈-反馈控制系统的方框图

主、副）两个反馈回路所组成；而前馈-反馈控制系统是由一个反馈回路和另一个开环的补偿回路叠加而成。

3. 前馈控制的应用场合

（1）在干扰比较显著和频繁的控制系统中，采用前馈控制系统。

（2）前馈控制是按照干扰而控制的，所以当系统中的主要干扰是可测而不可控时，应采用前馈控制。

（3）对象的控制通道滞后大，反馈控制不及时，控制质量差，可以采用前馈或前馈-反馈控制系统，以提高控制质量。

1.4.6 分程控制系统

一台控制器的输出同时控制多个执行器的控制系统，称为分程控制系统。

1. 分程控制系统的构成及特点

在分程控制系统中一台控制器的输出同时送给两个以上的执行器，控制器的输出信号被分割成几个范围段，每一段信号去控制一台执行器。

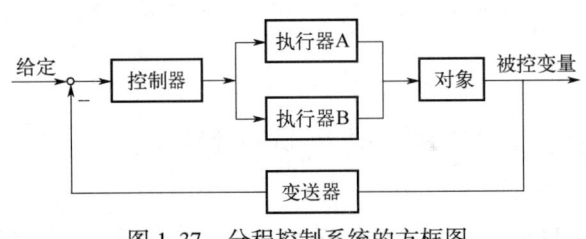

图 1.37 分程控制系统的方框图

分程控制系统的方框图如图 1.37 所示，采用了两台分程阀分别为执行器 A 和执行器 B。将控制器的输出信号 4~20mA 分为两段，即执行器 A 工作在 4~12mA 信号范围段；执行器 B 工作在 12~20mA 信号范围段。在实际工作中，执行器可以直接通过调整 A、B 两个执行器的零点-量程，使它们分别工作在两个信号段。这样一来，当控制器输出信号在小于 12mA 范围内变化时，就只有执行器 A 随着控制信号的变化改变自己的开度，而执行器 B 关闭。当控制器输出信号在 12~20mA 范围内变化时，执行器 A 因已达到全开位置保持不变，执行器 B 却随着控制信号在 12~20mA 范围内开度从 0~100%变化。

分程控制系统根据执行器的开、关方式可以划分为两类：一类是两个执行器同向动作，即随着控制器输出信号的变化，两个执行器都开大或都关小，其动作过程如图 1.38(a)、图 1.38(b) 所示。另一类是两个执行器异向动作，即随着控制器输出信号的变化，一个执行器开大，另一个执行器就关小，如图 1.38(c)、图 1.38(d) 所示。

分程阀同向或异向动作的选择，要根据生产工艺的实际需要来确定。

2. 分程控制的用途

（1）扩大执行器的可调范围，改善控制品质。采用口径大小不同的两个执行器分程控制，在需要小流量时使用小阀，在负荷增大需要大流量时，将大阀也逐渐打开，就实现了阀的可调范围的扩大，并且在小流量时控制更精确，阀的工作特性能够得以改善。

（2）用于需要控制两种不同介质的场合。如用于间歇式化学反应器，低温时 A 阀打开蒸汽加热，用于反应前的预热。当温度上升到临界温度时，切换到 B 阀，打开冷却水，将反应产生的过多热量带走，以保证生产的安全。

（3）作为生产安全的防护措施。例如在油田联合站内污水储罐的天然气气封。当罐内

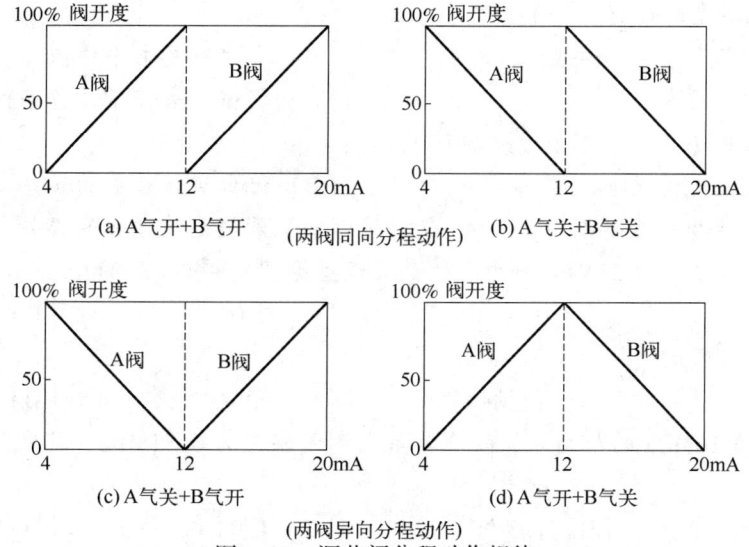

(两阀异向分程动作)

图 1.38 调节阀分程动作规律

水位降低、气封压力下降时,打开 A 阀向罐中补气。而向储罐中进水时,气封压力升高,此时打开 B 阀排气,始终维持罐内在一定的微小正压力范围内,保证罐体的安全。

习题

一、选择题

1. 防爆标志 ExibⅡCT5 属于(　　)防爆要求。

[A] 隔爆型、ⅡC 类爆炸性气体、引燃温度 100~135℃

[B] 本安型、ⅡC 级爆炸性气体、引燃温度 100~135℃

[C] 本安型、用于矿井甲烷性气体,引燃温度 T5 组

[D] 本安型、可用于 0 区、Ⅱ类、$T>450℃$ 危险气体

2. Ⅱ类气体爆炸危险场所分为(　　)区域。

[A] 0 区、1 区、2 区　　　　　　　　[B] 1 区、2 区、3 区

[C] 10 区、11 区　　　　　　　　　　[D] 1 区、2 区

3. 采用本质安全防爆法,可安装在 0 区,涉及ⅡC 爆炸性气体,仪表表面温度不超过 85℃。防爆标志为(　　)。

[A] ExiaⅡCT6　　　[B] ExibⅡCT6　　　[C] ExibⅡCT4　　　[D] ExicⅡCT2

4. DDZ-Ⅲ型电动单元组合仪表,所采用的标准信号制式,可以概括为(　　)。

[A] 电源 24V DC、现场传输 4~20m、控制室 1~5V DC

[B] 电源 220V AC、现场传输 0~10m、控制室 0~5V DC

[C] 电源 24V DC、现场传输 0~20m、控制室 1~5V DC

[D] 电源 220V AC、现场传输 4~20m、控制室 1~5V DC

5. 减小系统误差时应(　　)。

[A] 人工修正　　　　　　　　　　　　[B] 多次测量求平均值

[C] 消除人为因素　　　　　　　　　　[D] 保证仪表正常工作条件

6. 减小随机误差时应（　　）。
　　[A] 人工修正　　　　　　　　　　　[B] 多次测量求平均值
　　[C] 消除人为因素　　　　　　　　　[D] 保证仪表正常工作条件
7. 下列情况中（　　）不属于疏忽误差。
　　[A] 算错数造成的误差　　　　　　　[B] 记录错误造成的误差
　　[C] 安装错误造成的误差　　　　　　[D] 看错刻度造成的误差
8. 精度等级为 0.5 的 25MPa 压力表的最大误差范围是±（　　）MPa。
　　[A] 0.125　　　　[B] 0.5　　　　[C] 0.05　　　　[D] 1.25
9. 精度表示仪表的（　　）。
　　[A] 准确性　　　[B] 灵敏性　　　[C] 稳定性　　　[D] 可靠性
10. 一量程为 16MPa 的压力表，实测其最大测量误差为 0.31MPa，其实际精度等级应符合（　　）。
　　[A] 2.0 级　　　[B] 1.5 级　　　[C] 1.94 级　　　[D] 2.5 级
11. 某测量仪表的测量范围是 +200～+500℃，精度等级为 1.0，当其示值为 300℃ 时，被测点的真实温度可能是（　　）。
　　[A] 300℃　　　[B] 297～303℃　　　[C] 303℃　　　[D] 297℃
12. 某温度计测量温度范围为 -50～350℃，其精度为 1.5 级，当温度计指示温度为 200℃ 时，此测量结果的相对误差最坏是（　　）。
　　[A] 3%　　　　[B] 1.5%　　　　[C] 2.91%　　　　[D] 3.09%
13. 自动控制系统主要由自动化装置和（　　）两大部分组成。
　　[A] 工艺设备　　　[B] 被控对象　　　[C] 现场仪表　　　[D] 工控计算机
14. 自动控制系统按照工艺过程需要控制的被控变量的（　　）是否变化和如何变化分为定值控制系统、随动控制系统和程序控制系统。
　　[A] 测量值　　　[B] 给定值　　　[C] 偏差值　　　[D] 干扰值
15. 在自动控制系统中，（　　）作为反馈信号送给控制器。
　　[A] 测量值　　　[B] 被控变量　　　[C] 干扰信号　　　[D] 偏差信号
16. 在单回路控制系统中，干扰主要是针对（　　）环节。
　　[A] 测量变送　　　[B] 控制器　　　[C] 控制阀　　　[D] 被控对象
17. 在自动控制系统中，将工艺希望保持的被控变量的数值称为（　　）。
　　[A] 给定值　　　[B] 测量值　　　[C] 输出值　　　[D] 工艺指标
18. 在自动控制系统中，（　　）作为控制信号送给执行器。
　　[A] 测量值　　　[B] 被控变量　　　[C] 干扰　　　[D] 操纵变量
19. 在自动控制系统方框图中 P_V 表示（　　）。
　　[A] 给定信号　　　[B] 测量信号　　　[C] 被控变量　　　[D] 操纵变量
20. 在控制流程图上 TCRA 的意义为（　　）。
　　[A] 温度调节、记录与报警　　　　　[B] 温度测量、显示与记录
　　[C] 变送、调节、记录与报警　　　　[D] 温度调节、联锁与记录
21. 欲实现加热炉出口温度调节，并具有记录报警功能，在控制流程图上的表达符号是（　　）。

[A] TTIR [B] TCIA [C] TCRA [D] LCTR

22. 余差反映调节过程的（　　）。
[A] 稳定性 [B] 灵敏性 [C] 控制精度 [D] 控制速度

23. 若衰减比 λ=1，则此控制过程为（　　）。
[A] 等幅振荡 [B] 发散振荡 [C] 衰减振荡 [D] 非周期衰减

24. 表示对象"惯性"特性的参数为（　　）。
[A] K [B] C [C] τ [D] T

25. 衰减振荡过渡过程的理想"衰减比"为（　　）。
[A] 2∶1 [B] 4∶1 [C] 8∶1 [D] 10∶1

26. （　　）可以消除余差。
[A] 比例控制器
[B] 比例微分控制器
[C] 比例积分控制器
[D] 两位式控制器

27. 具有"超前"调节作用的控制规律是（　　）。
[A] P [B] PI [C] PD [D] 两位式

28. 控制器的积分作用是依据（　　）动作。
[A] 偏差的变化速度
[B] 偏差的正负
[C] 偏差是否存在
[D] 以上都不是

29. 控制器中加入积分是为了（　　）。
[A] 稳定系统 [B] 消除余差 [C] 超前调节 [D] 以上都是

30. 微分作用主要是依据（　　）动作的。
[A] 偏差变化速度 [B] 偏差大小 [C] 偏差是否存在 [D] 以上都是

31. 积分时间越小，则（　　）。
[A] 积分速度越慢
[B] 积分作用越弱
[C] 消除余差越慢
[D] 积分作用越强

32. PID控制规律的特点是（　　）。
[A] 能消除余差
[B] 动作比较迅速及时
[C] 具有超前调节功能
[D] 以上都是

33. 由于微分调节规律有超前作用，因此控制器加入微分作用主要是用于（　　）。
[A] 克服调节对象的容量滞后和纯滞后
[B] 克服调节对象的纯滞后
[C] 克服调节对象的容量滞后
[D] 克服对象的惯性滞后

34. 串级控制系统的主要结构特征是（　　）。
[A] 有2个控制器、1个调节阀
[B] 具有主副两个控制回路
[C] 有2个变送器
[D] 具有中间被测参数

35. 串级控制系统中，主变量是（　　）。
[A] 工艺控制指标 [B] 工艺随动指标 [C] 主干扰量 [D] 副干扰量

36. 串级控制系统可以用于改善（　　）时间较大的对象，有超前作用。
[A] 容量滞后 [B] 测量滞后 [C] 惯性滞后 [D] 纯滞后

37. 串级控制系统主控制器的输出作为副控制器的（　　）。
[A] 测量值 [B] 给定值 [C] 输出值 [D] 偏差值

38. 串级控制系统的主回路是定值控制系统、副回路是（　　）控制系统。
[A] 简单　　　　　[B] 随动　　　　　[C] 复杂　　　　　[D] 定值

39. 前馈控制系统的主要特点是（　　）。
[A] 属于超前控制　　　　　　　　　　[B] 控制输出按干扰大小变化
[C] 属于非反馈控制系统　　　　　　　[D] A和B和C

40. 分程控制系统的主要特征是（　　）。
[A] 有2个控制器　　　　　　　　　　[B] 有2个变送器
[C] 有2个执行器　　　　　　　　　　[D] 有1个比值器

41. 分程控制系统的主要目的是（　　）。
[A] 改善系统的抗干扰能力　　　　　　[B] 扩大执行器的可调范围
[C] 实现前馈控制　　　　　　　　　　[D] 提高系统的稳定性

42. 比值控制系统中副流量回路是一个（　　）控制系统。
[A] 定值　　　　　[B] 随动　　　　　[C] 前馈　　　　　[D] 反馈

43. 比值控制系统一般是（　　）的比值调节。
[A] 温度　　　　　[B] 压力　　　　　[C] 液位　　　　　[D] 流量

44. 比值控制最终要实现从动量与主动量按（　　）关系变化。
[A] 平方　　　　　[B] 固定　　　　　[C] 比例　　　　　[D] 倒数

45. 前馈控制系统中，工程上常见的控制形式是（　　）。
[A] 多变量前馈控制　　　　　　　　　[B] 前馈-反馈控制系统
[C] 动态补偿　　　　　　　　　　　　[D] 静态前馈

二、判断题

1. 本安防爆系统即安全火花防爆系统。（　　）

2. 隔爆型防爆措施就是保证在任何时候现场仪表都不会有超过安全能量限制的电火花。（　　）

3. 相对误差表示测量参数的不准确程度，引用误差表示仪表的不准确程度。（　　）

4. 合格仪表在规定工作条件下，产生的示值绝对误差，不大于允许最大绝对误差。（　　）

5. 灵敏度数值越大，则仪表的反应速度越快、越灵敏。（　　）

6. 仪表的变差不能超过仪表等级所规定的允许误差。（　　）

7. 一台测温范围为0~400℃的数显仪表，其最大绝对误差为±4℃，则该表的精度等级为1.5级。（　　）

8. 保证仪表正常工作条件能减小附加误差。（　　）

9. 随机误差产生的原因是无法预见的偶然因素。（　　）

10. 变差表示仪表在正反行程下的一致性。（　　）

11. 系统误差是一种大小基本固定的误差，可通过对测量结果人为修正消除之。（　　）

12. 随机误差是以不可预计方式变化的误差，可通过对多次测量结果求平均值的方法消除之。（　　）

13. 粗大误差是一种显然与事实不符的误差，一般是由于人为因素造成的。（　　）

14. 测量仪表的基本误差是仪表在规定条件下产生的误差，其允许值叫允许最大绝对误

差。( )

15. 合格仪表在规定工作条件下，产生的示值绝对误差的最大值不大于允许最大绝对误差。( )
16. 自动控制系统的工作过程简言之就是检测偏差、纠正偏差的过程，就是一个负反馈过程。( )
17. 一个基本控制系统由调节对象、变送器、控制器三大部分组成。( )
18. 自动控制系统方框图中，P_V 表示测量值，S_V 表示给定值。( )
19. 由于操纵变量的改变对被控变量有较大的影响，所以操纵变量也可以称为干扰。( )
20. 被控变量是被控对象需要稳定的参数，干扰是影响被控变量的外界因素。( )
21. 自动控制系统是具有负反馈的闭环控制系统。( )
22. 衰减振荡过渡过程中"衰减比"品质指标的最佳值为4∶1。( )
23. 分析自动控制系统常用的典型干扰是阶跃干扰，它是一种突发的、持续的、最严重的干扰。( )
24. 表示对象"惯性"特性的参数为时间常数 T，表示对象静态特性的参数为放大倍数。( )
25. 比例控制过程的余差与控制器的比例度成反比。( )
26. 在相同比例度下，偏差越大，比例作用越强。( )
27. 积分时间越长积分作用越弱。( )
28. 微分控制主要用来克服容量滞后和时间常数大的影响，对纯滞后不起控制作用。( )
29. 在自动控制中，PID控制器主要靠比例作用避免过分振荡，靠积分作用消除静态偏差，靠微分作用减少动态偏差。( )
30. 当过渡过程不稳定时，可增大积分时间或加大比例度，使其稳定。( )
31. 比例积分控制的特点是反应快、无滞后、可消除余差、控制作用与偏差成正比。( )
32. 控制器正作用是指测量信号增加时控制器输出增加。( )
33. 控制系统中，各类测量变送器都具有反作用特性。( )
34. 具有两个反馈回路的控制系统称为简单控制系统。( )
35. 复杂控制系统可能存在多个输入信号和多个输出信号。( )
36. 串级控制系统在结构上的主要特征是具有主副两个控制回路。( )
37. 在串级控制系统中，副控制器进行"细调"，主控制器进行"粗调"。( )
38. 串级控制系统适用于工艺要求高、对象容量和时间常数大、干扰作用频繁、负荷变化大的场合。( )
39. 单闭环比值控制能实现总量不变的比值控制。( )
40. 开环比值控制系统没有闭环回路，物料测量只测量从动量，控制器输出控制主动量。( )
41. 单闭环比值控制系统由一个闭环回路、两个控制器构成，闭合回路用于控制主动量的大小。( )

42. 双闭环比值控制系统有两个闭环回路，当主参数受干扰变化时，副参数跟踪变化，当副参数受干扰变化时，主参数不变化。（   ）
43. 比值控制系统中，仪表的比值系数就是两个物料的流量比。（   ）
44. 分程控制系统是一个控制器的输出控制两个或两个以上的阀动作的控制系统。（   ）
45. 分程控制一定要通过阀门定位器或电气阀门定位器来实现。（   ）
46. 分程控制主要应用于扩大调节阀的可调范围。（   ）
47. 单纯前馈控制对干扰只有补偿作用，但对补偿的结果没有检验。（   ）
48. 前馈控制是根据偏差的大小进行控制的。（   ）
49. 本质上前馈控制属于闭环控制系统。（   ）
50. 前馈控制系统的控制其实是一种超前控制。（   ）

三、填空题

1. 在自动化系统中，（   ）是实现自动化的基础，（   ）是生产过程自动化的核心。
2. 组成本安防爆系统，不仅在危险场所使用（   ）型仪表，而且在控制室仪表与危险场所仪表之间设置（   ）。
3. 误差的形式有：（   ）。
4. 合格仪表在规定工作条件下，产生的示值绝对误差的最大值不大于（   ）。
5. 测量仪表的结构一般可以分为（   ）。
6. 仪表的品质指标有（   ）等。
7. 精度是表示仪表的（   ）与被测参数（   ）的一致程度，常用（   ）表示。
8. 常用的精度等级有：（   ）。
9. 仪表的动态特性指标主要有：（   ）。
10. 模拟仪表采用国际标准信号制式，传输信号为（   ）mA；供电电源为（   ）V。
11. 自动控制系统由生产对象、（   ）等组成。
12. 自动控制系统方框图中，P_V 表示（   ），S_V 表示（   ），M_V 表示（   ）。
13. 所谓的基本控制系统是指由（   ）个变送器、控制器、执行器及对象组成的控制系统。
14. 必须通过改变控制器的正反作用，使控制系统为（   ）。
15. 仪表位号 TCRA-102 的意义是：（   ）。
16. 分析自动控制系统常用的典型干扰是（   ），它是一种突发的、持续的、最严重的干扰。
17. 自动控制系统的工作过程简言之就是（   ）、（   ）的过程，就是一个负反馈过程。
18. 自动控制系统过渡过程的品质指标有（   ）、（   ）、（   ）、（   ）。

19. 衰减比 n 表示被调参数恢复、衰减程度。一般 $n=$（   ）为宜。

20. 对象特性是指控制对象的输入-输出关系。可以分为（   ）两大类。

21. 被控对象的放大倍数是（   ），是对象静态性能的指标。

22. 被控对象的时间常数是表示其（   ）特性的指标，与对象"容量"及"阻力"的因素有关。

23. 实用控制规律除了双位控制，有（   ）种，可以分别用字母（   ）来表示。

24. 理想的调节过程衰减比为（   ）。

25. 串级控制系统的主要结构特征是（   ）。

26. 串级控制系统的主回路属于（   ）、副回路属于（   ）。

27. 比值控制系统是要实现副流量与主流量之间（   ）。

28. 比值控制系统有（   ）、（   ）和（   ）比值控制系统 3 种。

四、简答题

1. 什么是生产过程自动化？
2. 测量仪表由哪几部分组成？
3. 测量仪表有哪些品质指标？各反映仪表的什么性能？
4. 自控系统的过渡过程有哪几种基本形式？各有什么特点？
5. 自动控制系统的组成包括哪些部分？画出图 1.26（a）加热炉温度控制系统方框图，并说明各参数。
6. 被控对象特性是什么？
7. 有哪些描述对象特性的参数？它们对控制过程有何影响？
8. 控制器有哪些控制规律？它们有什么特点？
9. 什么是基本控制系统？
10. 在基本控制系统中如何保证负反馈？
11. 图 1.39 为一反应器温度控制系统示意图。试画出这一系统的方块图，并说明各方块的含义，指出它们具体代表什么？并确定执行器的气开、气关型式和控制器的正反作用。
12. 串级控制系统的特征是什么？
13. 简述串级控制系统的特点及应用场合。

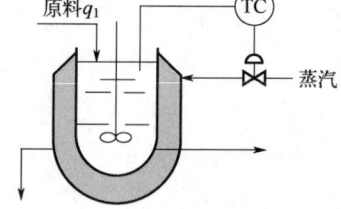

图 1.39 反应器温度控制系统

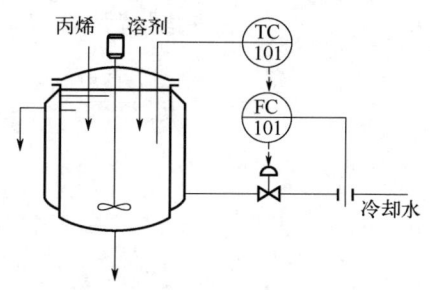

图 1.40 聚合釜温度控制系统

14. 某聚合釜温度控制系统如图 1.40 所示，问：

（1）这是个什么类型的控制系统？试画出它的方框图。

（2）若聚合釜的温度不允许过高，否则易发生事故，试确定执行器的气开、气关型式。

（3）确定主、副控制器的正、反作用。

（4）简述当冷却水的温度经常波动时，上述系统该如何改进？

15. 均匀控制系统的目的和特点是什么？
16. 与开环比值控制系统相比，单闭环比值控制系统有什么优点？
17. 试画出前馈-反馈控制系统的方框图，并指出在该系统中前馈和反馈各起什么作用？
18. 什么是分程控制系统？一般应用在哪些场合？

五、计算题

1. 现有一台精度为 0.5 级的温度测量仪表，量程为 0~1000℃。在正常情况下进行校验，其最大绝对误差为 6℃，求该仪表的最大引用误差、最大允许绝对误差，判断仪表是否合格。

2. 检定一块 1.5 级、量程为 0~100kPa 的压力表，发现在 50kPa 处的误差最大，为 1.4kPa，其他刻度处的误差均小于 1.4kPa，这块表是否合格？

3. 有两台测温仪表，其测量范围分别是 0~800℃ 和 600~1000℃，已知其最大绝对误差为 6℃，试分别确定它们的精度等级。

项目二 转油（增压）站温度、压力测量

本教学项目通过转油站工艺流程介绍，分析了转油站内进站阀组、分离器、加热炉前后工艺参数的监控需求，介绍了常用温度、压力检测仪表的学习。主要介绍了热电阻温度变送器、扩散硅压阻式压力变送器的结构原理、特点及应用，数字显示仪表组成原理及使用等知识，最后还简要介绍了用数字显示仪表组成的转油站数据监测系统。

【学习重点】
1. 转油站工艺流程及监控需求。
2. 热电阻特性、结构及类型。
3. 热电阻温度变送器的组成原理及安装。
4. 扩散硅压力变送器的结构原理、特点及应用。
5. 数字显示指示报警仪的使用。

【核心知识点】
1. 温度、温标的概念，国际实用温标。
2. 热电阻的测温原理、分度号。
3. 一体化热电阻温度变送器的组成、特点。
4. 智能数显温度变送器的特点及设定。
5. 压力的形式及单位换算。
6. 扩散硅压力传感器原理。
7. 扩散硅压力变送器的结构、原理。
8. 多路数显指示报警仪的功能及使用。

模块 2.1 转油（增压）站生产监控需求与仪表选型

2.1.1 转油（增压）站主要设备及工艺流程

在油田油气集输系统中，以油气增压、转输为目的，将其输送到集中处理站（联合站）的站点，通常称之为转油站或增压站。有所区别的是，若为增压站则一般不进行油气水分离，采用混输泵增压转输，而若为转油站则往往需要进行气液分离，之后分别输送。

转油站的形式及流程依所承担的任务、规模、采油区块的生产能力、集输经济指标情况综合确定。

具有掺热水加热工艺的接转站流程如图2.1所示。来自周围油井单井、计量站的油气水混合物进站阀组、来油汇管后，进入三相分离器1对油、气、水进行分离。分离后的中含水原油经缓冲罐3缓冲、外输油泵6升压、流量计7计量后外输到联合站。分离出的天然气进入天然气除油器9除油，流量计13、12计量后外输到天然气处理站或本站自用加热。分离

出的游离水进入加热炉 15 进行加热,然后分别通过掺水泵 19 和热洗泵 20 升压并经流量计 21、22 计量后用于油井的掺水和热洗。

接转站设置的原油事故储罐 4,用作外输系统发生故障或本站停电时使用。当本站停电情况下,来油进入事故储罐,保证油井仍然能够正常生产。为了保证外输至联合站的原油温度不至于过低,有的接转站需要设置原油加热炉。

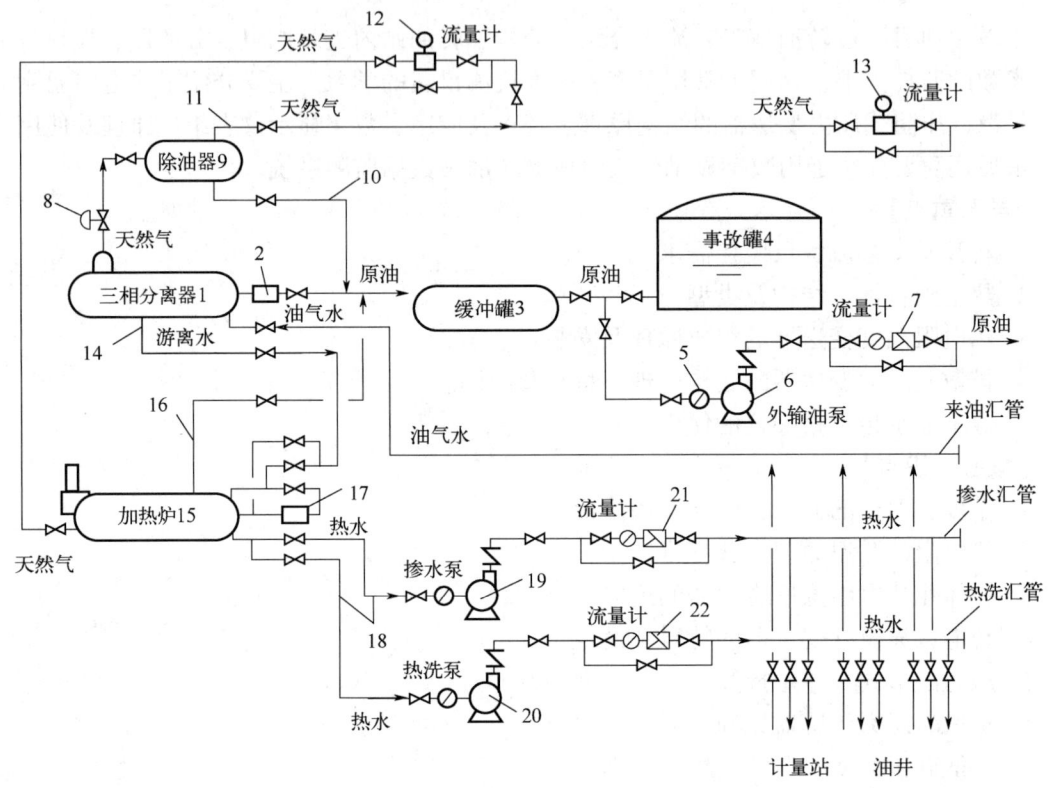

图 2.1 接转站工艺流程示意图

1—油气水三相分离器;2—浮子油位调节器;3—缓冲罐;4—事故罐;5—过滤器;6—外输油泵;7—外输油流量计;8—压力调节阀;9—天然气除油器;10—凝析油管线;11—天然气管线;12—自用气流量计;13—外输气流量计;14—放水管线;15—加热炉;16—出油管线;17—油水界位调节器;18—热水管;19—掺水泵;20—热洗泵;21—掺水流量计;22—热洗流量计

2.1.2 转油(增压)站的监控需求与仪表选型

1. 参数监控

图 2.1 所示接转站的自动化监控任务是各计量站来油进站压力及温度、缓冲罐及事故储油罐液位、外输原油出站温度与压力、泵电机电压及电流的测量及越限报警。

因为此处来油进站温度和出站温度都属于中低温,所以可选择 Pt100 铂热电阻温度变送器。来油进站压力和外输原油出站压力均可选择扩散硅压阻式压力变送器。以上压力及温度传感器将在后文做详细介绍。

事故罐的原油液位、油水界面的测量及控制,可采用浮子式、雷达式、射频导纳式物位计（见项目七模块 7.2、7.5、7.7）。由于事故罐不大，也可以选用磁翻板液位计用于就地显示。

2. 气液计量

分离器分离出来的天然气、油、水流量的计量，原油流量可采用容积式流量计、质量流量计计量；热水可采用电磁式流量计、旋翼式水表计量；天然气可采用孔板流量计、旋涡流量计等计量（可参考教学项目四模块 4.2、4.3、4.4、4.6）。为了计算天然气标准状态下的流量，还需要对其温度与压力进行测量，以便做校正计算。

3. 自控系统

转油站的自控系统主要有分离器液位控制、油水界面控制、天然气压力控制和加热炉自控系统等。其中分离器液位控制系统是保证密闭输送的关键。大型的转油站可采用 PLC 控制系统，小型的转油站采用油田标准 RTU 就可以。

模块 2.2 热电阻温度计

在石油化工过程中，温度既可反映生产过程进行的程度，又可对生产过程起控制作用。对温度进行准确的测量和可靠的控制，在石油化工生产中具有重要意义。

2.2.1 温度的概念及测量

1. 温度

温度是国际单位制（SI）7 个基本物理量之一，也是工业生产过程中的主要工艺参数之一。简单地说，温度是衡量物体冷热程度的物理量，是物体内部分子热运动程度的标志。两个温度不同的物体之间热量会从高的物体向低的物体传递，热传递的方式主要有传导、对流与辐射。经过一段时间的热交换，达到平衡状态后，会具有相同的温度，这一点是温度测量的基础。

2. 温标

为了客观地测量物体的温度，必须建立一个衡量温度的标准，简称温标。温标规定了温度的起点及其基本单位。早期建立的华氏温标和摄氏温标都是利用水银制成的玻璃液体温度计制定的。摄氏温标规定，在一个标准大气压下水的冰点为 0℃，沸点为 100℃。华氏温标规定，水的冰点为 32℉，沸点为 212℉。华氏温标 t_F 与摄氏温标 t_C 的换算关系为

$$t_F = 32 + \frac{9}{5} t_C \tag{2.1}$$

这两种温标又称为经验温标，其温度特性依赖于所用温度计测量元件材料的性质。例如所用水银的纯度不同，就不能保证测温量值的一致性。

为了消除这一影响，建立了在热力学基础上的一种理论温标——热力学温标，它与测温物质的性质无关。并规定理想气体分子运动停止（绝对压力为零）时的温度为绝对零度，取水的三相点（冰、水、蒸汽共存的状态）为参考点，定义该点温度为 273.16K。热力学温标是一种科学的理论温标，但实际上是不可能实现的，必须由其他温标来复现。

目前，世界上各国通用的温标是国际协议性实用温标，由其来统一各国之间的温度计

量,这是一种被绝大多数国家认可的协议性温标,用来复现热力学温度。第一个国际温标自 1927 年开始采用。随着科学技术的发展,国际温标也在被不断地改进和修订,使之更符合热力学温标。目前推行的国际温标为 1990 年国际温标 ITS-90。

ITS-90 国际温标由三部分组成,它们分别定义了 4 个温区的复现标准仪器、17 个温度固定点和内插公式。ITS-90 国际温标中规定,热力学温度用符号 T 表示,单位为开尔文,符号为 K。1K 定义为水三相点热力学温度的 1/273.16,将水的三相点时温度值修订为 0.01℃。这样 ITS-90 定义的热力学温度 T 和摄氏温度 t 之间的关系为

$$t = T - 273.15 \tag{2.2}$$

3. 温度测量

温度测量仪表有接触式和非接触式两类测温方式。主要温度检测方法见表 2.1。

表 2.1 温度检测方法的分类

测温方式	类别	原理	典型仪表	测温范围/℃
接触式测温	膨胀式	利用液体、气体的热膨胀及物质的蒸气压变化	玻璃液体温度计	-100~600
			压力式温度计	-100~500
		利用两种金属的热膨胀差	双金属温度计	-80~600
	热电式	利用热电效应	热电偶	-200~1800
	电阻式	固体材料的电阻随温度而变化	铂热电阻	-200~850
			铜热电阻	-50~150
			热敏电阻	-50~300
	其他电学式	半导体器件的温度效应	集成温度传感器	-50~150
		晶体的固有频率随温度而变化	石英晶体温度计	-50~120
	光纤式	利用光纤的温度特性或作为传光介质	光纤温度传感器	-50~400
			光纤辐射温度计	200~4000
非接触式测温	辐射式	利用普朗克定律	光电高温计	800~3200
			辐射传感器	400~2000
			比色温度计	500~3200

2.2.2 热电阻温度计的组成原理

热电阻温度测量系统由热电阻、连接导线和显示仪表等组成,如图 2.2 所示。

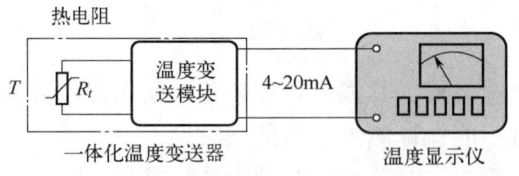

图 2.2 热电阻温度测量系统

热电阻温度计是利用一些材料的电阻随温度而变化的性质,通过测量热电阻的电阻值来确定被测温度的。一般金属的电阻值随着温度的升高而增加,且近似于线性关系。大多数金属在温度每升高 1℃ 时,其电阻值要增加 0.4%~0.6%。半导体热敏电阻的电阻值随着温度

的升高而减小,灵敏度比金属热敏电阻大数百倍,但热电特性非线性严重。

热电阻温度计的测量范围一般为-200~850℃。热电阻测温的优点是信号可以远传、灵敏度高、无须冷端温度补偿。金属热电阻稳定性好、互换性好、准确度高,可以用作基准仪表。其缺点是需要电源激励、有自热现象,影响测量精度。

2.2.3 常用热电阻的种类及结构

1. 热电阻的种类

目前使用的金属热电阻材料有铜、铂、镍、铁等,实际应用最多的是铜、铂两种材料,并已实现标准化。

1) 铂热电阻

铂热电阻的特点是精度高、体积小、测温范围宽、稳定性好、再现性好,但是价格较贵。其电阻与温度的关系为,在-200~0℃范围内

$$R_t = R_0[1+At+Bt^2+C(t-100)t^3] \tag{2.3}$$

在0~850℃范围内
$$R_t = R_0(1+At+Bt^2) \tag{2.4}$$

式中 R_0——温度0℃时的电阻值;

R_t——温度t℃时的电阻值;

A,B,C——系数,$A = 3.90803 \times 10^{-3}$℃$^{-1}$,$B = -5.775 \times 10^{-7}$℃$^{-2}$,$C = -4.183 \times 10^{-12}$℃$^{-4}$。

目前,我国常用的工业用铂热电阻有两种,R_0分别为10Ω和100Ω,分度号分别为Pt10和Pt100。

2) 铜热电阻

铜热电阻也是工业上经常使用的热电阻。铜容易提纯,价格便宜,具有较高的温度系数,热阻值与温度呈线性关系。

$$R_t = R_0(1+\alpha t) \tag{2.5}$$

式中 α——0℃下电阻温度系数,$\alpha = 4.28 \times 10^{-3}$℃$^{-1}$。

在-50~+150℃的范围内,铜热电阻具有很好的稳定性。所以在一些测量精度要求不高且温度较低的场合,多采用铜热电阻。铜热电阻的缺点是电阻率低,因此体积较大。另外,当温度超过150℃时,铜容易氧化,因此它只能在低温及没有侵蚀性的介质中工作。

目前,我国工业上用的铜热电阻有两种,分度号分别为Cu50和Cu100,R_0分别为50Ω和100Ω。

2. 热电阻结构

热电阻结构有普通型和铠装型两种形式。

1) 普通型热电阻

普通型热电阻的结构如图2.3所示,主要由热电阻体、绝缘套管、保护套管和接线盒等部分组成。其电阻体是由细铂丝或铜丝绕在支架上构成。铂电阻的电阻率较大、机械强度好、价格昂贵,通常铂丝的直径在0.05mm以下,且电阻丝不是太长。铂丝一般绕在云母、玻璃或陶瓷支架上,匝间留有空隙以防短路。铜热电阻电阻率小、机械强度低,电阻丝的直

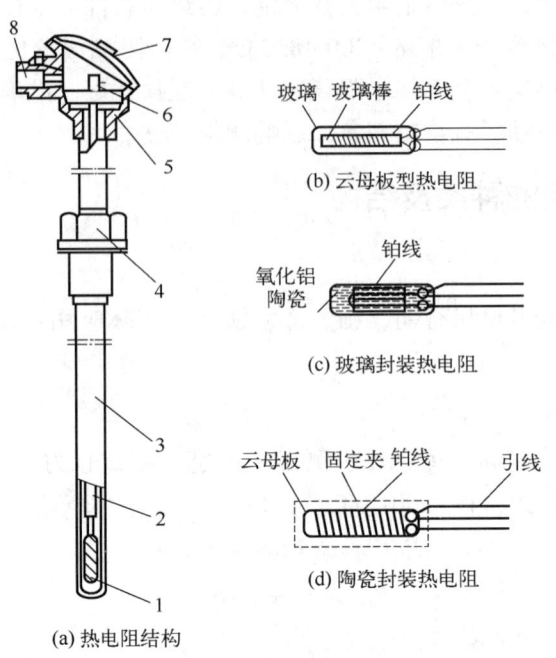

图 2.3　普通热电阻结构

1—热电阻体；2—绝缘套管；3—保护套管；4—安装固定螺母；5—接线盒；6—接线端子；7—盖；8—出线口

径较大，一般为 0.1mm。铜电阻丝很长，因此，需将铜丝绕成多层，需要用漆包铜丝对折起来双绕在塑料支架上（无感绕法），使两个端头都处于支架的同一端。

连接电阻体引出端和接线盒之间的线称为内引线，它位于绝缘管内，铜电阻内引线材料也是铜，铂电阻的内引线为镍丝或银丝。内引线的线径应比电阻丝大很多，一般在 1mm 左右，以减少引线电阻的影响。

热电阻体的结构，随用途的不同，也有很多种结构。图 2.3（b）玻璃封装铂电阻体，它是将 $\phi 0.03\sim 0.04$mm 的细铂丝双绕在 $\phi 4\sim 5$mm 的玻璃棒上，在最外层再套以薄玻璃管，烧结在一起，以便起保护作用。引线也烧结在玻璃棒上。图 2.3（c）陶瓷封装铂电阻体，与玻璃封装式相似，支架采用陶瓷管，而外护层采用涂釉烧结而成。上述两种结构的共同特点是体积小、惯性小、电阻丝密封良好。但缺点是电阻丝热应力较大，对稳定性、复现性有影响。

图 2.3（d）所示为云母支架热电阻。铂丝绕在双面带有锯齿形的云母片上，这样可以避免细的铂丝滑动短路。在绕有铂丝的云母片两面再盖以一层绝缘保护云母片。

绝缘管套在热电极上防止热电极短路。绝缘管的材料一般用耐火陶瓷（1200℃以下）、氧化铝 Al_2O_3（1600℃以下）和氧化镁 MgO（2000℃以下）。

保护管使热电极与被测介质隔离，免受化学侵蚀和机械损伤。材料如普通不锈钢 1Cr18Ni9Ti（900℃）、高温钢 Cr25Ti（1000℃）、高温不锈钢 CH_{40}（1200℃）、氧化铝 Al_2O_3（1600℃）、氧化镁 MgO（2000℃）和氧化锆 ZrO_2（2400℃）。

接线盒有普通防溅型、防水型、防爆型等四种。

2) 铠装热电阻

铠装热电阻的结构如图 2.4 所示，主要由金属护管、绝缘粉末填充物和内引线组成，前端与微型铂电阻体连接，外部焊接短保护管，组成铠装热电阻。铠装热电阻外径一般为2~8mm。其特点是体积小，热响应快，耐振动和冲击性能好，除感温元件部分外，其他部分可以弯曲，适合在复杂条件下安装。

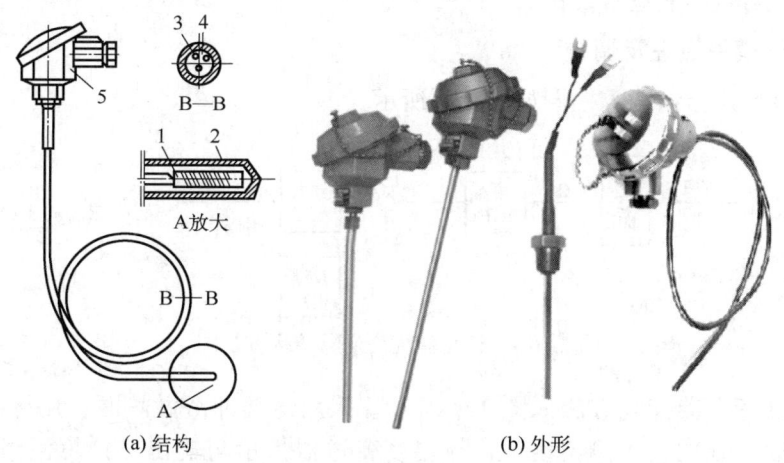

(a) 结构　　　　　　　　　　　　(b) 外形

图 2.4　铠装热电阻

1—感温元件；2—金属套管；3—金属导线；4—绝缘材料；5—接线盒

2.2.4　一体化温度变送器

1. 结构组成

一体化温度变送器的外形如图 2.5 所示。所谓一体化温度变送器是与传统的热电阻加温度变送模块组合方式相比，就是将一个温度变送器模块安装于现场的热电阻接线盒内，组成一体，构成一个完整的温度变送器。变送器输入 24V DC 电源、输出 4~20mA 标准直流电流信号。这种一体化温度变送器内部经线性化处理，输出电流信号与温度成线性，方便与各种二次仪表或计算机系统配套，实现温度的测量与控制。在工业生产中得到了广泛应用。

图 2.5(c) 为带液晶显示表头的数显一体化温度计，可以显示现场的温度、输出 4~20mA 电流信号实现远传和计算机监控，又能在测温现场直接读到实测温度，给生产带来很大便利。

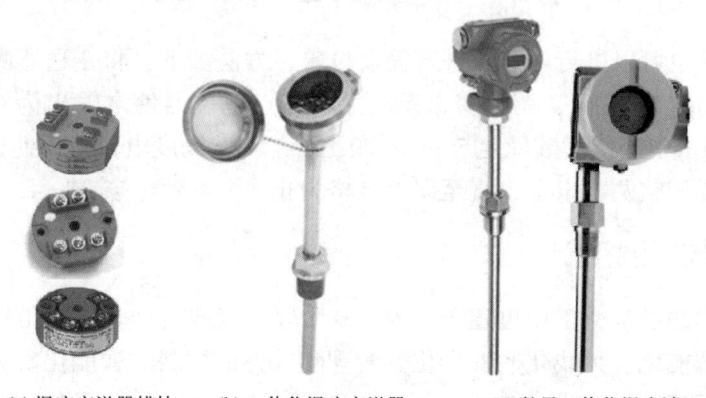

(a) 温度变送器模块　　(b) 一体化温度变送器　　(c) 数显一体化温度计

图 2.5　一体化温度变送器外形图

温度变送器模块其实就是一片专用芯片为主，再外接少量元器件构成。模块内部基础电路的正常工作温度范围在 $-20 \sim +80℃$ 左右，由于一体化温度变送器直接在现场安装使用，因此要特别注意变送器模块所处的环境温度不要超过其允许工作温度范围，否则电子器件性能会下降，变送器将不能正常工作。

2. 温度变送模块原理及调校

一体化温度变送器结构方框图如图 2.6 所示。

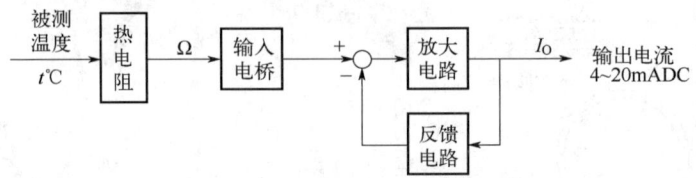

图 2.6　一体化温度变送器结构方框图

一体化温度变送器校验方法如图 2.7 所示。采用恒温油浴做热源，用标准玻璃水银温度计作为标准表，在同一被测温度下比较温度变送器指示与输出，计算测量误差及性能。按图 2.7 所示将电路接好，送电后，待变送器与室温平衡（大约 20min）读取电流值，与校验温度下的理论输出电流值比较，各点引用误差不大于精度等级值，则认为合格。若仪表输出电流误差超过允许值，可以通过调整温度变送模块上的零点、量程调整电位器来解决。

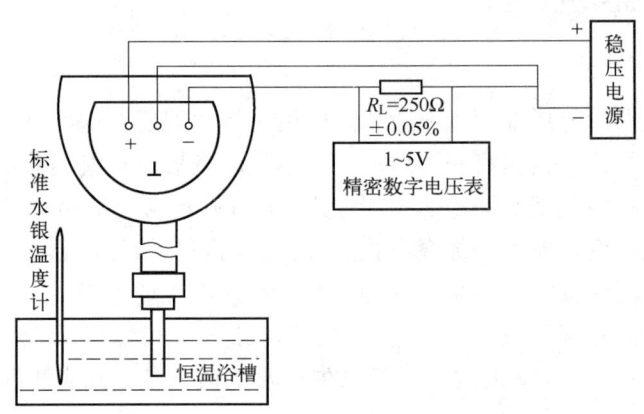

图 2.7　一体化温度变送器校验示意图

在现场条件下也可以进行两点法进行简易校验，方法如下：将变送器测温头插入冰水混合物中，待读数稳定 5min 后，调整变送模块上的零点电位器使之输出为 0℃ 的值。将测温头放入 100℃ 的沸水中，待读数稳定 5min 不变化后，调整满度电位器，使输出为 100℃ 时的电流值，两端反复调整两次以上，直至误差合格为止。

2.2.5　智能数显温度计

随着科学技术的进步，工业也逐步进入 3.0 阶段。工业自动化仪表与自动化通信技术正在朝着信息化、智能化、无线化、安全化、管理化等方面发展。智能化发展已经逐步应用在工业自动化仪表及控制过程中。

智能数显温度计是一种采用微处理器作为信号处理器件的新一代数字式温度仪表，具有程序控制信号处理功能、自诊断功能、通信功能。有的采用 HART 协议通信方式，也有的采用现场总线通信方式。下面以 AE520-TB 智能型温度变送器为例加以介绍。

AE520-TB 型温度变送器是一种带数字显示的一体化数显温度变送器，如图 2.8 所示。变送单元由单片机处理，实现冷端温度自动补偿，非线性校正，数字信号输出，稳定性高、功能丰富。表头带两个功能键，可现场标定、调整。能够就地显示，也可以和远端显示仪表、计算机监控系统等配套使用，24V DC 供电，输出 4～20mA 或 1～5V DC 的直流标准电信号及 HART 数字信号。

以下以温度测量范围-40～100℃的温度变送器为例，说明其调整方法。

开始时，按 A→B 键（表示先按下 A 键不放再按下 B 键），再按 A 键，显示功能代号 0001～0008。此时按 B 键进入显示以前的设定值，而按 A 键开始调整最低位值，每按一次显示数值增加 1；按 B 键移位到高一位。需要在某一位数值后插入小数点时，要按 B→A 键（表示先按下 B 键不放再按下 A 键）。数据设定好后，按 A→B 键，保存设定数据，同时转换到下一个功能。下面各功能调整方法基本相同。

图 2.8　AE520-TB 型温度变送器外形图

（1）显示值的零点设定：功能代号 0001，将值设为-40℃。

（2）显示值的满量程设定：功能代号 0002，将值设为 0100。

（3）增益和补偿数据：功能代号 0003，将值设为 0001。

（4）温度偏移修正值：功能代号 0004，假设测量误差+1℃，将值设为 001。

（5）零点温度值：功能代号 0005，将温度传感器置于 0℃热源中，稳定后，将值设为 0000。

（6）满量程温度值：功能代号 0006，将温度放入 100℃热源中，稳定后，将值设为 0100。现场温度校准时，可在温度变送器测量现场温度的情况下，通过对比就地显示的标准玻璃水银温度计，将键入的数据设为现场温度，就实现校准功能。

（7）零点电流值：功能代号 0007，此时 4～20mA 回路电流约为 5mA 左右。设此时串在回路的精密电流表显示的电流为 5.21mA。通过 A、B 键将显示值设为 05.21，按 A→B 键保存退出。

（8）标定满量程电流：功能代号 0008，此时 4～20mA 回路电流约为 19.5mA 左右，设此时串在回路的电流表显示的电流为 19.31mA，通过 A、B 键将显示值设为 19.31，按 A→B 键保存退出。

模块 2.3　扩散硅压力变送器

2.3.1　压力的概念

在石油化工生产中，压力往往是决定安全生产、产品质量和生产效率的重要因素。如分离器、锅炉等设备必须在一定的压力下工作，其压力超过额定值时便有可能发生爆炸；高压聚乙烯要在150MPa或更高的压力下才能完成聚合；炼油厂减压蒸馏，则要在比大气压力低很多的负压条件下才能进行。可见，压力的测量与控制在生产过程中是十分重要的。本章将根据石油储运、炼油化工过程中压力测量的实际情况，选择一些典型的压力测量仪表来说明其原理及应用。同时介绍了压力计的选择、校验及安装要求。

1. 压力

工程上说的压力是指介质（液体或气体）垂直均匀地作用于单位面积上的力，即物理学中的压强。压力的形式包括绝对压力、表压力、负压力（习惯上称真空度）和差压。

表压力是绝对压力和大气压力之差，即

$$p = P - P_a \tag{2.6}$$

式中　　p——表压力；

P——绝对压力；

P_a——大气压力。

当被测压力低于大气压时，常用负压力来表示，它是负的表压力，即

$$p_d = P_a - P \tag{2.7}$$

需要说明的是，由于各种工艺设备和测量仪表通常是处于大气之中，本身就承受着大气压力，所以工程上经常用表压力或负压力表示压力的大小，这样做也便于压力测量仪表的调零。如无特殊说明，以后提到的压力均指表压力或负压力。

2. 压力的单位

根据国际单位制（代号为SI）规定，压力的单位是帕斯卡，简称帕（Pa）。$1Pa = 1N/m^2$。帕所表示的单位较小，工程上使用更多的是千帕（kPa）、兆帕（MPa）。它们之间的换算关系为

$$1MPa = 10^3 kPa = 10^6 Pa \tag{2.8}$$

除国际单位制以外，一些旧的压力单位，例如，标准大气压（或称物理大气压）、工程大气压、巴等现在仍然在使用。有时还用汞、水等液体制成液柱压力计，压力大小就直接以液柱的高度来表示。表2.2给出了常用压力单位之间的换算关系。

表2.2　常用压力单位换算表

压力单位	帕 Pa	工程大气压 kgf/cm²	标准大气压 atm	巴 bar	毫米水柱① mmH₂O	毫米汞柱② mmHg
帕	1	1.01972×10^{-5}	9.869236×10^{-6}	1×10^{-5}	0.101972	7.5006×10^{-3}
工程大气压	9.80665×10^4	1	0.967841	0.980665	1×10^4	735.562
标准大气压	1.01325×10^5	1.03323	1	1.01325	1.03323×10^4	760.0
巴	1×10^5	1.019716	0.986923	1	1.01972×10^4	750.062
毫米水柱	9.80665	1×10^{-4}	9.67841×10^{-5}	9.80665×10^{-5}	1	7.35562×10^{-2}
毫米汞柱	133.3224	1.35951×10^{-3}	1.31579×10^{-3}	1.33322×10^{-3}	13.5951	1

① 用水柱表示的压力，是以纯水在4℃时的密度值为标准。

② 用汞柱表示的压力，是以汞在0℃时的密度值为标准。

2.3.2 扩散硅式压力变送器

1. 结构原理

扩散硅式压力变送器是基于半导体材料的压阻效应工作的。单晶硅这种半导体压力敏感材料，在受到一定方向的应力作用时，材料内部晶格之间的距离会发生变化，使半导体材料的电阻率 ρ 剧烈变化，从而导致单晶硅电阻值改变。

扩散硅式压力变送器（见图2.9）由压力传感器和表头（转换电路）两部分组成。压力传感器一般做成M20压力表接头的形式，通过螺纹连接到设备或管道上。表头部分用于安装转换电路、显示器及输出信号接线端子。

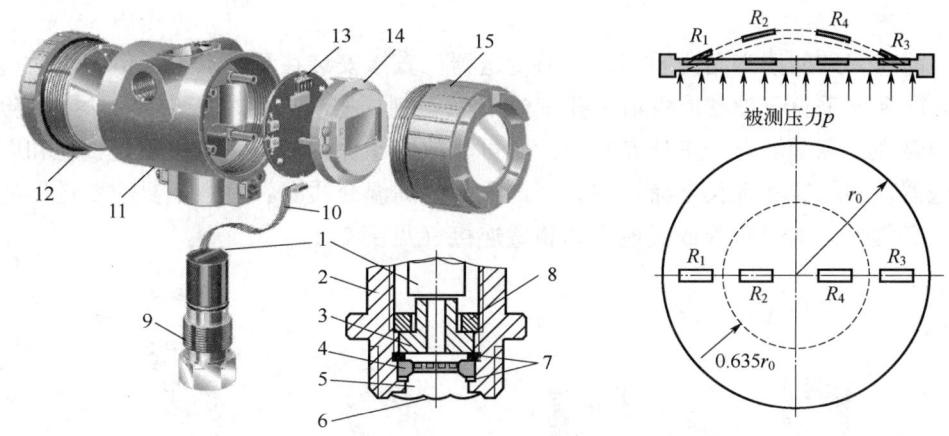

图 2.9 扩散硅压阻式压力变送器结构图

1—电路板；2—基座；3—压环；4—硅杯；5—隔离液；6—隔离膜片；7—密封圈；
8—压帽；9—传感头；10—引线；11—主壳体；12—盖；13—信号处理板；
14—液晶显示器；15—表头

扩散硅式压力传感器底部封装不锈钢隔离膜片，通过隔离液（如硅油）传压给"硅杯"。"硅杯"就是由单晶硅制成的测压膜片，是扩散硅压力变送器的核心元件，其背面采用集成电路工艺在特定位置制成了四个扩散压敏电阻。

当被测介质接触到变送器时，首先是硅杯底部的硅膜片下侧高压腔承受被测压力，膜片上方低压腔与大气连通。当单晶硅膜片受压时，膜片产生向上凸起的变形，使其背面的扩散电阻阻值发生变化。硅膜片中心部分的扩散电阻 R_2 和 R_4 受拉应力作用，电阻值增加。边缘部分的扩散电阻 R_1 和 R_3 受压应力作用，电阻值减小。

2. 转换电路

如果将单晶硅片上的四个扩散电阻构成桥式测量电路，见图2.10，电阻变化时，电桥的输出电压 ΔU 与单晶硅膜片所受压力 p 成线性对应关系，再通过信号处理电路将 ΔU 转换为 4~20mA 标准电流信号输出，这样就实现了用变送器的输出电流 I 来反映被测压力 p。

此处桥式测量电路阻值增加的两个电阻和阻值减小的两个

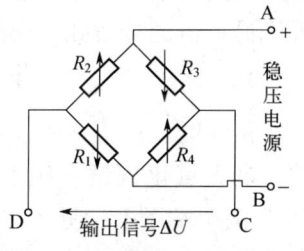

图 2.10 扩散硅压阻式压力
变送器测量原理图

电阻应分别置于电桥的对面两个桥臂上,这样不但提高了输出 ΔU 信号的灵敏度,又在一定程度上能互相抵消温度变化带来的阻值变化,使温度变化对电压 ΔU 的影响降到最小。

扩散硅压力变送器是基于单晶硅的压阻效应工作的压力测量仪表,是典型的压阻式压力变送器,因其具有灵敏度高、动态响应快、稳定性好等优点,在实际生产中被广泛使用。

扩散硅压力变送器的转换电路需要 24V 直流电源供电,输出 4~20mA 范围内的直流电流信号,电源线和输出电流信号线共用两根线,构成两线制变送器。当变送器输出电流 4mA 时,表明被测压力为测量下限 p_{min};当变送器输出电流 20mA 时,表明被测压力为测量上限压力 p_{max}。

3. 安装、接线与调校

1) 安装

安装前应仔细阅读产品说明书。压力变送器可直接安装在测量点上,也可以通过导压管安装。取压孔要垂直于设备或管道,孔壁光滑无毛刺,避免产生取压误差。尽量避开高温、强振动和腐蚀、潮湿场合。室外安装时,尽可能放置于保护盒内,避免阳光直射和雨淋,以保持变送器性能稳定和延长寿命。测量蒸汽或其他高温介质时,注意不要使变送器的工作温度超限。必要时,加引压管或其他冷却装置连接(见图 2.11)。

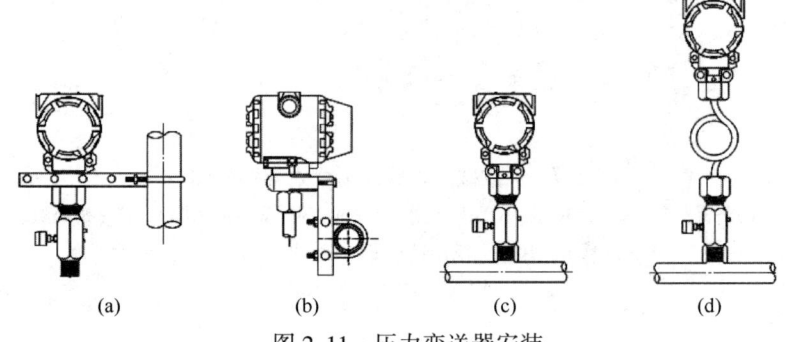

图 2.11 压力变送器安装

安装时应在变送器和取压点之间加装截止阀,以便检修,防止取压口堵塞而影响测量精度。在压力波动范围大的场合还应加装压力缓冲装置。压力变送器在安装和拆卸时,须使用扳手拧动变送器压力接头,严禁直接拧动表头,以避免损坏相关连结部件。

严禁敲打、撞击、摔跌变送器,严禁用尖硬物、螺丝刀、手指直接按压膜片试压,这样最容易造成不可修复性损坏。禁止超指标过载。正确按图连接电路。连接完成后,表盖须用专用工具拧紧,压紧 O 型密封圈,防潮防水。接线孔中引线电缆必须用出线密封件密封。外壳另一侧的接线孔,必须用具有密封圈的丝堵旋紧密封。

2) 接线

接线时,拧下后盖,将引线电缆从接线孔、橡胶密封件中穿过后,剥去电缆线芯绝缘皮、刮去氧化铜锈、压上线鼻后,用端子螺钉压紧到标注有"OUT"或"24V"侧"+""-"两个端子上,见图 2.12。另外两个标注"TEST"的端子用于连接测试用的指示表,其上的电流和信号端子上的电流一样,都是 4~20mADC。

接线时不要将电源信号线接到测试端子,否则电源会烧坏连接在测试端子的二极管,如

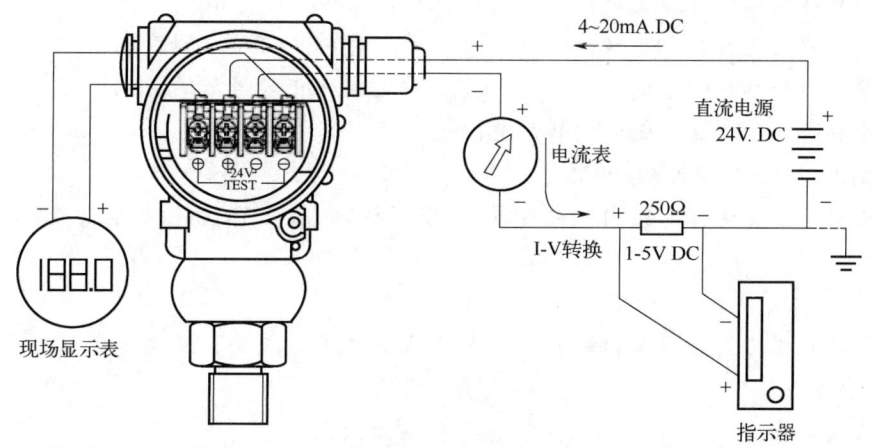

图 2.12 压力变送器接线

果二极管被烧坏，需换上二极管或短接两测试端子，变送器便可正常工作。

3）调校

变送器出厂前已根据用户需求，量程、精度均已调到最佳状态，无须重新调整。变送器在安装投产之前或装置检修时都要进行校验。在存放期超过一年、长时间运行后，出现大于精度范围内的误差时都要进行校验。

压力变送器校验时需要 24V DC 稳压电源、4½位数字电压（电流）表、250Ω 标准电阻，压力校验仪（活塞压力泵、高精度数字压力计）等标准仪器。

连接压力变送器与压力校验仪，连接稳压电源、电流表与压力变送器信号输出端子，接通电源，稳定 5min 即可通压测试。

用压力校验仪给变送器输入零位时的压力信号，若变送器零位压力为零（表压），则将变送器直接与大气相通。此时变送器输出电压为 4.00mA，若不等于此值，可通过调整零位电位器改变。

用压力校验仪给变送器输入满量程压力信号，变送器输出 20.00mA，若不等于此值，可改变量程电位器调整。零点和量程调整会有相互影响，需要反复调整零点、量程几次才能达到要求。

调零电位器和调量程电位器的位置对于各厂家的压力变送器有所不同，一般位于电路板上，有的延伸到表外，不用开盖即可调整。

习题

一、选择题

1. 国内统一设计的最常用的铜电阻器为（　　）。

[A] Cu50 和 Cu100　　　　　　[B] Cu100 和 Cu1000

[C] Cu500 和 Cu1000　　　　　[D] 以上都不对

2. 国内统一设计的最常用的铂电阻器为（　　）。

[A] Pt100　　[B] Pt1000　　[C] Pt100 和 Pt1000　　[D] Pt50 和 Pt100

3. 影响金属导电材料应变灵敏系数 K 的主要因素是（　　）。
   [A] 导电材料电阻率的变化　　　　[B] 导电材料几何尺寸的变化
   [C] 导电材料物理性质的变化　　　[D] 导电材料化学性质的变化

4. 温度越高，铂、镍、铜等材料的电阻值（　　）。
   [A] 越大　　　　[B] 越小　　　　[C] 不变

5. 在相同的温度变化范围内，分度号 Pt100 铂热电阻比 Pt10 铂热电阻变化范围大，因而灵敏度（　　）。
   [A] 较高　　　　[B] 较低　　　　[C] 一样

6. 给扩散硅压力变送器提供的直流 24V 电源的正负极接反，变送器会（　　）。
   [A] 烧毁　　　　　　　　　　　　[B] 没有输出
   [C] 正常输出　　　　　　　　　　[D] 输出最大

7. 在国际单位制中，压力的法定计量单位是（　　）。
   [A] Pa　　　[B] MPa　　　[C] mmH_2O　　　[D] mmHg

8. 热电阻测温元件一般应插入管道（　　）。
   [A] 5~10mm　　　　　　　　　　[B] 越过中心线 5~10mm
   [C] 100mm　　　　　　　　　　　[D] 任意长度

9. 一般情况下，铜热电阻的测温范围比铂热电阻的测温范围（　　）。
   [A] 宽　　　　[B] 窄　　　　[C] 一样

10. 一压力表指示 150kPa，当地大气压为 100kPa，若用一绝压表去测量应该指示多少？（　　）
    [A] 250kPa　　　[B] 50kPa　　　[C] 150kPa　　　[D] 100kPa

11. 热电阻温度计是根据（　　）原理来测量温度的。
    [A] 物体受热时体积膨胀的性质
    [B] 金属导体的电阻值随温度升高而升高的特性
    [C] 金属导体的热电效应
    [D] 半导体的电阻值随温度升高而升高的特性

12. 为了保证铜热电阻工作的稳定性，一般其测温范围为（　　）。
    [A] −20~+200℃　　　　　　　　[B] −50~+150℃
    [C] +20~+150℃　　　　　　　　[D] +50~+200℃

13. （　　）不是铠装热电阻的特点。
    [A] 体积小，响应快　　　　　　　[B] 耐振动和冲击
    [C] 耐高温　　　　　　　　　　　[D] 可以弯曲

14. 一台压力变送器在现场使用时发现量程偏小，将变送器量程扩大，而二次显示仪表量程未做修改，则所测压力指示值比实际的压力值（　　）。
    [A] 偏大　　　[B] 偏小　　　[C] 不定　　　[D] 不变

15. $R_0=100\Omega$ 的铂热电阻的分度号为（　　）。
    [A] Pt50　　　[B] Cu100　　　[C] Pt100　　　[D] Cu50

16. 测量黏度较大流体的压力时，在取压点与压力仪表之间应加装（　　）。
    [A] 沉降器　　　[B] 排污阀　　　[C] 隔离器　　　[D] 冷凝器

17. 热电阻测温采用"三线制"接法,其目的是( )。

[A] 使回路电阻为定值

[B] 获得线性刻度

[C] 消除连接导线电阻造成的附加误差

[D] 使工作电流为定值

二、判断题

1. 热电阻必须由两种不同材料组成。( )
2. 热电阻 Cu50 在接线时,要区分正负不要接反了。( )
3. 现在压力使用国际单位制,那么 1kPa = 1000mmH$_2$O。( )
4. 铜热电阻的测温范围比铂热电阻测温范围宽。( )
5. 热电阻测温时,若热电阻断路,温度指示最小。( )
6. 温度变送器的输出信号是毫伏信号。( )
7. 热电阻温度计指示值偏低,则热电阻有可能短路。( )
8. 热电阻温度变送器采用两线制连接。( )
9. 调节压力变送器零点,对量程没有影响。( )
10. 在安装变送器时,在压力变送器和取压点之间的截止阀通常加不加装都是可以的。( )
11. 与热电偶温度计相比,热电阻温度计所测量的温度较低。( )
12. 温度是衡量液体冷热程度的物理量。( )
13. 制作热电阻的材料要求有较小的电阻率。( )
14. 热电阻属于接触式测温元件,在安装时要求热电阻的保护管顶端位于管道中心线上。( )
15. 热电阻与二次仪表的连接方法有两种:两线制与三线制。这两种接法对测量的影响是一样的。( )
16. 工业上用热电阻测温时,一般采用三线制连接,主要是为了消除环境温度对测量结果的影响。( )

三、填空题

1. 温度测量仪表有( )和( )两类测温方式。
2. 华氏温标 t_F 与摄氏温标 t_C 的换算关系是( )。
3. 热电阻温度变送器与热电阻配套使用,将温度转换成( )统一标准信号,然后与显示仪表或控制仪表配合,实现对温度的显示或控制。
4. 温度为 11.45℃,换算成热力学温度是( ),换算成华氏温标是( )。
5. 常用于温度检测的金属热电阻有铜热电阻和( )。
6. 金属热电阻材料越纯,温度系数越( ),测量灵敏度越( )。
7. 某扩散硅压力变送器,测量范围调整为 0.5~3MPa,则变送器输出电流为 10.4mA 时,被测压力是( )MPa。

四、简答题

1. 热电阻温度计的测温原理是什么?常用热电阻种类有哪些?
2. 简述扩散硅压力传感器的工作原理。

3. 简述压力变送器安装的主要事项。

五、计算题

1. 某铜电阻在20℃时的阻值是 $R_{20}=160.28\Omega$，其电阻温度系数 $\alpha=4.25\times10^{-3}/℃$，该电阻在100℃时的阻值为多少？

2. 用分度为Cu50的热电阻，测得某介质温度为84℃，但检定该热电阻时发现实际该电阻值为50.4Ω，电阻温度系数为 $\alpha=4.28\times10^{-3}/℃$，求其测量误差是多少℃（已知查表得该铜热电阻在0~100℃范围有 $R_t=R_0(1+\alpha t)$，电阻温度系数 $\alpha=4.25\times10^{-3}/℃$）。

项目三　联合站分离器液位测量及压力控制

本教学项目通过联合站三相分离器工作过程及监控需求分析入手，对于解决三相分离器液位测量及压力控制方法进行了介绍。主要介绍了磁翻板液位计、浮筒式液位计、电容式液位变送器等液位测量仪表的结构原理、特点及应用。另一方面还介绍了用自力式执行器控制分离器压力、液位的方法；用数显控制仪、DCS 系统实现分离器监测控制的基本知识。

【学习重点】
1. 三相分离器监控基本要求及仪表选择。
2. 磁翻板式液位计组成原理、特点及应用。
3. 浮筒式液位计结构原理、安装及现场调校。
4. 电容式液位变送器组成原理及安装应用。
5. 数显控制器组成及操作。
6. 采用自力式执行器、数显控制器、DCS 系统控制三相分离器的监控方案。

【核心知识点】
1. 三相分离器监控需求、分队计量。
2. 磁翻板磁耦合传动。
3. 变浮力式液位、界位测量。
4. 浮筒校验标定原理。
5. 静压液位测量方法、迁移问题。
6. 电容液位变送器原理。
7. 数字显示控制器组成作用。

模块 3.1　联合站三相分离器液位测量及压力控制需求

联合站担负着各油区的油气汇集、油气水分离净化处理及外输任务。通常一块完整的油气区设置一个联合站，随着油气田所处地理环境、产量规模、油井多少、分散程度、油气性质、工艺措施等因素的不同，联合站的任务和工艺流程各不相同。

党的二十大强调要统筹发展和安全，全力推进安全稳定。联合站在注重高质量发展的同时应筑牢安全防线，确保安全生产。油、气、水三相分离器是联合站的主要生产设备，做好三相分离器的液位、压力测量及控制对于稳定生产及整个联合站的安全平稳运行具有十分重要的意义。

联合站生产装置比较集中，监控要求高，适于采用大规模自动化装置，如集散控制系统（DCS）或计算机数据采集及监控系统（SCADA）进行控制和管理。

3.1.1 三相分离器结构及作用

油井产物是油、气、水、砂等多形态物质的混合物。为了得到合格的石油产品，油气集输的首要任务就是进行油、气、水分离，通常是在专门是分离器中进行的。油井混合物进入三相分离器后，随着压力的逐渐降低，气体不断逸出，通过多级分离，直至系统的压力降为常压，天然气排除干净，剩下的液相进入储液罐。

目前，应用于油气集输过程中的分离器按其功能不同，可分为气、液两相分离器和油、气、水三相分离器；按其形状不同，可分为卧式分离器、立式分离器、球形分离器等。三相卧式分离器是目前应用最广泛的一种分离器，其结构原理如图3.1所示。为了满足加热缓冲的需要，有的分离器组合了加热炉功能。

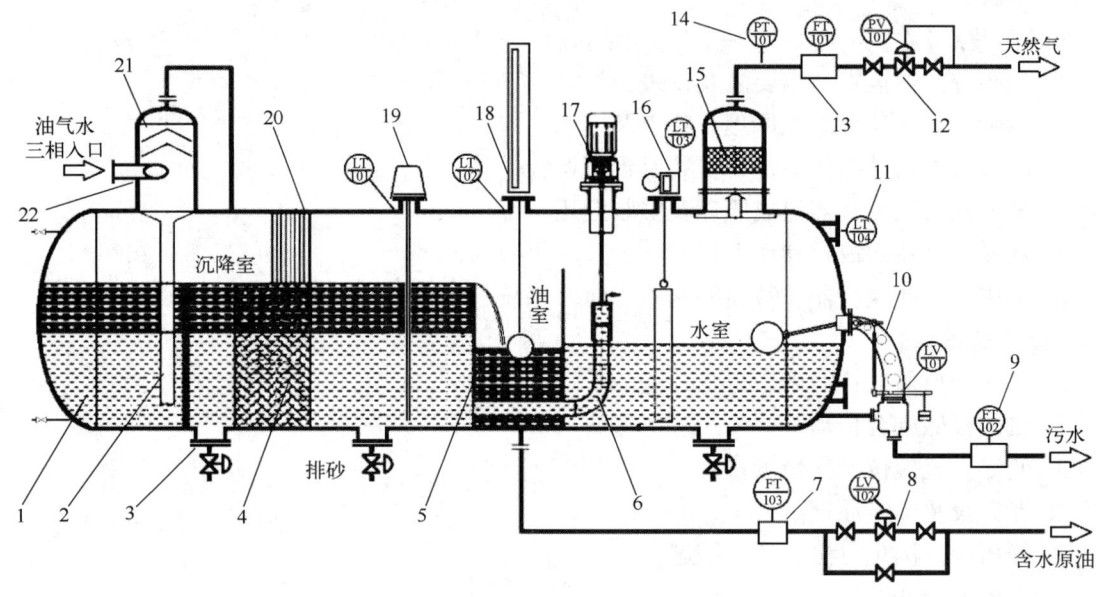

图 3.1 三相卧式分离器结构原理图

1—三相分离器壳体；2—进口洗液管；3—冲砂口；4—稳流装置；5—原油溢流板；6—溢水管；7—原油腰轮流量计；8—油室液位控制执行器；9—污水电磁流量计；10—自力式液位执行器；11—静压式液位计；12—自力式压力执行器；13—天然气旋涡流量计；14—天然气压力变送器；15—平行捕雾器；16—浮筒式液位计；17—水位调节装置；18—顶装磁翻板液位计；19—射频导纳油水界面仪；20—天然气除油器；21—捕油伞帽；22—旋流分离器

气液混合物由进口旋流分气器22进入分离器，在离心分离和重力分离的双重作用下，气、液得以初步分离。经初步分离后的天然气，其携带的细小液滴在向上运动的过程中，碰撞黏附在伞帽上，经汇集跟随油水液体向下进入洗液管2。天然气经分气器上部管线返回分离器上部空间，经除油器20除油后，通过捕雾器15进一步除油后进入集气管线，通过压力执行器12后外输。

液相在重力作用下通过洗液管2从底水中冒出，经底水冲洗原油上浮、污水下沉。油水由稳流装置4引至分离器主体集液部分。由于集液部分有较大的体积，使得油水在分离器内有一定的停留时间，以便充分分离。液相中的游离水因密度差沉降至底部形成水层，原油和含有较小水滴的乳状油处于上层。分离后的上层原油从溢流板 5 上面溢出到"油室"。污水经充分沉降后从底部溢水管 6 穿过油室进入"水室"。

油室里的含水原油经液位控制执行器 8 流出分离器。水室里的游离水经自力式液位执行器 10 流出分离器。

卧式分离器中的气液界面面积较大,且气体流动的方向与液滴沉降的方向相互垂直,使得集液部分原油中所含的气泡易于上升至气相空间,且气相中的液滴更易于从气流中分离出来。

从油井采出的液体介质中往往含有细砂。在三相分离器内分离过程中沉降至罐底,须定期冲砂。

3.1.2　三相分离器实现分队计量

目前各采油队(区)之间采用就近混输流程,有些区块无法对每个采油队(区)进行单独计量。如遇全厂产量波动,各队开展计量调查、动态分析时,最关键的产量指标不明确,影响了分析结果的可靠性,给正常生产管理带来很大困难。

所谓分队计量技术,是利用联合站的多个分离器,对进站流程进行适当改造,使每个采油队(区)的生产管线单独进入各自的三相分离器进行分离计量。

三相分离器分队计量系统如图 3.2 所示,是基于三相分离器油、气、水分离后的分别计量。采用分队计量后通过瞬时流量和累积流量变化,可及时掌握各采油队(区块)的生产动态变化趋势。

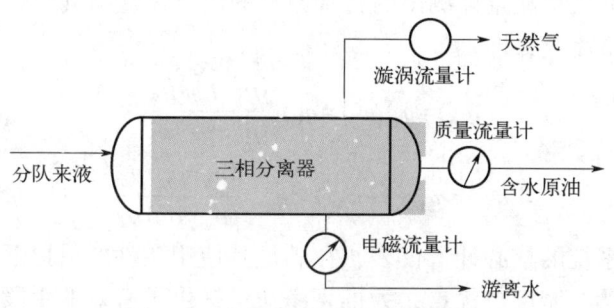

图 3.2　三相分离器分队计量系统

气路采用旋涡流量计,水路采用电磁流量计,油路采用质量流量计等,分别进行流量计量。

质量流量计是一种高性能流量计量仪表,可直接测量出含水原油的质量流量和密度,由此结合原油及所含污水的原始密度,可分别计算出分离器油路输出的净油流量和含水的流量。质量流量计是该系统的核心计量仪表,在满足其使用条件的前提下,具有精度高,稳定性好,直接测量质量、密度等优点。为保证质量流量计工况合理,必须控制好分离器的工作压力,油、水腔液位,保证油路不含游离气,如此能获得真实满意的测量结果,为应用系统提供真实可靠的数据。

由于油、水是两种互不相容的液体,含水原油的质量流量应该是其内所含原油与水的流量之和,即

$$q_{xm} = q_{wm} + q_{om} \tag{3.1}$$

式中 q_{xm}——含水原油的质量流量，kg/h（由质量流量计测出）；
q_{om}——原油质量流量，kg/h；
q_{wm}——水的质量流量，kg/h。

根据含水原油的质量等于原油质量与含水质量之和，密度可以表示为

$$\rho_x = w_V \rho_w + (1 - w_V) \rho_o \tag{3.2}$$

式中 ρ_x——工作温度下含水原油的密度，kg/m³（由质量流量计测出）；
ρ_o——工作温度下纯原油的密度，kg/m³；
ρ_w——工作温度下纯水的密度，kg/m³；
w_V——工作温度下含水原油的体积含水率，%。

工作温度下水的密度、原油密度各油田区块有所不同，属于已知标准数据。根据式(3.2) 得到含水原油的体积含水率为

$$w_V = \frac{\rho_x - \rho_o}{\rho_w - \rho_o} \tag{3.3}$$

含水原油的质量含水率为

$$w_M = \frac{(\rho_x - \rho_o) \rho_w}{(\rho_w - \rho_o) \rho_x} \tag{3.4}$$

混合液质量含油率为

$$(1 - w_M) = \frac{(\rho_x - \rho_o) \rho_o}{(\rho_w - \rho_o) \rho_x} \tag{3.5}$$

由以上各式可根据质量流量计测出的含水原油的质量流量与混合密度，就可以计算出污水质量流量和原油质量流量，即

$$q_{wm} = q_{xm} w_M = q_{xm} \frac{(\rho_x - \rho_o) \rho_w}{(\rho_w - \rho_o) \rho_x} \tag{3.6}$$

$$q_{om} = q_{xm} (1 - w_M) = q_{xm} \frac{(\rho_x - \rho_o) \rho_o}{(\rho_w - \rho_o) \rho_x} \tag{3.7}$$

质量流量计是该系统的核心计量仪表，在满足其使用条件的前提下，具有精度高、稳定性好，能直接测量质量、密度等优点，为推算净油量提供了有效的手段。为保证质量流量计正常工作，必须控制好分离器的工作压力和油、水腔液位，保证油路没有游离气泡。并且，溶解气不超过质量流量计允许含气量（≤5%），为计量系统提供真实可靠的数据。

游离气的存在会使质量流量计测出来的密度结果明显变小，在式(3.3) 中相当于含水率减少，会使计算出的净油量虚假增高，产生很大的误差。

但是，质量流量计不用于推算净油量的时候，原油里面的游离气对测量结果的影响可以忽略不计，这是由于气体密度是液体密度的千分之几。原油中的含气的质量与原油质量相比微乎其微。

3.1.3 三相分离器的监控需求及仪表选择

三相分离器的监控需求主要包括以下内容：

1. 天然气压力测控

该测控用于使三相分离器内部维持一定压力，压力范围较小，一般为0.3MPa 左右。一

般分离器顶上有安全阀，在高于设定安全压力（0.35MPa）时打开泄压，保护分离器。

压力测量仪表一般同时安装就地显示压力表和远传压力变送器。就地显示压力表一般选用弹簧管压力表，量程0~0.6MPa，精度0.5级。压力变送器一般选用扩散硅压力变送器，量程0~0.6MPa，精度0.25级，输出4~20mA.DC，一般选用本安防爆形式。压力控制精度要求不高，一般选择自力式压力执行器（控制阀）。如果联合站采用数字显示控制器或计算机集散控制系统（DCS），可选用气动执行器配电气阀门定位器，控制系统输出4~20mA.DC控制信号，通过电气阀门定位器驱动气动薄膜执行器动作，通过阀芯节流控制分离器压力（相关内容详见项目八。）。这种控制方式比自力式压力执行器控制效果好、控制精度高。

2. 油、水液位测量与控制

该步骤用于维持一定的液位，液位超高和液位超低报警保护。

三相分离器内通过隔油堰板将原油导引到油腔内，通过自力式液位执行器（控制阀）自动维持油腔液位。由于自力式液位执行器属于比例式控制，产生的余差较大，控制效果差强人意。也可以选择数字显示控制器或DCS控制，取得较好的控制效果。

本例所述三相分离器内有溢水管将底水导引到水室内，通过自力式液位执行器（控制阀）自动控制放水，结构比较复杂。也可以选择数字显示控制器或DCS控制，取得较好的控制效果。

有独立油室、水室的三相分离器可以采用普通液位测量仪表测量，如静压式液位变送器、浮筒式液位变送器，也可以采用磁致伸缩液位计、雷达式液位计等（相关内容详见项目七）。磁翻板液位计可用作就地液位显示。

值得注意的是，液位测量仪表一般同时安装就地显示液位计和远传液位变送器。量程一般选择0~4m。精度0.25~0.5级即可。

3. 油水界面控制

该步骤实现油水界面测量控制，稳定调节与超限报警。

没有独立水室的三相分离器，需要测量油水界位。可选用浮筒式液位计、射频导纳界面仪（相关内容参见项目七），量程选择0~2.5m，精度0.5级。

4. 油、气、水流量计量

三相分离器的油气水流量测量仪表相关内容详见项目四。天然气流量测量常用涡街式流量计，原油流量测量一般选用双转子流量计、腰轮流量计等，底水流量测量常用电磁流量计。流量范围根据分离器具体流量范围而定。

5. 自动冲砂控制

可采用PLC或数显控制器设定时间定时冲砂。

模块3.2 磁翻板液位计

磁翻板液位计是直读式液位计的一种。直读式液位计主要有玻璃管、玻璃板液位计、磁翻转式液位计等。玻璃式液位计结构简单，价格便宜，是使用较早的液位计。一般用在温度和压力不太高、就地指示的场合。它的缺点是黏度较大的液体容易黏附在玻璃上，不易看清真实液位,如原油就无法使用。磁翻板液位计可替代玻璃板或玻璃管液位计,用来测量有压容器或敞口容器内的液位,不仅可以就地指示,还可以附加液位越限报警及信号远传功能,实现远距离的液位报警和监控。

3.2.1 测量原理

磁翻板式液位计也是利用连通器原理测量液位的,不同的是液位是通过磁浮子的磁耦合传递出去的,又可以称为恒浮力液位计。磁翻板式液位计的结构原理如图3.3(b)所示,由连通器、磁性浮子、磁翻柱面板等组成。连通器由不导磁的不锈钢管制成,液位计面板捆绑在连通器外,面板支架内均匀安装多个磁翻柱。磁翻柱一面涂成红色,另一面涂成白色,内装可以转动的水平轴。每个磁翻柱内都镶嵌有小磁铁,磁翻柱间小磁铁彼此吸引,使磁翻柱稳定不乱翻,保持红色一面朝外或白色一面朝外。

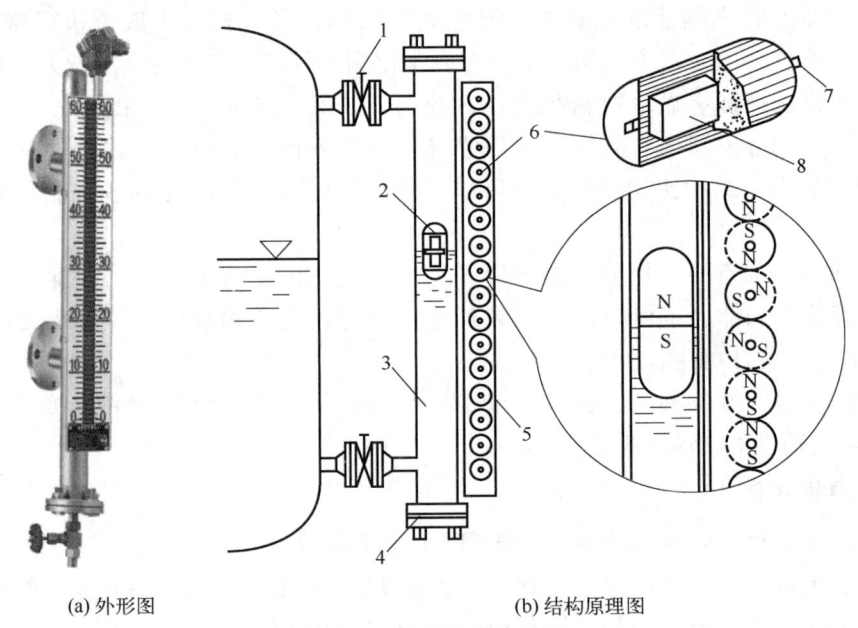

(a) 外形图　　　　　　　　　　(b) 结构原理图

图 3.3　磁翻转式液位计

1—连通阀;2—磁性浮子;3—连通器;4—盲板;5—液位计面板;6—磁翻柱;7—磁翻柱轴;8—翻柱磁铁

当被测容器中的液位升降时,连通器中的磁性浮子也随之升降,浮子内永久磁钢(极性上N、下S)的磁场通过磁耦合传递到磁翻柱指示器,驱动磁翻柱翻转。如当液位上升时,磁浮子下方的S极吸引液面以下所经过的磁翻柱的N极向里翻,红色面朝外;而当液位下降时,磁浮子的上方N极吸引液面以上磁翻柱S极向里翻,转变为白色面朝外。指示器的红白交界处为液位的实际高度,从而实现液位指示。

磁翻板式液位计的安装形式有顶装式和侧装夹套式,见图3.4。根据被测介质的特性不同,液位计分为基本型、防腐型和保温夹套型。

磁翻板液位计可配置液位开关输出,实现远距离报警及限位控制。液位开关内置干簧管,通过浮子的磁场驱动干簧管闭合,实现上下限位置报警。

磁翻板液位计还可配置变送器,见图3.4(c)。变送器测量管中密封多个并联干簧管及串联电阻。当磁浮子吸引液位处的那个干簧管闭合时(其他干簧管均不闭合),使测量电路总电阻等于其下各段电阻之和。这一电阻随液位变化,作为电桥的一个桥臂,使电桥输出电压改变,通过 V/I 转换电路变为 4~20mA 的标准电流信号输出,实现液位的远距离指示,达到自动检测与控制的目的。

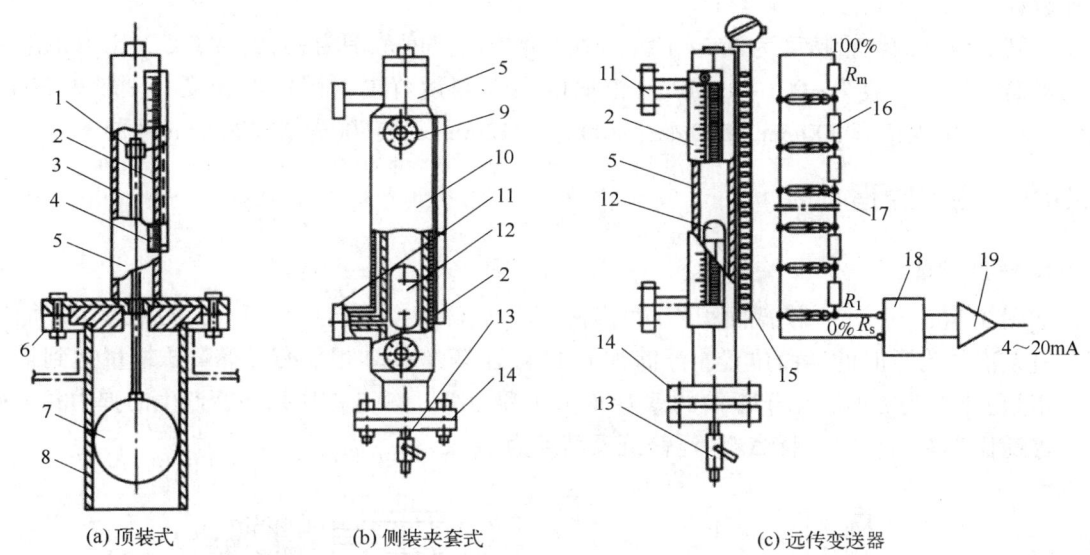

图 3.4 磁翻板式液位计类型

1—磁钢;2—液位计面板;3—连杆;4—磁翻柱;5—连通器;6—被测容器开孔法兰;7—普通浮球;
8—导管;9—保温介质连通管;10—保温夹套;11—被测液体连通管;12—磁性浮子;13—排污阀;
14—连通器法兰;15—液位变送器;16—精密电阻;17—干簧管;18—测量电桥;19—V/I 转换器

3.2.2 安装与维护注意事项

（1）为方便安装和维护,底部法兰与地面或基础地面的距离必须大于 0.3m。
（2）使用前,应先用矫正磁钢将零位以下的翻板置成红色,其他翻板置成白色。
（3）液位计必须垂直安装,为避免浮子卡死,安装时注意连通管内不允许有铁屑等异物进入,防止吸在磁浮子上。
（4）液位计与容器之间应安装截止阀,以便检修清洗。
（5）液位计使用时,应先打开连通管上方的气体连通阀门,然后缓慢打开下方液体连通阀门,防止磁浮子急速上升而造成翻柱翻乱,甚至撞瘪浮子。
（6）液位计主体附近不允许有强磁场,以免影响正常工作。
（7）使用过程中应定期进行清洗,清除筒体内的污垢杂质。
（8）测量原油的磁翻板液位计,为防止冬季原油凝固在连通管里,需要伴热保温措施。如选择电热带或夹层加热类型。

模块 3.3 浮筒式物位计

磁翻板液位计是恒浮力式液位计,浮力维持不变,浮子永远漂浮在液面上,浮子的位置随着液面高低而变化。而浮筒液位计是利用一个圆柱形的浮筒沉浸在液体里,根据浮筒被浸的高度不同,则浮筒所受的浮力不同,只要检测出浮筒所受浮力,就可确定液位的高低,因此这是一种变浮力式液位计。由于浮筒的重力总是大于浮力,因此称浮筒为沉筒更为合适。由于这种方法也可以测量两种密度不同液体的界位,故浮筒液位计测量界位时称为浮筒物位计比较合适。

浮筒液位计的测量精度为 0.5~1 级,适用介质的温度范围为-110~400℃,压力范围取决于浮筒承压,一般为-0.1~10MPa。浮筒的最大测量范围为浮筒的长度,一般为 300~3000mm,常用规格有 300mm、500mm、800mm、1200mm、1600mm、2000mm 六种。

3.3.1 测量原理

1. 液位测量

如图 3.5(a) 所示,横截面积相同的圆柱形金属浮筒,悬挂在弹簧上,图中所示浮筒虚线位置是液位为零时的浮筒位置,浮筒重力 W 被弹簧弹力 T 相平衡,弹簧压缩量达到最大 X。当液位上升为 L 时,由于浮筒的重力 W 大于浮力 F,$W-F$ 被压缩弹簧产生的弹力相平衡时,浮筒比没有液位时上移 ΔX。浮筒沉没高度为 $L-\Delta X$。

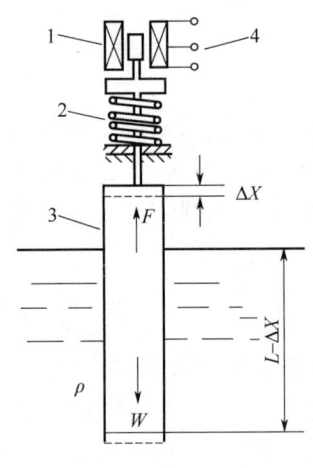

(a)浮筒液位计测量液位　　　(b)浮筒液位计测量界位

图 3.5　变浮力式液位计原理

1—差动变压器;2—弹簧;3—浮筒;4—输出

浮筒在其平衡时存在如下关系:

$$\Delta X = \frac{A\rho g}{C+A\rho g}L \tag{3.8}$$

式中　ΔX——弹簧压缩变形的改变量;

C——弹簧的刚度;

A——浮筒截面积;

ρ——液体密度;

g——重力加速度;

L——液位高度。

由式可知，液位变化后，弹簧位移量 ΔX 与液位 L 成比例关系。如果在浮筒的连杆上安装一铁芯，通过差动变压器便可以输出相应电动势变化，从而可以转换成 4~20mA 的标准电流信号输出，指示出液位的数值。

2. 界位测量

如图 3.5(b) 所示，浮筒液位计测两种液体的界位时必须使浮筒整个没入介质之中。其中下层的重介质密度为 ρ_2，淹没浮筒的高度 h 就是界位高度；上层的轻介质密度为 ρ_1，淹没浮筒的高度为 $L-h$。当界面最低（$h=0$）时浮筒受到的是轻介质满程的浮力。此时，通过调整液位变送器的零点，使之输出零点电流 4mA。而在界面最高（$h=L$）时，浮筒受到的是重介质满程的浮力，只要通过调整液位变送器的量程，使之输出满度电流 20mA。则液位变送器输出信号在 4~20mA 之间变化时，输出电流正比于界面高度。

对于界面测量，需要两种液体介质有明显的分界面，若分界面不明显，则测量精度会变的很低，甚至无法测量。目前大部分浮筒液位计生产厂家在样本中都是以密度和密度差作为液位测量和界面测量的参考范围。通常对于液位测量的液体密度要求为 $0.5 \sim 1.5 \text{g/cm}^3$，对于界面测量则要求两种介质的密度差应大于 0.1g/cm^3。原油和伴生污水刚能满足界位测量要求，绝大部分成品油与底水界位测量都能满足，炼油厂应用比较普遍。

3.3.2 电动浮筒物位变送器

144LD 型电动浮筒物位变送器，是以浮筒为测量元件，通过传动芯轴/扭力管将浮力的变化转变成芯轴角位移，传递给转换部分，再经转换部分放大输出 4~20mA.DC 信号或转换成现场总线数字信号。智能电动浮筒物位计有液晶显示器和组态功能，支持 HART、Profibus-PA、FF 及 FoxCom 通信。可根据需要配置热夹套和分体安装方式。

1. 结构原理

144 LD 型电动浮筒液位变送器主要由测量部分和转换部分组成，其结构如图 3.6 所示。测量部分由浮筒及吊链、杠杆、扭力管、外壳组成。浮筒为一根两端封闭的圆柱形空心金属筒，用吊链挂在杠杆一端，由于有一定重量，浮筒可沉浸在液体中。当液位上升时，浮筒的浮力变化改变了浮筒对杠杆的向下作用力，在扭力管上转换为测量力矩的变化，使扭力管-

图 3.6　144LD 型电动浮筒液位变送器

1—壳体；2—杠杆；3—扭力管；4—芯轴；5—扭力杠杆；6—浮筒；7—挠曲梁及应变片；8—转换部分（表头）

芯轴转动一微小角度，代表了液位高低。

芯轴上夹着一个扭力杠杆，并与挠曲梁固定连接。芯轴经扭力杠杆给弹性挠曲梁施加一定的推力，挠曲梁变形，使其上薄膜应变电阻变化，通过应变电阻测量桥路，产生相应的测量信号给转换部分（放大器）。

转换部分主要由放大器、微处理器、LCD显示器组成。作用是向应变电阻桥路供电并将测量信号隔离放大和数据处理，将液位转换为4~20mA.DC信号输出。通讯模块生成现场总线数字信号，可实现远程组态，零点、量程、阻尼等参数调整。转换部分可和测量部分安装为一体，也可分体式安装。

2. 安装应用

浮筒液位计的安装应用见图3.7。外浮筒式的测量室应垂直安装，允许偏差2mm。

安装内浮筒的设备容器上应有防工艺介质流动冲击的导向环或带孔导向管，浮筒与导向管要同心，同心度每米不超过2mm。浮筒与导向管不能有擦碰。

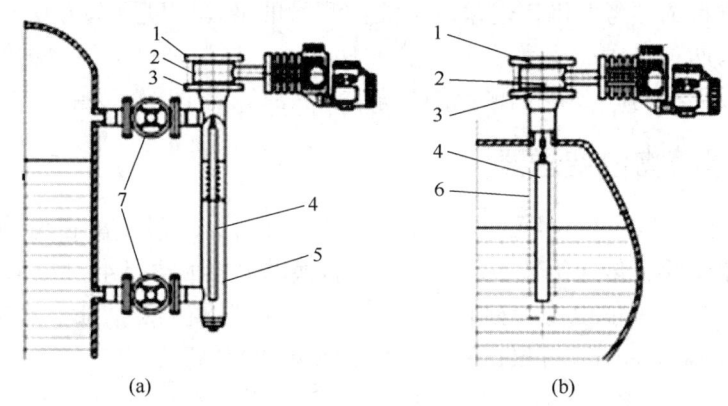

(a)　　　　　　　　　　(b)

图3.7　外浮筒式与内浮筒式应用

1—盲板法兰；2—表体；3—连接法兰；4—浮筒；5—浮筒室；6—带孔导向管；7—连通阀

3. 现场校验与调试

144LD在出厂时，调校参数存储在变送器内，一般只在现场用变送器按键校准零点即可，必要时校准零点及量程。也可以用HART通信手操器进行组态调试。若需要对浮筒液位变送器标定时，也可采用挂砝码和现场水校法来进行，这里仅对水校法进行简要介绍。

用水校验一般适用现场校验标定。标定时利用连通器原理，从液位计外浮筒下部排污口接出透明塑料胶管。通过胶管向浮筒室灌水，并用钢尺测量水位高度，代替被测介质进行校验。水校法操作时要注意必须使浮筒室上部通大气，这样才能使连通管形成有效连通。水校法灌水高度计算公式为

$$l = \frac{\rho}{\rho_w} L \tag{3.9}$$

式中　L——浮筒液位计测量范围，mm；

ρ——被测介质密度，g/cm³；

ρ_w——水的密度，g/cm³。

如图 3.8 所示，现场按键校准使用变送器壳两侧的 0%（右侧）和 100%（左侧）按键。掀起保护盖，用直径小于 3mm 的螺丝刀插入孔中，按压按键。在挂好浮筒后的空液位时（无液体浮筒悬空），按压右侧 0% 按键小于 3s，此时变送器转换部分记录下浮筒挂重的内部信号值。当灌水到液位值在 0% 时，若校准输出零点，按压右侧 0% 按键要长于 5s，此时输出为 4mA DC。根据式(3.9)计算当实际被测介质液位在 100% 时的灌水高度 l，并向浮筒内灌水至 l，按压左侧 100% 按键要长于 5s，此时输出为 20mA DC。

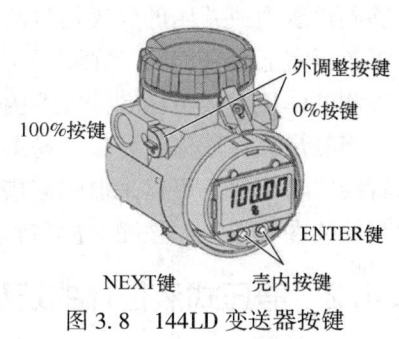

图 3.8　144LD 变送器按键

若需现场按键调整阻尼（可调范围 0~32s，缺省值为 8s）时，要按压左侧 100% 按键小于 3s，此时 LCD 显示器上出现输出信号的阻尼时间，再按压左侧 100% 按键更长时间，可出现阻尼数值变化，到选定的阻尼值后松开，再瞬间按压右侧 0% 按键确认。

模块 3.4　静压式液位计

在油气生产、加工以及油气集输储运系统中，石油、天然气与伴生污水要在分离器、缓冲罐、储罐等生产设备中分离、存储与处理。液位、油水界位的测量与控制，对于保证正常生产和设备安全、维持进出物料的平衡和油水罐计量显得至关重要。

静压式液位计利用一定高度的液柱产生的液体静压力差，用压差计或差压变送器进行测量。

3.4.1　静压式液位测量原理

容器中液位的变化对它的底部或侧面都会产生不同的压力。当被测介质的密度是一常数时，液位越高，液底的静压力越大。

静压式液位计就是利用容器内的液位改变时，由液柱产生的静压也相应变化的原理工作的，如图 3.9 所示。p_A 表示容器内液面 A 点的静压力（气相压力），p_B 表示零液位处 B 点的静压，根据流体静力学原理，有

$$\Delta p = p_B - p_A = L\rho g \qquad (3.10)$$

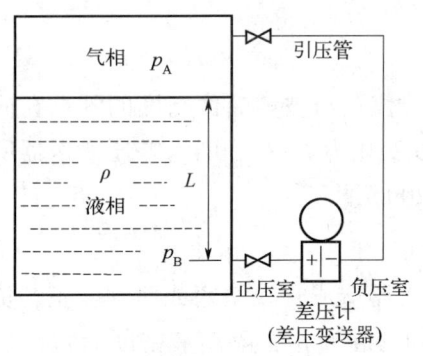

图 3.9　静压式液位测量原理

式中　Δp——A、B 两点的静压差，Pa；
　　　L——液位高度，m；
　　　ρ——介质密度，kg/m³；
　　　g——重力加速度，m/s²。

对于敞口容器，p_A 是大气压力，此时式(3.10)中的差压 $\Delta p = p_B$ 就是 B 点表压力。

测量过程中，当被测介质密度 ρ 为一常数时，罐底与气相压差与液位高度 L 成正比，即只要测出 Δp（密闭容器）或表压 p（开口容器）就可以确定液位高度。只要是量程合适，

能够测量压力或差压的仪表均可测量液位。在测量敞口容器液位、使用差压仪表测量时，只需将负压室通大气就行。在测量密闭容器的液位时，需要使用差压变送器测量液位。正压室接被测液体压力，负压室接容器内气相压力。

当测量黏性液体或易凝、易沉淀、有腐蚀性液体的液位，如原油、污水液位时，由于引压管线容易堵塞，可以采取隔离措施，或者使用法兰式差压变送器。将检测元件——金属膜盒直接装在容器上，被测介质与膜盒直接接触，省去了导压管，从而起到隔离作用。

3.4.2 静压式液位计的迁移问题

图3.9所示静压液位测量方法中，差压变送器的安装位置与被测液位的零点在同一水平面上，且负压室引压导管中无液体存在。因而$H=0$时，变送器上压差$\Delta p=0$，这是一种最简单的情况。

在实际应用时，由于受安装条件的限制和周围环境的影响，变送器的安装位置通常与液位零位不在同一水平面上，有时负压室引压管中会有液体冷凝，有时在引压管上需加装隔离罐，这都会使得液位最低点$H=0$时，差压$\Delta p \neq 0$，其指示不为零，如图3.10所示。为了使差压变送器能够正确地指示液位高度，需对差压变送器进行零点调整，使它在液位为零时输出"零"信号（4mA），这种方法称为"零点迁移"。迁移可分为无迁移、正迁移、负迁移三种情况。

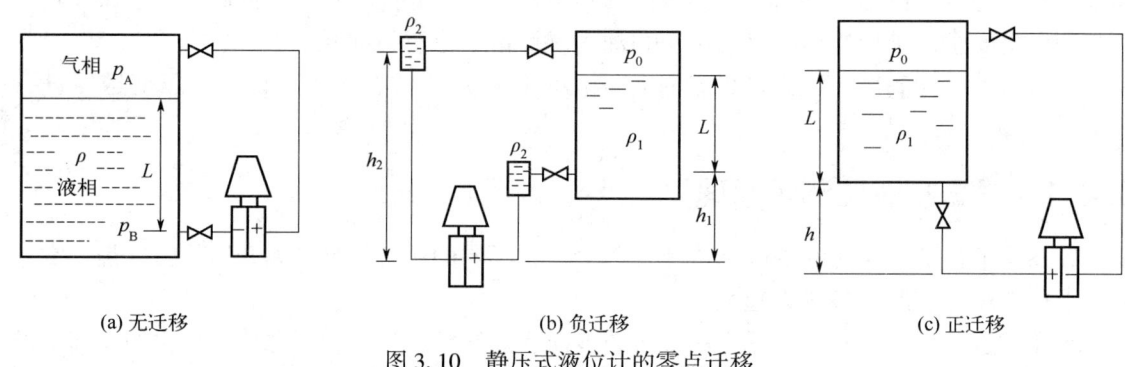

图3.10 静压式液位计的零点迁移

1. 无迁移

无迁移的测量系统如图3.10（a）所示。变送器的安装位置与被测液位高度的零点在同一水平面上。假设被测液体密度为ρ。当被测液位由$L=0$变化为$L=L_{max}$时，差压变送器所测得的差压由$\Delta p=0$变为$\Delta p=\rho g L_{max}$，输出由4mA变为20mA。

2. 负迁移

图3.10（b）为负迁移情况。为防止被测液体进入变送器造成管线堵塞或腐蚀，正、负压室与取压点间安装隔离罐、内充隔离液。若被测介质的密度为ρ_1，隔离液密度为ρ_2，这时正负两压室压差为

$$\Delta p = \rho_1 g L - \rho_2 g(h_2 - h_1) \tag{3.11}$$

由图可知，当液位$L=0$时，正负压室有压力差$\Delta p = -\rho_2 g(h_2 - h_1) < 0$，会使差压变送器的输出电流小于4mA。而在最高液位$L=L_{max}$时，$\Delta p = \rho_1 g L_{max} - \rho_2 g(h_2 - h_1)$。变送器输出电

流也会小于20mA。事实上，变送器输出的电流不可能出现低于4mA的情况（除非是故障状态）。为了使仪表能正常反映出液位的数值，必须设法抵消掉固定差压$(h_2-h_1)\rho_2 g$的作用，使得当$L=0$时变送器的输出仍然为4mA，$L=L_{max}$时，变送器的输出为20mA。采用的方法是在变送器上加一迁移装置，利用变送器内部的反馈作用，抵消掉这一固定负差压的作用，称这种方法为负迁移。迁移量为$-(h_2-h_1)\rho_2 g$。若迁移前变送器的测量范围为$0\sim\rho_1 gL_{max}$，则迁移后的测量范围为$[-(h_2-h_1)\rho_2 g] \sim [\rho_1 gL_{max}-\rho_2 g(h_2-h_1)]$。量程始终为$\rho_1 gL_{max}$。

3. 正迁移

由于工作条件不同，有时会出现正迁移的情况。如图3.10(c)所示。差压变送器的安装位置低于液位零点。正负两压室压差为

$$\Delta p = \rho_1 gL + \rho_1 gh \tag{3.12}$$

当液位$L=0$时，差压变送器上有压差$\Delta p=\rho_1 gh>0$，使差压变送器的输出电流大于4mA。当$L=L_{max}$时，$\Delta p=\rho_1 gL_{max}+\rho_1 gh$，变送器的输出电流应远大于20mA。因此必须将$\rho_1 gh$这段静压差消除掉，这就是"正迁移"。若迁移前变送器的测量范围为$0\sim\rho_1 gL_{max}$，则迁移后变送器的测量范围为$\rho_1 gh \sim [\rho_1 gL_{max}+\rho_1 gh]$。量程始终为$\rho_1 gL_{max}$。

由以上分析可知，迁移不仅改变了零点的位置，同时也改变了测量范围的上下限，相当于测量范围的平移，但是并没有改变量程大小。进行相应的迁移后达到了使液位变送器的输出正确反映液位变化的目的。

3.4.3 电容式差压（液位）变送器

电容式差压（液位）变送器采用差动电容膜盒作为检测元件。将压力差转换为电容量的变化，并将其转换为4~20mA DC标准信号输出。电容式差压（液位）变送器具有结构简单，适应性强，测量精度较高，在高温、辐射等恶劣的环境下适用等特点。能够测量压力、压力差、液位、流量（配合节流装置）等参数，现场应用十分广泛。

1. 结构组成

电容式液位变送器的本质就是一台差压变送器。电容式差压变送器的构组成如图3.11所示。它由测量和转换放大两部分组成。测量部分的作用是将被测差压转换成电容量的变化。转换部分的作用为将电容量转换成标准的4~20mA DC电流信号输出。

2. 检测部分原理

图3.12为电容式差压变送器检测部分结构示意图，它的核心部分是一个差动式电容传感器。就是由一个金属中心平膜片和两个凹形玻璃片对扣而成的器件。两边凹型玻璃上的镀金薄膜形成电容的固定电极，中心感压膜片作为两边电容的共用电极，分别与左右两个固定电容极板形成电容C_1和C_2，这部分被称为"δ腔"。为了防止被测介质进入到电容里去，玻璃体被封在基座里，两边焊接隔离膜片，内充绝缘隔离液（常用硅油）。

被测介质由两侧的高、低压进口进入高低压室，高、低侧压力p_1、p_2加到不锈钢波纹隔离膜片上，通过导压硅油传到"δ腔"内。腔内中心感压膜片受到来自两侧的压力差$\Delta p=p_1-p_2$作用，产生弹性变形，向低压侧凸起，向右产生微小位移x，如图3.12(b)所示。中心感压膜片作为可动电极，和左右两侧镀金薄膜固定电极之间的间距不再相等，形成差动电容。

忽略边缘电场效应，中心感压膜片与两边镀金薄膜电极构成的电容可以作为平板电容处

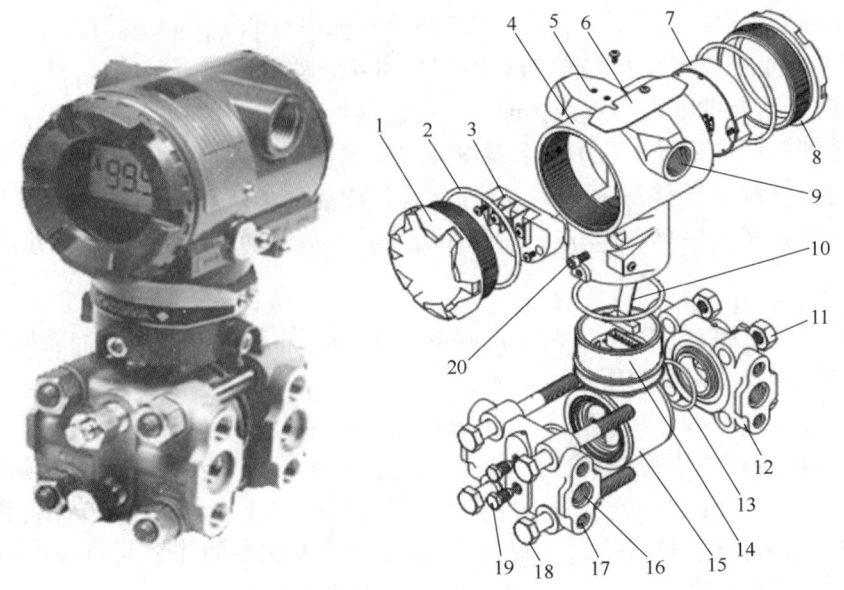

图 3.11　电容式差压变送器外形与结构

1—接线端盖；2—"O"型密封圈；3—接线端子板；4—表头壳体；5—表外零点、量程调节孔；6—铭牌；
7—电路板、显示表头；8—表头端盖；9—密封出线孔；10—电容传感器引线；11—M10 螺母；
12—负压侧压盖；13—"O"型密封圈；14—电容膜盒联结头；15—差动电容膜盒；
16—高压侧压盖（引压孔）；17—引压头固定螺孔；18—压盖螺栓；
19—排气螺钉；20—表头紧固螺钉

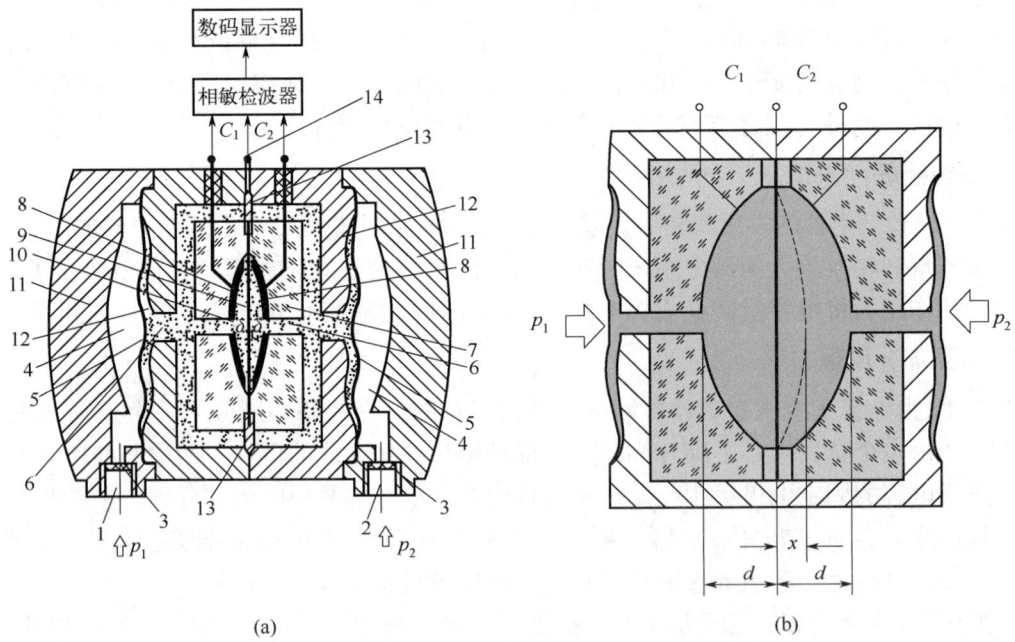

图 3.12　差动电容式差压（液位）变送器结构示意图

1—高压侧进口；2—低压侧进口；3—过滤片；4—高、低压室；5—不锈钢隔离膜片；6—导压硅油；
7—凹形玻璃圆片；8—镀金凹形电极（定极板）；9—中心感压膜片（动极板）；10—δ 腔；
11—高、低压测压盖；12—基座；13—过压保护悬浮波纹膜片；14—公共参考端（地电位）

理,电容可表示为

$$C = \frac{\varepsilon S}{d} \tag{3.13}$$

式中　ε——隔离硅油的介电常数;
　　　S——电容极板的有效面积;
　　　d——电容极板间距。

当 $\Delta P \neq 0$ 时,假设 $p_1 > p_2$,中心感压膜片产生向右的位移 x。高、低压侧所形成的电容为

$$C_1 = \frac{\varepsilon S}{d+x} \tag{3.14}$$

$$C_2 = \frac{\varepsilon S}{d-x} \tag{3.15}$$

取电容量之差与电容量之和的比值为差动电容的相对变化值

$$\frac{C_2 - C_1}{C_2 + C_1} = \frac{x}{d} \tag{3.16}$$

由于中心感压膜片厚度很小,焊接时施加有预张力,因此中心感压膜片的位移与差压之间可以近似为线性关系,即有

$$x = k_1 \Delta p \tag{3.17}$$

因此得到

$$\frac{C_2 - C_1}{C_2 + C_1} = \frac{k_1 \Delta p}{d} = k \Delta p \tag{3.18}$$

其中

$$k = \frac{k_1}{d}$$

差动电容的相对变化量 $(C_2-C_1)/(C_2+C_1)$ 与差压 Δp 呈线性关系。与介电常数无关,这一点从原理上消除了硅油介电常数的变化给测量带来的误差。

3. 转换部分原理

转换部分组成如图 3.13 所示。将压力差 Δp 转变为差动电容的相对变化量 $(C_2-C_1)/(C_2+C_1)$,转换部分通过电容-电流转化电路转换为直流电流,与调零电路的调零电流、反馈电路电流相减,由电流放大器转换成 4~20mA 的标准直流电流信号。

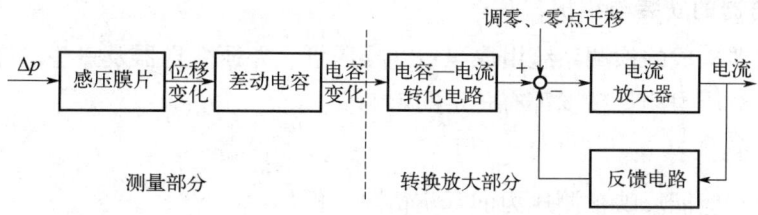

图 3.13　电容式差压(液位)变送器转换部分原理框图

由于整个电容式差压变送器内部没有机械传动机构,因而具有高稳定性、高精度和高可靠性的特点,其精度等级可达 0.2 级,是目前工业上普遍使用的一类变送器。

4. 法兰式液位变送器

为了解决测量具有腐蚀性、易结晶以及黏度大、易凝固等介质的液位时，引压管线被腐蚀或被堵的问题，可以采用法兰式差压变送器。法兰式差压变送器按其结构形式可分为单法兰及双法兰式两种，法兰的结构又有平法兰和插入法兰之分，如图 3.14 所示。

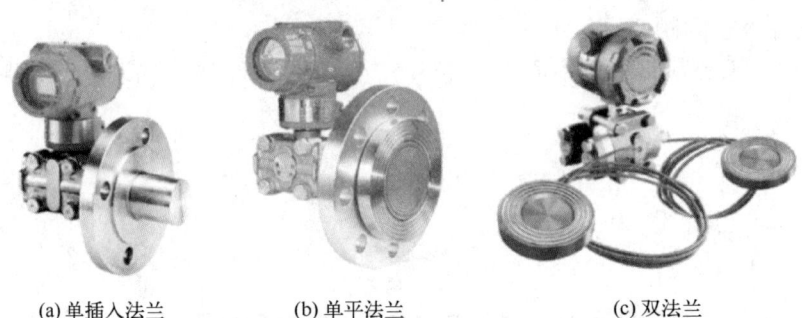

(a) 单插入法兰　　　　(b) 单平法兰　　　　(c) 双法兰

图 3.14　法兰式差压变送器外形及测量液位示意图

在膜盒、毛细管和差压变送器的高（低）压测量室密封焊接。所组成的封闭系统内充有硅油，作为传压介质，起到隔离被测介质的作用。法兰式差压变送器的测量部分及转换部分的动作原理与普通差压变送器相同。变送器的感压法兰直接与容器上的法兰连接，如图 3.15 所示。

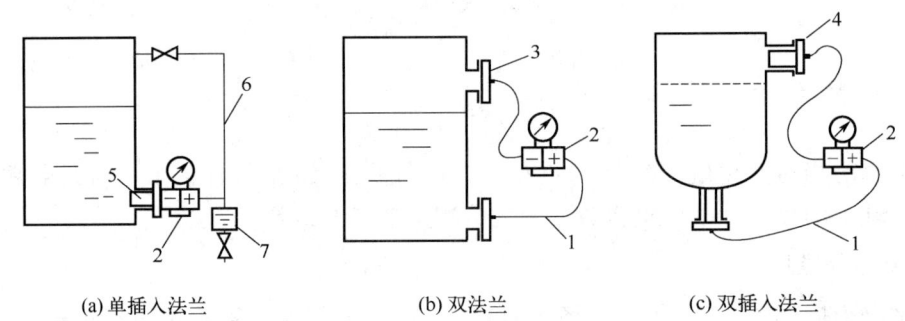

(a) 单插入法兰　　　　(b) 双法兰　　　　(c) 双插入法兰

图 3.15　法兰式差压变送器测量液位

1—毛细管；2—差压变送器；3—平法兰；4—双插入法兰；5—单插入法兰；6—引压管；7—凝液罐

5. 液位变送器的安装与维护

由差压变送器构成的检测系统由取压口、导压管、差压变送器及一些附件组成，各个部件安装正确与否对压力测量精度都有一定的影响。

1）取压口的选择

取压口的位置应能反映被测压力的真实情况，例如：

（1）取压口要选在被测介质直线流动的管段上，不要选在管道拐弯、分岔、死角及流束形成涡流的地方。

（2）取压口在管道阀门、挡板前后时，与阀门、挡板的距离应大于 $2 \sim 3D$（D 为管道直径）。

（3）在测量液体压力时，取压口应在管道横截面的下部侧面，测量气体及蒸汽压力时，取压口应在管道横截面的上部及侧面。

（4）取压口处的导压管应与取压口垂直，管口应与管壁平齐，不得有毛刺。

2）导压管的安装

（1）导压管不能太细、太长，内径一般为6~10mm，长度不超过60m。

（2）水平导压管应有1∶10~1∶20的坡度，坡向应有利于排液（测量气体压力时）或排气（测量液体的压力时）。

（3）当测量易凝或易冻的原油和水时，应加装保温伴热管。

（4）测量气体压力时，变送器最好高于取压点，以利于管道内冷凝液回流至工艺管道，否则要设置凝液罐；测量液体压力或蒸汽时，变送器最好低于取压点，使测量管不易集聚气体。

（5）为了检修方便，在取压口与仪表之间应装切断阀，并应靠近取压口。

3）变送器的安装

（1）应安装在能满足仪表使用环境条件，并易观察、易检修的地方。

（2）安装地点应尽量避免振动和高温影响。

（3）应避免高温及腐蚀性液体直接接触变送器，如测量原油、污水时可以采取加装隔离罐的措施。

（4）差压变送器一般可通过直形、L形安装支架安装在设备或2in管柱上，如图3.16所示。

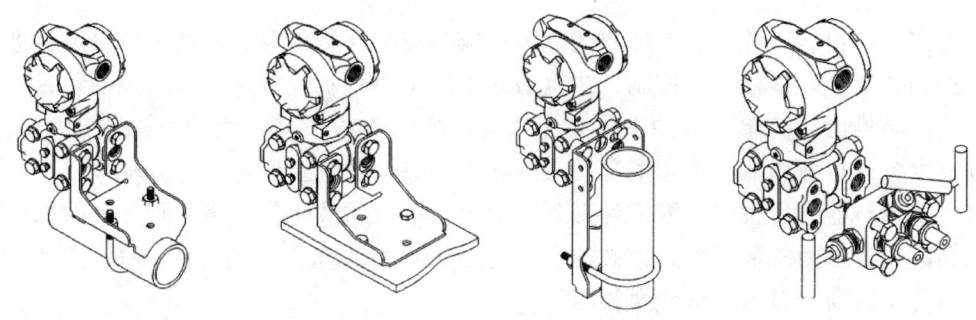

(a) L型安装支架横管安装　(b) L型安装支架平面安装　(c) 直形安装支架立管安装　(d) 集成三阀组安装

图3.16　差压变送器的安装

（5）引压导管与变送器之间必须在高压侧、低压侧及两导压管之间安装阀门（三阀组），主要用与用于变送器调零和开、停表时防止变送器单向受压。目前一般用与变送器配套的三阀组直接装在变送器测量部分上，见图3.16(d)。

4）差压变送器的接线

一般采用二线制接线方法，接线方法与压阻式压力变送器相似。24V DC的正、负端接到变送器标注有"SIGNAL"或"24V"侧"+""-"两个端子上。另外两个标注"TEST"的端子用于连接测试用的指示表，其上的电流和信号端子上的电流一样，都是4~20mA DC。

注意，不要将电源-信号线接到测试端子上。防止内部保护二极管击穿。

连接变送器的信号电缆一般选用屏蔽电缆，接线时，统一在控制室接地。为了防止屏蔽电缆两端接地，失去屏蔽抗干扰效果，变送器侧屏蔽电缆一般采取绝缘浮空方法，不接地。变送器外壳可接地也可不接地。

5）差压变送器应用与维护

（1）切勿将220V交流电压加到变送器上，导致变送器损坏。

（2）切勿用硬物碰触膜片，导致隔离膜片损坏；

（3）被测介质不允许结冰，否则将损伤传感器隔离膜片，导致变送器损坏，必要时需对变送器进行保温伴热，以防结冰。

（4）在测量蒸汽或其他高温介质时，其温度不应超过变送器使用时的极限温度，否则必须使用散热管、凝液罐等隔离装置。以防过热蒸汽直接与变送器接触，损坏传感器。

（5）开始使用前，如果阀门是关闭的，则使用时应该非常小心、缓慢地打开阀门，以免被测介质直接冲击传感器膜片，从而损坏传感器膜片。

6）差压变送器的调校

方法与压阻式压力变送器相似，但为了调节方便一般把零点、量程调节电位器调节螺钉置于表壳外的名牌下，有的制成按钮或磁性耦合按钮，方便不开盖调整。通常调零位置标"Z"或"Zero"，调量程位置标"S"或"SPAN"。

模块3.5　自力式执行器控制方案

自力式执行器是一种无须外加驱动能源，依靠被测介质自身的能量，按设定值进行自动调节的控制装置。它集检测、控制、执行诸多功能于一身，是自成一体的控制装置。它具有以下特点：结构比较简单，维护工作量小，可以实现无人值守；无须外加驱动能源，价格低，投资少，运行费用低；无须电源引入、适用于爆炸性危险环境。

自力式执行器种类很多，结构外形差别很大，小的如液化气罐稳压阀、大的如分离器液位控制阀都属于自力式执行器。按被控参数可分为自力式压力执行器、自力式液位执行器、自力式温度执行器、自力式流量执行器等。

自力式执行器在油田广泛应用于油气水三相分离器、天然气干燥除油器、气液分离器、缓冲罐等设备的压力、液位控制；天然气供气系统稳压控制；供暖分支管线的流量、温度控制等。这里仅就联合站分离器用的压力、液位自力式执行器进行介绍。

3.5.1　自力式液位执行器

自力式液位执行器又称浮子液面调节器，其工作原理如图3.17所示，浮球通过连杆机构与执行器的阀杆相连接。通过浮球和连杆机构的作用，调整阀门的开度来使液位保持在适当的高度上。当三相分离器内液位升高时，浮球随之升高，并通过连杆机构提升阀芯、开度增大，出液流量增加，限制液位继续升高。反之，当液位降低时浮球通过连杆机构将阀门关小，直到进出液量相等，液位稳定为止。这就是液位执行器液位控制的工作原理。

这里，浮球是系统的检测元件，而连杆机构就是一个简单的调节器，阀就是最终执行元

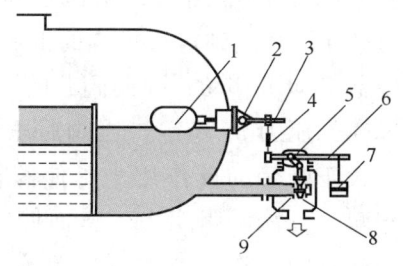

(a) 三相分离器及液位执行器　　　　　　(b) 自力式液位执行器结构原理

图 3.17　自力式液位执行器原理

1—浮球；2—密封轴；3—主杠杆；4—连杆；5—密封轴；6—副杠杆；7—平衡锤；8—阀芯；9—阀座

件，组成一个完整的液位自控系统。阀的流量特性有直线和等百分比可选。阀体有直通式和角式两种。

3.5.2　自力式压力执行器

自力式压力执行器根据作用形式的不同，分为直接作用式和间接作用式两种。直接作用式用被测介质压力直接驱动阀头膜片控制阀芯动作。结构非常简单，无须操作，简化维护。适用于稳压精度为10%到20%的系统中，控制精度低。间接作用式压力执行器又称为指挥器型压力执行器。这种执行器阀前后压降较小，可以控制流量很大，控制精度高，但结构比直接作用式复杂得多。

自力式压力执行器按取压方式不同，可分为阀后压力执行器（又称"减压阀"）和阀前压力执行器（又称"背压阀"）两种。

1. 阀后压力执行器

自力式阀后压力执行器是控制阀后压力稳定的调节阀。图3.18是一种大口径工业用阀后压力自力式压力执行器。压力执行器的结构特征是有一个大的膜片执行机构（膜室）和一个调节机构（阀）。控制压力取自阀后，膜片上方受流体出口压力作用，下方受弹簧作

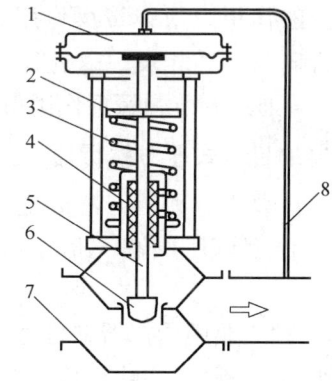

(a) 外形图　　　　　　　　　　(b) 原理图

图 3.18　ZZY型自力式阀后压力执行器

1—执行机构；2—设定值调整盘；3—弹簧；4—波纹管；5—阀杆；6—阀芯；7—阀体；8—导压管

用,是利用力平衡原理设计的。

其工作原理为:工作介质的阀前压力 p_1 经过阀芯、阀座后的节流后,变为阀后压力 p_2。p_2 经过导压管送到执行机构的上膜室内,作用在波纹膜片上,产生的作用力驱动膜片-阀杆-阀芯向下移动,控制阀芯的开度减小,直到 p_2 在膜片上的作用力与弹簧的反作用力相平衡,压力 p_2 稳定。当阀后压力 p_2 增加时,p_2 作用在波纹膜片上的作用力也随之增加,大于弹簧的反作用力,使阀杆带动阀芯下移,阀门开度变小,阀芯与阀座的流通面积减少,流动阻变大,从而使出口压力 p_2 降低。负反馈作用直到 p_2 在膜片上的作用力与弹簧的反作用力重新平衡为止。同理,当阀后压力 p_2 降低时,作用方向与上述相反。

2. 阀前压力执行器

控制阀前流体压力稳定的压力执行器,也是利用力平衡原理设计的,它与控制阀后压力的自力式压力执行器在结构设计上的区别是进出口反过来,流体反向流动,控制阀阀芯位于阀座之下,即阀芯反装。

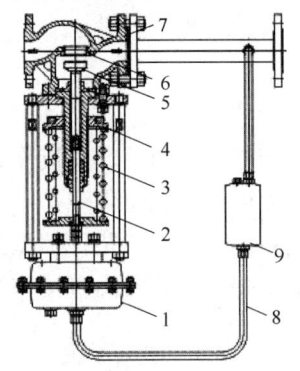

图 3.19 ZZYP-K 型自力式阀前压力执行器

1—执行机构;2—阀杆;3—弹簧;
4—调节盘;5—阀芯;6—阀座;
7—阀体;8—导压管;9—冷凝器

图 3.19 是一种大口径工业用控制阀前压力的 ZZYP-K 型压力执行器。其阀芯的初始位置在压力 $p_1=0$ 时处在关闭状态。当阀前压力 p_1 逐渐升高时,经过导压管送到上膜室内,p_1 在膜片上产生的作用力随之升高。当 p_1 超过设定值时,克服弹簧的预紧力驱动膜片-阀杆-阀芯向下移动,反装阀芯离开阀座、开度增大,阀芯逐渐打开泄压。直到弹簧的反作用力达到 p_1 在膜片上的作用力相平衡时,压力 p_1 稳定下来。从而控制阀前压力。

当 p_1 继续增加时,p_1 作用于膜片上的力也随之增加。此时膜片上的作用力大于弹簧的反作用力,迫使阀芯向下移动。这样,反装阀芯与阀座之间的流通面积变大,流阻变小,流量增加,阀前管路摩擦阻力损失增加、压力 p_1 下降。直到膜片上的作用力与弹簧反作用力相平衡为止,从而使 p_1 降为设定值。同理,p_1 降低时,动作方向与上述相反。这就是阀前压力调节的工作原理。

压力设定值可通过调节弹簧反作用力的大小来改变。流量特性一般为快开。

3. 带指挥器的自力式压力执行器

带指挥器的自力式压力执行器也是一种阀后压力的控制阀,其特点是:控制精度高,可比一般直接操作型调压阀高一倍左右;调节压差大,流量范围广,特别适合微压气体控制。

图 3.20 为一种工业用指挥器型自力式阀后压力执行器的外形及结构原理图。由从上往下分别由指挥器、先导阀、主执行机构、主阀 4 部分组成。指挥器是一个面积较大的膜片式执行机构,和主执行机构相同。指挥器控制先导阀;主执行机构控制主阀。下面简要分析一下整个执行器的工作过程。在系统运行前,初始状态下主阀阀芯 10 处于关闭状态,先导阀

6阀芯处于开启状态。当压力为p_1的介质从阀前流至主阀阀体9时，上游压力p_1经主阀体前的减压器8进入指挥器B室作为驱动能源使用，通过开启的先导阀6阀芯后到达主执行器7的C室，推动主执行器7的波纹膜片带动主阀阀芯10上移而开启。随着下游流体压力p_2的上升，p_2经阀体后的引压管传送至指挥器检测室A，在指挥器膜片4上产生作用力、驱动膜片及先导阀6的阀芯下移，开度减小。当下游压力达到设定值p_0时，先导阀6阀芯关闭，此时维持阀门开启的驱动能源切断，随后主执行器下室C的压力通过节流阀释放，主执行器膜片上下压力相等，均为下游压力，最终在弹簧作用下主阀维持一定的开度。下游压力$p_2=p_0$稳定。

由上述工作原理可知，主阀阀芯10的启闭取决于主执行器中C室的压力，而C室中的压力由阀前力为p_1的介质提供，那么指挥器在其中的作用就是通过控制先导阀的开合来打开和切断进入C室的动力源，因此指挥器可以看作主阀的先导控制部件；

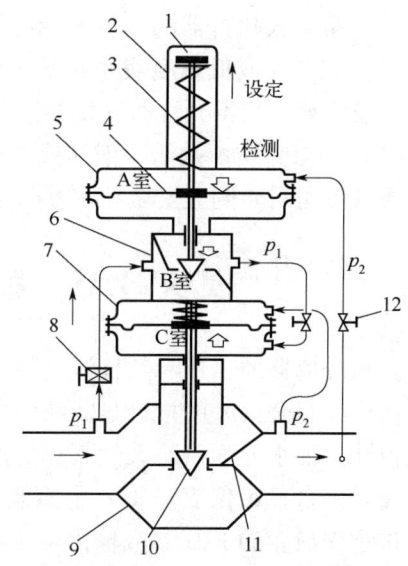

图3.20 指挥器型自力式减压阀工作原理图
1—指挥器阀杆；2—压力设定帽；3—弹簧；
4—指挥器膜片；5—指挥器膜盖；6—先导阀；
7—主执行器；8—减压器；9—主阀阀体；
10—主阀阀芯；11—主阀阀座；12—节流阀

而指挥器先导阀阀芯自身的启闭又是通过阀后压力的升降来实现的。因此，指挥器可以看作是一个单独的自力式减压阀，阀后压力反馈至其执行器检测室A后，与弹簧形成一对平衡力，整个阀门的定值则是通过调整指挥器的弹簧力来设定的。

3.5.3 自力式压力执行器的选用及安装

自力式压力执行器无须外加能源，利用被调介质自身能量自动控制阀后（前）压力。现已广泛应用于天然气集输、城市燃气，以及冶金、石油、化工等工业生产部门。在三相分离器上普遍用来调节天然气出口压力。

1. 自力式压力执行器的选型

（1）自力式压力执行器主要应用在被控参数一旦调定后，不经常调整的场合。如果被控参数经常调整，应使用气动或电动调节阀。

（2）设定压力不应超过或接近所选择阀门许可的调整范围的极限值，应留有一定的余量。

（3）要注意区分自力式调节阀是背压阀还是减压阀，一旦将背压阀和减压阀弄反，将无法正常使用。

（4）高黏度的介质不宜使用自力式压力执行器。

2. 自力式压力执行器的安装

（1）安装之前，应检查自力式执行器的产品合格证、额定参数是否满足要求。

（2）自力式压力执行器安装前应先行试验几次手动打开和关闭调节阀。应检查各部分是否完好可用，启闭应灵活，位置指示器应准确。

（3）自力式执行器的安装位置应便于操作和维护。

（4）在气体或低黏度液体介质中使用时，自力式压力执行器一般采用直立安装在水平管上，当位置空间不允许时才倒装或斜装。

（5）如果介质不是洁净液体或气体，尽量安装阀前过滤器。如果使用的介质为蒸汽时，自力式减压阀需要倒立安装在水平管道上。

模块 3.6　数字显示控制器监控方案

三相分离器的工作参数检测与控制需要由专门的显示控制仪表系统来完成。早期一般是用电动单元组合仪表的指针显示仪、电动控制器实现。接受现场油、气、水流量计，油、水室液位计，油水界面仪，天然气压力变送器送来的 4~20mA 测量信号进行集中显示，每个参数需要一台显示仪表。每一个控制回路设置一台电动控制器，根据变送器送来的测量信号，按预先设置的 PID 参数输出一个 4~20mA 控制电流给现场电动执行器，控制阀门开度，实现对油室液位、水室液位及天然气压力的自动控制。

目前，联合站各工艺设备的参数检测和自动控制系统一般采用更为先进的 DCS 系统完成。实现集中监督分散控制功能。不过如果联合站规模较小，测控参数及回路不多，用 DCS 系统就大材小用了，显得比较浪费。对于像三相分离器等这样的不很复杂的测控要求，采用数字显示控制器就非常合适。特别是一些小型企业、简单测控对象及单体设备的自带监控仪表，采用几台数字显示控制器就能满足监控需求，价格低、投资少、简单可靠、无须设置、通电可用。数字显示控制器仍然是当今不可替代的基本测控仪表。

3.6.1　数字显示控制器概述

控制仪表（又称为控制器）是过程控制系统的核心环节，是实现生产过程自动化的重要技术工具。如果将检测仪表比作控制系统的感觉器官，控制仪表就是控制系统的大脑。检测仪表将被控参数转换成测量信号后，除了送显示仪表进行指示和记录外，还需送至控制仪表，由控制仪表根据控制规律产生控制信号输出给执行器，控制生产过程的正常进行，使被控参数达到预期的要求。

数字式控制器是以微处理器（CPU）为核心的控制器。它成本低、可靠性高、运算功能丰富、编程组态方式灵活、通信联网方便，因此迅速得到了普及应用。数字式控制器大体上可分为普通数字控制器和可编程控制器（PLC）。

PLC 是一种应用较为广泛的数字控制设备。PLC 最初设计用于替代继电器控制，具有逻辑控制、定时、计数等功能。随着技术的不断发展，PLC 也具有了模拟量输入输出处理功能，同时具有丰富的运算功能和各种控制算法，在计算机控制系统中起着越来越重要的作用。

普通数字控制器习惯称为数字显示控制器，较早用于配合热电阻、热电偶进行温度的显示与控制。后来逐渐发展成为能够与多种变送器配套的、可以实现各种参数数字显示与控制的系列仪表。有的能实现多路参数巡回检测，有的具有温度压力补偿的流量计算等功能。由于采用了通用微处理器和大规模集成电路进行信号的输入输出处理，因此仪表功能专一、结构简单、成本较低，很适合在小型控制系统或设备自控制系统上使用，得到广泛应用。

数字显示控制器，在功能上与传统的 DDZ-Ⅲ型电动控制器兼容，具有 PID 运算功能。相对于 DDZ-Ⅲ型电动控制器，数字控制器具有硬件功能软件化、运算功能丰富、无机械可动元件、可靠性高，性能稳定等特点。但是由于仪表的参数设置、给定值调整、手动/自动方式切换都是通过少数几个复合功能键操作，不像传统 DDZ 调节器那样方便、直观。

3.6.2 数字显示控制器组成及作用

图 3.21 是某系列数显控制器外形图。尺寸一般有 160×80（横式）、80×160（竖式）、96×96（方式）以及小一号的 96×48、48×96、48×48 等几种。

图 3.21 数字显示控制器外形图

数显控制器由硬件和软件两部分组成。硬件部分包括主控制器、过程输入输出通道、人机界面和通信部分。软件部分包括系统程序和用户程序。

数显控制器其基本构成原理如图 3.22 所示。

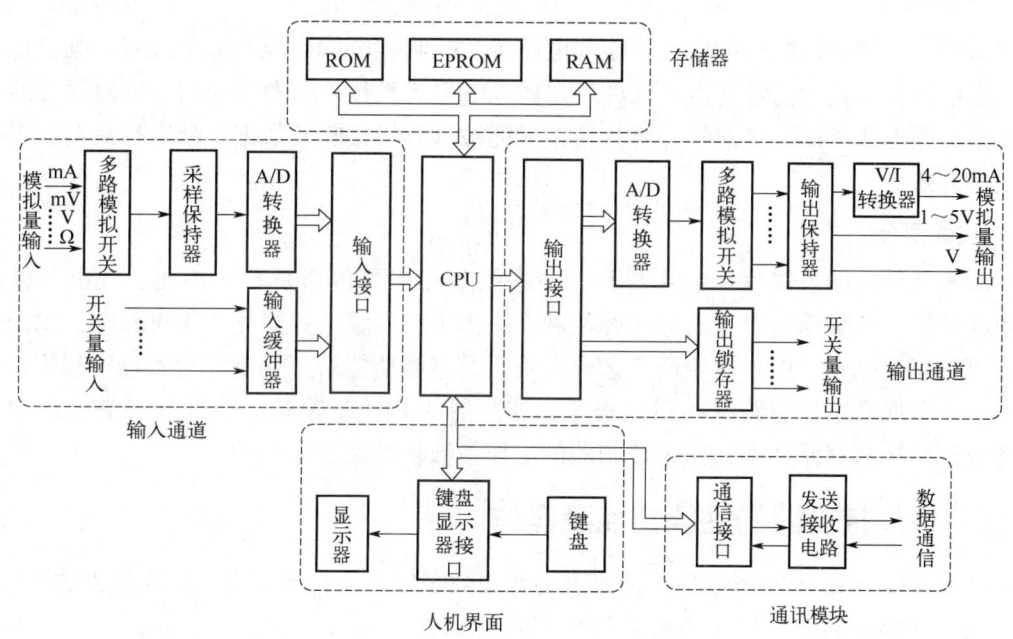

图 3.22 数字显示控制器基本构成原理方框图

1. 主控制器部分

主控制器由中央处理单元（CPU）、只读存储器（ROM）、可擦除存储器（EPROM）、随机存储器（RAM）和译码控制电路等组成。

(1) 中央处理单元（CPU）：完成调度指令、数据传送、运算处理和控制功能。它通过总线与其他部分连在一起构成一个系统。

(2) 只读存储器（ROM）：存放系统程序。用来管理用户程序、功能子程序、人机接口及通信等，一般用户是无法改变系统程序的，系统程序由制造厂家编制并固化在只读存储器中。

(3) 可擦除存储器（EPROM）：存放用户编制的程序。用户程序在编制并调试通过后，离线或在线写入可擦除存储器中。

(4) 随机存储器（RAM）：用于存放控制器输入数据、输出数据、显示数据、运算中间结果等。

2. 过程输入输出通道

(1) 过程输入通道：包括模拟量输入和开关量输入。模拟量输入通过多路切换开关和模数转换器（A/D），由 CPU 读入。开关量输入信号通过中断或查询由 CPU 读入。

(2) 过程输出通道：包括模拟量输出和开关量输出。模拟量输出在 CPU 的控制下，通过数模转换器（D/A）、多路切换开关、保持电路和电压电流转换器（V/I）送给外部设备。开关量输出信号通过光电隔离、功率驱动送给外部设备。

3. 人机界面

人机界面包括键盘和显示器两部分。键盘主要指控制器面板上的操作键，它用来接收操作指令或参数调整要求。前面板显示器用来显示测量值、给定值和输出控制量。

4. 通信部件

通信部件包括通信接口和发送、接收电路等。控制程序按标准通信格式将数据发往通信接口，通信接口将数字信号转换成某种规定的电气形式发往外部通信线路。同时通过接收电路接收来自通信线路的数字信号，将其转换成能被计算机接收的数据。数字控制器大多采用串行通信方式。

5. 软件部分

控制器软件包括系统程序和用户程序。系统程序主要包括系统初始化、键盘和显示管理、中断管理、故障诊断以及运行状态控制，它由生产厂编制并固化，不可修改。用户程序是针对可编程控制器，用户按生产工艺要求确定控制器功能后，编制并写入程序到用户程序存储器中。普通数字控制器没有用户程序，控制器的 PID 参数和一些设置参数由前面板输入并存放到可擦除存储器中，作为控制器的工作参数被系统程序调用。

3.6.3 数显控制器的性能特点及操作

XMT 系列数字显示控制器是一种典型的普通数字控制器，下面介绍其操作方法和应用。

1. 主要技术参数

(1) 模拟量输入：各种规格的热电阻 Ω、热电偶 mV；0~5V、1~5V；0~10mA、4~20mA、0~20mA 等万能输入（通过参数设置确定）。

(2) 测量精度：0.2%FS±1 字（FS 为满量程）。

(3) 温度补偿：0~50℃。

(4)显示方式：LED 数字显示。

(5)控制方式：PID 控制电流/电压输出、PID 控制继电器开关量输出；PID 正转/反转阀位控制；位式 ON/OFF 带回差控制。

(6)设定方式：面板轻触式按键数字设定。

(7)保护方式：输入回路断线报警；超/欠量程报警；欠压自动复位；工作异常自动复位。

(8)输出信号：包括模拟量输出（0～10mA；4～20mA；0～5V；1～5V）、开关量输出（继电器控制触点输出；继电器正转/反转控制输出）、可控硅控制输出 SCR（可控硅过零触发脉冲）等。

(9)通讯输出：RS-485、RS-232C、RS-422。

2. 操作方法

XMT 控制器的仪表面板如图 3.23 所示。PV 显示器实时显示测量值，在参数设定状态下，显示参数符号。SV 显示器显示控制器输出值或输出量的百分比；阀位控制时，显示阀位反馈值；外给定控制时，显示外给定值；在参数设定状态下，显示设定参数值。控制器的参数设定全部由面板按键控制。参数设定分一级参数设定和二级参数设定。一级参数设定表如表 3.1 所示。几种典型操作过程如下。

(1)调整给定值。在 PV 显示测量值、SV 显示给定值的状态下，按住 SET 键不放，即进入给定值 SV 的设定状态。用增加键或减少键改变数值，修改完毕后，再次按压 SET 键，保存修改后的参数值。按住 SET 键 5 秒后可返回到正常显示状态。不按键，30 秒后仪表将自动回到测量值显示状态。

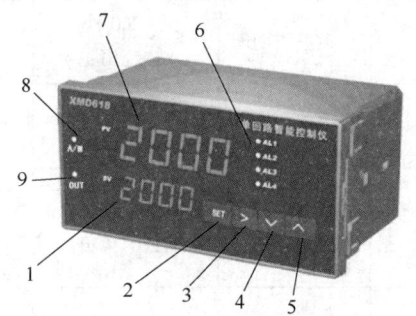

图 3.23　XMT 数显控制器的仪表面板

1—SV（给定值）显示器；2—功能键；3—参数选择（移位）键；4—减小键；5—增加键；6—报警指示灯；7—PV（测量值）显示器；8—手动状态指示灯（自动时不亮）；9—输出指示灯

(2)设定报警值。保持按住 SET 键 4 秒钟后，进入一级参数设定状态，用 SET 键切换调整项目，使 PV 显示器显示 AL1 或 AL2，再用增加键或减少键修改设定范围，完毕后按压 SET 键保存。可继续修改其他参数，也可退出修改参数状态。

表 3.1　参数设定表

符号	名称	设定范围(字)	说明	出厂预定值
CLK	设定参数禁锁	CLK = 00	无禁锁(可修改一、二级参数)	00
		CLK = 130	可进入修改仪表日期及时间	
		CLK = 132	无禁锁(可进入修改二级参数设定)	
		CLK≠00,132,130	禁锁(设定参数不可修改)	
AL1	第一报警值	-1999～9999	显示第一报警的报警设定值	50
AL2	第二报警值	-1999～9999	显示第二报警的报警设定值	50

续表

符号	名称	设定范围(字)	说明	出厂预定值
LBA	断线/短路报警	0~9999 秒	当仪表控制输出量等于 PIDL 或 PIDH,并且连续时间大于 LBA 设定时间,而 PV 测量值无变化,则判断为控制环故障,输出报警	500
AH1	第一报警回差	0~255	显示第一报警的回差值	2
AH2	第二报警回差	0~255	显示第二报警的回差值	2
CON	内部参数	CON=0	控制输出为 PID 控制	0
P	比例带	全量程	设定为 0 时,则成位式控制	50
I	积分时间	1~1999 秒	设定为 0 时,积分动作则成 OFF	200
D	微分时间	1~1999 秒	设定为 0 时,微分动作则成 OFF	10
AT	积分分离区	全量程	可有效地防止积分饱和	200
T0	运算周期	1~200 秒 精度:10ms	PID 调节运算周期。继电器或可控硅输出时有此参数	1.0
T1	输出周期	1~200 秒 精度:10ms	控制输出的周期。继电器或可控硅输出时有此参数	2.0
AUT	自动演算（自整定）	ATU=0-关 ATU=1-开	关:手动设定 PID 参数值 开:自动演算 PID 参数值（自整定） 注:自动演算完毕后,可手动修改设定参数	0
AH	逻辑回差值	全量程	显示自动演算输出时的逻辑回差值 继电器或可控硅输出时有此参数	0

（3）设定 PID 参数。若在正常显示状态下，按步骤（2）进入一级参数设定状态，用 SET 键选择项目，使 PV 显示器显示 P、I 或 D，再用增加键或减少键修改设定范围，完毕后按压 SET 键确认并切换到其他参数修改，或按住 SET 键退出。

（4）手动调节。在仪表自动控制输出模式下，同时按压 SET 键和 ▼ 键，仪表将自动跟踪输出量，A/M 指示灯（红）亮，即已完成自动/手动无扰动切换，此时可按 ▲ 或 ▼ 键手动改变仪表输出量的百分比（范围 0~100%）。手动状态下，PV 显示器显示测量值，SV 显示器显示输出量的百分比。

（5）手动/自动无扰动切换。在仪表手动控制输出模式下，同时按压 SET 键和 ▼ 键，仪表将自动跟踪输出量，A/M 指示灯（红）灭，即已完成手动/自动无扰动切换。SV 显示器恢复显示控制目标值。

（6）PID 参数自整定。在仪表测量状态下，进入参数设定，修改参数 ATU=1，退出参数设定，仪表即开始参数自整定。自整定时，仪表自动演算指示灯 A/M 将闪烁。当自动演算指示灯熄灭，则表示自整定完毕。仪表将自整定结果写入 EEPROM 保存。自整定完毕后，可手动修改自整定后的参数设定值。

此外，控制器还有诸如输入分度号、显示输入量程和零点、冷端补偿、PID 作用方式、通信参数设定等二级参数设定内容。具体操作可参见仪表使用说明书。

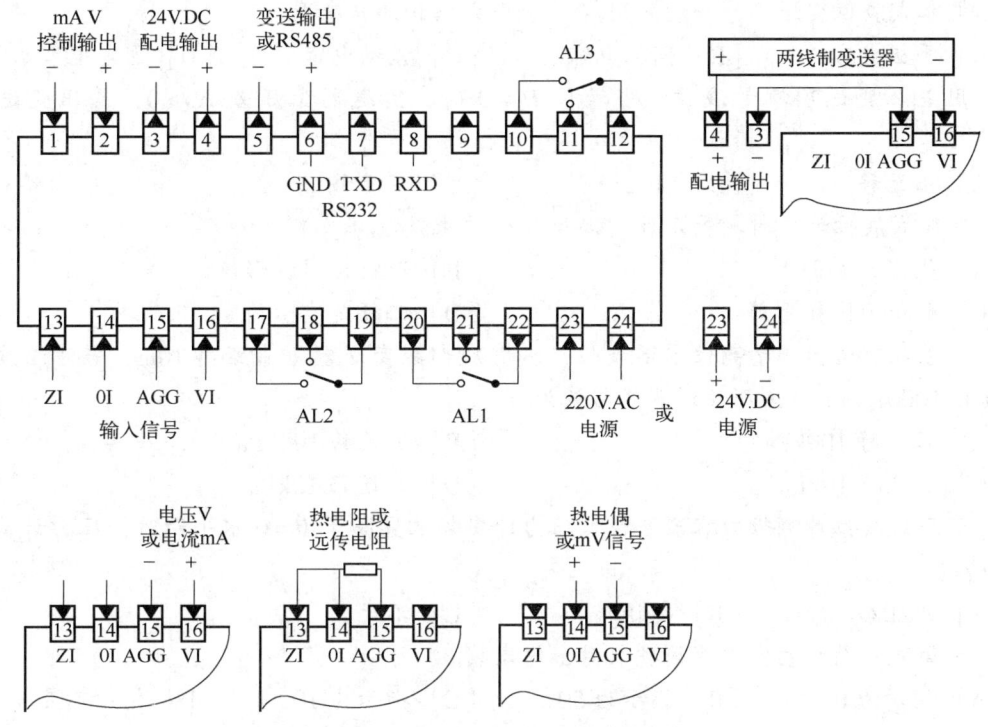

图 3.24 XMT 数显控制器的基本接线图

3. 接线

XMT 型数显控制器的基本接线图如图 3.24 所示。其中端子 23、24 为电源输入端,有交流 220V 或直流 24V 两种供选择。输入信号可通过端子 13、14、15、16 选择直流模拟电压(V)输入、直流模拟电流(mA)输入、热电阻输入(三线制)、远传压力电阻(电位器式)输入、热电偶输入。端子 3、4 为 24V.DC 配电输出(给变送器供电),端子 5、6 为变送模拟信号输出(mA 或 V,与测量值成正比)。控制器 RS232 数据通信通过端子 6、7、8 输出,RS485 数据通信通过端子 5、6 输出(RS232、RS485 选其一)。

习题

一、选择题

1. 物位检测中,以下说法正确的是（　　）。
[A] 静压式液位计不受介质密度的影响
[B] 浮筒式液位计可以检测界面
[C] 磁翻板液位计不能测量不透明液体
[D] 选择物位测量仪表时,可以不考虑介质特性

2. 静压式液位计是根据流体（　　）原理工作的。
[A] 静压平衡　　　[B] 动压平衡　　　[C] 能量平衡　　　[D] 动量平衡

3. 浮筒的最大测量范围为浮筒的长度,（　　）不是国标规定的浮筒长度。

[A] 300mm　　　[B] 700mm　　　[C] 500mm　　　[D] 2000mm

4. 电容式液位变送器，一般采用（　　）式结构的传感器。

[A] 平板电容　　[B] 同轴电容　　[C] 差动电容　　[D] 固定电容

5. 用差压变送器测量液位，当液位 $H=0$ 时，变送器上压差 $\Delta p>0$，差压变送器应（　　）。

[A] 正迁移　　　[B] 负迁移　　　[C] 不迁移

6. 浮筒式液位计中对测量元件"浮筒"的要求是（　　）。

[A] 能浮在液面上　　　　　　　[B] 形状为圆柱形筒

[C] 形状为圆锥形筒　　　　　　[D] 必须是空心筒

7. 用差压变送器测量高位水塔液位，水塔底部距变送器垂直距离 10m，当时温度下水的密度为 $1000kg/m^3$，差压变送器迁移量为（　　）。

[A] 正迁移 100kPa　　　　　　[B] 负迁移 100kPa

[C] 负迁移 10kPa　　　　　　　[D] 正迁移 10kPa

8. 静压式液位计测敞口容器液位，压力计安装位置高于 $H=0$ 水平面时，压力计需要如何迁移？（　　）

[A] 正迁移　　　[B] 负迁移　　　[C] 不迁移

9. 浮筒式液面计的空心浮筒破裂时，仪表（　　）。

[A] 指示为 0%　[B] 指示为 50%　[C] 指示为 100%　[D] 指示不变

二、判断题

1. 用差压变送器测量液体的液面时，差压计的安装高度可不作规定，只要维护方便就行。（　　）

2. 由于法兰式差压变送器的特殊性，可以用于测量有腐蚀性、易结晶、黏度大的液体液位等特殊场合。（　　）

3. 普通数字控制器的功能比较灵活，可通过编程实现各种控制算法。（　　）

4. 当液面由最低到最高时，浮筒所受的浮力减少。（　　）

5. 电动浮筒液位变送器转换部分可和测量部分安装为一体，也可分体式安装。（　　）

6. 两种液体的密度有变化的界面可以选用浮筒式液位计。（　　）

7. 用差压计测量液位时，其量程与介质密度有关，与封液密度无关。（　　）

8. 浮筒液面计的浮筒脱落，仪表指示最小。（　　）

9. 压力变送器不能用于测量敞口容器的液位。（　　）

10. 高结晶、高黏性、凝胶性和沉淀性液体，宜选用平法兰式差压仪表。（　　）

11. 在现场调校浮筒的零点和量程是否准确时，可用水校法。（　　）

12. 差压变送器测液位时，若输出过大，可能是负引压管堵。（　　）

三、填空题

1. （　　）、（　　）和（　　）总称为物位。

2. 用压力表测量液位时，仪表安装的高度应与液位零位的高度（　　　　　　），否则，应进行修正。

3. 变浮力式液位计的检测元件-沉筒；其形状一般是（　　　　　　）。液位计的测量范围等于其长度。

4. 磁翻板式液位计由（　　　）、（　　　）、（　　　）三部分组成。
5. 电容式差压（液位）变送器中 p_1、p_2 作用在两侧（　　　）膜片上，通过硅油传压作用到（　　　）膜片上。
6. 磁翻板式液位计特点是结构牢固，工作可靠，显示醒目。精度较低，可测（　　　）、（　　　）、（　　　）液体。
7. 测量黏性较大、压力较高的不透明介质的液位时，应选用（　　　）式液位计。
8. 静压式液位计是依据（　　　）原理测量液位的，液位与液底压力的关系为（　　　）。
9. （　　　）是目前油田联合站应用最广泛的一种油、气、水分离器。

四、简答题

1. 按工作原理，物位测量仪表可以分为哪些类型？它们的工作原理各是什么？
2. 什么是零点迁移？为什么会产生零点迁移？
3. 简述电容式差压传感器的测压原理及特点。
4. 试说明控制器在自动控制系统中的作用。
5. 数字控制器有哪些优点？
6. 自力式调节器有哪些类型？主要的用途有哪些？
7. 为什么带指挥器的压力调节器的控制精度高些？在什么情况下适用？
8. 磁翻板液位计是如何实现液位指示的？有哪几种安装方式？
9. 简述浮筒液位计的工作原理
10. 三相分离器的监控需求主要有哪些？
11. 谈一谈，二十大以来，仪表自动化在"大国重器"方面的应用？

五、计算题

1. 图 3.25(a)、(b) 所示的安装方法有无迁移？属于何种迁移？

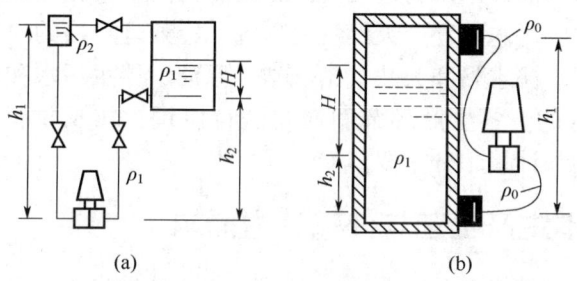

图 3.25　迁移量计算

2. 现用一电动浮筒液位变送器测量某分馏塔的液位。其浮筒长度为 $L=1600\text{mm}$，被测介质密度为 800kg/m^3。试计算当输出为 20%、40%、60%、80%、100% 时，浮筒内校验加水的高度（$\rho_w=1000\text{kg/m}^3$）。

3. 浮筒长度 L 为 500mm，水的密度 $\rho_w=1.0\text{g/cm}^3$，被测液体的密度 $\rho_x=0.85\text{g/cm}^3$，用水代校时，浮筒应被水浸没的最大长度是多少？

项目四 联合站油气水外输计量

影响联合站油气水三相计量精度的因素有很多，涉及取样、化验、流量计的使用和检定、设备参数的平稳运行、测量装置的完好以及计量人员的业务能力等诸多方面。本项目通过某联合站油气水外输计量项目的介绍，引入常用流量测量仪表的学习。主要介绍了常用于石油化工生产过程中流体流量检测的容积式流量计、差压流量计、旋涡流量计、超声波流量计、电磁流量计和转子流量计等仪表的结构原理、特点及应用。

【学习重点】
1. 联合站油气水外输计量需求及仪表选择。
2. 常用流量计的结构原理及特点。
3. 常用流量计的安装、使用和维护方法。

【核心知识点】
1. 常用流量计的各自特点和适用场合。
2. 常用流量计的基本结构和工作原理。
3. 常用流量计的安装和维护。

模块 4.1 联合站油气水流量检测

联合站也叫集中处理站，是油田油气集输生产中的一个重要环节。其主要工作内容是对周围转油站、增压站来的油井采出物进行气液分离、游离水脱除、原油净化脱水、原油稳定及存储、原油计量外输、污水处理、天然气处理等。经处理合格的原油、污水、天然气经过计量后分别输送到油库、注水站和天然气集气站。原油、伴生污水和天然气都是在站内处理设备和管道中连续运行的。各生产环节间需要进行协调，实现物料和能量的平衡。因此，油、气、水的流量检测和计量十分重要。

4.1.1 联合站基本生产工艺与外输计量需求

由于原油性质、产量规模和处理方式的差异，联合站生产工艺流程各不相同。但就其基本处理流程而言，都不外乎于原油处理、污水处理、天然气处理三大系统。某联合站基本生产工艺框图如图 4.1 所示。下面根据原油、污水、天然气的处理流程分别予以介绍。

1. 原油处理系统

转油（增压）站来的油、气、水混合物，含水较高，经过进站阀组汇聚进入三相分离器，进行天然气和原油、游离水分离。分离后含水原油加入破乳剂后进入两级沉降罐进行化学沉降脱水。之后，通过脱水泵提升进加热炉加热，再进入高压直流电脱水器，对无法沉降脱除的乳化原油进行进一步脱水净化。净化后的成品原油含水率降到 0.5 以下，进入原油稳定装置，通过抽负压闪蒸处理抽出易挥发轻烃组分，稳定原油进净化油罐储存。经外输泵增

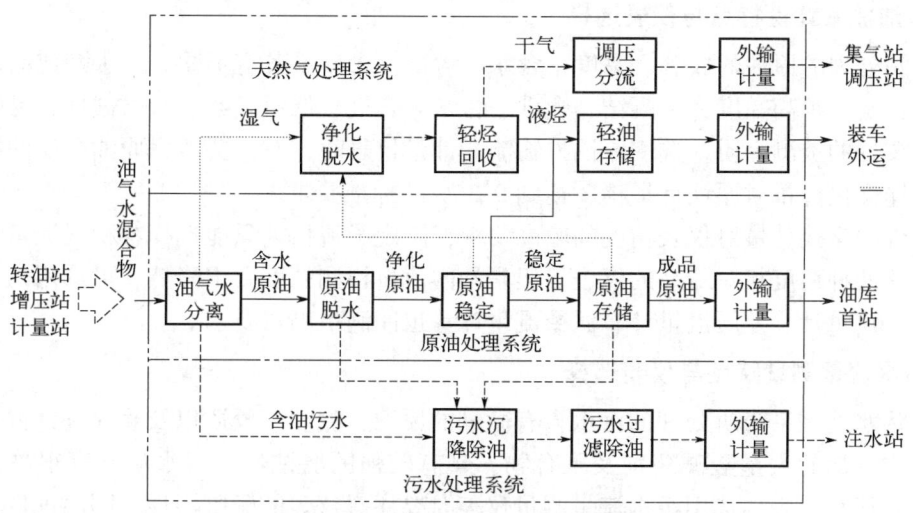

图 4.1 某联合站原油生产流程框图

压、流量计量，外输至长输首站或油库（图 4.1 中具体设备未画出，下同）。

原油外输计量，用于油田内产量交接或油田外贸易结算，测量精度要求较高，同时还有温度、压力、密度、含水同步测量要求，以便进行净油质量结算计算。

除了原油外输计量需求外，联合站内部为物料平衡与生产稳定，也有需要进行流量测量，其测量精度要求低些。例如分离器用于分队计量（见项目六模块 6.1）时出口原油流量检测、各电脱水器出口流量检测、加热炉燃油流量检测等。

2. 污水处理系统

经三相分离器和一、二级沉降罐脱出的大量含油污水进入污水接收罐，加入絮凝药剂后继续沉降除油和沉泥除砂。之后通过污水泵提升至污水过滤罐与填料接触除油。再用外输泵将合格污水输送到注水站用于注水。

污水外输流量也需要进行计量，用于宏观上对油田采出-注入平衡状况进行分析。

3. 天然气处理系统

分离器分离出的伴生天然气经除油器除液，之后与各个油罐的挥发气回收装置回收的天然气一起，经空冷干燥器，其中的水蒸气冷凝分离出来。其余天然气经轻烃回收装置加压、深冷处理，将甲烷以外的 $C_3 \sim C_5$ 轻组分冷凝为轻油通过罐车装运外输。经轻烃回收后的天然气称为干气，经调压、计量后外输到集气站或调压站。

天然气外输计量，用于油田内产量计算或油田外贸易结算，测量精度要求相对低些，要求在 0.5%~1.5% 左右。同时还有温度、压力同步测量要求，以便实现标准流量换算。

4.1.2 油气水流量测量的特点与仪表选择

油田生产环境下，原油、天然气、污水不同于普通的流体。成分复杂、易燃易爆、有腐蚀性，在具体进行流量仪表选型时，除了要考虑仪表性能（精度、量程、可靠性）、流体特性（密度、黏度、腐蚀、结垢、易燃易爆）、工作状态（温度、压力）、安装要求、环境条件、操作维护性和投资费用等，要综合分析对比。只有了解了各种流量计的组成原理及特点之后，结合生产要求才能做好仪表选型工作。

1. 原油流量计量特点与仪表选择

联合站处理的原油的成分、黏度、含水、含硫、含砂量各有不同。与水及成品油或化工原料相比，是一种高黏度、易凝结、含砂、含水、含气、低雷诺数、有腐蚀性、易燃易爆等对仪表不友好的被测介质。选用原油外输流量计量仪表时，不仅要考虑原油介质的特点，还要注意外输交接计量对原油计量精度达到0.35%的标准要求。

原油外输交接计量对仪表精度的较高要求，限定了流量计只能选择容积式流量计或者质量流量计这两种精度相对最高的仪表。但是站内流量检测精度要求降低，可选用的流量计较多。如转子流量计、差压流量计、涡街流量计等也能满足测量要求。

2. 污水流量测量特点与仪表选择

站内污水处理系统所处理的污水含有微量的原油、泥沙、胶质以及悬浮物，混合了油田注采过程中施加的大量酸碱药剂及聚合物，具有较强的腐蚀性。污水矿化度很高、容易结垢，堵塞管线和仪表。选用污水流量测量仪表时要注意仪表的耐脏污性、耐腐蚀性，测量精度要求1%~1.5%左右，一般流量仪表可以满足要求。

容积式流量计、涡轮流量计、转子流量计内有可动元件，对结垢敏感、易腐蚀、易受砂粒磨损，长期测量污水流量往往不能正常进行。

污水流量检测精度要求不高，可选用的流量计较多。如差压流量计、涡街流量计、电磁流量计、超声波流量计、旋翼式水表等基本能够满足测量要求。由于污水的强腐蚀性和易结垢性，无法使用有可动元件的流量计和流道复杂的流量计。目前，油田普遍使用的是电磁流量计。其测量管直通、管内无突出物、内衬塑料陶瓷，比较适合于油田污水测量。

电磁流量计是速度式流量计，一般不受流体温度、压力、黏度、密度等其他外界因素的干扰。

多普勒超声波流量计的价格性能在测量大管径污水流量时有优势。超过DN300mm的大管径污水流量测量可以选择。

3. 天然气流量计量特点与仪表选择

站内分离出的伴生气和油罐挥发气成分主要是甲烷（天然气），还有 H_2S、CO_2、水蒸气和少量的其他轻烃成分。天然气与原油、污水相比已经是很干净、易测量的介质了，但麻烦的是天然气具有很强的易燃易爆性，选择天然气流量测量仪表时同样要注意介质特点对仪表的要求。

可测天然气流量的仪表较多，如差压式流量计、气体容积式流量计、质量流量计、旋进旋涡流量计、转子流量计、超声波流量计都可用于天然气流量测量。

标准孔板流量计是天然气流量测量的基础仪表，结构简单、价格低廉，但精度不高（2级）、测量范围窄、安装要求高。旋进旋涡流量计测量范围宽、精度较高（1.5级）、安装维护方便。超声波流量计通常更适用于高压大流量、大中口径管道天然气流量的测量。气体容积式流量计、质量流量计测量精度很高（0.5级），适用于天然气交接计量的场合。

4.1.3 流量检测概述

石油开采、集输、炼制加工生产过程中，所处理的油、气、水等流体，在设备和管道中都处于不断流动的状态。生产过程中，经常需要测量、控制各种介质的流量，以便正确地指导生产操作，监控设备运行，确保安全、优质生产。流量的测量也是进行石油贸易、完成经济核算的重要参数。随着自动化水平的不断提高，流量测量和控制已由原来的保证稳定运行朝着最优化控制过渡。流量仪表已成为不可缺少的检测仪表之一。

原油及石油产品的计量一般以测量总量为主，计量方法有两类：一是质量法，二是体积法。我国、俄罗斯及东欧一些国家采用质量法，计量以吨为单位。英国、美国、日本及西欧一些国家采用体积法，计量单位为桶或加仑。

由于油品的体积、密度都是随温度、压力而变化的，所以各国都规定了计量的标准条件。我国规定的标准条件是温度为 20℃，压力为 101.325kPa。实际计量时，应将工作状态下的体积换算为标准条件下的体积值。

1. 流量的概念和单位

流量是指流经管道（或设备）某一截面的流体数量。随着工艺要求不同，又可分为瞬时流量和累积流量的测量。

1) 瞬时流量

单位时间内流经某一有效截面的流体数量称为瞬时流量。它可以分别用体积流量和质量流量来表示。

体积流量是单位时间内流过某一截面的流体体积。当截面上的流速均匀相等或已知平均流速 v 时，体积流量可以表示为

$$q_v = vA \tag{4.1}$$

式中　q_v——体积流量；

　　　A——流体通过的有效截面积；

　　　v——截面 A 上的平均流速。

根据国际单位导出的体积流量单位为 m^3/s。流量计常用单位还有 m^3/h、L/h 等。

质量流量是指单位时间内流经某一有效截面的流体质量。若流体的密度是 ρ，则质量流量可由体积流量导出，可表示为

$$q_m = q_v \rho = vA\rho \tag{4.2}$$

式中　q_m——质量流量；

　　　ρ——介质密度。

质量流量的单位，除了国际单位导出单位 kg/s 外，还常用 t/h、kg/h 等。

2) 累积流量

累积流量是指一段时间内流经某截面的流体数量的总和，有时称为总量。可以用体积和质量来表示，有

$$V = \int_{t_1}^{t_2} q_v \, dt \tag{4.3}$$

$$M = \int_{t_1}^{t_2} q_m \, dt \tag{4.4}$$

累积流量采用的单位相应分别为 m^3、L、t、kg 等。

测量瞬时流量的仪表一般称为流量计，一般用于生产过程的流量监控和设备状态监测；而测量累积流量的仪表称为计量表，一般用于计量物质消耗、产量核定和贸易结算。但流量

计和计量表两者并不是截然分开的,在流量计上配以累积机构,也可以得到累积流量。

2. 流量测量仪表的分类和特点

流量测量的方法有很多,其测量原理和所采用的仪表结构型式各不相同。按流量测量原理可分为如下四类。

(1) 速度式流量计:在管道截面积 A 一定的前提下,通过测量流体在管道内的流动速度 v 作为流量测量依据,根据 $q_v=vA$ 原理测量流量。例如:差压式流量计、电磁流量计、涡轮流量计等均属此类。

(2) 面积式流量计:也是根据 $q_v=vA$ 原理测量流量,但前提是流量稳定时能保持速度 v 和压降不变,利用节流面积 A 的变化来测量流量的大小。优点是结构简单使用方便。主要指转子流量计。

(3) 容积式流量计:主要利用流体在流量计内连续通过的标准体积 V_0 的数目 N 作为测量依据,根据 $V=NV_0$ 进行累积流量测量的流量仪表。此类仪表精度高,但维护工作量大,例如椭圆齿轮流量计、腰轮流量计、刮板流量计等。

(4) 质量式流量计:主要利用测量流体的质量流量 q_m 为测量依据的流量仪表。优点是测量准确可靠,维护工作量低,是一种发展中的流量测量仪表。例如科式力质量流量计。

模块 4.2 容积式流量计

容积式流量计是利用标准容积累积法测量原理的一类流量计,包括腰轮流量计、椭圆齿轮流量计、刮板流量计、双螺杆流量计等。它们主要是用于流体累积流量,即总量的计量。

容积式流量计内一般都有一个或一对转动部件,在流量计进、出口压力差的作用下转动。这时,转子和壳体内壁之间形成一固定容积的空间(称为"计量室"),其内封隔被测介质。随着转子的转动,流体一次次地充满流量计的"计量室",然后又不断地被送往出口。由于"计量室"的容积是一定的,因此由转动部件的转数就可以确定通过流量计的流体体积。各种形式的容积式流量计工作原理基本相似,只是转子形状不同而已。

容积式流量计具有如下特点:测量精度高,积算精度可达 0.1%～0.5%;测量精度受流体密度、黏度、温度、压力和流态的影响较小,适宜于测量高黏度流体。流量计对其前后直管段无要求,安装较方便;但是容积式流量计制造装配精度要求高。用于大流量、大口径时,流量计体积庞大、笨重,价格较高;并且流量计对被测流体的洁净度要求严格,不能测量含气液体,流体携带的固体颗粒也会严重影响流量计的工作。

容积式流量计是用于原油计量的首选仪表。由于对高黏原油的测量具有很高的计量精度,可显示累积流量,因而在油田各计量站、联合站、油库和炼厂等场合得到了广泛的应用。容积式流量计与原油含水分析仪、密度计、微型计算机配合,可实现对原油总量、净油量等指标的自动测试与计量,为提高油田集输系统的管理水平提供了先进的手段。

4.2.1 腰轮流量计

1. 工作原理

腰轮流量计由测量主体和表头两部分组成。测量主体如图 4.2 所示,壳体内有一对截面呈"8"字形的柱状转子——腰轮,腰轮两端盖以隔板。腰轮与壳体及两侧隔板间形成的封闭空间就是"计量室"。与腰轮同轴的两个驱动齿轮在隔板外面相互啮合,以保持两腰轮反向转动。腰轮在转动过程中,腰轮之间、腰轮与壳体和隔板之间,始终保持准接触状态。腰轮把进出口流体分隔开来,所形成的计量室随腰轮转动而移动。因此,只有腰轮转动时,才能将流体从进口排到出口去。腰轮流量计的工作过程如图4.3所示。

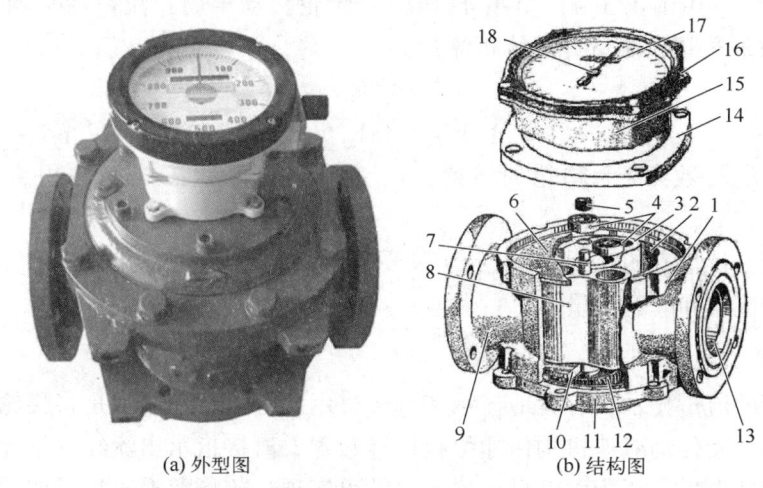

(a) 外型图　　　(b) 结构图

图 4.2　腰轮流量计测量主体结构示意图

1—壳体；2—计量室；3—腰轮；4—轴承；5—输出齿轮；6—上隔板；7—输出轴；8—腰轮；
9—入口；10—下隔板；11—下端盖；12—驱动齿轮；13—出口；14—上端盖；
15—表头；16—表玻璃；17—计数器；18—指针

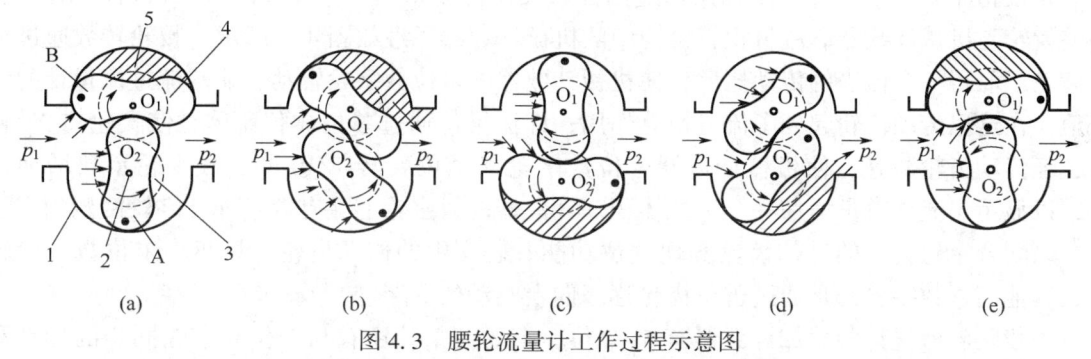

(a)　　　　(b)　　　　(c)　　　　(d)　　　　(e)

图 4.3　腰轮流量计工作过程示意图

1—壳体；2—转轴；3—驱动齿轮；4—腰轮；5—计量室

图 4.3 中 p_1 为流量计进口流体压力；p_2 为出口流体压力。当流体流过流量计时,将会引起压力损失,从而使出口压力小于进口压力 ($p_2 < p_1$)。由于A、B两腰轮接触点两侧分别受 p_1、p_2 作用,压力差能在腰轮上产生不平衡作用力矩,使腰轮转动。具体来说,在图4.3 (a) 所示的位置时,A腰轮 p_1、p_2 作用面积对称,所受合力矩为零;B腰轮由于左下侧所受力矩大于右下侧所受力矩,所产生的合力矩将使B腰轮顺时针转动。由于A、B两个腰轮通过外驱动齿轮啮合,B腰轮带动A腰轮作逆时针转动。同时,B腰轮和壳体间的形成的计量室内的液体开始排出。转至图4.3(b) 所示位置时,根据力的分析可知,A腰轮与B腰轮所受的合力矩均不为零,此时A腰轮与B腰轮均为主动轮,按照B顺时针、A逆时针的方

向转动。当继续转至图 4.3(c) 所示位置时，B 腰轮结束排出液体，并且在 A 腰轮一侧又吸入一个完整的计量室的流体。图 4.3(c) 腰轮位置与图 4.3(a) 相反，A 腰轮为主动轮，作逆时针旋转，通过外驱动齿轮带动 B 腰轮顺时针转动。至图 4.3(d) 位置，与图 4.3(b) 情况相似，A、B 互相带动。如此往复循环，A、B 两腰轮在进出口压差的作用下，交替产生力矩、相互通过外驱动齿轮反向连续转动。随着腰轮转动，把被测流体以计量室为单位逐次吸入—隔离—排出。由图 4.3(a) 至图 4.3(e)，腰轮转动半周，流量计平均排出两个计量室的体积 V_0，故通过腰轮流量计的体积流量为

$$Q = 4NV_0 \tag{4.5}$$

$$q_V = 4nV_0 \tag{4.6}$$

式中，N 为腰轮的转数；n 为腰轮的转速；V_0 为计量室容积；q_V 为体积流量；Q 为累积流量。

由上式可知，计量室的容积 V_0 一定，只要测出腰轮的转数 N 和转速 n，就可以计算出被测流体的累积流量和瞬时流量。

2. 显示部分

腰轮流量计的流量显示，有就地显示和远传显示两种。就地显示是将腰轮的转动通过磁性密封联轴器和一套传动减速机构传递给机械计数器，直接指示出流经流量计的总量。远传显示是附加发信装置后，再配以电显示仪表，就可实现远传指示瞬时流量或累积流量。

腰轮流量计的显示部分（表头），主要用来显示流体总量。在大型腰轮流量计中，有的还具有瞬时流量显示、定量计量、容差调整、温度补偿、信号远传等装置。

1) 总量积算结构

在腰轮流量计中，腰轮转数 N 通过磁性联轴器传递到表头。表头内有一系列传动齿轮、调整齿轮与机械计数器。流量积算机构中的机械计数器原理如图 4.4 所示。腰轮转数通过传动齿轮，取得一个恰当的传动比后，使机械计数器的末位数字轮转动，显示流过流量计的体积值。在这里传动齿轮起到了流量换算作用，即流量计通过单位体积流体，使腰轮转 N_c 转时，经传动齿轮减速，使机械计数器末位数字轮（个位）转 1/10 圈，数字轮示数增加一字，以显示出流体总量增加一个单位体积。计数器的数字轮上除有数字外，字轮两侧均有齿轮，以配合字轮上方的进位齿轮实现进位功能。表头中的传动齿轮，只驱动末位数字轮转动，其他高位数字轮都是通过进位齿轮逐级向上驱动的。

一般腰轮流量计的累加计数器有 5~7 位，有的流量计还有与末位数字轮同步的指针和刻度盘，读数分辨率更高一些。

2) 瞬时流量显示与信号远传

瞬时流量可以通过两种途径得到：一是从指针转一圈所代表的流量及所用时间去推算，二是用瞬时流量显示器直接指示瞬时流量值。瞬时流量显示器是在表头传动齿轮中装上一个小型测速发电机，根据腰轮转速与流量成正比的关系，将流量的大小变为电流，由电流表指示出来。

为了实现流量的远距集中显示和流量计标定需要，可以在表头内设置发讯装置。将腰轮转数转换成相应的电脉冲数，远传后由显示仪表对脉冲信号进行累积、计数处理，以显示流体的流量与总量。

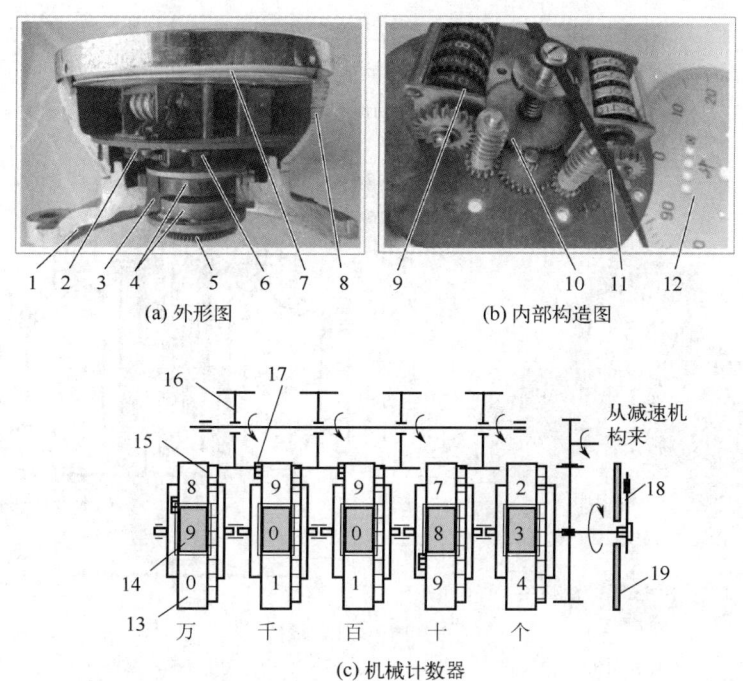

图 4.4 流量积算机构

1—端盖；2—减速齿轮系；3—隔离铜板；4——磁耦合磁铁；5—传递齿轮；6—调整齿轮；7—表盖；
8—表壳；9—机械计数器；10—蜗轮蜗杆；11—指针；12—表盘；13—数字轮；14—读数窗口；
15—进位齿（20齿）；16—进位齿轮；17—进位齿（2齿）；18—指针；19—刻度盘

发讯器有光电式、电磁式两种。

光电式发讯器比较简单，它利用带孔的发讯盘间隔性避开光源和光电管，从而产生电脉冲信号。发讯盘通过减速齿轮由腰轮带动，有的用光栅发讯盘，输出分辨率更高。

电磁式发讯器的发讯盘上有许多齿条，发讯器中高频振荡器的振荡线圈置于发讯盘两侧。当发讯盘齿端金属片进入振荡线圈之间时，振荡器停振。当发讯盘转动时，将振荡信号调制成幅值不同调制波，经放大器检波、放大后变成方波脉冲输出。

3. 结构特点

从结构形式上来看，腰轮式流量计有立式和卧式两种。用于原油总量计量的腰轮流量计体积较大。常用的立式腰轮式流量计如图 4.5 所示。腰轮主轴垂直安装，下端有硬质耐磨合金制成的平面滑动止推轴承，承受腰轮重量。中间隔板将腔体计量室分隔成两段，使之相互隔离。卧式腰轮流量计的主轴按水平工作状态设计，不用止推轴承，占地面积较大，其主体结构与立式相似。

腰轮可以分单腰轮和双腰轮两种结构。采用单腰轮结构，图 4.6(a) 所示，流体脉动大，会造成流量计运行中的振动和噪声。利用互成45°角的两对腰轮结构，图 4.6(b) 所示，可以减小大口径腰轮流量计运行中的振动和噪声。通常小口径 DN50 及以下采用单腰轮结构，其他为双腰轮结构。

4. 安装及使用

由于腰轮流量计的两个腰轮并不直接接触，腰轮表面为光滑面，故可允许测量含有微小

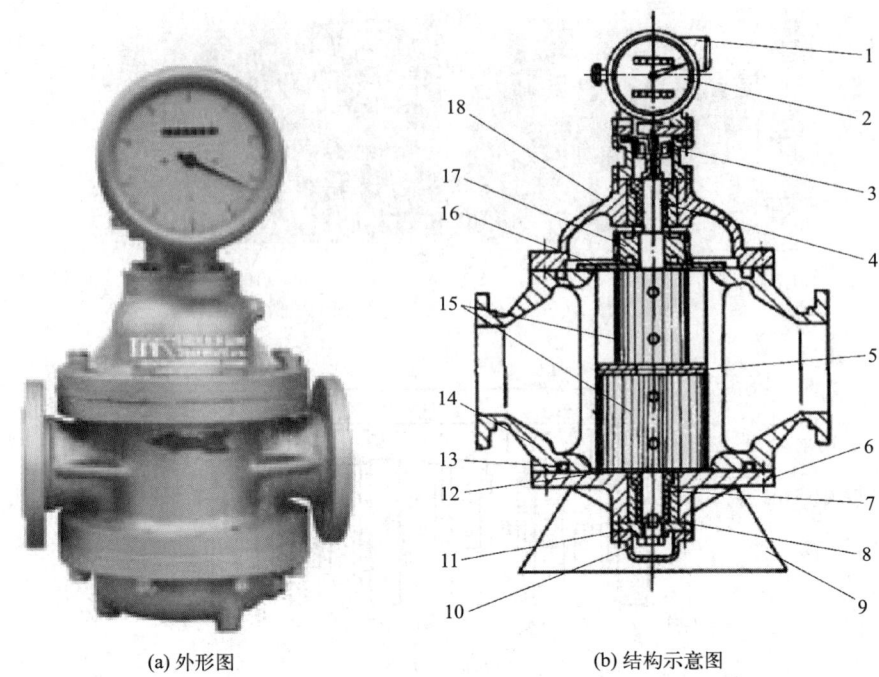

(a) 外形图　　　　　　　　(b) 结构示意图

图 4.5　立式腰轮流量计

1—发讯器；2—指示部分；3—磁性耦合联轴器；4—轴承；5—中间隔板；6—下盖；7—石墨轴承；
8—止推轴承；9—底座；10—轴承盖；11—轴承座；12—垫片；13—O 型密封圈；
14—壳体；15—腰轮；16—隔板；17—驱动齿轮；18—上盖

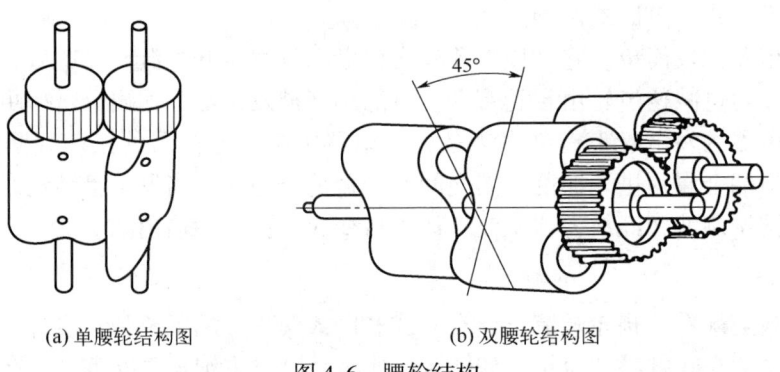

(a) 单腰轮结构图　　　　　　　　(b) 双腰轮结构图

图 4.6　腰轮结构

颗粒的流体，并可用于气体和液体的测量。该流量计精度高（可达 0.25 级），可靠性好，口径可达 15~400mm。但使用时要想保证足够的精度，还必须按照要求正确地安装和使用。

（1）由于腰轮流量计腰轮与腰轮及外壳之间间隙很小（≤0.2mm），因此不适宜测量含有固体颗粒的流体，否则会引起表面磨损，甚至可能使腰轮卡死。如果流体内含有固体杂质，应在腰轮流量计前应安装过滤器，并定期清洗过滤器。

（2）被测流体中若含有气体，则应在流量计前安装消气器，分离出液体中的气体，以便精确测量液体的流量。

（3）为便于维修、校验，流量计必须安装旁通管路，以便流量计停运时维持生产。对于不允许停止计量的场合，可以设置两台流量计并联安装，互为备用。

（4）被测流体温度不能超过流量计额定温度，否则零部件容易发生热膨胀变形，产生卡死、断流问题。

（5）当被测流体流量偏小、黏度变小时，腰轮与壳体间的泄漏量会变得突出，降低测量精度。

（6）在运转过程中如发现异常响声，如摩擦声、碰撞声等，应立即停运检修，以防损坏流量计。

4.2.2 刮板流量计

刮板流量计也是一种较常见的容积式流量计，适用于含有机械杂质的流体。从结构特点来分，有凸轮式和凹线式两种，其中凸轮刮板流量计应用较为普遍。

1. 结构原理

凸轮式刮板流量计主要由转子、凸轮、刮板、滚柱及壳体等组成，见图4.7。

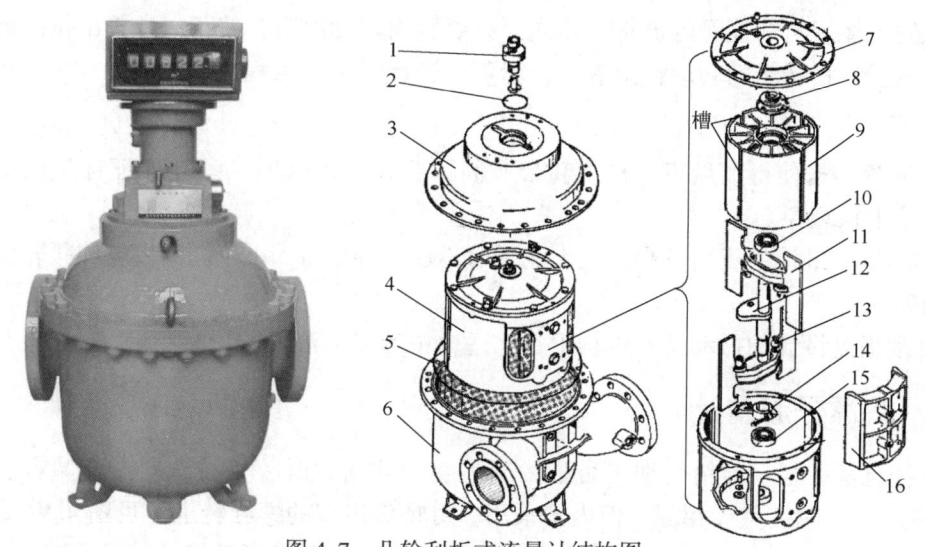

图4.7 凸轮刮板式流量计结构图

1—出轴密封；2、5—O型密封圈；3—上盖；4—内壳；6—外壳体；7—内盖；8—轴承座；9—转子筒；
10、15—轴承；11—刮板；12—凸轮及轴；13—滚子；14—定位臂；16—挡块

壳体的内腔是一个圆形空筒。转子也是一个空心圆筒形物体，在筒壁上径向互为90°的位置开了四个槽。四块刮板分别由两根连杆连接，相互垂直，在空间交叉，互不干扰。每块刮板的内侧各装有一个小滚柱，这四个小滚柱都紧靠在一个固定不动的凸轮上并沿凸轮边缘滚动，从而使刮板可以在槽内沿径向方向内外自由地滑动（伸出或缩进）。凸轮刮板式流量计的工作原理可以用图4.8简图说明。

当流体通过时，在流量计进、出口压差（$p_1 > p_2$）的作用下，推动刮板并带动转筒转动。图4.8(a)位置时，与凸轮90°大圆弧相对应。两对刮板所在位置处的壳体内腔较短，相邻两刮板A和D在滚子导引下，伸出转筒，并压向壳体内壁，形成一密封空间——计量室。当刮板和转筒向图4.8(b)所示位置旋转时，由于刮板A沿着凸轮的大圆弧转动，因此

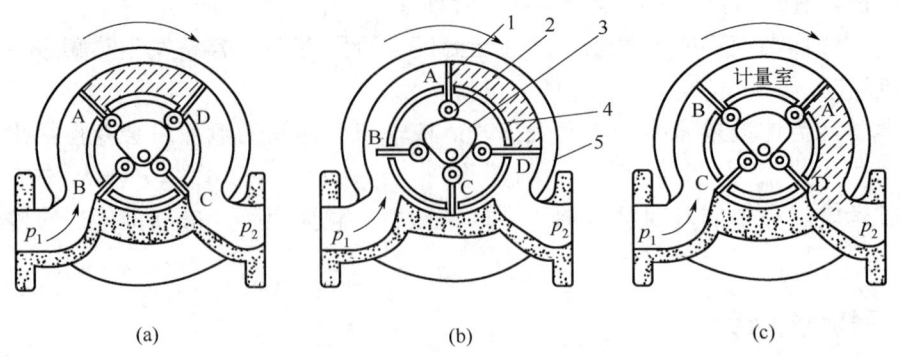

图 4.8 凸轮式刮板流量计工作原理示意图
1—刮板；2—滚柱；3—凸轮（固定）；4—筒型转子（转筒）；5—壳体

刮板 A 并不滑动收缩，但刮板 D 会逐渐缩入槽内，流体开始流出。当刮板和转筒转到图 4.8(c) 位置时，刮板 A 和转筒转了 90°，正好排出一个计量室的流体，并且在刮板 A 和后一相邻刮板 B 之间又封住一个计量室的流体体积。由此可见，转子每转一周，将排出四倍计量室体积的流体。与前述腰轮流量计相同，只要测出转动次数，就可以计算出排出流体的体积。刮板流量计将转子的转动传给表头，就可以进行指示、累积或远传。

2. 特点

（1）刮板结构使得测量不同黏度和带有固体颗粒的液体时，均能保证计量精度，且不易发生转子卡住现象。

（2）刮板流量计的压损较小，最大流量时不超过 30kPa，小于椭圆齿轮和腰轮流量计的压力损失。

（3）刮板流量计的振动及噪声均很小，适合中等或大流量的流量测量。

4.2.3 双螺杆流量计

双螺杆流量计是一种精密加工装配的新型容积式流量计，又称双转子流量计，外形见图 4.9(a)，与腰轮流量计相似。但内部采用一对特殊齿型的螺旋转子［见图 4.9(b)］直接啮合，无相对滑动，不需要同步齿轮，靠进口、出口处较小的压差推动转子旋转。

图 4.9(c) 表示一对螺旋转子运转时的某一个横截面。同一时刻，每一个转子在同一横截面上受到流体的旋转力矩虽然不一样，但两个转子分别在所有横截面上受到旋转力矩的合

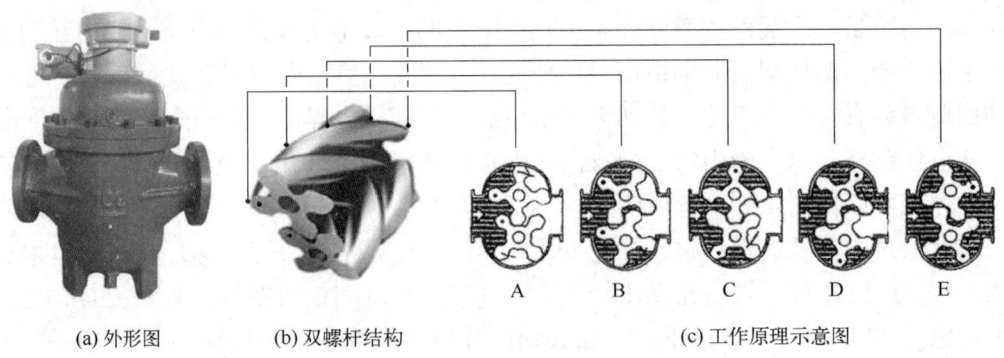

(a) 外形图　　(b) 双螺杆结构　　(c) 工作原理示意图

图 4.9 LSZ 型液体双转子流量计

力矩是相等的。因此两个转子各自作等速、等转矩旋转，排量均衡无脉动。因此双螺杆流量计具有运转平稳、无脉动、噪声低、磨损少、精度高、流量大、黏度变化适应性强、允许被测液体中的微细颗粒通过、不易卡表等特点，广泛应用于石油、化工、冶金、电力、船舶、交通、码头等部门的商业贸易计量和工程管理控制。

1. 工作原理

双转子流量计有液体双转子流量计和气体双转子流量计两种。一对特殊螺旋转子是计量腔体内唯一的运动体，起到分割、测算、运送和排放被测液体的作用。

LSZ 型液体双转子流量计工作原理示意图见图 4.9(c)，计量室由内壳体和一对转向相反的螺旋转子及上下盖板等组成，它们之间形成若干个已知体积的空腔作为流量计的计量单元。一对螺旋转子靠其进、出口处的微小压差推动旋转，并不断地将进口的液体经空腔计量后送到出口。图示仅以上面的一个顺时针旋转的转子为例，转四分之一周排出一个空腔容积，则一对螺旋转子每转一周可排出 8 倍空腔的容积，因此，转子的旋转次数直接与通过流量计的流体总量（累积流量）成正比。转子将转动次数经密封联轴器及传动系统传递给表头计数机构，直接指示出流经流量计的液体总量。同时根据这一关系，转子的转速与流体的瞬时流量成正比，根据每秒的转数，即可测出瞬时流量。

流量计除有直读式计数器可现场就地指示流量外，还可配发讯器输出电脉冲（电流）信号，将正比于体积流量的转子旋转次数转换成脉冲信号，远传到二次仪表或计算机，使管道内流体流量能远传集中监测控制。

LSZQ 型气体双转子流量计适用于封闭管道中气体或气体混合物体积量的高精度计量，外形图和工作原理示意图如图 4.10 所示，两个反向旋转的螺旋转子之间作纯滚动运转。当被测气体进入流量计入口端，在进、出口处的微小压差作用下推动一对螺旋转子旋转，并不断地将进口的气体经空腔计量后送到出口。图示仅以下面的一个逆时针旋转的转子为例，转三分之一周排出一个空腔容积，则一对螺旋转子每转一周可排出 6 倍空腔的气体容积，可通过直读式计数器就地指示流量，还可输出电脉冲信号远传显示控制。该流量计可选配温度、压力变送器，以对气体流量进行温度压力补偿。

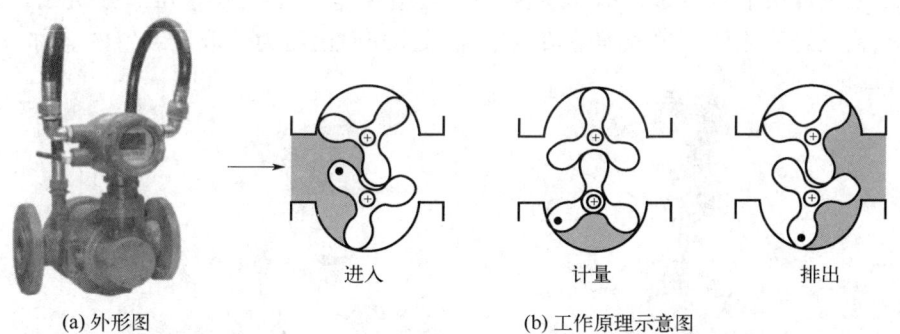

(a) 外形图　　　　(b) 工作原理示意图

图 4.10　LSZQ 型气体双转子流量计

2. 容积式量计的特点及选择

（1）被测液体的黏度范围大，特别适用于原油、高凝油、高含水原油、石油制品和化学溶液的商贸交易计量和工程自动化计量管理控制。

（2）流量计通过的流体流量大，最大液体流量是同通径普通容积表的两倍左右。

（3）使用寿命长，测量精度高，可靠性强。

（4）采用双螺杆转子测量，没有脉动，运转平稳。

（5）虽然流量计前面也需要安装过滤器，但与椭圆齿轮流量计相比对介质中颗粒状杂质的敏感度有所降低。

（6）属容积式流量计，无须直管段。

（7）压力损失小。

（8）具有 4~20mA DC 电流输出、电脉冲信号输出和 RS485 串口通信输出等可选输出，可直接与计算机联网。

容积式流量计是用于原油计量的首选仪表。其中腰轮流量计对介质清洁度要求较高（原油中的砂粒等固体杂质易造成腰轮流量计的卡堵和磨损）。刮板流量计或双螺杆流量计的结构特点决定了它们可用于含有一定机械杂质的流体流量测量。在日常使用维护中，应注意流量计前置过滤器要及时清洗。

质量流量计也是原油流量贸易结算中常用的一种计量仪表。科里奥利质量流量计可直接测得流体的质量流量、介质密度和温度，所以测量精度高。但质量流量计一般价格较贵，并且液体中的含气量超过某一限值时会给科里奥利质量流量计带来明显的测量误差，所以当原油实际含气量较高时，不宜选择质量流量计测量。

模块 4.3 差压式流量计

差压式流量计又称节流式流量计，是利用测量流体流经节流装置所产生的静压差来计算流量大小的一种流量计。差压式流量计使用历史长久，已经积累了丰富的实践经验和完整的实验资料。国内外已将孔板、喷嘴、文丘里管等最常用的节流装置进行了标准化。采用标准节流装置，按统一标准设计的差压式流量计，不必进行实验标定，即可直接投入使用。因此差压式流量计目前已成为工业上应用最为广泛的流量计。

差压式流量计由节流装置、引压管路、三阀组和差压变送器等几部分组成，如图 4.11 所示。节流装置是使流体产生收缩节流的节流元件和引出压力的取压装置的总称，用于将流

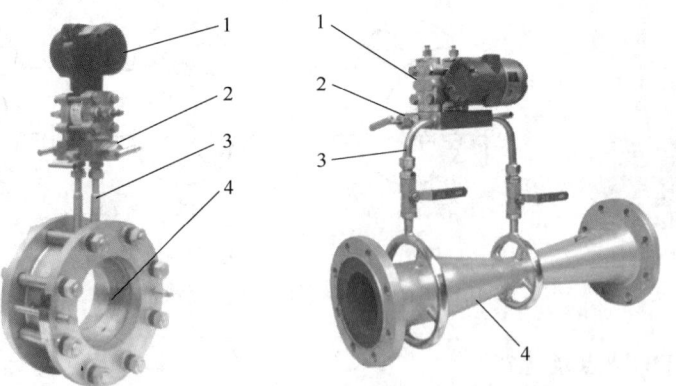

(a) 孔板节流装置流量计　　(b) 文丘里管节流装置流量计

图 4.11　差压式流量计的组成

1—差压变送器；2—三阀组；3—引压管路；4—节流元件

体的流量转化为压力差。节流元件的形式很多，但以孔板应用最为广泛。引压管路是连接节流装置与差压计的管线，是传输差压信号的通道。通常，导压管上安装有平衡阀组及其他附属器件。差压变送器用于测量压差信号，并将此压差转换成流量指示记录下来。

4.3.1 流量测量原理及其公式

1. 流量测量原理

流体所以能够在管道内形成流动，是由于它具有能量。流体所具有的能量有动压能和静压能两种形式。流体由于有压力 p 而具有静压能，又由于流体有一定的速度 v 而具有动压能。这两种形式的能量在一定的条件下，可以互相转化。但是根据能量守恒定律，流体所具有的静压能和动压能，连同克服流动阻力的能量损失，在无外加能量的情况下，总和是不变的，其能量守恒。

因此，当流体流速增加、动压能增加时，其静压能必然下降，静压力降低。节流装置正是应用了流体的动压能和静压能转换的原理实现流量测量的。

下面以图 4.12 所示同心圆孔板为例来说明节流装置的节流原理。

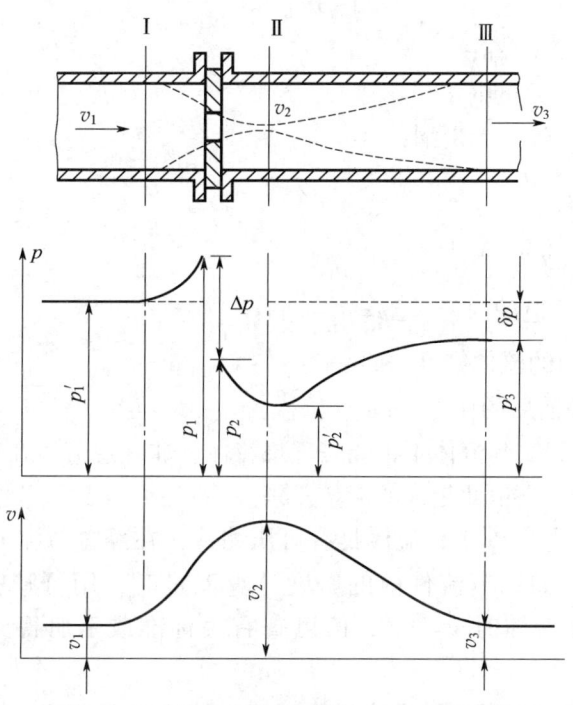

图 4.12 流体流经孔板时的压力和速度变化

流体在管道截面 I 以前，以一定的流速 v_1 流动，管内静压力为 p_1'。在接近节流装置时，由于遇到节流元件孔板的阻挡，靠近管壁处流体的有效流速降低，一部分动压能转换成静压能，靠近管壁处流体的静压力升高至 p_1，大于管中心处压力，从而在孔板入口端面处产生径向压差，使流体产生收缩运动。此时管中心处流速加快，静压力减小。由于流体运动的惯性，流过孔板后，流体会继续收缩一段距离。随后流束又逐渐扩大，流速减小，直到截面 III 后又充满全管，恢复到原来的流动状态。

由于节流元件造成的流束局部收缩,使管中心流体流速加快,动压能增加,静压力降低,节流元件前后产生了压力差 Δp。Δp 的大小与流量有关。流量越大,流束的收缩越显著,动压能与静压能的转换也越显著,则产生的静压差也越大。我们只要测得节流元件前后的静压差大小,即可确定流量,这就是节流装置测量流量的基本原理。

需要说明的是:要准确测量管中心截面 Ⅱ 处的压力 p_2' 是有困难的,因为 p_2' 的位置随流量而变,事先无法确定。因此,实际测量时,是在节流元件前后管壁上选择两个固定取压位置来测量节流元件前后的压差。如孔板的静压差是取孔板前后端面处的压力之差 $\Delta p = p_1 - p_2$。

流束在充分恢复后的静压力 p_3' 不能恢复到原数值 p_1'。这是由于实际流体流经孔板时会产生局部涡流损耗和摩擦阻力损耗所致。$\delta p = p_1' - p_3'$ 即为流体流经节流元件的压力损失。

2. 基本流量方程式

根据伯努利方程和流动连续性方程,可推得流体的体积流量与压差之间的关系式为

$$q_V = \frac{C}{\sqrt{1-\beta^4}} \varepsilon \frac{\pi}{4} d^2 \sqrt{\frac{2\Delta p}{\rho}} \tag{4.7}$$

式中　q_V——体积流量,m³/s;

　　　C——流出系数,无量纲;

　　　ε——可膨胀性系数,无量纲;

　　　β——直径比,$\beta = \dfrac{d}{D}$;

　　　d——节流元件开孔直径,m;

　　　D——上游测量管道的内径,$\Delta p = p_1 - p_2$ m;

　　　ρ——节流装置前的流体密度,kg/m³;

　　　Δp——节流元件前后的压差,Pa。

流出系数 C:考虑到实际流体不可能是理想流体,非理想流体在经过节流元件时会产生摩擦阻力损失,C 用于修正由此带来的流量差别。

可膨胀性系数 ε:考虑到实际流体具有可压缩性,在经过节流元件时由于压力降低使流体膨胀、密度减小,如以节流件前的密度计算流量时,用可膨胀性系数 ε 进行修正。对于气体时 $\varepsilon<1$;对于液体时 $\varepsilon=1$。ε 值可查有关标准或手册得到(如 GB/T 2624.2—2006)。

式(4.7)被称为节流装置的基本流量方程式,该式表明在流量测量过程中,流量与差压的平方根成正比。

由流量方程可以看出,影响流量测量的因素很多,要准确获得 q_V 与 Δp 之间稳定的对应关系,必须保证方程中其他各参数值在测量过程中的稳定。一旦节流装置结构尺寸、取压方式、工艺参数等条件改变,就必须进行修正计算。例如,按大流量设计计算的孔板用于测量小流量时,就会引起流出系数 C 的变化,从而引入较大测量误差,因此必须加以必要的修正。对于流量计使用者而言,C、ε 在流量计设计时确定,工艺状态不变时可以视为常数。

4.3.2 标准节流装置

标准节流装置是指按国家标准规定的技术条件设计、制造的节流装置。标准节流装置包括节流元件、取压装置、测量管。标准节流元件的结构、尺寸和技术条件都有统一标准，有关计算数据都经过大量的系统实验而有统一的图表，需要时可查阅有关的手册或资料。按照标准设计和加工，在标准规定的条件下，标准节流装置不需要进行实流标定即可投入使用，并且能在已知的不确定度范围内进行流量测量。

目前在用的国际标准和国家标准代号分别为 ISO 5167: 2003、GB/T 2624—2006《用安装在圆形截面管道中的差压装置测量满管流体流量》，和 GB/T 21446—2008《用标准孔板流量计测量天然气流量》。

1. 标准节流元件

GB/T 2624—2006 规定：标准节流装置中的节流元件为孔板、喷嘴和文丘里管。GB/T 21446—2008 规定用于天然气流量计量的差压式流量计只用孔板。

1) 标准孔板

标准孔板是一块具有圆形开孔并与管道同心的环形平板。其轴向截面图见图 4.13，迎流一侧是具有锐利直角边缘的圆筒部分，顺着流向的是一段扩大的圆锥体喇叭口。用于不同管径的标准孔板，其结构形式基本上是几何相似的。孔板对流体造成的压力损失较大，而且一般只适用于洁净流体介质的测量。标准规定，孔板上、下游两端面 A 和 B 必须是平直的和平行的。孔板的节流孔直径 $d \geqslant 12.5$mm。直径比 $\beta = d/D$ 应满足 $0.10 \leqslant \beta \leqslant 0.75$。孔板厚度 E 和节流孔的厚度 e 按标准要求加工制作。孔板下游侧应切成斜角 F，应为 $45°\pm15°$。

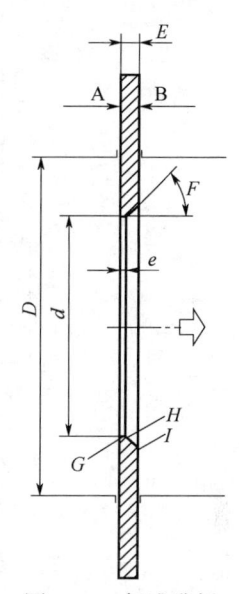

图 4.13 标准孔板

2) 标准喷嘴

标准喷嘴由圆弧入口收缩部分和圆筒形喉部所组成。有 ISA 1932 喷嘴和长径喷嘴两种形式（见图 4.14）。ISA 1932 喷嘴的特征是：一个平面入口部分 A、一个由 B 和 C 两段圆弧构成的收缩段、一个圆筒形喉部 E、一个护槽 F（用于防止边缘地受损）。长径喷嘴的特征是：一个收缩段 A（四分之一椭圆形）、一个圆筒形喉部 B、一个平面端部 C。标准喷嘴可用于测量蒸汽、气体和带有杂质的液体介质流量。标准喷嘴的测量精度较孔板要高，加工难度大，价格高，压力损失略小于孔板。要求工艺管径 D 不超过 500mm。

3) 标准文丘里管

标准文丘里管由入口圆筒段、圆锥收缩段、圆筒形喉部和圆锥扩散段组成，见图 4.15。压力损失较孔板和喷嘴都小得多，可测量有悬浮固体颗粒的液体，较适用于大流量气体流量测量。但制造困难、价格昂贵，工业应用较少。

天然气输气管路计量流程中常用的两种节流装置图 4.16 所示，图 4.16(a) 为断流取出型可换孔板节流装置。在需要检查孔板或更换孔板时，可无须拆开管道，短时间暂停管道内被测介质的流动，泄压后就可打开上盖，取出孔板及密封件予以检查或更换。

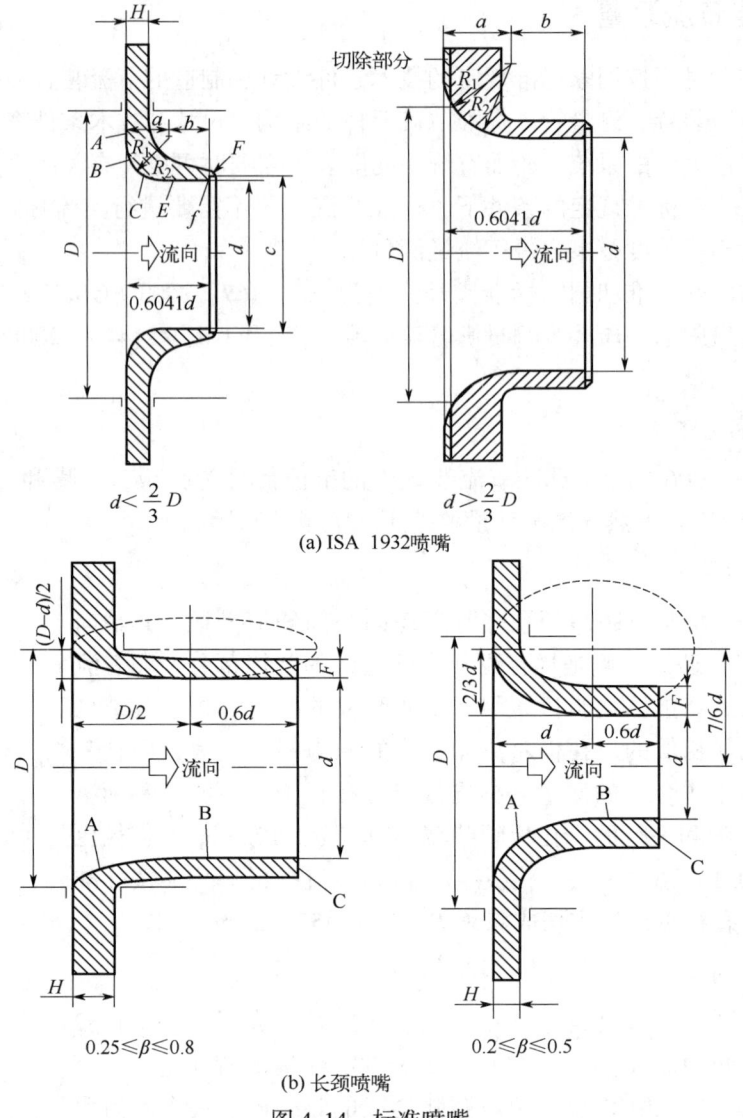

(a) ISA 1932喷嘴

(b) 长颈喷嘴

图 4.14 标准喷嘴

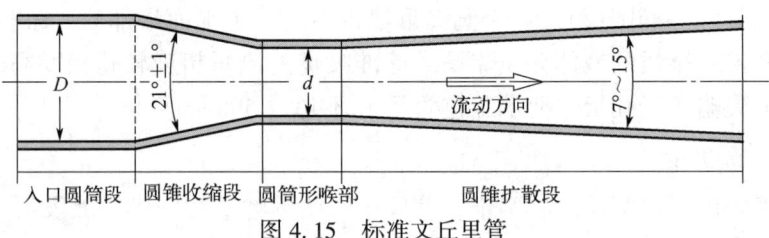

入口圆筒段　圆锥收缩段　圆筒形喉部　圆锥扩散段

图 4.15 标准文丘里管

2. 取压方式

由图 4.12 可知，取压位置不同，即使是用同一节流元件、在同一流量下所得到的差压大小也是不同的，故流量与差压之间的关系也将随之变化。GB/T2624—2006 规定标准节流装置的取压方式有角接取压、法兰取压、D 和 $D/2$ 取压三种，如图 4.17 所示。

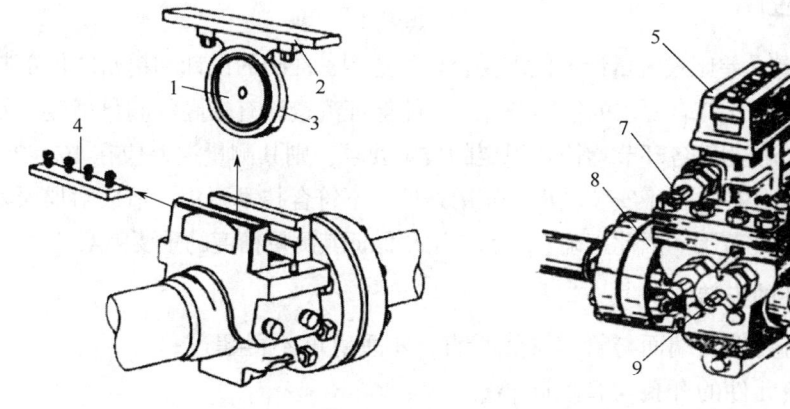

(a) 可换孔板节流装置　　　　　　(b) 阀式孔板节流装置

图 4.16　可换孔板节流装置及阀式孔板节流装置

1—孔板密封件；2—密封板；3—孔板卡环；4—紧固板；5—阀盖；6—平衡阀；
7—齿轮轴；8—阀体；9—摇柄；10—放空

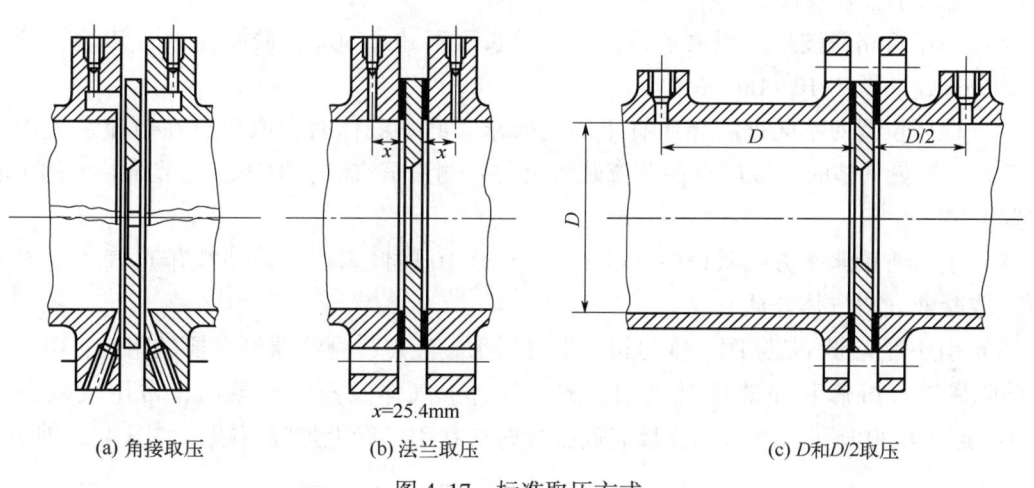

(a) 角接取压　　　　(b) 法兰取压　　　　(c) D 和 $D/2$ 取压

图 4.17　标准取压方式

角接取压方式是最常用的一种取压方式，紧贴节流元件上、下游两侧端面取压。适用于孔板和喷嘴两种节流装置。它又分为单独钻孔取压 [如图 4.17(a) 下部] 和环室取压 [如图 4.17(a) 上部] 两种方法。单独钻孔取压是在紧靠节流元件两侧的两个法兰（或夹持环）上钻孔直接取出压力，这种方法加工简单，适用于管径大于 200mm 的流量测量；环室取压是在紧贴节流元件两侧的取压环的环状槽（环室）取出，这种方法取压均匀，测量误差小，对直管段长度要求较短，但加工和安装复杂，一般用于 400mm 以下管径的流量测量。

法兰取压方式是在距节流元件上、下端面各 1in（25.4mm）的法兰上钻孔取压，如图 4.17(b) 所示。这种方式仅适用于孔板。

D 和 $D/2$ 取压方式是在距节流元件上端面 D、下端面 $D/2$ 处的管道上钻孔取压。其他要求同法兰取压。如图 4.17(c) 所示。这种方式适用于孔板和喷嘴。

4.3.3 安装及应用

必须引起注意的是，差压式流量计不仅需要合理的选型、准确的设计和精密的加工制造，更要注意正确的安装与维护，符合要求的使用条件，才能保证流量计有较高的测量精度。差压式流量计如果设计、安装、使用等各环节均符合规定的技术要求，则其测量误差应在1%~2%范围以内。然而在实际工作中，往往由于安装质量、使用条件等不符合技术要求，造成附加误差，使得实际测量误差远远超出此范围。因此正确安装和应用是保证其测量精度的重要因素。

1. 差压式流量计的安装

（1）应保证节流元件前端面与管道轴线垂直，不垂直度不得超过±1°。

（2）应保证节流元件的开孔与管道同心。

（3）节流元件与法兰、夹紧环之间的密封垫片，在夹紧后不得突入管道内壁。

（4）节流元件的安装方向不得装反。节流元件前后常以"＋""－"标记。装反后虽然也有差压值，但其误差无法估算。

（5）节流装置前后应保证要求长度的直管段。直管段长度应根据现场情况，按国家标准规定确定最小直管段长度。

（6）引压管路应按最短距离敷设，一般总长度不超过50m，最好在16m以内，管径不得小于6mm，一般为10~18mm。

（7）取压位置对不同检测介质有不同的要求。测量液体时，取压点在节流装置中心水平线下方；测量气体时，取压点在节流装置上方；测量蒸汽时，取压点在节流装置的中心水平位置引出。

（8）引压管沿水平方向敷设时，应有大于1∶10的倾斜度，以便能排出气体（对液体介质）或凝液（对气体介质）。

（9）引压管应带有切断阀、排污阀、集气器、集液器、凝液器等必要的附件，以备与被测管路隔离进行维修和冲洗排污之用。测量液体、气体及蒸汽介质时，常用安装方案如图4.18至图4.20所示。如被测介质有腐蚀性时应在引压管上加隔离罐，如图4.21所示。

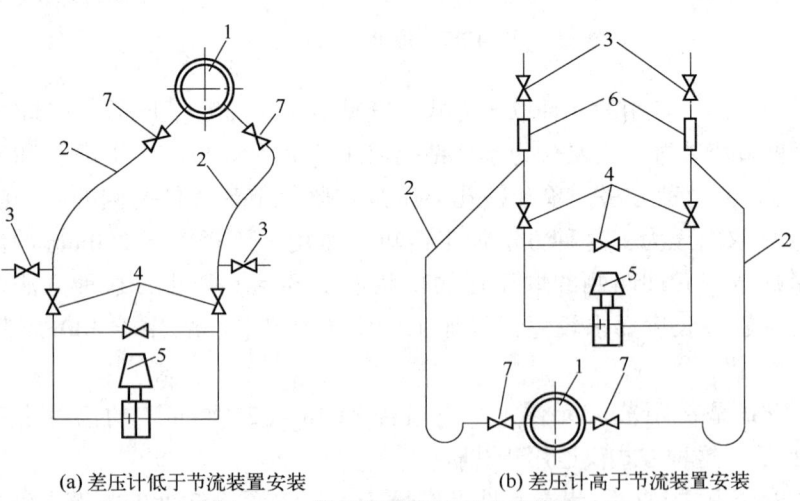

(a) 差压计低于节流装置安装　　　(b) 差压计高于节流装置安装

图4.18 测量液体流量时的连接图

1—节流装置；2—引压管路；3—放空阀；4—三阀组；5—差压变送器；6—集气器；7—引压阀

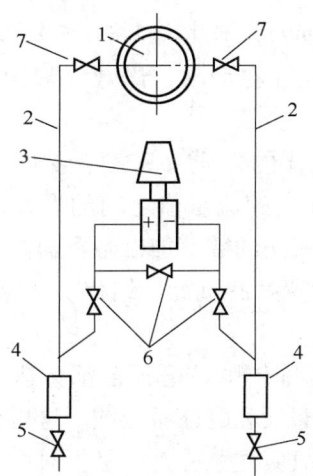
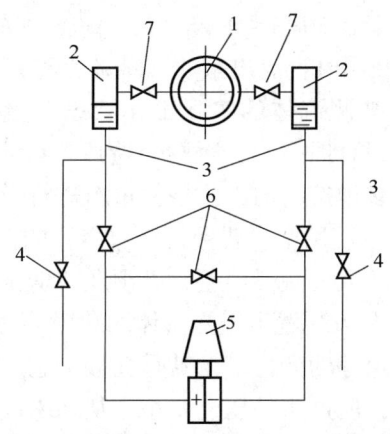

图 4.19 测量气体流量时的连接图
1—节流装置；2—引压管路；3—差压变送器；
4—集液器；5—排放阀；6—三阀组；7—切断阀

图 4.20 测量蒸汽流量时的连接图
1—节流装置；2—凝液器；3—引压管路；4—排放阀；
5—差压变送器；6—三阀组；7—切断阀

（10）如果引压管路中介质有凝固或冻结的可能，则应沿引压管路进行保温或增加伴热。

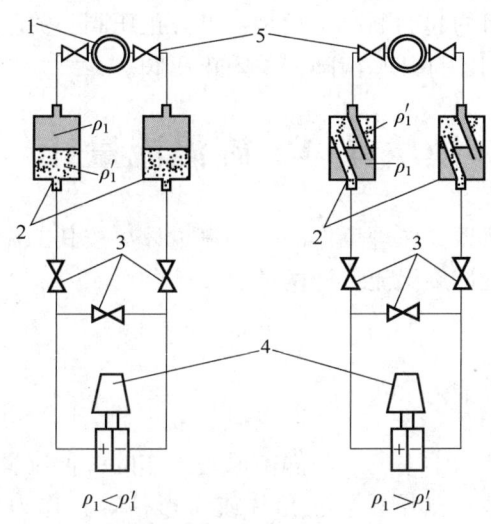

图 4.21 测量有腐蚀性液体时的连接图
1—节流装置；2—隔离罐；3—三阀组；4—差压变送器；5—切断阀

2. 差压式流量计的应用

差压式流量计具有结构简单、工作可靠、使用寿命长、适应性强、测量范围广的特点，适用于 50~1000mm 管径的流体测量。采用标准节流装置只要严格遵循加工安装要求，不需单独标定，即能达到规定精度。不足之处是压力损失较大，要求直管段长，测量精度不高，某些情况下（如测量高黏度或有腐蚀性介质等）使用维护工作量较大。

流量计应用不当，容易造成测量误差，使用时应注意以下问题：

（1）应考虑流量计的使用范围。例如按国标 GB/T 2624—2006 规定，角接取压或 D 和 $D/2$ 取压孔板适用条件为：$d \geq 12.5mm$，$50mm \leq D \leq 1000mm$，对于 $0.1 \leq \beta \leq 0.56$，$Re_D \geq 5000$，对于 $0.56 < \beta \leq 0.75$，$Re_D \geq 16000\beta^2$；节流件只有保证在最小雷诺数（界限雷诺数）Re_D 以上使用时，流出系数 C 值才是稳定的。

（2）被测流体的实际工作状态（温度、压力）和流体的性质（密度、黏度、雷诺数等）应与设计时一致，否则会造成实际流量值与设计计算出的流量值之间的误差。欲消除此误差，必须按新的工艺条件重新进行设计计算，或者将所测的数值加以必要的修正。

（3）在使用中，要保持节流装置的清洁。如在节流装置处有沉淀、结焦、堵塞等现象，也会引起较大的测量误差，必须及时清洗。

（4）节流装置由于受流体的化学腐蚀或被流体夹杂的固体颗粒磨损，都会造成节流元件形状和尺寸的变化。尤其是孔板，它的入口边缘会由于磨损和腐蚀而变钝。这样，在相同的流量下，所产生的压差变小，从而引起仪表示值偏低。故应注意检查，必要时应换用新的孔板。

（5）引压管路接至差压计之前，必须安装三阀组，以防差压计单向受压，方便差压计的回零检查及引压管路冲洗排污之用。其中接高压侧的叫正压阀；接低压侧的叫负压阀；中间的阀叫平衡阀。一般三个阀做成一体，便于安装。

对于带有凝液器（图 4.20）或隔离器（图 4.21）的测量管路，不可有正压阀、负压阀和平衡阀三阀同时打开的状态，即使时间很短也不允许，否则凝结水或隔离液将会流失，需重新充灌才可使用。三阀组的起动顺序一般是：打开正压阀；关闭平衡阀；打开负压阀。停运顺序一般是：关闭负压阀；打开平衡阀；关闭正压阀。

模块 4.4　旋涡流量计

旋涡流量计是基于流体振荡原理工作的一种流量计。按其工作原理分为流体自然振荡的涡街流量计和强迫振荡的旋进旋涡流量计两种。

4.4.1　涡街流量计

1. 测量原理

涡街流量计是基于流体力学中的卡门涡街原理工作的一种流量计。在流体中垂直于流向插入一根非流线型柱状物体（如圆柱、三角柱或 T 形柱等）作为旋涡发生体。当流体流速大于一定值时，流体绕过旋涡发生体时会在柱状物的下游两侧交替产生旋转方向相反的旋涡，形成涡列。如图 4.22 所示，像这样两列平行的不对称的交替旋涡列就被称为卡门涡街。

由于旋涡之间相互影响，旋涡列一般是不稳定的。实验证明，当两列旋涡之间的距离 h 与同列的两个旋涡之间的距离 L 满足 $\dfrac{h}{L}=0.281$ 的关系时，卡门涡街才是稳定的。此时所产生的单列旋涡的频率 f 和旋涡发生体处两侧流体的平均速度 v_1 及旋涡发生体的宽度 d 之间存在如下关系：

$$f = S_t \frac{v_1}{d} \tag{4.8}$$

式中 v_1——旋涡发生体两侧流体的平均流速，m/s；
　　d——旋涡发生体迎流面的最大宽度，m；
　　f——单列旋涡的频率，即单位时间内单列上产生旋涡的个数，Hz；
　　S_t——斯特罗哈尔数。

斯特罗哈尔数 S_t 是一个无量纲系数。当旋涡发生体几何形状确定时，只要管道内流体的雷诺数 Re 保持在 $2×10^4$ 至 $7×10^6$ 范围内，斯特罗哈尔数 S_t 便保持为一个常数，例如：三角柱 $S_t=0.16$，圆柱体 $S_t=0.20$。这样，就可以认为在一定条件下，卡门旋涡的产生频率 f 与旋涡发生体处流体的平均流速 v_1 成正比。所以，测得旋涡的频率 f 即可求得旋涡发生体处流体的流速 v_1，进而计算出流体的体积流量。

假设管道内旋涡发生体处的流通截面积为 A_1，管道截面积为 A，管道内流体平均流速为 v，则有

$$q_v = Av = A_1 v_1 = A_1 \frac{d}{S_t} \cdot f = \frac{f}{K} \quad (4.9)$$

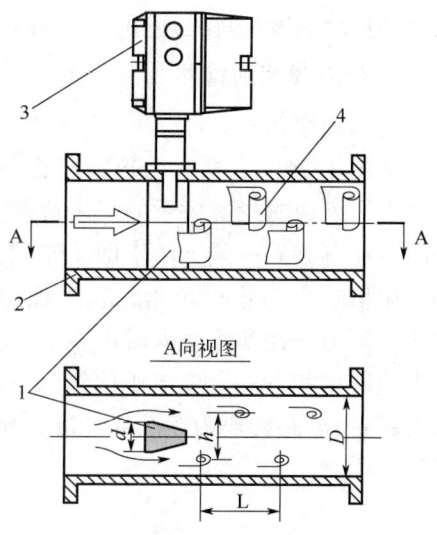

图 4.22 涡街流量计结构、原理示意图
1—旋涡发生体；2—测量管；
3—转换部分；4—卡门涡街

式中，K 为流量计的流量系数。其物理意义是单位体积的流体流过涡街流量计时，流量计发出的脉冲数。当管道尺寸和旋涡发生体几何形状一定、且流体雷诺数 Re 在规定范围内时，K 为常数。流量系数 K 通常由仪表厂家在出厂前经实验标定得出。

2. 结构

涡街流量计通常由检测器（也称传感器）和转换器组成，通常下部为检测器，上部为转换器，其外形如图 4.23 所示。图 4.23(a)、(b) 所示均为一体式涡街流量计，结构简单、安装容易、价格较低，使用维护方便。分体式流量计将检测器与转换器分开安装，用于远程观察流量计读数且不需要就地显示的场合，适用于介质温度较高（超过180℃）、环境恶劣的场合，如图 4.23(c) 所示。

(a) 一体夹装式　　(b) 一体法兰式　　(c) 分体夹装式
图 4.23 涡街流量计外形图

旋涡发生体位于检测器内，是涡街流量计的关键部件，一般采用不锈钢材料，仪表的流量特性（仪表系数、线性度、范围度等）和阻力特性（压力损失）都与它密切相关。单体

三角柱形旋涡发生体是应用最广泛的一种。

3. 旋涡频率的检测

旋涡频率信号 f 的检测方法有热敏式、差压式、超声波式、应变式等多种。

如图 4.24(a) 所示为热敏式旋涡检测方法，将两个半导体热敏电阻置于三角形旋涡发生体上，组成测量电桥的两个桥臂，并以恒流源提供微弱的电流对其进行加热。当发生旋涡时，在有旋涡一侧，由于回流作用，流体实际流速变低，热敏电阻散热弱而其自身温度升高，阻值减小；另一侧，流速增加，热敏电阻温度降低，阻值增大，电桥失去平衡，有电压输出。当另一侧产生旋涡时产生反向输出电压。随着旋涡的交替形成，电桥将输出一个与旋涡发生频率相等的交变电压信号，经差动放大、滤波、整形后得到涡街脉冲信号输出，或用数/模转换电路转换为标准 4~20mA 电流信号输出，送至积算器和指示器进行累计和指示流量用。

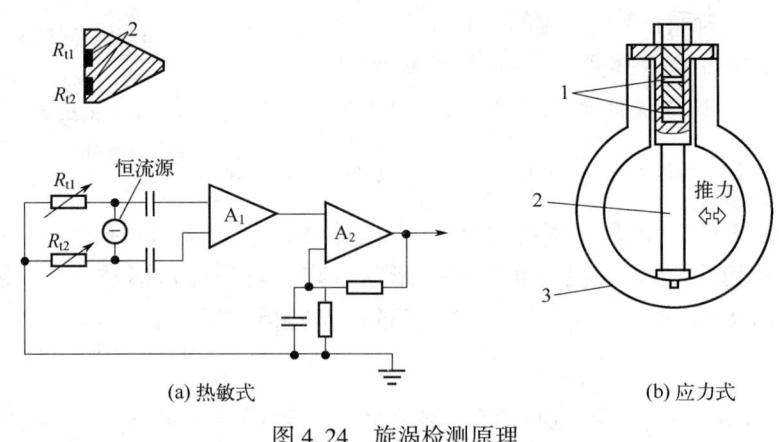

(a) 热敏式　　　(b) 应力式

图 4.24　旋涡检测原理
1—压电元件；2—旋涡发生体；3—测量管

如图 4.24(b) 所示应力式旋涡检测方法，则是利用产生旋涡时两侧流速不同，造成流体静压差，随着旋涡的发生，在旋涡发生体上产生左右交替变化的力。在旋涡发生体内埋置压电晶体，压电晶体将变化的力转换成交变的电荷信号，经电荷放大、滤波、整形后得到与旋涡频率相应的脉冲信号。

4.4.2　旋进旋涡流量计

1. 结构与原理

旋进旋涡流量计是利用流体强迫振荡原理而制成的一种旋涡进动型流量计。

旋进旋涡流量计由传感器和转换器组成，如图 4.25(a) 所示。传感器包括壳体、旋涡发生器、检测元件和除旋整流器等。其测量管内腔截面类似于文丘里管，如图 4.25(b) 所示，当流体进入测量管后，被入口处螺旋形叶片组成的旋涡发生器所强制旋转，形成一股围绕测量管轴线向前旋转前进的旋涡流。由于收缩段的节流作用，涡流流速逐渐加强高速运动。当漩涡流进入到扩散段时，由于测量管内腔突然扩大，流速急剧减小，一部分流体形成回流，在回流作用下，涡流中心不再沿着测量管内腔轴线运动，而是贴近扩散段的管壁围绕测量管轴线作螺旋状旋转前进,即所谓漩进。流速越快,漩进频率越高,漩进频率与流速成正比,因而测得旋涡流的漩进频率即可得知被测流量值。

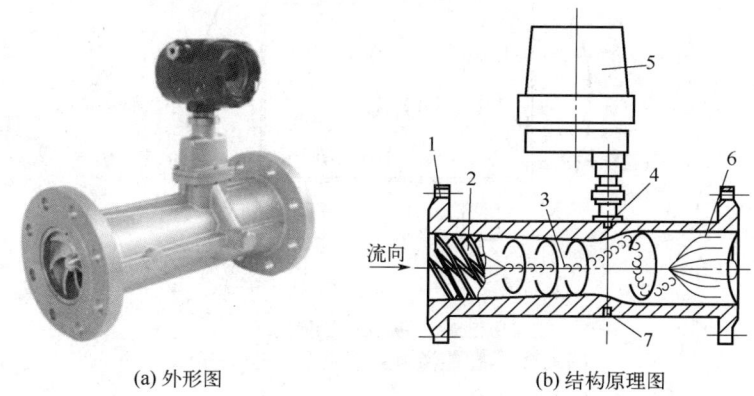

(a) 外形图　　　　　　　　　(b) 结构原理图

图 4.25　旋进旋涡流量计

1—带法兰壳体；2—旋涡发生器；3—涡流中心；4—检测元件；5—转换器；6—除旋整流器；7—取压孔

由于检测元件需要检测的是贴近扩散段壁面的旋涡进动频率,而不是旋涡分离频率,所以检测元件一般贴近壁面安装在扩散段的喉部,采取接触式检测。流量计出口处装有由直叶片制成的辐射状或网络状的除旋整流器,其作用是减弱流体的旋涡状况,使其比较平顺地流出去,从而避免和减少旋涡流对下游仪表性能的影响。

转换器将检测元件测得的涡流漩进频率信号经过电路放大、滤波、整形处理转换为与流速成正比的脉冲方波信号或 4~20mA 标准信号输出,传送到显示仪表即可实现顺时流量的指示和累积流量的计算。

实验证明,在一定的雷诺数范围内,有如下关系式成立:

$$q_V = \frac{f}{K} \tag{4.10}$$

式中　q_V——流体体积流量；

f——旋涡流的漩进频率。

K——流量计的仪表系数。

由于该旋进频率与只流量大小成正比,不受流体物理性质和密度的影响,因此在一定的雷诺数范围内,K 仅与旋涡发生器结构参数有关,与流体的物性和组分无关。

2. 应用及设置

旋进旋涡流量计强制旋涡,人为制造紊流流态,从原理上讲能用于气体和液体的测量,但因它的压损较大,是涡街的 3~5 倍,一般仅用于中小口径管道气体流量的测量。

近年来国内外都已开发出了带微处理器的集高精度温度、压力、流量传感器和智能流量积算仪于一体的智能型流量计。它已从简单的旋涡频率测量发展到了智能流量测量,可同时测量流体的压力、温度和旋涡频率,计算实际流量。经过微处理器作温度、压力补偿后,转换为标准状况下的流体体积流量值,并在显示屏上显示测量结果(瞬时流量、累积流量及温度、压力数据)。这对于气体流量测量有很重要的意义。图 4.26 所示为国产某型号智能旋进旋涡流量计表头显示的工作界面。

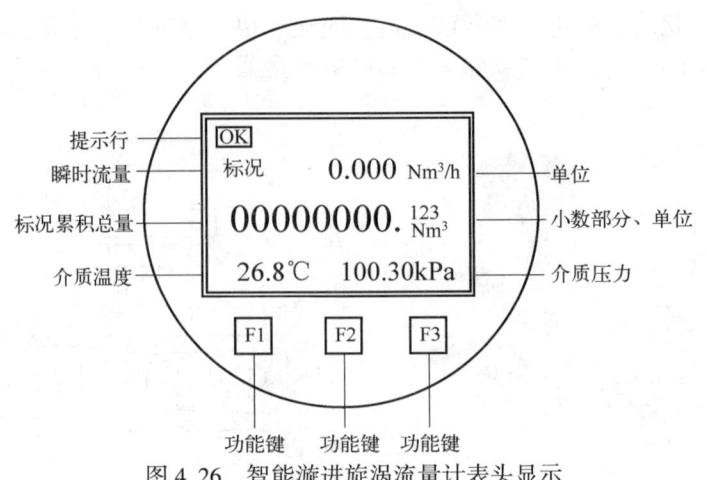

图 4.26　智能漩进旋涡流量计表头显示

以下为其参数显示、切换及设置方法，不同厂家不同型号仪表规定不同，此处仅供参考。

（1）标况累积总量（体积总量）保留三位小数，整数位满 8 位溢出后自动清零；

（2）瞬时流量可切换显示标况体积流量（Nm^3/h）或实际工况体积流量（m^3/h）；

（3）温度值显示范围为 −50～+300℃，超出此范围，提示行将提示参数超范围 $\boxed{OV}$，同时内部调用设定温度值进行补偿，并提示内设温度补偿 $\boxed{ST}$；

（4）压力值显示范围为 0～15000kPa，超出此范围，提示行将提示 $\boxed{OV}$，同时内部调用设定压力值进行补偿，并提示内设压力补偿 SP。

（5）仪表正常工作时，提示 $\boxed{OK}$，如果出现错误，将提示 $\boxed{ERR}$，并显示相应的错误提示符号。

通过按动显示屏下方的功能键 F3 键，可以令显示屏切换显示不同的参数，由工作界面分别切换观察工况瞬时流量、频率和超压缩因子等不同的参数。如图 4.27 所示。

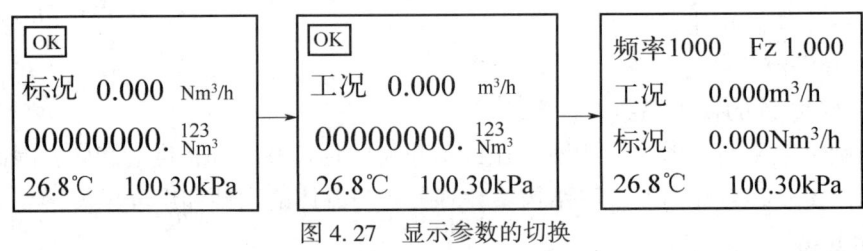

图 4.27　显示参数的切换

通过按动 F2 键等功能键，完成用户对下限截止频率、压缩因子修正、电流输出参数、温度信号的采集方式和设定温度、压力信号的采集方式、设定压力和大气压、脉冲当量、报警参数值、外接压力传感器的压力系数和压力零点、外接温度传感器的温度系数和温度零点等参数的设置和更改。具体方法详见流量计的使用说明书。

4.4.3　特点及安装应用

1. 旋涡流量计的特点

（1）直接输出与流量成正比的脉冲频率信号，适用于总量计量。

（2）管道内没有运动部件，结构简单牢固，安装维护方便，稳定性和可靠性高。

（3）在一定雷诺数范围内，输出频率信号不受流体物性（压力、温度、密度，黏度）和成分变化的影响。因为流量系数 K 与这些因素无关，仅与旋涡发生体及管道的形状尺寸有关，所以只需用一种典型介质校验后，即能适用于其他多种介质。例如用水标定的涡街流量计用于空气，流量系数仅相差 0.5%，误差不是很明显。

（4）抗电磁干扰能力差，在强干扰源附近不能正常工作。

（5）不适用于管内有较严重的旋转流以及管道产生振动的场所。会对旋涡的形成产生较大影响，使仪表产生附加误差，降低仪表精度。

（6）旋涡的稳定性受流速分布畸变及旋转流的影响，上游侧必须有足够长的直管段，为保证测量精度必要时还应在上游侧加装整流器。

2. 旋涡流量计的安装

旋涡流量计在安装使用过程中应注意以下问题：

（1）远离电磁干扰强的设备和场所。

（2）不能用于强振动场所。如现场不能避免有振动，则需采取加装管道支撑架、安装管道固定墩及其他一些减振措施。

（3）流体中的较大颗粒及杂质对旋涡发生体的冲刷会产生噪声，容易磨损旋涡发生体或沉淀、结垢、缠绕，使旋涡发生体的形状和尺寸变化，改变仪表流量系数，影响测量精度，所以不适合测量脏污流体。当流体不够清洁时，需在流量计前安装过滤器以滤除杂质。

（4）流量计应设置旁通管路，以便不断流检修、清洗传感器。

（5）安装时必须根据流量计前阻流件（如阀门、弯头等）的形式确定流量计的前后有足够的直管段长度，以确保产生旋涡的流动条件和旋涡分离的稳定性。如现场条件限制无法满足直管段的长度要求，则必须在流量计安装点的上游加装整流器。

（6）流量计允许安装在水平、垂直或倾斜的管道上，如图 4.28 所示，但涡街流量计测量液体时，为保证管道为满管流动，在垂直管道上安装时，流体流向必须是自下而上流动。

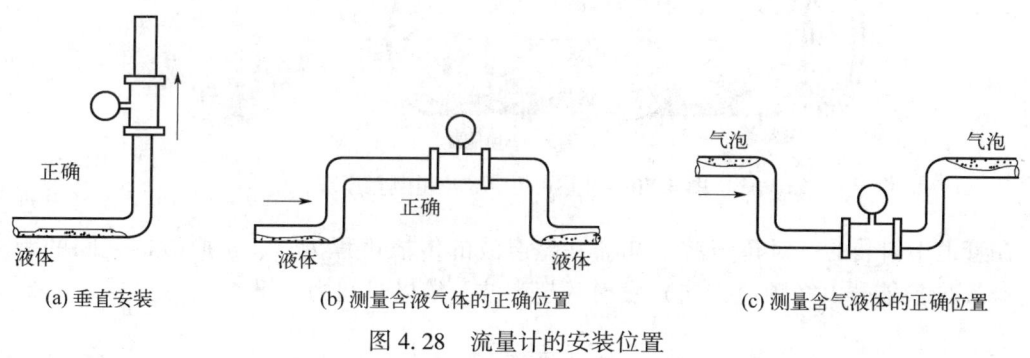

图 4.28 流量计的安装位置

（7）流量计接线时信号电缆应尽可能远离电力电缆线，信号传输线采用三芯屏蔽线，并应尽量单独穿在金属套管内铺设，电缆屏蔽层应遵循"一点接地"原则可靠接地，接地电阻应小于 10Ω。

以一体式旋涡流量计为例，其接线示意图如图 4.29 所示。

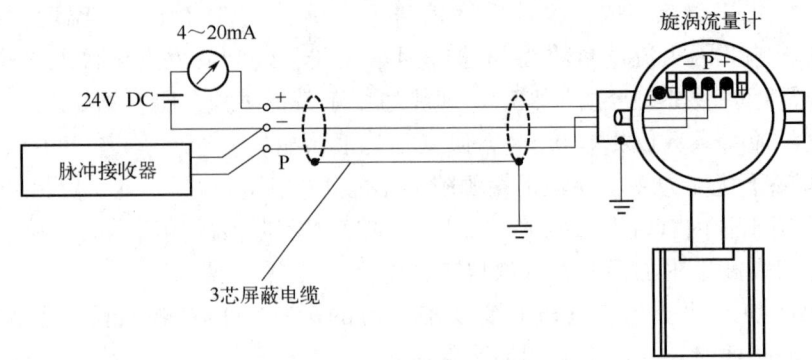

图 4.29 脉冲输出型的接线

模块 4.5 超声波流量计

频率在 16kHz 以上的声波叫超声波。超声波流量计是通过检测流体流动时对超声波的作用来测量流体流量的一种速度式流量仪表，近十几年来随着集成电路技术的进步而得到快速发展，对大口径天然气管道的流量测量中应用较多。

4.5.1 工作原理

超声波流量计测量流量的方法有多种，现在用得最多的是时差式和多普勒式。

1. 时差式

声波在流体中传播，顺流方向声波的传播速度会增大，逆流方向声波的传播速度则会减小，利用传播速度之差与被测流体流速之间的关系，即可确定被测流体的流量。其原理如图 4.30 所示。

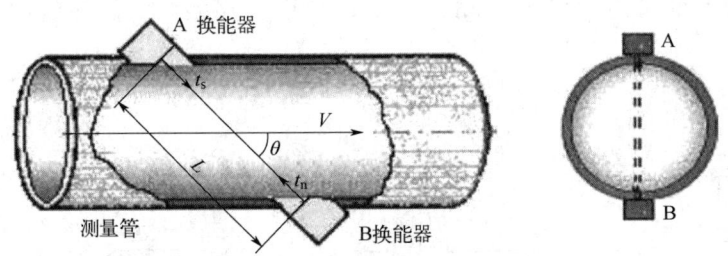

图 4.30 时差式超声波流量测量原理

在管道中斜装的一对超声波换能器，超声波的传播声程为 A、B 换能器之间的距离 L。换能器 A 向换能器 B（顺流方向）发射的超声波，传播时间为

$$t_s = \frac{L}{c+v\cos\theta} \tag{4.11}$$

反之，换能器 B 向换能器 A（逆流方向）发射的超声波的传播时间为

$$t_n = \frac{L}{c-v\cos\theta} \tag{4.12}$$

式中　c——超声波在静止介质中的传播速度，其值随介质不同而不同；
　　　v——流体的线平均流速；
　　　θ——超声波传播方向与流体流动方向之间的夹角；
　　　L——超声波的传播声程，也即声道长度。

根据 t_s 和 t_n 的表达式，可求得工况下流体的瞬时流量为

$$q_v = Av = \frac{\pi D^2}{4} \frac{L}{2\cos\theta} \frac{t_n - t_s}{t_s t_n} \tag{4.13}$$

式中　A——管道截面积；
　　　D——管道直径。

由于测流量实际需要的是管道流通截面的面平均流速，而上面公式中提供的是流体的线平均流速，二者在数值上实际是有差别的，所以需在流量方程中引入流速分布修正系数进行修正。

2. 多普勒式

当声源和观察者之间有相对运动时，观察者所感受到的声频率将不同于声源所发出的频率。频率的变化与两物体的相对速度成正比，这就是声学上的多普勒效应。

多普勒法的测量原理如图 4.31(a)，发射换能器向流体发出频率为 f_o 的连续超声波，受到悬浮在流体中随流体移动的固体粒子或气泡散射时，使接收换能器接收到的超声波频率为 f_r，产生多普勒频移 $f_d = f_r - f_o$，则对应的流体流量为：

$$q_v = Av \approx \frac{A \cdot c_0}{k f_o 2\sin\varphi_0} f_d \tag{4.14}$$

式中　φ_0——声波由声楔进入流体的入射角；
　　　v——流体的流速；
　　　c_0——声楔材料中的声速；
　　　f_d——多普勒频移；
　　　k——声速分布修正系数；
　　　A——管道内横截面积。

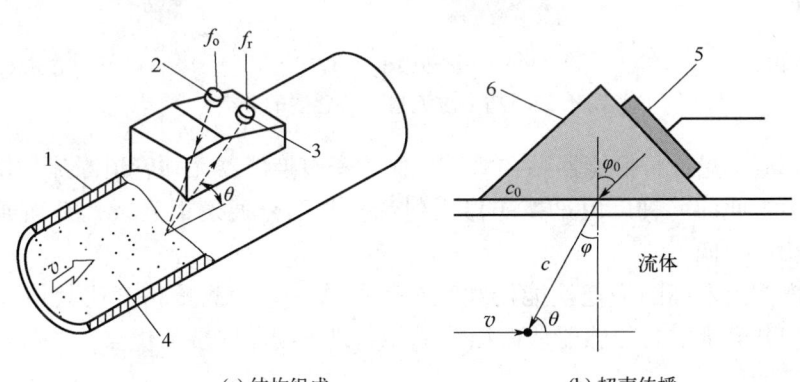

(a) 结构组成　　　(b) 超声传播

图 4.31　多普勒式测量原理图

1—测量管；2—发射器；3—接收器；4—反射气泡或颗粒；5—换能元件；6—声楔

多普勒式超声波流量计一般采用管外声楔结构，使超声波束先通过声楔及管壁后再进入流体，如图4.31(b)所示。采用声楔结构以后，流量公式中的 c_0 为固体材料声楔中的声速，在温度变化不大的情况下 c_0 可视为常数，可提高测量精度，减小由于流体中的声速 c 会随流体温度变化而变化造成的流量测量误差。

由于所测得的多普勒照射域内散射体的流速与管道内流通截面上流体的平均流速在数值上是有差别的，并且也未能反映出管道雷诺数变化对流速分布的影响，所以需在流量方程中引入流速分布修正系数 k 进行修正。

当管道条件、换能器安装位置、发射频率、声速都确定以后，流体的流速与多普勒频移成正比，通过测量频移就可得到流体的流速，进而求得流体的体积流量。

4.5.2 结构特点

1. 结构

超声波流量计主要由安装在测量管道上的传感器和转换器组成。传感器上将声能和电信号相互转换的元件叫换能器。发射换能器将电能转换为超声波能量，并将其以某一角度射入到被测流体中，接收换能器接收超声波信号将其转换为电信号，供转换器检测、转换、显示，实现流量的测量和显示。

超声波流量计按照传感器和转换器是否结合成一体分为分体式和一体式两种。分体式的传感器与转换器之间应使用专用信号传输电缆进行连接。

超声波流量计按照换能器安装方式的不同还可分为插入式、外夹式、管段式三种。其对应的三种传感器类型如图4.32所示。

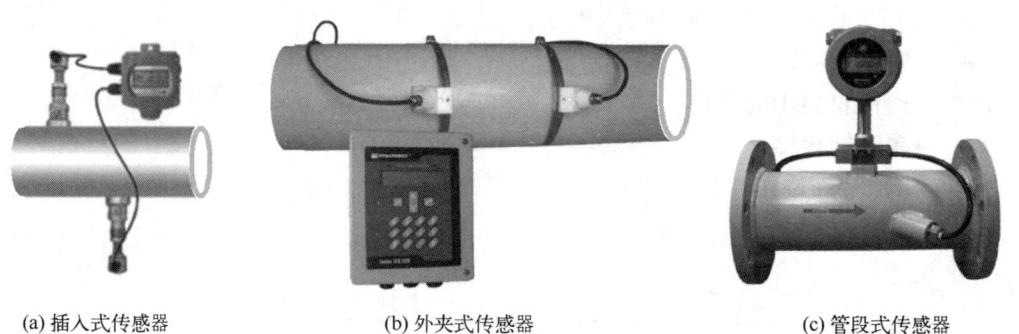

(a) 插入式传感器　　　　　(b) 外夹式传感器　　　　　(c) 管段式传感器

图4.32　超声波流量计传感器的分类

外夹式超声波流量计将换能器贴在管道外侧，安装换能器无须管道断流，即夹即用，是安装和维护最为方便的一种。但是换能器发射和接收信号通道最复杂，必须通过管道和衬里，测量精度相对较低。

管段式超声波流量计因为把换能器和测量管组成一体，测量精度比其他超声波流量计高，但因为要切开管道安装传感器从而牺牲了外夹式不断流安装的优点，并且随着管径的增大，成本也明显增加。

插入式超声波流量计介于上述二者之间，利用专门工具在管道上打孔，将换能器插入管道内至内壁边缘完成安装，安装可以不断流但相对麻烦。由于换能器在管道内，其信号的发射和接收只经过被测介质，而不经过管壁和衬里，故测量不受管质和内衬材料的限制。通常，中小口径选用管段式超声波传感器，大口径选用插入式超声波传感器较经济实用。

2. 特点

（1）测量管内无任何阻流元件，无额外压力损失，可有效降低能耗，可直接进行清管作业。所以特别适用于大口径、大流量测量，适合在天然气长距输送、气体分配和控制方面使用。

（2）外夹式传感器管外安装，非接触测量，不影响生产。换能器与被测流体不接触，可用于其他类型仪表所难以测量的强腐蚀性、高黏度、高压、易燃易爆介质的流量测量。仪表造价与管道尺寸无关，理论上管径可不受限制，特别适用于大管径大流量测量。

（3）应用范围较广。时差式超声波流量计应用于清洁、单相液体和气体，在天然气工业贸易输送、调配等领域已广泛使用。而多普勒式超声波流量计适用于测量含有一定数量固体颗粒或气泡的流体，如污水、工厂排放液、脏流程液等，通常不适用于非常清洁的液体，但脏污太重，也不可测量。

（4）受换能器及耦合剂耐温限制，目前国产超声波流量计只能用于温度200℃以下流体的流量测量。

4.5.3 大口径天然气超声波流量计的应用

时差式气体超声波流量计是继孔板流量计、涡轮流量计之后第三种适用于高压、大口径气体流量计量的仪表，并且因其具有本体无压损、测量范围宽、精度较高等特点，已成为国内大口径天然气长输管道贸易计量交接仪表的首选。在西气东输等天然气管道建设工程中得到了大量应用，其中DN100以上大口径流量测量选用了4声道以上的超声波流量计，几乎取代了压损较大的孔板流量计。图4.33是某型大口径天然气流量计外形。

图 4.33　多声道大口径天然气超声波流量计

对于接触式流量计，单声道就是一对换能器声波所通过的路径，双声道对应两对换能器，依此类推。因为管道中流场的分布并不是均匀的，采取多声道可以提高流场流速和流量的测量精度。目前我国在天然气流量贸易交接结算时多采取四声道及以上的多声道配置。精度可达0.25~0.5级。

超声波流量计虽然在高压、大流量的天然气长输管道计量中有其独特的优势，但在应用中也要注意以下几个问题：

（1）正确选型。气体超声波流量计的测量范围很宽，在其理想的气体流速范围 2.7～27m/s 内，流量测量均较准确。进行仪表选型时要注意天然气在管道中的流速，避免超限运行，以免计量不准。另外应根据需要出发，不可盲目选用超声波流量计。如流量测量不作为贸易依据，仅供内部产量参考，则可选用精度略低价格便宜的其他流量计；对于小口径管道来说，超声波流量计价格偏高，技术优势也并不突出，则可选用价格较低的涡轮流量计。

（2）管路的安装。首先应使流量计安装在始终能充满流体的测量管段，其次安装时流量计前后要有足够长的直管段。推荐上游直管段为 20D，下游直管段为 5D，并尽可能远离泵、阀门等设备。如上游阻流件对流态影响过大，可加装整流器。流量计与管道应同径，严格对中，避免密封垫片等凸出物对流体流速分布产生干扰。

（3）气体洁净程度的影响。若天然气不够洁净而含有较多的粉尘或油污，则这些杂质会堆积在流量计的内壁和底部的换能器上，导致测量误差甚至流量计不能正常工作，这种情况下应在流量计上游直管段外加装过滤器。

（4）噪声的影响。噪声主要来自管路中的各种管件（弯头、三通、整流器）和阀门等。如气流流经上游调节阀时，阀门节流时除了产生人能听到的声音，还能产生人耳无法听到的高频超声波。如果噪声的频率与超声波流量计的工作频率相近，就会干扰超声频率的接收，影响流量的准确测量。因此流量计应尽可能远离弯头等阻流件，并应尽可能将节流调节阀安装在流量计下游。

模块 4.6　电磁流量计

电磁流量计是在 20 世纪 50~60 年代随着电子技术的发展而迅速发展起来的一种流量测量仪表。电磁流量计是根据电磁感应定律工作的，主要用于测量导电液体（如工业污水，各种酸、碱、盐等腐蚀性介质，泥浆、纸浆等各种浆液）的流量，广泛应用于给排水、污水处理、石油化工、煤炭、炼钢、造纸、食品、印染等领域。

4.6.1　测量原理及结构

根据电磁感应定律，当一导体在磁场中作切割磁力线运动时，就会在导体两端产生一感生电势 E，其方向由右手定则确定。与此相仿，在磁感应强度为 B 的均匀磁场中，垂直于磁场方向放一个内径为 D 的不导磁绝缘管道，并在垂直于磁场的管道两边安装一对电极（见图 4.34）。当导电液体在管道中以流速 v 流动时，导电流体切割磁力线，同样能产生感应电动势 E，并在经过两电极时传出。因为 B、D、v 三者互相垂直，所以感应电动势为

$$E = BDv \tag{4.15}$$

式中　E——两电极间产生的感应电动势，V；
　　　B——磁感应强度，T；
　　　D——测量管内直径，mm；
　　　v——测量管截面上导电液体的平均流速，m/s。

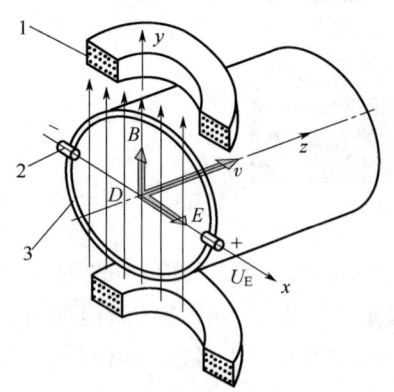

图 4.34　电磁流量计原理示意图
1—励磁线圈；2—检测电极；
3—测量管（非金属不导磁）

导电液体的瞬时体积流量可表示为

$$q_V = \frac{\pi}{4}D^2 v = \frac{\pi D}{4B}E = K_E E \tag{4.16}$$

式中，K_E 为仪表常数，$K_E = \frac{\pi D}{4B}$。

由上式可见，体积流量 q_V 与感应电动势 E、管道内径 D、磁场的磁感应强度 B 有关。当磁场强度 B 与两电极间距离 D 一定时，体积流量 q_V 与感应电动势 E 的大小成正比关系，而与流体的物性参数和工作状态无关。

感应电动势经信号电缆传送到转换器进行放大和处理，并转换成与被测流体体积流量成正比的标准 4~20mA 电流信号或 0~2kHz 频率信号输出，以便与显示仪表或其他仪表相配合，完成流量的显示、累积、记录和控制。

4.6.2 结构类型

1. 电磁流量计的类型

电磁流量计按结构形式可分为一体式和分体式两种，均由电磁流量传感器和转换器两部分组成。传感器安装在工艺管道上感受流量信号。转换器一方面向传感器励磁线圈提供稳定的励磁电流以建立励磁磁场；同时将传感器送来的感应电势信号转换成标准电信号，输出给显示记录仪表。

分体式电磁流量计的传感器和转换器分开安装，见图 4.35，转换器可远离恶劣的现场环境，并且仪表调试和参数设置都比较方便。分体式电磁流量计需要专用屏蔽电缆连接转换器和传感器。一体式电磁流量计可就地显示，信号远传，接线简单，价格便宜。现场环境条件较好时，多选用一体式电磁流量计，见图 4.36。

图 4.35　分体式电磁流量计

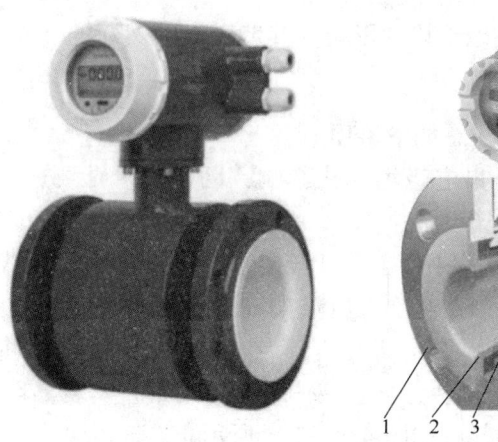

(a) 外形图　　　　　　　(b) 结构图

图 4.36　一体式电磁流量计外形与结构

1—安装法兰；2—内衬管；3—测量管；4—励磁线圈；5—磁轭；6—电极；7—表头

2. 电磁流量传感器的结构

电磁流量传感器主要由测量管组件、磁路系统（由励磁线圈和铁心组成）、电极等部分组成，其典型结构示意图如图 4.36(b) 所示。测量管一般有两层，外层为不导磁的金属管，既提高了承压能力，又可避免磁场被测量管屏蔽；内层为绝缘内衬管，为防止感应电势被短路，一般用塑料或陶瓷材料制成。测量管上下装有励磁线圈，通以励磁电流后产生磁场穿过测量管。电极安装在与磁场垂直的测量管两侧管壁上，电极与金属外管绝缘，但露出内衬管，与液体相接触，引出感应电势信号。由于电极直接与被测液体接触，要求耐磨、耐腐蚀、导电性好。

4.6.3 特点与应用

1. 电磁流量计的特点

（1）电磁流量计可用于各种导电液体流量的测量，尤其适用于脏污流体以及含有纤维、固体颗粒和悬浮物的液固两相流体。对具有强腐蚀、易结垢的油田污水流量测量比较适合。合理选用衬里材料及电极材料，还可测量各种腐蚀性导电液体的流量。测量管衬里有多种绝缘耐腐蚀材料可选，如氯丁橡胶、工程塑料、聚四氟乙烯塑料、柔性陶瓷等。

（2）电磁流量计不能用来测量非导电性流体的流量，如气体、蒸汽、石油制品和有机溶剂以及含有铁磁性物质或较多较大气泡的液体的流量。

（3）测量管是一段光滑的直管，管内无活动阻流部件，几乎没有附加压力损失。运行能耗低，节能效果显著，对于要求低阻力损失的大口径供水管道最为适合。

（4）测量结果与流体平均流速成正比关系，不受液体的温度、压力、密度、黏度等物理性质和工况条件变化的影响，因此流量测量的精度比较高，通常精度可达 0.5 级至 1 级；而且电磁流量计只需经水标定后，就可以用来进行其他导电液体测量的流量。

（5）电磁流量计的量程比宽，通常为 50：1，甚至 100：1。适用的工业管径范围极宽，最大可达 3m，流速 0.3~10m/s 的导电液体都可测量。

（6）普通工业用电磁流量计由于受内衬材料和电气绝缘材料的限制，不能用于测量高温液体，一般不超过 120℃；如未经特殊处理，也不能用于低温（如低于-40℃）介质的测量，以防测量管外结露（结霜）破坏绝缘。

（7）电磁流量计容易受外界电磁干扰的影响。安装时必须做好抗干扰及接地。

2. 电磁流量计的安装与使用

电磁流量计在安装和使用中应注意如下事项：

（1）感应电势很小，容易受外界电磁场干扰影响，因此流量计要远离大功率电机、变压器、电焊机、变频器之类的强磁场设备。

（2）流量计可以水平、垂直或倾斜安装，但测量管两电极的中心连线必须处于水平状态。否则下方电极易被沉积物覆盖结垢、上方电极被气泡隔离绝缘，使测量不准。

（3）必须保证传感器测量管内始终充满液体，为满管状态，必要时将流量计略低于管路标高，如图 4.37(a) 所示。对于含砂、含气液体最好采用垂直安装，且流向应自下而上，保证工作时充满液体，管内不易存气，如图 4.36(b) 所示。

（4）电磁流量传感器前后直管段的长度通常为前 5D 后 3D，如果上游有弯头、三通、阀门等阻力件时，则应增加直管段长度。

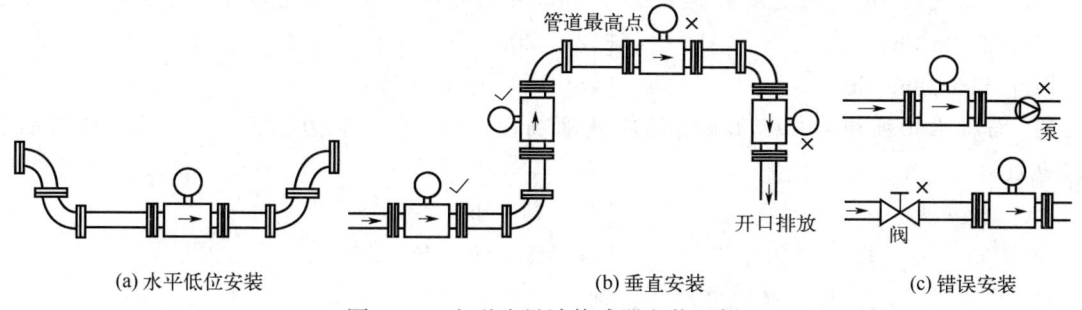

(a) 水平低位安装　　　　　　(b) 垂直安装　　　　　　(c) 错误安装

图 4.37　电磁流量计传感器安装图例

（5）尽量避免让电磁流量计在负压下使用，因为测量管真空负压状态时衬里材料容易剥落，尤其是聚四氟乙烯衬里更为严重。故此传感器不应装在泵的吸入端，闸阀应装在传感器的下游侧，见图 4.37(c)。

（6）流量计的测量管、外壳、引线的屏蔽线以及传感器两端的管道都必须可靠接地，接地电阻应小于 10Ω，并要单独设置接地点，决不能与其他电器设备的接地线共用，这是电磁流量计的特殊安装要求。

习题

一、选择题

1. 流量是指（　　）内流过管道某一截面积的流体数量。
   [A] 单位体积　　　　　　[B] 单位时间　　　　　　[C] 单位面积
2. 安装时对直管段长度要求较高的流量计是（　　）。
   [A] 科里奥利力流量计　　[B] 电磁流量计　　　　　[C] 容积式流量计
3. 腰轮流量计适合测量（　　）。
   [A] 高黏度流体流量　　　[B] 低黏度流体流量　　　[C] 含有杂质流体流量
4. 由于孔板使用日久，入口边缘受到磨损变形，流量计指示将（　　）。
   [A] 正常　　　　　　　　[B] 偏高　　　　　　　　[C] 偏低
5. 差压流量计正压管线泄露，则仪表指示值将（　　）。
   [A] 偏大　　　　　　　　[B] 偏小　　　　　　　　[C] 不变
6. 用孔板测量流量，孔板应装在调节阀的（　　）。
   [A] 前面　　　　　　　　[B] 后面　　　　　　　　[C] 任意位置
7. 相同差压下，压力损失最大的节流装置是（　　）。
   [A] 喷嘴　　　　　　　　[B] 孔板　　　　　　　　[C] 文丘里管
8. 当天然气通过不同管道时，流速越大则（　　）。
   [A] 管径越大　　[B] 管径越小　　[C] 管道材质越好　　[D] 管道材质越差
9. 安装流量计时，下列做法正确的是（　　）。
   [A] 在流量计信号输出口处直接接入交流 220 伏或交流 380 伏的电源
   [B] 在流量计出入口法兰处直接进行电焊施工
   [C] 新安装或检修后的管道进行吹扫，去除管道中的杂物后再安装流量计

10. 天然气以4m/s的速度流过直径为100mm的管线，该天然气的流量为（ ）。
   [A] 314m³/h   [B] 320m³/h
   [C] 116.38m³/h [D] 113.04m³/h

11. 与标准孔板相比，标准喷嘴的测量准确度（ ）、压力损失（ ）、所需的直管段也较（ ）。
   [A] 低、大、长   [B] 高、小、短
   [C] 高、大、长   [D] 低、小、短

12. 标准节流元件的直径比β越小，则（ ）。
   [A] 流量测量越准确   [B] 流体的压力损失越小
   [C] 要求水平直管段越长 [D] 流体的压力损失越大

二、判断题

1. 流经节流元件的流量与节流元件两端的差压成正比。（ ）
2. 涡街流量计和科里奥利力质量流量计，在使用中都应注意避免机械振动。（ ）
3. 电磁流量计不能测量气体介质的流量。（ ）
4. 涡街流量计是一种速度式流量计。（ ）
5. 孔板测流量时，若将孔板装反，变送器指示将偏大。（ ）
6. 流体介质的黏度增大，腰轮流量计的泄漏量将减小。（ ）
7. 对于含有固体颗粒杂质的流体，也可以用凸轮刮板流量计测量其流量。（ ）
8. 容积式流量计可以做得很小巧玲珑，压力损失小。（ ）
9. 管道安装完毕进行密封试压时，应注意流量计的压力传感器所能承受的最高压力，以免损坏流量计压力传感器部件。（ ）
10. 累积流量是指一段时间内流过管道横截面积流体的总和，等于该时间段内瞬时流量对时间的积分。（ ）
11. 流量计安装好后发现法兰面焊接不好，可对法兰处直接进行焊接处理。（ ）
12. 多普勒式超声波流量计适合测量较洁净流体的流量。（ ）
13. 电磁流量计可以水平、垂直或者倾斜安装，也可以安装在泵的前面。（ ）
14. 插入式超声波换能器与被测介质直接接触，存在腐蚀、黏结和沉淀等问题，夹装式换能器装在管道外面，不与被测介质接触，不会产生上述问题。（ ）
15. 当流体通过电磁流量计时，不会引起一些附加的压力损失，因此它是流量计中运行能耗最低的流量计之一。（ ）
16. 电磁流量计没有机械惯性，反应灵敏，可以测量脉动流量，也可以测量正反两个方向的流量。（ ）
17. 文丘里管的压力损失相对较低，有比较高的测量准确度，对流体中的悬浮物不敏感，可用于脏污流体的流量测量，在工业现场应用较多。（ ）
18. 标准孔板测量大管径高温高压介质时容易变形，除此之外，可用于测量任何流体的流量。（ ）
19. 标准节流装置的取压装置就是指取压的位置。（ ）
20. 节流装置的压力损失随差压的增加而减小。（ ）
21. 节流装置成熟程度较高，均已标准化，所以又被称作标准节流装置。（ ）

22. 标准节流装置只要按照标准文件进行设计和制造，就无须实流校准和单独标定，即可确定差压和流量的关系。（　　）

23. 节流件是节流装置中造成流体收缩，并且在其上下游两侧产生差压的元件。（　　）

24. 流体流经节流件时，由于涡流、撞击及摩擦等原因而造成压力的损失是不可恢复的。（　　）

25. 电磁流量计只需经水标定后，就可以用来测量其他导电性液体的流量测量。（　　）

三、填空题

1. 最常用的节流装置有（　　）、（　　）和（　　）。
2. 安装孔板时，有喇叭口的一面应朝（　　）游侧安装。
3. 差压式流量计通常由（　　）、（　　）、（　　）和（　　）等组成。
4. 电磁流量计应用（　　）原理测量流体流量，适合测量具有（　　）性液体的流量。
5. 根据"卡门涡街"现象测量流体流量的仪表称为（　　）流量计。
6. 腰轮流量计的腰轮每转一周，就输出（　　）倍计量室体积的流体。
7. 涡街流量计是利用自然震荡的卡门涡街原理工作的，涡列稳定的条件是（　　）。

四、简答题

1. 原来测水的差压流量计，现用来测量密度不同的油的流量，读数是否正确？为什么？
2. 腰轮流量计和双螺杆流量计有什么不同？
3. 容积式流量计的泄漏量与哪些因素有关？安装时有哪些要求？
4. 旋进旋涡流量计和涡街流量计相比，有什么不同？
5. 时差式、多普勒式超声波流量计测量原理有何异同？适宜测量的介质相同吗？
6. 电磁流量计的工作原理是什么？它对被测介质有什么要求？

五、计算题

1. 用一台 DDZ-Ⅲ型差压变送器与节流装置配合测量流量，差压变送器的测量范围为 $0\sim16\text{kPa}$，对应流量为 $0\sim400\text{m}^3/\text{h}$，问差压是 9kPa 时，输出电流是多少 mA？对应的流量是多少？

2. 三角柱形旋涡发生体的宽度 $d=0.28D$，工艺管道的直径 $D=51.1\text{mm}$，当旋涡发生体处流体平均流速为 6.8m/s 时，产生的旋涡频率为多少？

3. 欲测量绝对压力为 350kPa，温度为 303.16K 的氢气流量，最大流量为 $2\text{m}^3/\text{h}$，问，应选用多大量程的气体转子流量计？已知空气、氢气在标准状态下的密度分别为 1.205kg/m^3 和 0.084kg/m^3。

项目五　炼油厂油气成分及物性分析

石油化工及炼油生产过程中，存在着较大的污染风险。因此在生产过程需要十分重视产品及排放物的成分物性检测，防止环境污染，保障生产安全。切实落实党的二十大提出的加强污染治理、生态保护，协同推进降碳、减污、扩绿、增长，推进生态优先、节约集约、绿色低碳发展。

本项目通过对石油生产、加工过程中油气成分及物性检测的需求研究出发，介绍了两类分析仪表。一是成分分析仪表，用以测量混合物质的组成及含量，包括氧化锆氧分析仪、色谱分析仪、可燃气体报警仪、含水分析仪等；二是物性检测仪表，用以测量物质属性。这里仅介绍了一种振动式密度计。通过对几种分析仪表的测量原理、组成、特点及应用知识的学习，希望学生掌握分析仪表在炼油厂、联合站、天然气处理厂等生产单位的具体应用，为更好地完成油气产品质量监督和安全生产提供可靠的保障。

【学习重点】
1. 掌握分析仪表的一般概念及成分测量仪表的分类。
2. 掌握振动式密度计、原油含水分析仪、氧化锆氧分析仪、气相色谱分析仪、可燃气体报警仪的结构原理。
3. 学会根据工艺要求和成分分析仪表的特点，选择仪表。
4. 根据成分分析仪表说明书会正常安装、启停分析仪表。
5. 懂得各分析仪表结构，学会常见故障的判断及一般处理。

【核心知识点】
1. 成分分析、物性检测，分析仪表作用、特点、性能描述。
2. 振动管自由振动频率与液体密度关系，振动管自激振动，双管、单管、振筒、音叉式密度计结构特点。
3. 电容法含水检测原理及影响因素、电容式含水分析仪类型及特点。
4. 微波含水分析仪检测原理、结构及安装知识。
5. 辐射式含水分析仪检测原理、结构组成及特点。
6. 氧浓差电池原理，氧化锆氧分析仪组成及类型。
7. 色谱分离、色谱分析原理，气相色谱仪组成，热导检测器、氢焰离子检测器。
8. 催化燃烧式气敏原件、可燃气体报警仪的组成、类型、安装及校准。

模块 5.1　分析仪表的性能、特点及组成

在石油生产、加工过程中，经常需要对原油、天然气、伴生污水及成品油的成分进行分析。例如在采油、油气集输、炼油生产过程中，原油含水率、密度，天然气和成品油的组分、污水含油量，易燃、有毒气体的浓度检测报警等都是必不可少的。由于分析仪表种类很

多，这里仅就上述常用参数的测量要求，介绍一些比较典型的分析仪表。

5.1.1 油气成分及物性分析需求

成分分析是指在由多种物质构成的混合物中，测量某一种物质所占比率的过程。物性分析是指测量某种物质（不管是单一成分的还是混合物）的物质特性，如密度、黏度、酸度、电导率等。能够完成物质成分分析和物性分析的仪表有两类，即实验室分析仪表和工业过程分析仪表。这里介绍的是典型的工业过程分析仪表，属于现场安装、自动取样或连续在线分析的仪表。

分析仪表主要用于以下几个方面：

（1）产品质量监督。例如油田对外输原油含水量有一定要求，通过测量原油含水量，判断外输原油是否合格。再如炼油厂生产航空煤油的密度不能低于 $750kg/m^3$，通过测量密度可实现监督产品质量的目的。

（2）工艺监督。在生产过程中，利用分析仪表能迅速、准确地分析生产工艺过程中有关物质的成分及含量，指导操作人员及时地调节物料，达到提高产品质量和产量的目的。例如，分析进合成塔气体的组成，根据分析结果可及时调节气体中氢和氮的含量，使两者之间保持最佳的比例，获得最佳的氨合成率，使产氨量增加。

（3）安全生产。在生产过程中，及时分析有害气体含量能保证安全生产，防止发生事故。例如，合成氨原料气体中氧含量超过一定限度，会导致爆炸事故。因此，及时准确地分析合成氨原料气中氧含量有着极其重要的意义。分析环境中如炼油厂、天然气集气站甲烷、硫化氢等易燃、易爆及有毒气体的含量，对于保护人身安全、防止爆炸事故、减少大气污染都是十分必要的。

（4）节约能源。在生产过程中，及时分析过程参数对节能降耗起着一定作用。例如，适时分析锅炉燃烧过程中烟道气中的氧的含量，调节空气量，可保证充分燃烧，提高热效率。

5.1.2 分析仪表的性能及特点

1. 分析仪表的特点

（1）分析仪表的研究比较困难，实现难度大，投资高。
（2）分析仪表结构复杂，机械加工要求高，电子线路复杂。
（3）仪表专用性强，品种多，用量少，价格高。
（4）分析仪表使用条件苛刻，使用环境恶劣，处理流程要求高。

2. 分析仪表的性能

分析仪表由于其自身特点，仪表性能及描述方法具有一定的特殊性。

（1）精度：反映仪表分析结果和人工化验分析结果之间的偏差值。目前自动分析仪表的精度等级不是太高，一般为 0.5、1.0、1.5、2.0、2.5、4.0 级。有的因测量范围太过宽泛，只能用最大绝对误差表示这种偏差。

（2）再现性：指同类产品仪表，分析相同样品，仪表指示或输出信号的误差。

（3）分辨率：指仪表识别样品最小变化量的能力。

(4) 重复性：指在规定的时间内，连续分析同一样品，仪表指示或输出信号的误差。

5.1.3 分析仪表的一般组成

分析仪表一般由对工艺介质的自动取样装置、试样预处理系统、自动分析系统、信号处理系统、显示记录部分、电源及控制系统等组成，如图 5.1 所示。有的仪表可能只需要其中的一个或几个部分。

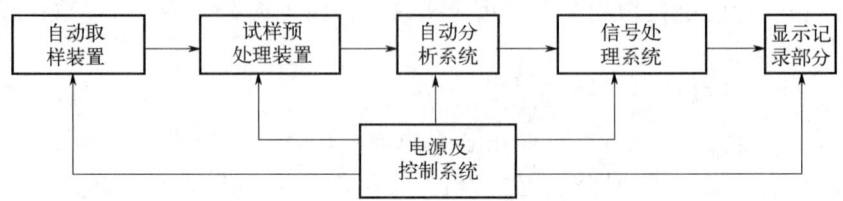

图 5.1 自动成分分析仪表的基本组成

（1）自动取样装置：任务是将生产过程中待分析样品引入仪表。对取样装置的要求是定时、定量地从被测对象中取出有代表性的待分析样品，送到预处理系统。

（2）试样预处理系统：任务是将取出的待分析样品加以处理，以满足传感器对待分析样品的要求，包括稳压、稳流、恒温、除尘、干燥，清除干扰组分和对仪表有害的物质等。由于对试样预处理的效果对仪表的分析准确性影响很大，因此要依据工艺流程、试样性质、分析仪表的具体要求，合理地设置预处理系统，以保证输送给传感器的样品符合技术要求。

（3）自动分析系统：任务是将被分析物质的成分或物性转换成电信号。其检测传感器是分析仪表的核心部分。一台分析仪表的技术性能在很大程度上取决于传感器。

（4）信号处理系统：任务是对传感器输出的微弱电信号进行放大、转换、数学运算、线性补偿等信息处理工作，给出便于显示仪表显示的电信号。

（5）显示仪表：接收来自信号处理系统的电信号，以指针、记录笔、数字或屏幕图文显示方式指示出被测成分量。

（6）电源及控制系统：任务是提供仪表正常工作所需电源，控制各个部分自动而协调地工作（如取样、流路切换、调零、校准、稳压、恒温等）。

气相色谱分析仪比较典型，具有上述完整的几个组成部分。而大部分分析仪表并不一定都具有以上各部分。如有的分析仪表传感器直接放在试样中，就不需要取样和预处理系统。

模块 5.2 振动式密度计

在油田与油库、炼厂的原油交接过程中，密度是原油外输、贸易计量净油质量结算的重要依据。原油等液体介质的密度测量仪表有多种，主要有在线密度计和非在线密度计两大类。非在线密度计一般用于实验室计量，需要取样、测温或恒温、测量这些环节，不能连续测量，如石油密度计（玻璃浮计）、U 型法密度计、浮力法电子密度计等。在线密度计一般用于工业现场连续测量，如振动式密度计、差压式密度计等。

振动式密度计，是利用振动系统的固有振动频率与其内被测介质的密度关系进行密度测量的。它具有结构简单、精度较高、可在线连续测量、数字信号输出等特点，用于原油及成品油的密度测量非常适合。

5.2.1 基本测量原理

两端固定的棒状弹性物体的横向自由振动频率与其质量有关。而充满流体的振动着的管子，其横向自由振动频率会随着液体的密度变化而变化。因此，测定振动管的频率，就可以测定被测液体的密度。充满流体的振动管如图 5.2 所示。

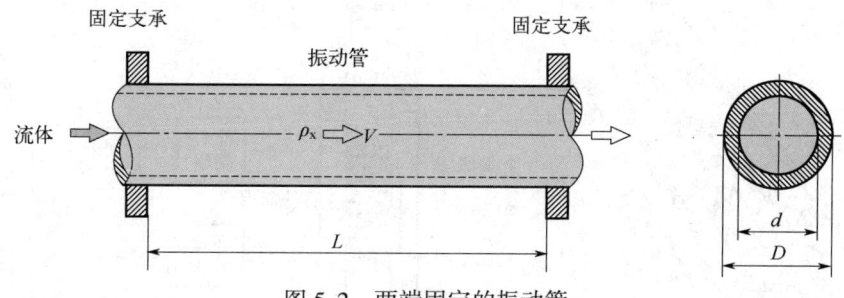

图 5.2 两端固定的振动管

假如振动管材料的密度为 ρ_g，被测液体的密度为 ρ_x，振动管质量为

$$M = \frac{\pi}{4} L \cdot [(D^2 - d^2)\rho_g + d^2 \rho_x] \tag{5.1}$$

当管子振动时，管内的液体一起振动，因此可以将充液管的横向自由振动看作是具有总质量为 M 的棒状弹性体的自由振动。当被测液体流经振动管时，流体密度的变化将改变振动管的总体质量，使振动管的固有振动频率改变。若流体密度增大，则振动频率将减小；反之亦然。因此，测定振动管振动频率的变化，可以间接地测定被测流体的密度。

当振动管两端固定时，振动管横向自由振动频率与被测介质密度的关系为

$$\rho_x = \rho_0 \cdot \left(\frac{f_0^2}{f_x^2} - 1\right) = \rho_0 \cdot \left(\frac{T_x^2}{T_0^2} - 1\right)$$

其中

$$\rho_0 = \left(\frac{D^2}{d^2} - 1\right) \cdot \rho_g \tag{5.2}$$

式中 ρ_x——被测液体密度；

ρ_0——常数；

ρ_g——振动管材料密度；

f_x、T_x——振动管内介质密度为 ρ_x 时的振动频率与周期；

f_0、T_0——振动管真空状态下 $\rho_x = 0$ 时的振动频率与周期；

D——振动管外径；

d——振动管内径。

由式(5.2)可知，被测流体密度 ρ_x 与振动频率 f_x 之间具有单值函数关系，不过是非线性的。ρ_x 与振动周期 T_x 的平方成正比。

5.2.2 振动管式密度计

振动管式密度计结构比较简单，主要由振动管和信号放大器组成，有双振动管与单振动

管两种结构,下面分别进行介绍。

1. 双振动管密度计

双振动管密度计由振动管密度变送器和数字密度显示仪组成。双振动管液体密度变送器的结构如图5.3所示。

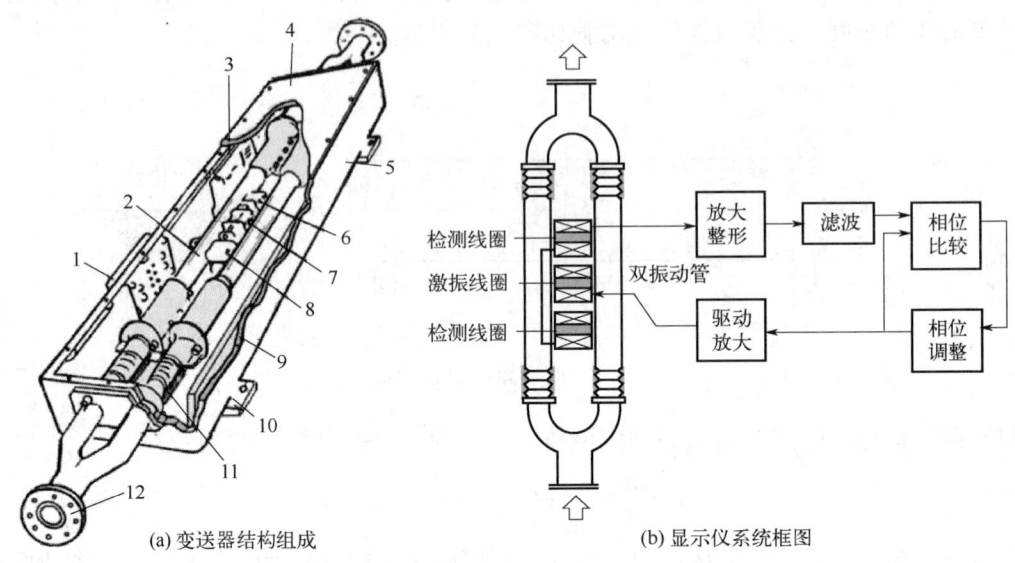

(a) 变送器结构组成　　　　　　　　(b) 显示仪系统框图

图5.3　双振动管液体密度计结构示意图

1—接线盒；2—振动管；3—放大器；4—盖板；5—外壳；6、8—检测线圈；7—激振线圈；
9—吸声板；10—固定支架；11—不锈钢软管（包覆橡胶套）；12—连接法兰

1）双振动管密度变送器

由振动管、检测线圈、激振线圈、维持放大器、减振器等组成。

振动管是变送器的核心,采用弹性好、磁导率高、温度系数小的恒弹性合金钢3J48制成。振动管两端用固定座固定在底台上,振动管两边分别与不锈钢波纹软管（减振器）连接,以减小外界振动的干扰。振动管外径约为24mm,壁厚为1mm,长约510mm,两管自然谐振频率完全相同而且振动方向相反,这样可抵消管端的反作用力。

振动管的振动由紧靠振动管的检测线圈感应出来。检测线圈中通有一恒定直流电流,电流在线圈内的铁芯上产生磁场。当振动管振动,改变了两管与铁芯间的间隙时,引起铁芯中磁通变化,在检测线圈中感应出同频率的交流电信号,送给维持放大器,如图5.3(b)。

维持放大器是一个高稳定性、高放大倍数的放大器。当外界的扰动使振动管起初以其自由振动频率产生微小的振动时,经检测线圈转换成同频率的交流电信号送到放大器后,经过放大器移相放大,信号电流又送入激振线圈。使激振线圈产生断续的磁场,铁芯合拍地吸动振动管、补充振动的能量损耗。两个振动管受到磁力作用,就像音叉一样,按其自然频率产生机械谐振。这样就形成了所谓的自激振动。

当被测液体密度变化时,充满液体的振动管的振动频率会随之变化,经放大器传送到输出电路,进行频率信号处理,直接以数字显示液体密度值,或转换成4~20mA标准信号输出。

2) 数字密度显示仪

振动管密度变送器输出的脉冲信号反映了液体密度和振动周期的关系。ρ_x 与 T_x 呈二次曲线函数。实际应用时，都是在较小的密度范围内，将二次曲线进行拟合处理，即用以下方程代替式(5.2)：

$$\rho_x = K_1 + K_2 T_x + K_3 T_x^2 \tag{5.3}$$

式中 K_1、K_2、K_3 均为常数。大多数情况下，被测液体的密度变化范围不大，用这种拟合化处理所导致的误差是非常微小的。二次仪表中经微处理器对其进行计算并进行温度压力修正后，给出流体密度值，见图5.4。

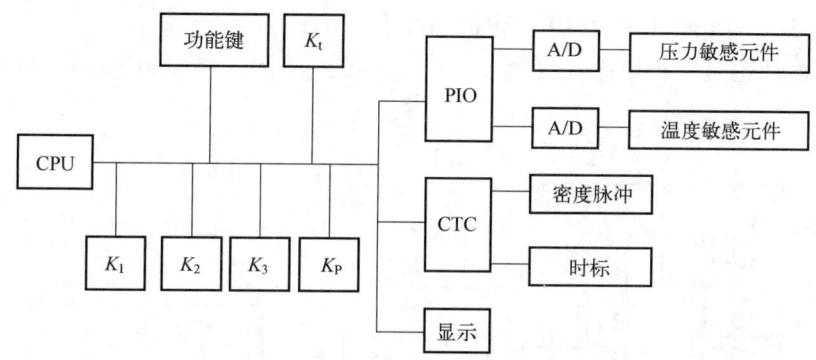

图5.4 数字密度显示仪组成框图

实际应用中，如果用两种已知密度的标准液体分别送入变送器，然后精确测出相应的周期，代入上式，即可解出 K_1、K_2、K_3。

2. 单振动管密度计

DMF-1-LDS系列直管密度计与双振动管密度计相似，如图5.5所示。

DMF-1-LDS系列直管密度计，使用了独特的悬浮结构，能很好地抵抗外界震动对测量的影响。并且测量管为一根直管，内部没有任何阻流元件，压损小、易清洗，被测液体黏度较大或夹带固体颗粒及气泡仍然可以测量。密度计内部采用拟合方程计算的数学处理方式，同时仪表内置了温度传感器，对密度计做温度补偿，使密度的测量更为准确。这种直管密度计已做过出厂标定，无须现场标定。可测量在线密度、温度及两种组分的浓度。具备现场显

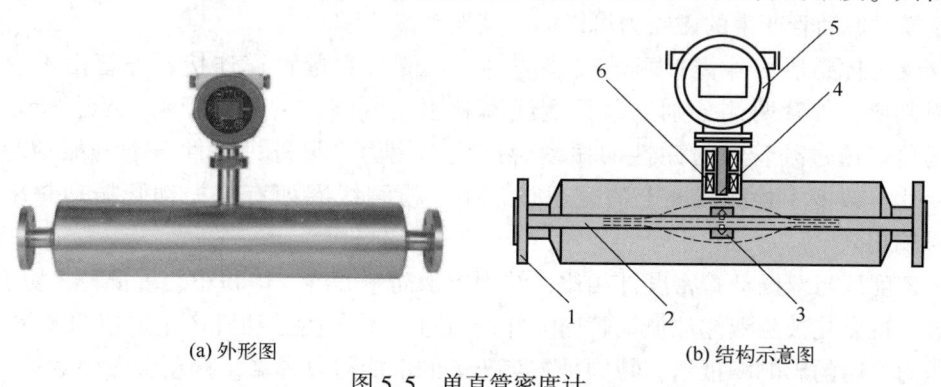

(a) 外形图　　　　　　　　　　　　(b) 结构示意图

图5.5 单直管密度计

1—安装法兰；2—振动管；3—衔铁；4—铁芯；5—信号处理及显示；6—线圈

示和远传功能，直流电源供电，具有正、负极性自适应功能

仪表测量管外部安装有驱动线圈、测量线圈组件，当仪表工作时，驱动组件驱动测量管，产生正弦波振动。流体介质密度变化时，振动管的谐振频率发生变化，即可准确地反应介质的密度。

单振动管式密度计技术性能指标如下：

(1) 接液材质 316L 不锈钢、钛合金、HB3、蒙乃尔、高镍合金。

(2) 测量范围 $0\sim4\mathrm{g/cm^3}$，最大误差 $\pm0.001\mathrm{g/cm^3}$，分辨率 $\pm0.0001\mathrm{g/cm^3}$。

(3) 工作温度 $-50\sim250$℃，工作压力 $\leqslant4\mathrm{MPa}$。

(4) 电源为 24V DC 或 220V AC，输出 4~20mA、0~1kHz，数字通信器为 Modbus RTU 485。

(5) 防爆等级为 Exd Ⅱc T6 Gb；防护等级为 IP67。

振筒式密度计也是一种单振动管密度计，如图 5.6 所示。一般用于液体密度测量。

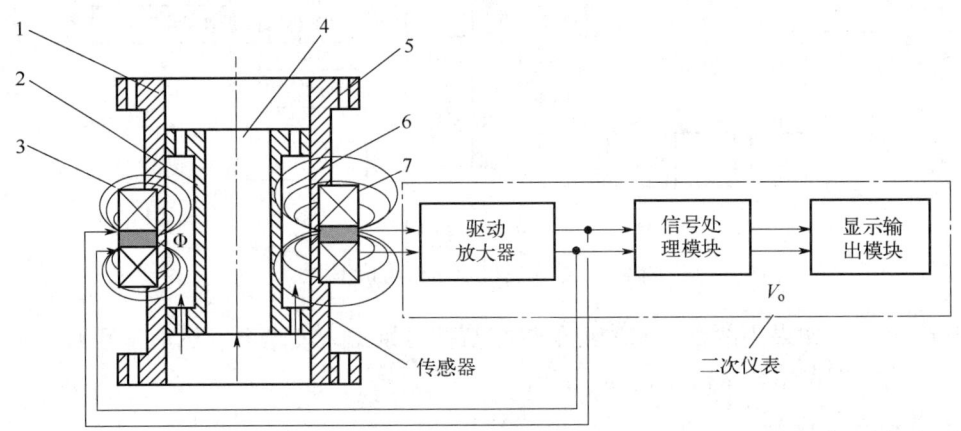

图 5.6　振筒式密度计的构成

1—外管；2—振动管；3—驱动线圈；4—内通道；5—安装法兰；6—外通道；7—检测线圈

单振动管密度计由传感器、二次仪表组成。传感器安装生产现场，有内、外两层短管组成。

内管就是振动管，其两端固定在外管之内。内管、外管之间的连接部分上开有通孔，被测流体由振动管的内、外侧流过振动管。振动管是用镍合金制成的磁性体，所以驱动线圈的断续的磁场对振动管产生的磁吸力可以驱动其振动。

外管就是传感器的外壳，两端安装法兰，以便与测量管道连接。外管由不导磁的不锈钢材料制成，外管两侧分别安装检测线圈和驱动线圈。由于外管不导磁，所以驱动线圈的磁场可以透过外管，对磁性的振动管产生作用力。另外，磁性振动管振动时，其径向位置变化，改变了检测线圈上的磁通量大小，检测线圈即有与振动管振动频率相同的交变信号输出。

这种密度计与双振动管密度计相比，结构更加简单紧凑，体积小、重量轻，易于加工制造。其最大特点是被测液体从振动管内、外侧流过，不会使振动管产生内应力及尺寸变形，故介质压力作用的影响相抵消，特别是在高压下的性能得以提高。振动管镍合金材料的弹性模数 E 随温度的变化很小，有利于减少工作温度变化带来的测量误差。单振动管密度计测

量精度高、灵敏度高，反应时间短，能连续在线测量。测量范围为 $0 \sim 3 \text{g/cm}^3$，测量精度高达 0.1 级，测量误差 $2 \times 10^{-4} \sim 1 \times 10^{-3} \text{g/cm}^3$。

单振动管密度计必须垂直安装，以便于液体全部充满振动管，消除含气的影响。垂直安装，有助于振动管的自清洗，防止积砂积垢。

5.2.3 音叉式密度计

音叉振动式密度变送器（见图5.7）是基于音叉振动原理工作的密度测量仪表。采用插入式安装结构，适用于管道、罐体和封闭带压设备介质密度在线检测，也可用于油水界面位置检测，或用作液位、界位开关使用。

1. 组成原理

测量敏感原件是由优质弹性合金钢制成的类似于两齿音叉型振动子。通过位于齿根的一个压电晶体驱动，用声波频率信号源对金属音叉进行激励，并使音叉处于中心频率下自由振动。由于振动音叉完全浸入在被测液体中，音叉振动时，带动液体一起振动，改变了音叉振动部分的总体质量，因此音叉的自由谐振频率随液体的密度变化，介质密度与音叉振动频率的关系与振动管式相同[见式(5.2)]。固定于音叉端部的压电元件将音叉的振动转换成同频电压信号，送到转

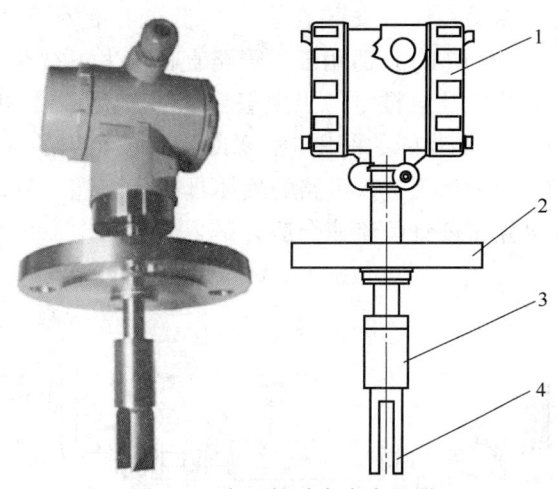

图 5.7 音叉振动密度变送器
1—转换部分（电子表头）；2—连接法兰；3—连接杆；4—振动子

换部分进行信号放大、整形、记数，检测其振动频率。并根据频率-密度关系方程，计算出介质密度并指示出来，也可以转换成 4~20mA 信号输出。

当被测介质温度变化时，会影响音叉尺寸、弹性模量及液体黏度，因此会使谐振频率发生改变。所以音叉传感器上部内置 Pt100 铂电阻温度传感器，将介质温度送到转换部分，经微处理器自动校正温度对被测介质密度的影响。压力变化对密度测量没有显著的影响，无须修正。

音叉振动密度变送器测量范围达 $0 \sim 3 \text{g/cm}^3$，一般标定范围在 $0.6 \sim 1.5 \text{g/cm}^3$，精度 0.2 级，测量误差 $\pm 0.002 \text{g/cm}^3$，适用液体黏度 $<20 \text{Pa} \cdot \text{s}$、工作温度范围 $-50 \sim 200\text{℃}$。

2. 特点及应用

不同于振动管式密度变送器，音叉式密度变送器的振动元件不是全封闭的。测量介质的黏度影响、管道或容器壁对流体产生的边界效应都会对变送器的测量产生一定的影响。由于工艺流程的需要，音叉密度计经常安装在工作条件较为恶劣的现场。为了尽可能减少工作环境对密度传感器的影响，安装应用音叉密度计时注意以下事项：

（1）选择音叉密度计要考虑被测介质的黏度、温度、对音叉的腐蚀性是否在适合测量范围内。

（2）音叉密度计应尽量安装在温度变化小，无流体冲击、无机械振动的地方。

（3）要防止音叉上有积垢或油砂在其上沉积。

(4) 安装时严禁摔碰、轻拿轻放以防损坏音叉。

(5) 被测介质不容许结冰,否则将损伤传感元件,导致音叉密度计损坏。

5.2.4 振动式密度计的安装与维护

1. 振动管式密度计的安装

振动管式密度计的安装方式,有水平安装、垂直安装、旁路安装三种。水平安装[见图5.8(a)]适用于管径不大,被测介质易流动、黏度低、不易沉积的场合。为保证测量精度,尽量将仪表安装在管线的低处,有利于气泡排出,保证仪表中充满液体。垂直安装[见图5.8(b)]适用于主管路直径不大、被测介质黏度较高、易沉积的工况,需下进上出,便于冲洗及自排空。当主管路管径很粗、流速较快时,需要采用旁路安装方式[见图5.8(c)]。旁路安装采用与密度计的管径相当的管路分出部分液体进行测量,可提高使用的性价比。为保证进入旁路的液体具有代表性,旁路管口应深入主管中心,并采用阀门节流,保证旁路密度计的流速合适。

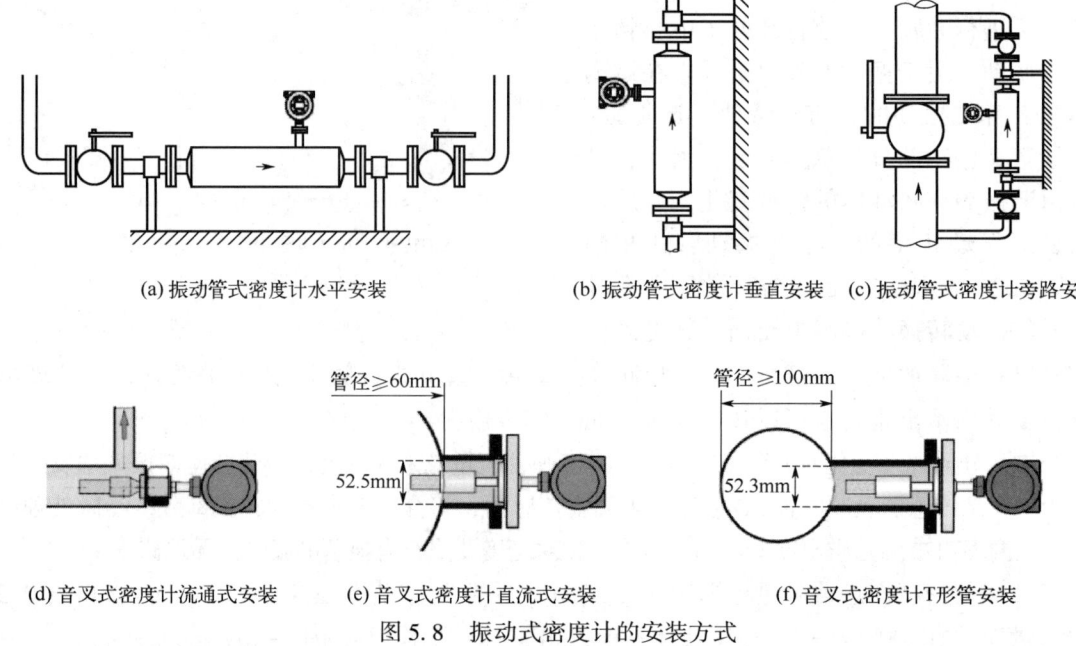

(a) 振动管式密度计水平安装　　(b) 振动管式密度计垂直安装　　(c) 振动管式密度计旁路安装

(d) 音叉式密度计流通式安装　　(e) 音叉式密度计直流式安装　　(f) 音叉式密度计T形管安装

图5.8 振动式密度计的安装方式

2. 音叉式密度计的安装

音叉式密度计本身只能水平安装。为了提高测量精度,安装时应根据不同的环境,选择合理的安装方式和管径。流通式安装方式[见图5.8(d)]适用于流量较小、黏度较大的场合,流量范围10~30L/min,介质黏度≤20Pa·s。直流式安装方式[见图5.8(e)]适用于流量较大、黏度较大的场合,主管流速范围0.3~0.5m/s,介质黏度≤20Pa·s。T形管安装方式[见图5.8(f)],适用于流量较大、黏度较小的场合,主管流速0.3~0.5m/s,介质黏度≤0.1Pa·s。

模块 5.3　原油含水分析仪

在油气集输、储运工程中，原油要经过分离、沉降、脱水、稳定等初步加工处理后，才能进行外输及存储。不管是油田还是炼厂，原油的含水率都是原油质量监测的主要指标，也是油田、管道公司、炼油厂之间进行油品贸易、外输过程中净油质量结算的重要依据。

目前，原油的含水率测量仍然以人工取样、蒸馏化验原油含水为主。由于受到人工取样的离散性及主观因素的影响，测量结果连续性差、误差较大，远远不能满足工业测量的需要。因此，推广原油含水、密度在线自动测量已势在必行。

用于原油含水自动测量的仪表，根据其取样方式，有连续在线测量型和断续取样分析型两类。根据其测量原理可分为电导式、电容式、超声波式、核辐射式、微波（或射频）式和光子吸收式等。下面对电容式、微波式和辐射式进行说明。

5.3.1　电容式原油含水分析仪

1. 基本测量原理

电容式原油含水分析仪是根据原油和水的介电常数差异较大的性质，测量原油中水的含量。一般的，水的介电常数为81，而无水原油的介电常数约为1.8～2.3。由于介电常数的不同，会使不同含水量原油的等效介电常数发生很大变化，从而引起电极尺寸和形状一定的电容器的电容量发生变化，这就是用电容法测量原油含水率的基本原理。

含水分析仪所使用的同轴电容器如图 5.9 所示，当内外电极间的环形空间内充满介电常数为 ε 的不导电液体介质时，电容器的电容量为

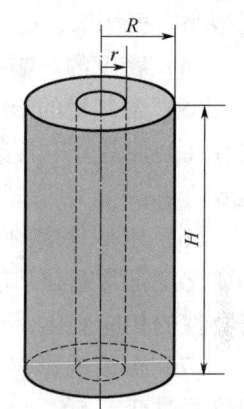

图 5.9　同轴电容器测量原油含水率

$$C=\frac{2\pi\varepsilon H}{\ln\frac{R}{r}}=k_0\varepsilon \tag{5.4}$$

式中　C——电容器的电容量；
　　　H——同轴电容器的高；
　　　R——同轴电容器的外电极内半径；
　　　r——同轴电容器的内电极外半径；
　　　ε——介质的介电常数。

当原油含水量增加时，等效介电常数 ε 增加，电容量 C 增大。所以只要测出 C，就可得到原油的含水率。

如果原油与水形成乳化液，则介电常数就将发生明显的变化。通常情况下人们认为原油乳化液的介电常数只与含水率有关，而忽略了原油中的烃类组成、压力、密度、含气量、测量频率和温度等的影响，这是不全面的。

影响原油介电常数主要因素包括乳化液形态影响等七个方面。

（1）乳化液形态影响：图 5.10 表示了某种原油含水率影响介电常数的测试结果。由这

些曲线可以看出：当含水率较低、原油乳化液形态为"油包水"时，水滴均匀地弥散在连续相的原油之中，原油乳化液的含水率与介电常数的对数呈线性关系。当含水率达到50%～70%时，介电常数发生突变，这是由于含水率较高，游离水聚集，成为"水包油"型状态时介电常数较大。所以实际测量时，含水分析仪分析电路中必须具有乳化类型测量电极（测量导电率），实现状态切换补偿。

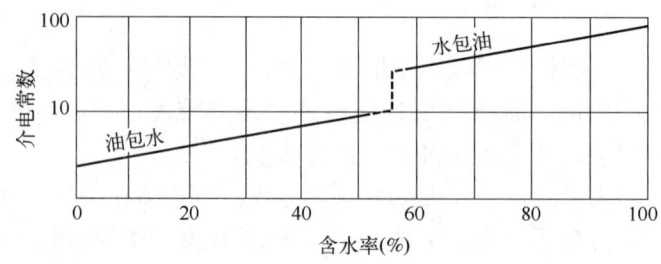

图5.10 某种原油搅动状态下含水率与介电常数关系曲线

（2）烃类组成的影响：原油是碳氢化合物的混合物，含有烷烃、环烷烃、芳香烃等。原油的介电常数受其中烃类组分含量的影响（尽管差异并不大）。含沥青质的原油的介电常数通常高于不含沥青质的原油。

（3）压力的影响：因为原油及其乳化液的可压缩性很差，故压力对其介电常数值的影响很小。据测试，压力每增加0.7MPa，介电常数仅变小0.5%或更小。

（4）密度的影响：介电常数值随原油及其乳化液密度的增加而变小。

（5）含气量的影响：绝大多数气体的介电常数均小于1，因此，原油及其乳化液中气体的存在会使其介电常数值降低很多。如含气率增加1%，按油水两相测量模型得到测量误差达6%。

（6）水矿化度的影响：油田产出水中通常都含有一定的盐分也就是矿化度。不同地区的矿化度常常差异几倍至数十倍，矿化度的变化将导致流体的密度、导电性、质量吸收系数等物性的相应变化，致使常规的含水测量仪表的测量精度大大下降。

（7）温度的影响：一般而言，液体介电常数随温度的升高而减小。ε为2.25时的原油，温度每改变5.5℃，介电常数改变约为0.3%。所以，电容式含水分析仪需要设置温度补偿措施。

2. DC系列含水分析仪

电容式原油含水分析仪有插入式和通过式两种形式，其中插入式还有带压安装形式。比较典型的DC3500（通过式）/DC1500（插入式）含水分析仪结构外形如图5.11所示。该仪表直接将含水原油引入测量电容的内外筒电极之间，实现了在线连续监测。为了减少温度与油品性质对测量的影响，将多种油品在不同温度下的补偿矫正参数置入微处理器中处理，与温度校正曲线比较后进行补偿。为了适应不同场合的测量需求，含水分析仪一般有低量程（0～20%）、高量程（80%～100%）、全量程

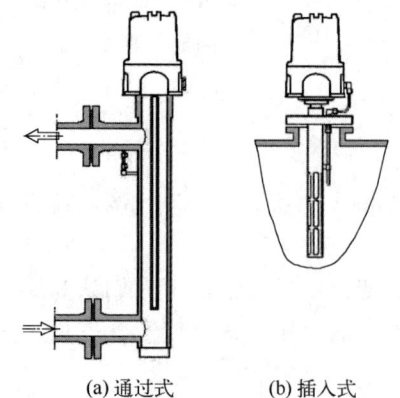

图5.11 DC3500/DC1500 电容式原油含水分析仪结构
(a)通过式 (b)插入式

（0~100%）等不同规格，在较小的量程范围内，可以比较容易地实现补偿，达到较高的测量精度。

此类仪表采用了大规模集成电路，其结构简单，可动元件少，维护方便，在线连续测量，精度较高。此类仪表的缺点是需对不同油品进行个别标定。在油品组分、密度等参数发生变化时，需重新设置校正参数。

3. FKC原油含水分析仪

FKC系列原油在线含水分析仪（见图5.12）采用射频穿透吸收和双频电容式原理，测量分辨率高，油品适应性强，无前后直管段的要求，对流态流速不敏感。分析仪内置温度传感器，对含水率测量结果进行温度补偿。除了就地显示，还具有RS485/MODBUS智能通信接口，支持数据远传和软件现场升级。

FKC系列原油在线含水分析仪有插入式、带压安装式、管段式，适合原油含水率的在线测量，包括高含水、低含水原油和外输原油、机油、润滑油微量水分在线测量及其他腐蚀性极强的含水液体介质。

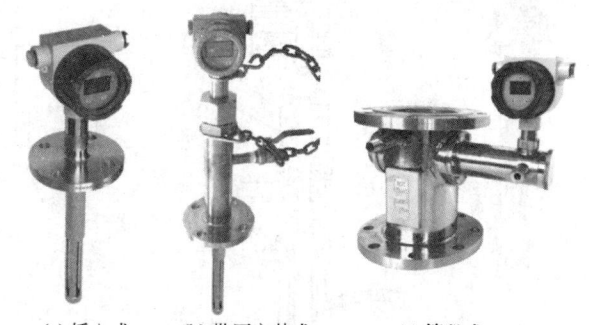

(a) 插入式　　(b) 带压安装式　　(c) 管段式

图5.12　FKC系列原油在线含水分析仪

带压安装式含水分析仪可以在不停产状态下带压拆下分析仪探头，进行清洗维护，适用于含石蜡或其他杂质多的生产场所，提高了介质长期测量精度和仪表使用寿命，节约了投入成本。管段式一次仪表为管段法兰式结构，可直接替换油田早期安装的放射性含水率仪。

含水分析仪安装时主要考虑的是要让含水分析仪所接触的油液的含水率具有代表性。因此，安装时防止测量探头处于设备的死角、分层及不流动的地方。插入式探头在管线上安装时一般设置在管线拐弯处、插入管道中线上。也可以在较粗的管线上垂直、倾斜安装，但必须保证让探头迎着流动方向，见图5.13。

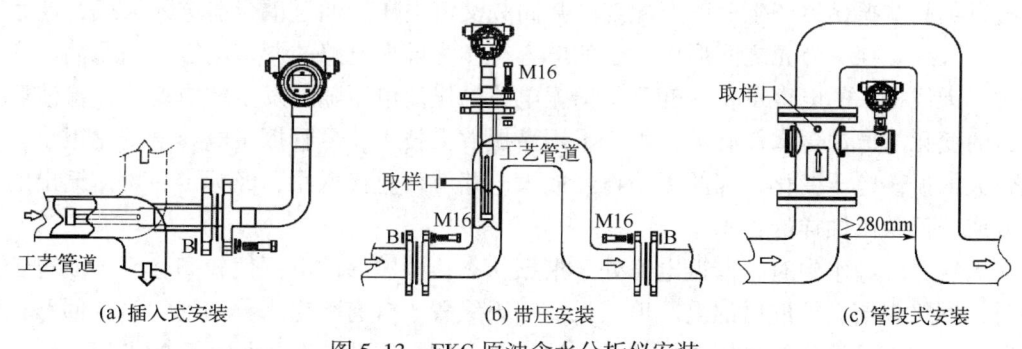

(a) 插入式安装　　(b) 带压安装　　(c) 管段式安装

图5.13　FKC原油含水分析仪安装

在现场安装之前必须对仪表范围进行统调，即用与现场相同的纯原油、纯水对仪表的"零点""满度"进行标定。以免在安装后实液标定时出现零点或满度调不到的问题。在正常运行后对含水分析仪进行实液标定，可消除原油密度、温度和压力引入的测量误差，因此该操作必不可少。此项工作要由检定员进行操作，标定合格的仪表才能允许使用。

4. XHJ 型电磁波谐振式含水分析仪

1）测量原理

前面介绍的电容含水分析仪的电容测量一般采用交流电桥。XHJ 型含水分析仪的不同点是，其电容的测量采用电磁波谐振式原理。将插入式探头作为一个发射天线，在原油中探头的电容作为振荡器的一部分，实现测量。XHJ 型电磁波谐振式含水分析仪结构如图 5.14 所示。

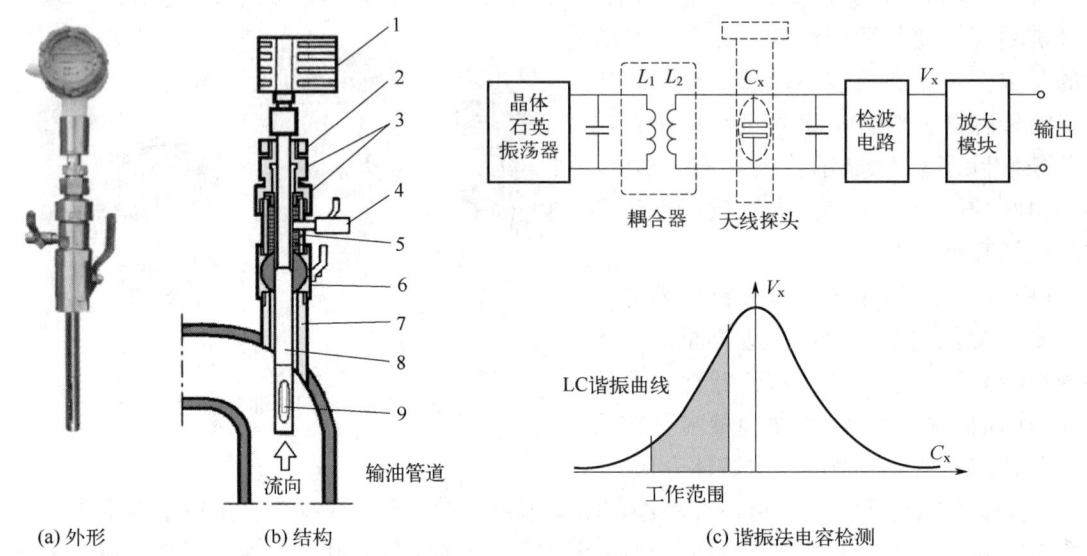

图 5.14　XHJ 型电磁波谐振式含水分析仪安装
1—显示部分；2—锁紧螺母；3—保险盖（密封压盖）；4—取样阀；5—密封室；
6—球阀；7—连接管；8—导体杆；9—天线

含水分析仪由显示部分、天线探头及连接装置（连接管、球阀、填料密封、取样阀）组成。连接装置用于不停产带压状态下抽出天线探头，以便清洗检修。

由石英晶体振荡器产生一频率稳定的甚高频交流电压，通过耦合器进入天线，产生高频电磁波。天线、探头外壳之间形成一定的电容，作为谐振电路的调谐电容。当原油的含水率不同时，天线探头的电容量发生变化，谐振电路的振荡电压随之发生相应变化，检波后其整流电压的变化与原油含水量有关。由于采用谐振放大技术，尽管探头电容量变化很小，也能引起较大的振荡电压变化，因此无须再经放大电路就可直接取用，经标定后可由输出的电压的直流成分反映出油样的含水率。

当天线置于纯水中时，谐振电路处于揩振状态，检波后的电压值较高；当天线置于无水油中时，回路失谐，检波后的电压值较低。当天线置于含有一定水分的油中时，回路处于不完全谐振状态，检波后的电压值也处于上述二者之间。因此，测量检波后的电压值即可确定天线处的含水率。

XHJ 含水分析仪将影响测量精度的温度、油品性质等参数置入微处理器中处理，与校正曲线比较后进行补偿，从而保证了仪表的稳定性和测量精度。

XHJ 含水分析仪上电后自动进入含水率指示状态。工作过程中，无需断电开盖，就可以通过遥控器进行参数设置及功能切换。也可以通过上位计算机用调试软件调整。

显示器实时显示含水值、温度值，具有温度自动补偿功能。油包水/水包油状态 LED 指示。含水率 4~20mA 或 RS485 信号输出。标定曲线分别装定（8 个点）。

2) 探头带压安装

插入式含水分析仪安装时，预先将球阀、密封室、密封压盖、取样阀组装成一体［见图 5.15(a)］。安装按以下步骤进行：

(1) 将连接管与不锈钢球阀用螺纹连接，关死球阀。

(2) 将金属导杆从密封室的顶部插入到球阀的上部。将保险盖拧在密封室上，不可拧紧。

(3) 压住含水仪的顶部，打开球阀，慢慢将导体杆推进输油管线内，将锁紧螺母拧在保险盖上。拧紧保险盖，拧紧锁紧螺母，实现密封。

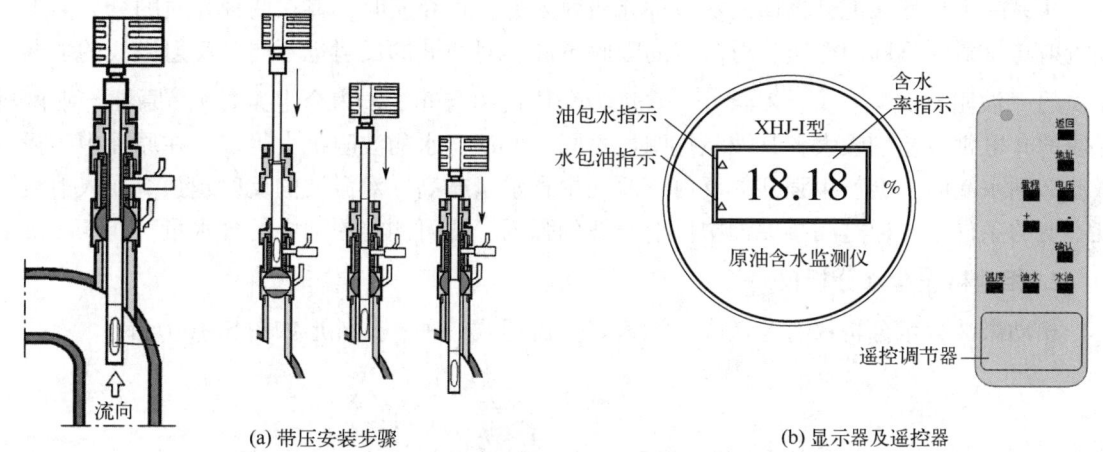

(a) 带压安装步骤　　　　　　　　　(b) 显示器及遥控器

图 5.15　XHJ 型电磁波谐振式含水分析仪安装及调试

在检修或清洗天线时，按以下顺序拆卸含水分析仪：

(1) 松开锁紧螺母，略微松开保险盖，同时压住含水仪顶部部，防止原油压力将其冲出。

(2) 借助原油压力将仪器慢慢顶起，当有阻拦的感觉时，说明天线尾端已通过球阀，此时可小心关闭球阀。

(3) 打开取样阀，将密封室内压力排空。

(4) 完全松开保险盖，抽出含水分析仪导体杆，关闭取样阀。

3) 使用与调试

XHJ 型含水分析仪显示器及遥控器如图 5.15(b) 所示。显示器分别用数字及指示灯指示含水率、原油"油包水/水包油"状态指示。通过遥控器，分别按"地址""量程""电压""温度""油水""水油"键，显示器可分别显示对应参数的数值。按"地址"键，再按"+""-"键确定该含水仪地址，最后按"确认"键载入确定值。

使用调试软件调试时，将含水分析仪通过标准的 RS485 电缆连接到上位计算机上，采用"含水仪调试助手"软件也可以实现更多参数的调试，如温度补偿、量程及标定的数值，结合现场取样、化验、对比显示值，根据误差大小及正负，实现调试过程。

5.3.2 微波式原油含水分析仪

微波式含水分析仪是利用微波通过油样时,会引起微波的强度衰减,或产生相位变化,或发生频率变化这三种特征而工作的。目前用得比较多的是采用衰减法和移相法。

1. 吸收反射式测量原理

微波是一种高频电磁波,频率范围约为 300MHz~300GHz,微波频率比一般的无线电波频率高,通常也称为"超高频电磁波"。微波含水分析仪一般使用频率为 0.5~3GHz 左右的微波。微波传递方向性较好,能量集中。

微波像其他电磁波一样,在通过一些介质时,会使介质的分子极化、振动与摩擦,吸收掉一部分能量。水的损耗因子29,油的损耗因子0.004。利用二者吸收微波的能量不同,可以通过精确测量微波透射波强度计算含水率。

从另一个角度来说,当微波从一种介质射入另一种介质时,将在两种介质的分界面上产生折射与反射。不同的介质,对微波的吸收不同,对微波的反射也不同。反射微波的强弱与介质的"波阻抗 Z"有关,$Z=\sqrt{\mu/\varepsilon}$(μ 为介质的磁导率,ε 为介电常数)。原油与水两种介质的介电常数差别较大,其波阻抗明显不同,原油比水的波阻抗大得多。在原油中传播的微波遇到水滴时,会产生强烈的反射。原油中含水量越高,对微波的反射越强。在入射波强度不变的条件下,通过测量原油中反射微波的强弱,便可测定原油中的含水量。

2. 相动微波含水分析仪

相动微波含水分析仪有旁通式、插入式、流通式三种,其外形如图 5.16 所示。

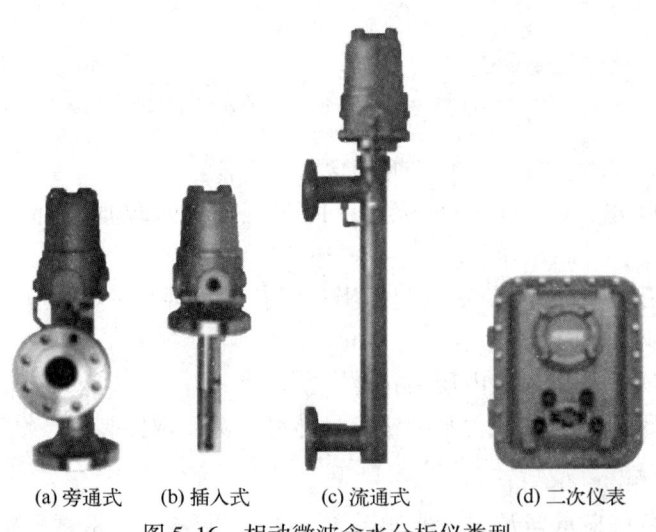

(a) 旁通式　(b) 插入式　(c) 流通式　(d) 二次仪表

图 5.16　相动微波含水分析仪类型

相动微波含水分析仪由测量部分(探测器)、转换部分(二次仪表)、系统电缆三部分组成,如图 5.17 所示。

1)测量部分(探测器)

从结构上看,探测器由中心杆和测量管组成。中心杆的一端连接着微波振荡器模块,另一端置于短路塞中心。中心杆外套着硬质的塑胶护套,以防止它与油水乳状液进行传导。

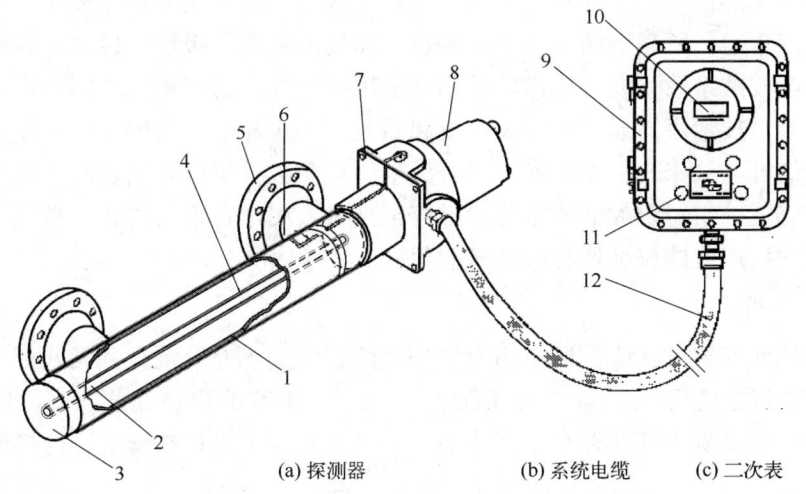

图 5.17 相动微波含水分析仪组成

1—测量管；2—中心杆；3—短路塞；4—塑胶护套；5—连通管法兰；6—温度传感器；7—方法兰；
8—微波振荡模块；9—转换部分（二次仪表）；10—LCD 显示器；11—按键；12—专用系统连接电缆

从电路角度看，测量管、中心杆、塑胶外壳形成一个同轴波导管，终端短路，微波从振荡器到短路塞，经其反射回到振荡模块，一来一回，以微波频率不停振荡。测量管及其内被测原油，就是微波振荡发生器的一部分，原油含水率的变化会影响微波振荡频率。这种振荡器的微波频率随着它的负载发生变化的特性称为振荡器负载牵引技术，即振荡器电路元件和测量管内原油的阻抗决定了振荡器的频率。原油的阻抗取决于乳化原油的介电常数，即原油含水率。微处理器通过测量微波频率以计算原油含水率。

测量管上的温度传感器将原油温度信号传送给转换部分，用于温度补偿。

2) 转换部分（二次仪表）

二次仪表由 LCD 显示器、操作按键、直流电源、CPU 板、输入-输出功能板组成。转换部分通过连接电缆给微波振荡器模块供电，同时将来自振荡器的频率、温度和反射功率等信号传递给 CPU 计算出含水率。

电源模块：15V 电源供给振荡器产生微波振荡，30V 供给加热器以维持振荡器的温度维持在 70℃，这样振荡器不会因温度变化而影响测量。还有 5V 供给电子单元的数字电路。

微处理器对上述信号进行处理，根据出厂系数对温度进行补偿，计算含水量。同时在输出回路中输出一个与含水对应的 4～20mA 模拟信号，LCD 显示器显示瞬间的含水值和温度值。频率测量大约每秒循环一次，提供瞬时、连续和实时的含水测量。

在连续测量时，CPU 单元同时进行自检，以确定系统是否出现故障。显示面板上有四个按键分别为 MENU（菜单），SELECT（选择），VALUE（数值）和 ENTER（确认）。操作者通过按键进入各种参数设置，同时可以修改和存储参数值。

MENU 键可以滚动菜单内容，每按一下，显示一条新的内容，直到所有内容显示完毕，然后重新循环。如果要返回菜单项开始处，轻按 MENU 键并持续约 2 秒即可。

通过 SELECT 和 VALUE 键改变被选菜单项的值。

ENTER 键存储被选择菜单项的修改值。按下 ENTER 键，新值就被存储。

二次仪表有标准模式、管理模式、技术模式、自定义模式四种操作模式。标准模式可显示、修改系统正常运行所需要的最基本的参数，如校准系数、报警点设置、外部流量计输入信号设置、温度校准系数、模拟输出信号零点量程设置等。管理模式下用户定义在自定义模式中的菜单内容。技术模式显示所有参数值和系数，一次显示一项内容。在技术模式中所有现场可选参数值可以被修改。技术模式下可设定所有参数，也可以恢复出厂默认值。如果用户想要改变或修正一组特定参数或数值，可以直接进入用户自定义模式。举例来说，自定义模式可以只包含特定流体校准值和盐分校准程序。

3. 安装与应用

探测器的最佳安装方式应保证被测流体是紊流，使油水充分混合并无残存气体。为提高测量性能，推荐流速为每秒 0.3~3m，流速太低会导致油水分离；流速太高可能会引起大的压力差和气蚀。如果游离气体存在于流体中，出口端应高于进口端安装，这样便于气体溢出测量管。

含水分析仪在出厂前已进行含水率、温度补偿标定。使用时需要进行现场校准：

（1）从探测器旁的取样口取原油样品进行含水率化验（推荐使用滴定法或蒸馏法）。

（2）比较实验室结果和仪表所显示的值，根据其偏差正负输入校准系数（Cal Factor,%）值，使二次仪表显示的含水率等于实验室化验含水率结果。

（3）如果其他含水率点误差超出范围，可考虑温度校准系数修正或进行频率指数调整。

5.3.3 辐射式原油含水分析仪

辐射型原油含水分析仪是基于油、水介质对 γ 射线的吸收不同，通过检测 γ 射线穿过油、水混合物后的透射强度，实现对原油含水率的在线测量。

1. 工作原理

当一定能量的 γ 射线穿过一定厚度的某一介质时（图 5.18），其透射后的强度符合指数衰减规律，即：

$$N_x = N_0 e^{-\mu x} \quad \text{或} \quad \ln(N_x/N_0) = -\mu x \tag{5.5}$$

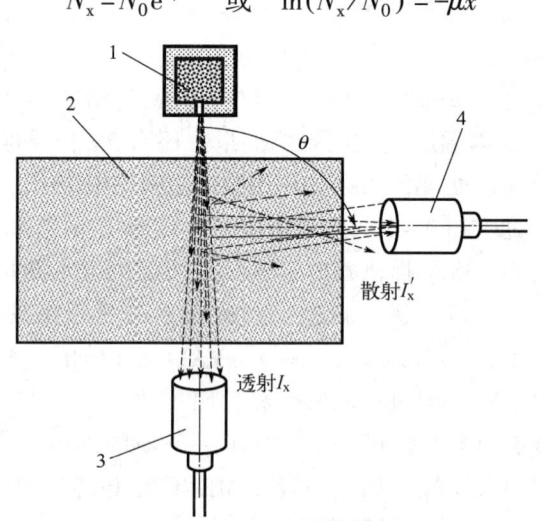

图 5.18 辐射测量原理图

1—辐射源；2—被测介质；3—透射探测器；4—散射探测器

式中 N_0——空管道 γ 辐射探测器计数；

N_x——透过被测介质时探测器计数；

x——射线穿过介质的厚度；

μ——介质对 γ 射线的吸收系数，与介质的密度有关。

在辐射源强度、穿透厚度一定的情况下，空管道辐射计数 N_0 射线一定，穿过油、水混合介质时，则上式可表示为：

$$\ln(N_x/N_0) = (1-\eta)(A+B) \tag{5.6}$$

式中，η 为原油含水率（体积比）；A、B 为与被测介质有关的常数。当测得透射计数 N_x 时，根据上式就很容易得到原油含水率。然而，在油田实际生产中，油井到集输站之间一般是油、气、水三相混合输送的。因此，当射线穿过油、气、水混合物时，由于伴生天然气与水有不同的吸收系数，而油、气、水三种物质的密度有明显的差别，因此上式不能用于含气场合。在这种情况下，要得到油、水体积比 η（含水率）和气、液体积比 λ（含气率）两个未知数，其解决途径是通过引入散射方法得到的。

具有一定初始强度的 γ 射线穿过油、气、水混合介质时，另设一个探测器在 θ 方向测出其散射强度。根据 γ 射线的散射原理，γ 射线与物质作用后在一定角度的散射强度与物质的密度有关，且可以表示为：

$$\ln(M_x/M_0) = (1-\lambda)(a+b) \tag{5.7}$$

式中，M_0、M_x 分别为空管道及 θ 方向散射探测器计数，λ 为含气率，a、b 为与被测介质及散射角度有关的常数。

解上述方程组即可由透射计数 N_x、散射计数 M_x 求出含气率 λ 和含水率 η。而方程中的有关常数，对实际生产过程中的原油而言，只需配合人工化验进行一次现场标定即可得到。

2. 结构组成

FGH 型辐射型原油含气/含水率自动监测仪由传感器（一次仪表）和微机数据处理系统（二次仪表）两大部分构成，如图 5.19 所示。一次仪表包括：测量管、射线源、碘化钠闪烁体探测器。测量管是用钢材加工而成，两端焊接法兰。二次仪表主要包括高、低压电源，信号放大电路，微机数据处理系统。

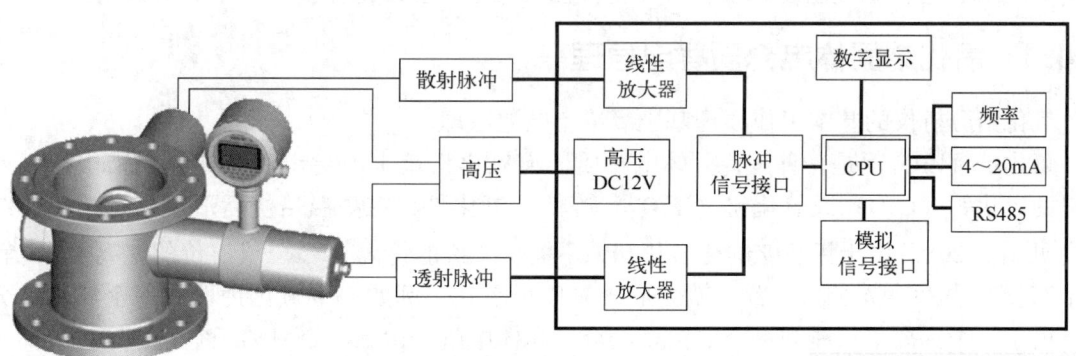

图 5.19 FGH 型辐射型原油含气/含水率自动监测仪组成图

微机数据处理系统采用单片机或工业 PC 机作为主机。采用全流量在线连续测量方式，配接一路含气/含水率监测仪表，并根据现场实际需要配接八路脉冲信号及八路模拟信号，用以连接各种流量计、温度、压力测量仪表，进行标准状态液量、油量、水量计算及温压补偿，并可生成小时、班、日、月报表。

监测仪消除了由于含气对含水测量带来的误差，同时测量含水、含气双参数。由于射线是与介质的原子发生作用，因此测量精度不受原油的流态变化、原油结垢、结蜡的影响。其最大的特点是解决了多品质原油混输过程中，由于油品的密度变化和含气对含水率精确测量的影响的问题。

传感器使用低能密封γ射线源241Am（镅241），半衰期433年，仪表对辐射射线采用了严密的辐射屏蔽，消除泄漏，仪表周围射线剂量低于国家安全剂量标准。但是辐射源在使用过程中必须严格保护，防止拆卸和丢失，退役仪表放射源由仪表厂家回收。

模块 5.4 氧化锆氧含量分析仪

在锅炉、加热炉燃烧过程中，测量烟气的氧含量是非常重要的。为了达到完全燃烧，使其有较高的热效率，需要通过测量烟气中氧含量来调节进风量，以保证最佳的空气燃料比。实践经验证明，锅炉、加热炉要能够保证燃料燃烧充分、不浪费能源，其重要参数就是要维持燃料与空气的最佳混合比。这一比例，由过剩空气系数体现。过剩空气系数是供给燃料燃烧的实际空气量与燃料完全燃烧所必需的理论空气量之比，对于不同的燃料有所不同（燃煤锅炉为1.2~1.3；燃油锅炉为1.1~1.2；燃气锅炉1.05~1.1）。过剩空气系数与烟气中的含氧量有一定的函数关系。通过连续测量烟气中的含氧量，就可以了解炉膛中的燃烧质量，从而控制进风量，保持最佳燃烧状态。达到降低燃料消耗、减少环境污染的目的。

氧含量分析仪是目前工业生产自动控制中应用最多的在线分析仪表，主要用来分析锅炉、加热炉烟气含氧量。目前，用于烟气含氧量在线测量的分析仪表，有热磁式、磁力机械式、氧化锆式三种。由于热磁式、磁力机械式工作温度低、结构复杂、不耐烟尘，反应时间长，分析烟气时需要有抽气、净化、降温装置，目前已被氧化锆含氧量分析仪取代。

氧化锆氧分析仪属于电化学分析方法，这种分析仪的优点是灵敏度高、稳定性好、响应快、测量范围宽（$10^{-6} \sim 10^{-2}$），而且不需要复杂的采样和预处理系统，它的探头工作温度高（800℃），适合烟气温度环境，可以直接插入烟道中连续地分析烟气中的氧含量。

5.4.1 氧化锆固体电介质导电原理

氧化锆分析仪的基本工作原理基于氧浓差电池原理。

氧化锆（ZrO_2）是一种陶瓷固体电解质，纯氧化锆基本不导电。在纯氧化锆中掺入一定量的氧化钙（CaO）或氧化钇（Y_2O_3）等低价氧化物，在高温焙烧后形成稳定的晶体结构（见图5.20）。由于钙、钇的化合价与锆不同，二价的钙离子Ca^{2+}或三价的钇离子Y^{3+}置换了四价的锆Zr^{+4}离子的位置，就会形成氧离子空穴。例如一个氧化钙取代一个氧化锆分子，由于一个钙离子只能与一个氧离子结合，晶体中就会留下一个氧离子空穴。这种氧离子空穴型氧化锆材料在600~800℃高温时，如有外加电场，就形成氧离子沿着这些氧离子空穴的定向运动而导电。空穴型氧化锆就变成了良好的氧离子导体。利用氧化锆材料的上述特性，在氧化锆陶瓷体的两侧用烧结法制成一层几十到几百微米厚的多孔铂电极，并焊上铂丝

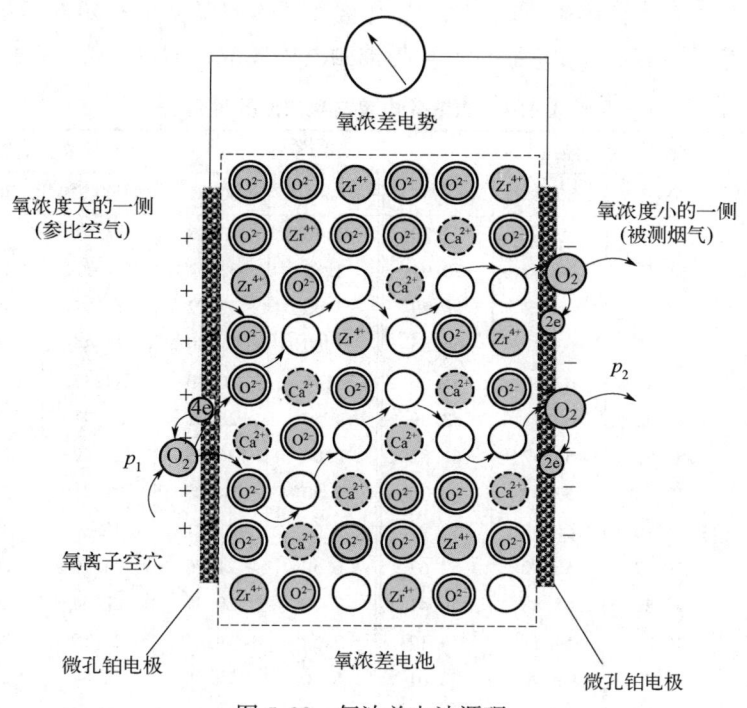

图 5.20 氧浓差电池源理

作为引线，就构成了氧浓差电池。

如图 5.20 所示，氧浓差电池的左侧为参比气体（空气，含氧量 20.8%），右侧为被测气体（烟气，含氧量 3% ~ 6%）。600 ~ 800 ℃ 的高温下，在氧浓度高的左侧，渗入到铂电极中的氧分子在铂材料催化作用下，1 个氧分子在铂电极上夺取 4 个电子，而分离成 2 个氧离子 O^{2-}，进入固体氧化锆电解质中。由于左右两侧氧离子浓度不同，氧化锆电解质中，氧离子依靠空穴向低浓度的右侧扩散。当到达低浓度的右侧时，2 个氧离子在微孔铂电极上释放出 4 个电子形成氧分子放出。

所以，在氧浓度高的左侧铂电极上失去电子带正电，成为氧浓差电池的正极。在氧浓度低的右侧铂电极上得到电子带负电，成为氧浓差电池的负极。正负极间电荷的积累形成内部静电场，阻碍氧离子的这种扩散运动。当扩散作用与电场作用达到平衡时，铂电极上形成稳定的浓差电势。

忽略高温下氧化锆的自由电子导电，如待测烟气与参比气体（空气）压力相同，氧浓差电势的大小可用下面公式表示：

$$E = K_1 T \lg \frac{C_0}{C_x} \tag{5.8}$$

式中　E——浓差电池电动势，V；

　　　K_1——系数，$K_1 = 0.4961 \times 10^{-4}$；

　　　T——气体热力学温度，K；

　　　C_0——参比气体中氧的浓度（体积分数），%，在标准大气压下为 20.8%；

　　　C_x——被测气体中氧的浓度（体积分数）。

由上式可知,当参比气体中氧的浓度 C_0 与被测气体的温度 T 一定时,浓差电势 E 仅是被测气体氧浓度 C_x 的函数。氧浓差电势 E 与被测气体氧浓度 C_x 的关系见表 5.1。

表 5.1　氧浓差电势与氧浓度的关系

氧浓度（体积）%	氧的浓度电势,mV				氧浓度（体积）%	氧的浓度电势,mV			
	600℃	700℃	800℃	850℃		600℃	700℃	800℃	850℃
1.00	56.89	63.42	69.89	73.20	3.40	33.89	37.77	41.65	43.59
1.10	55.13	61.45	67.76	70.91	3.50	33.34	37.17	40.96	42.87
1.20	53.47	59.60	65.72	68.79	3.60	32.82	36.57	40.33	42.21
1.30	51.97	57.92	63.87	66.85	3.80	31.80	35.44	39.08	40.90
1.40	50.58	56.37	62.16	65.06	4.00	30.83	34.37	37.88	39.66
1.50	49.28	54.92	60.57	63.39	4.50	28.62	31.91	35.11	36.81
1.60	48.06	53.57	59.07	61.82	5.00	26.85	29.69	32.73	34.26
1.70	46.92	52.30	57.67	60.36	5.50	24.85	27.71	30.54	31.96
1.80	45.85	51.10	56.35	58.97	6.00	23.21	25.89	28.52	29.85
1.90	44.83	49.97	55.10	57.67	6.50	21.70	24.19	26.67	27.91
2.00	43.83	48.89	53.88	56.41	7.00	20.31	22.64	24.95	26.11
2.20	42.07	46.89	51.71	54.12	7.50	19.01	21.19	23.36	24.45
2.40	40.44	45.07	49.70	52.01	8.00	17.79	19.84	21.87	22.88
2.60	38.39	43.39	47.85	50.08	8.50	16.65	18.56	20.47	21.42
2.80	37.54	41.84	46.14	48.29	9.00	15.57	17.36	19.13	20.04
3.00	36.23	40.39	44.51	46.62	9.50	14.56	16.23	17.89	17.73
3.20	35.03	39.04	43.05	45.06	10.00	13.55	15.11	16.65	17.45

5.4.2　氧化锆氧分析仪的构成及类型

氧化锆氧分析仪由氧化锆检测器（探头）、显示控制仪两部分组成（见图 5.21）。探头的作用是将氧浓度转化为电势信号,而显示控制仪的作用是恒定探头中氧化锆元件的温度并将电势信号转换为氧浓度显示。而根据氧化锆探头有无恒温措施,有直插定温式、直插补偿式两种形式。

氧化锆气敏元件是氧化锆探头的核心,如图 5.22 所示。它由氧化锆管、铂电极和引线构成。管外径为 10mm,壁厚 1mm,管长约为 70~160mm,在管内、外壁上烧结一层约长 20~30mm 的多孔铂电极,通过铂丝引线引出。管子内部通入参比气体,管子外部通入被测烟气。

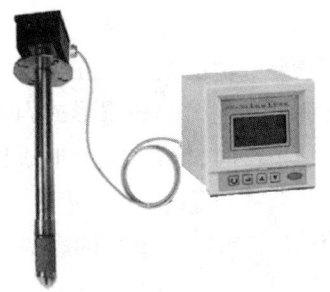

图 5.21　氧化锆氧分析仪组成

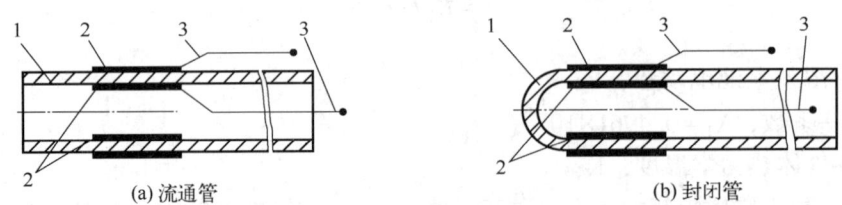

图 5.22　氧化锆管的结构

1—氧化锆管；2—内、外电极；3—电极引线

1. 直插定温式

1) 探头

如图5.23所示，检测器（探头）主要由碳化硅陶瓷过滤器、氧化锆管、热电偶、恒温加热器、氧化铝陶瓷气体导管和接线盒等组成。氧化锆探头长度为600~1500mm，直径为60~100mm。

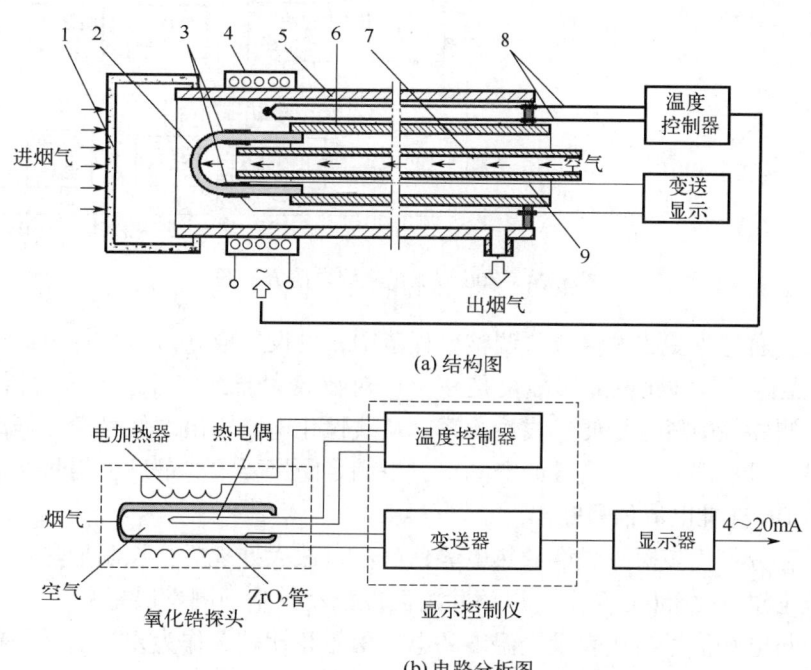

图5.23 直插定温式氧化锆分析仪探头
1—碳化硅陶瓷过滤器；2—氧化锆管；3—内外铂电极；4—恒温加热器；
5、6、7—氧化铝陶瓷管（保护管、套管、导气管）；8—热电偶；9—氧浓差电势引线

过滤器处于恒温室前端，氧化锆管置于恒温室内部，热电偶用以测量恒温室内的温度。恒温加热器上装一组均匀排列的加热电阻丝，外边是一个用绝缘材料制成的保温套。加热丝、热电偶、氧浓差电极的引线以及参比空气导管都引到外部接线盒内。

由直插定温式氧化锆探头组成的烟气含氧量分析仪，由氧化锆探头、显示控制仪（温度控制器、变送器及显示记录仪）组成。

温度控制器连接热电偶和加热器。采用电加热方式使氧化锆管维持正常工作所需的恒定温度，使之恒定在某一设定温度上（如850℃，温度高时灵敏度更高）。

变送器接收探头输出的氧浓差电势信号，并转换成标准电流信号，送给显示仪表进行显示。

2) 变送器

图5.24所示是Z06型氧化锆氧分析仪测量系统电路方框图，包括信号处理部分和恒温控制部分。

信号处理部分将来自检测器的氧浓差电势信号，经高输入阻抗直流放大器放大后，送给

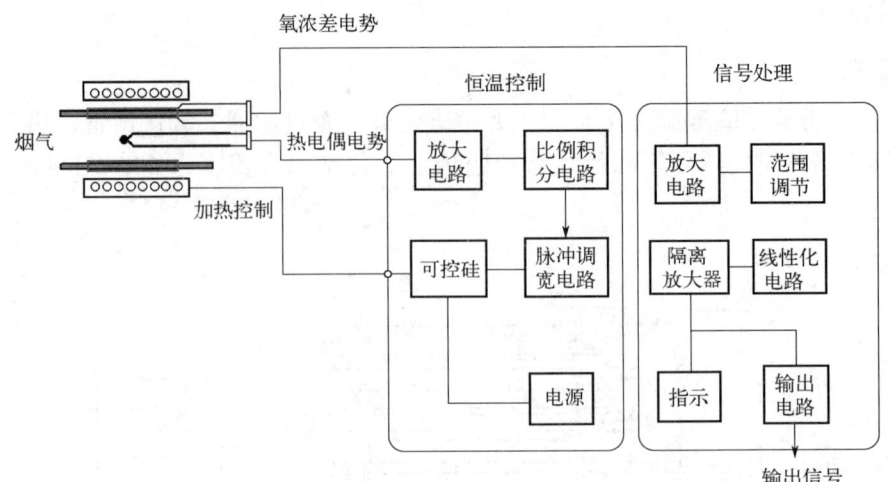

图 5.24　Z06 型测量系统电路方框图

范围调节电路。通过改变放大倍数，调整量程范围，可设置成 0～1%、0～5%、0～10%、0～25% 四挡测量范围。线性化电路实际上是一个反对数放大器，信号经此放大器运算处理后，输出电压与被测样气中氧含量便呈线性关系。从线性化电路输出的信号送往隔离放大器，对信号放大电路与显示部分实现信号的电隔离，以满足防爆要求。最后，信号在输出电路中转换为 4～20mA DC 标准电流信号输出。

恒温控制部分将代表探头温度的热电势信号经过放大处理后，控制加热器起停，使工作温度维持在设定温度（850℃）上，以消除由温度波动带来的测量误差。

电路中，热电势信号与代表设定温度的电压信号相比较，作为差模信号加在直流放大器的输入端，经放大后送给比例积分电路、脉冲调宽电路，输出为一系列脉冲，其脉冲宽度正比于温差，输出脉冲通过可控硅控制加热器通断，最终实现对氧浓差电池的恒温控制。

2. 直插补偿式测量系统

图 5.25 所示为直插补偿式氧化锆探头结构。与定温式相比无加热器。

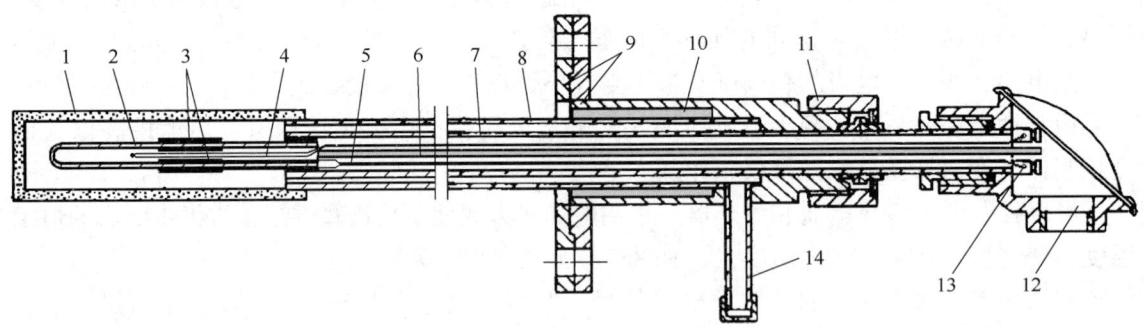

图 5.25　直插补偿式氧化锆探头结构

1—陶瓷过滤器；2—氧化锆管；3—内、外铂电极；4—热电偶；5—氧浓差电势引线；6—通气陶瓷管；7—氧化铝支撑管；8—保护套管；9—安装法兰；10—固定筒；11—固定螺帽；12—接线盒；13—接线柱；14—标定气导管

在测量烟道气时，烟气的温度是不稳定的，恒温控制系统不能达到要求时，可采用补偿式测量系统。

由式(5.8)可知，氧浓差电势 E 与热力学温度 T 成正比，将氧化锆输出的氧浓差电势 E 和热电偶输出的热电势 E_t 分别通过毫伏变送器转换成与热力学温度、氧含量成正比的电流信号 I_1、I_2，将电流 I_1、I_2 进行除法运算，其结果可以消除温度的影响。

图 5.26 是温度完全补偿式测量系统，从探头取出两个信号，一是氧化锆产生的浓差电势 E，二是由热电偶的输出热电势 E_t。E_t 与 E 经毫伏变送器和线性化电路处理后，一起经除法器处理，可以实现温度补偿。温度补偿后的输入电流 I 与被测气体工作温度无关。I 的大小仅取决于氧含量的大小，这种补偿称为完全补偿。

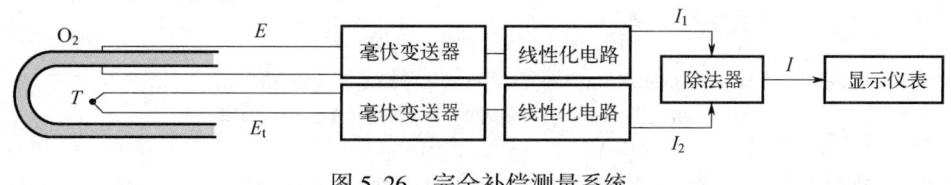

图 5.26　完全补偿测量系统

模块 5.5　可燃气体报警仪

石油化工生产过程中，所处理的油气介质本身就是易燃、易爆介质，特别是天然气和原油、汽油的挥发成分。生产工艺设备的密封失效或事故，会造成可燃气体泄漏和轻烃大量挥发。为了避免爆炸、火灾事故的发生，需要用可燃气体报警仪对危险区域的环境进行检测报警，并带动联锁装置自动开启风机，排除险情。

可燃气体报警仪，目前常用催化燃烧式和半导体气敏式两种。一般由探测器和报警控制器组成。探测器的作用是将可燃气体的浓度转换成电信号。控制器一方面对传感器提供电源，另一方面将传感器送来的信号放大、处理、显示或报警。控制器上可以显示实时气体浓度、指示正常、故障或报警状态，也可以对探测器进行零点校准、灵敏度校准、高/低限报警值的设定。

5.5.1　检测原理

催化燃烧式和半导体气敏式可燃气体报警仪，都是用气敏电阻作为测量元件，将其连接在如图 5.27 所示的平衡电桥中。当空气中有可燃气体时，气敏元件电阻变化，造成电桥失去平衡，电桥输出一定的电压信号，测量电信号的大小就可以确定可燃气体的浓度。桥路中，电阻 T_1 为检测用气敏电阻，T_2 为补偿元件，用于补偿环境温度、电源电压变化等因素的影响。补偿元件上没有催化剂，不与可燃气体起作用。有的气敏元件将检测、补偿元件封装在一起。

1. 催化燃烧式气敏元件

催化燃烧式气敏电阻（见图 5.28），是用氧化铝、氧化硅粉末与作为催化燃烧的催化剂材料——金属钯盐溶液混合成膏状，涂覆在金属铂丝周围后，经干燥、高温烧结后，制成的一个具有无数微孔的陶瓷样元件。气敏电阻被安装在陶瓷基座上，封装在不锈钢滤网罩内。

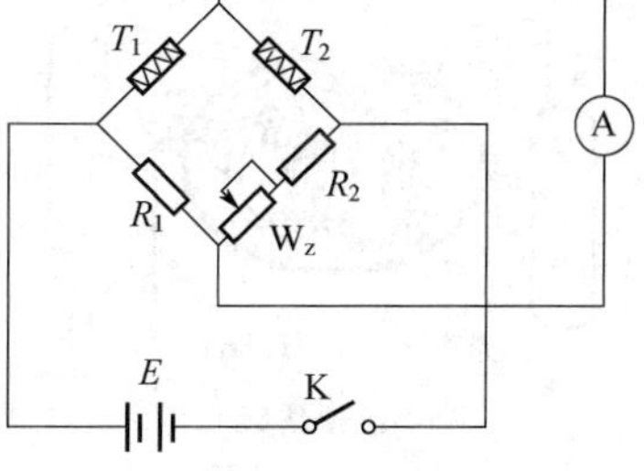

图 5.27　气敏探测器测量桥路

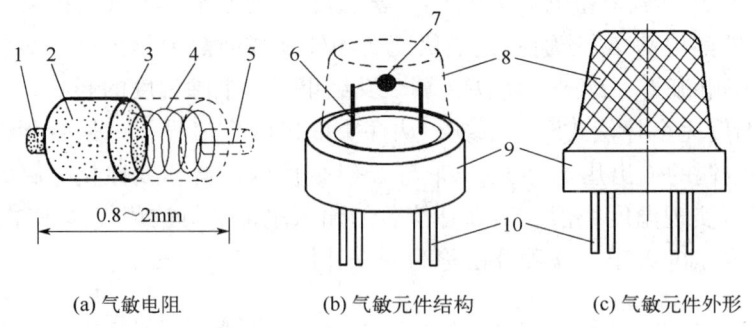

(a) 气敏电阻　　　　　　(b) 气敏元件结构　　　　　(c) 气敏元件外形

图 5.28　催化燃烧式气敏元件

1,5—引出电极；2—催化剂层；3—氧化铝-氧化硅烧结体；4—铂丝；6—支撑电极；
7—气敏元件；8—不锈钢护网；9—陶瓷基座；10—引脚

工作时，给气敏元件的铂丝上通一电流，将其加热到200~400℃的温度下，可燃气体经钯的催化作用，与氧气发生强氧化反应，产生无焰燃烧而放热，其放热量与可燃气体的浓度有关。空气中可燃气体浓度越大，所产生的燃烧热越多、温度越高，其内铂丝的电阻越大，桥路输出电压越大。

2. 半导体气敏元件

半导体气敏元件有电阻型和非电阻型两类。这类气敏元件制造成本低，工作稳定性尚好，检测灵敏度也较高。

电阻型半导体气敏元件利用气体在半导体表面的氧化或还原反应，引起半导体载流子数量的增加或减少，从而使敏感元件电阻值变化。电阻型半导体气敏元件一般由半导体、加热器和封装体等部分组成。加热器的作用是将附着在敏感元件表面上的尘埃、油雾烧掉，加速气体的吸附，提高其灵敏度和响应速度。加热器温度一般控制在200~400℃左右。

电阻型半导体气敏元件从结构型式来分有烧结型、薄膜型和厚膜型三类。图 5.29 给出几种电阻型半导体气敏元件的典型结构。其中图 5.29(a) 所示为烧结型气敏元件，是以 SnO_2 半导体材料为基体，将铂电极和加热丝埋入 SnO_2 材料中，压制烧结成形，固定在支架上封装而成。图 5.29(b) 所示为薄膜型器件，采用蒸发或溅射工艺，在石英基片上形成氧化物半导体薄膜，其厚度在 $1\mu m$ 以下。加热器贴敷在石英片的反面。薄膜型器件制作方法简单，气敏特性较好。图 5.29(c) 所示为厚膜型器件，是将 SnO_2 或 ZnO 等材料与 3%~5% 的硅凝胶混合制成厚膜胶，将其与装有铂电极的氧化物基片组合烧结制成。这种器件离散性

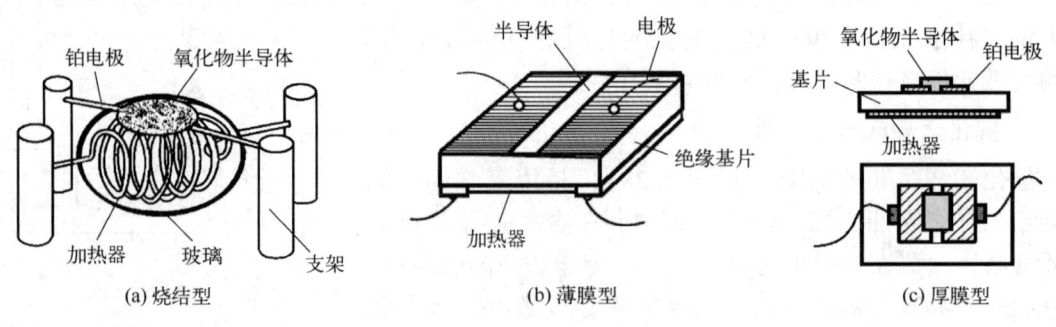

(a) 烧结型　　　　　　　　(b) 薄膜型　　　　　　　　(c) 厚膜型

图 5.29　几种半导体气敏元件的典型结构

小，机械强度高，适合大批量生产，是一种有前途的器件。

非电阻型半导体气敏元件是将 MOS 场效应管的栅极材料改用对特定气体有很强吸附性的材料，使器件对某些气体敏感。这一类器件的特性尚不够稳定，目前一般用作气体泄漏的检测的开关型元件。

5.5.2 结构类型

可燃气体报警仪，有手持式、固定式两类，工业现场一般采用固定式。手持式由电池供电，便于携带，一般用于移动检查、检验。固定式报警仪有一个探测器配一个控制器的点式，也有一个控制器配多个探测器的多通道式。某可燃气体报警仪探测器、控制器组成及结构如图 5.30 所示。多通道可燃气体报警仪，多个探测器共用一个控制器，进行巡回检测、显示报警。有的采用现场总线方式，每一探测器都有内置唯一的通信地址。控制器与探测器间采用总线方式连接，多个探测器共用 2 条信号线和 2 条电源线，方便安装，自动化程度高，功能多，精度高。

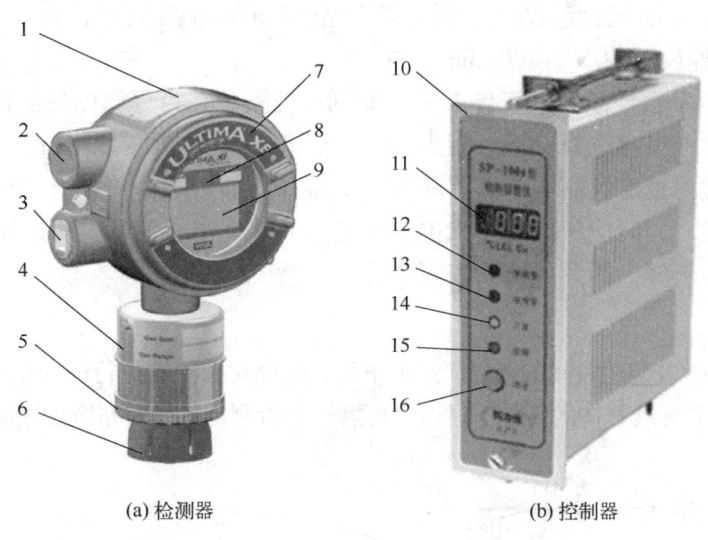

(a) 检测器　　　　　　　(b) 控制器

图 5.30　可燃气体报警仪组成及结构图

1—检测器壳体；2—接线出线孔；3—备用出线孔；4—传感器座；5—气敏元件保护罩；6—通气格栅；
7—检测器盖；8—工作状态指示；9—LED 浓度显示；10—报警器面板；11—LED 浓度显示；
12——级报警指示灯；13—二级报警指示灯；14—自检按钮；15—设置按钮；16—消音按钮

可燃气体探测器、报警器的指示是以可燃气体爆炸下限浓度 LEL 的百分比为单位的。当指示 100%LEL 时，探测器所检测到的可燃气体浓度刚好达到其在空气中爆炸的下限浓度。如甲烷（天然气的主要成分）在 20℃ 时的爆炸下限浓度为 15%。报警器报警下限一般设为 25%LEL，报警上限为 50%LEL。当控制器检测到燃气浓度大于可燃气体的报警下限浓度时，驱动控制电路进行声光报警。当燃气浓度大于报警上限浓度时，驱动内部继电器实现连锁控制。

可燃气体报警仪主要技术指标如下：

（1）检测气体为液化石油气、油制气、天然气、酒精、甲烷等可燃气体。

(2) 测量范围为 0~100%LEL。
(3) 分辨率为 1%LEL。
(4) 精度为不大于±5%LEL。
(5) 响应时间为不大于 30 秒。
(6) 传感器使用寿命为三年（典型值）。
(7) 使用环境温度为–40~+70℃，相对湿度≤90%。

5.5.3 安装与校准

1. 安装

探测器都是通过扩散方式采样，所以必须使气敏元件接触到目标气体才行。因而，探测器安装的原则就是安装在最大可能探测到目标气体的位置。以下因素是必须考虑的：

(1) 检测天然气、甲烷等比空气轻的可燃气体，其安装高度宜高出释放源 0.5~2m，且与释放源的水平距离宜小于 5m。

(2) 检测液化石油气、油制气、酒精等比空气重的可燃气体，其安装高度应距地面 0.3~0.6m，且与释放源的水平距离 5m 之内。

(3) 空气的流动会导致目标气体散失，探测器应安装在目标气体易于积聚的地方。

因此，探测器选点应选择阀门、管道接口、出气口等易泄漏处附近方圆 1m 的范围内，尽可能靠近。同时尽量避免高温、高湿环境，要避开外部影响，如溅水、盐雾、积灰及造成机械损坏的可能性。同时应考虑便于维护、标定。另外，半导体气敏元件长期处于有硫环境容易造成气敏特性下降，因此要在安装时注意。

2. 校准

传感器性能会随着使用时间的增加而逐渐下降，定期对探测器进行校准是十分必要的。校准必须由专业人员在有标准气体的条件下进行。可燃气体检测器校验时系统连接如图 5.31 所示。

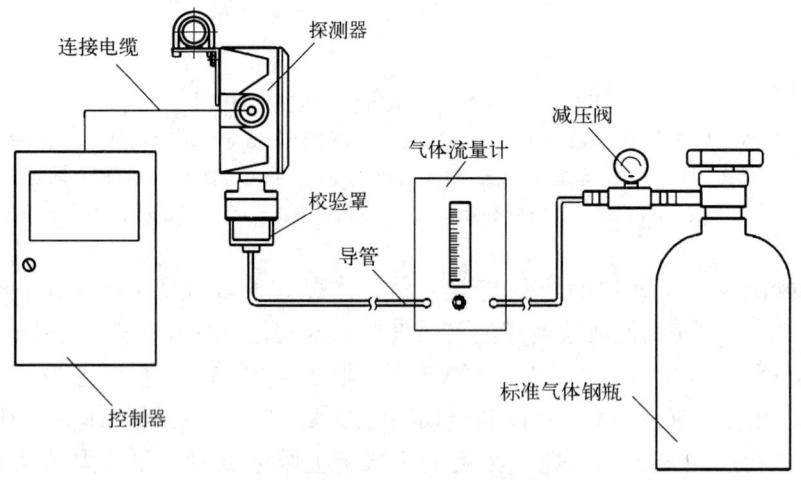

图 5.31 校验探测器连接图

(1) 开启控制器电源，预热 10min，待探测器进入稳定工作状态时，在洁净空气中标定零点，调至指示 0%LEL。

（2）将标准气（一般用50%LEL甲烷气体或其他标准气体）瓶、流量计及校验罩用气管连接好后，打开气瓶开关，调流量计调节钮，使气体流速为0.2~0.3L/min，约两分钟后，将校验罩罩在探测器探头上，这时可燃性气体扩散进入传感器，约1min后调整控制器使之指示50%LEL。

（3）为了保证探测器的准确性，建议每半年进行灵敏度校准。

习题

一、选择题

1. 石油生产、加工过程中，需要经常测量的成分及物性参数有（　　）。
   [A] 原油密度、含水率　　　　　　[B] 天然气和成品油的组分
   [C] 易燃、有毒气体的浓度　　　　[D] 以上全是

2. （　　）不是分析仪表。
   [A] 密度计　　　　　　　　　　　[B] 色谱分析仪
   [C] 可燃分析报警仪　　　　　　　[D] 质量流量计

3. 振动式密度计中，当被测介质密度增加时其振动频率（　　）。
   [A] 增加　　　[B] 减小　　　[C] 不变　　　[D] 不定

4. 单振动管密度计测量精度高、灵敏度高、测量范围窄，能连续在线测量。最大测量误差（　　）。
   [A] 0.005g/cm^3　　　　　　[B] 0.001g/cm^3
   [C] 0.001kg/m^3　　　　　　[D] 0.01g/cm^3

5. 双振动管密度变送器中，被测介质密度与脉冲输出信号的关系为（　　）。
   [A] ρ_x 正比于 T_x　　　　　　[B] ρ_x 正比于 f_x
   [C] ρ_x 正比于 f_x 的平方　　　[D] ρ_x 正比于 T_x 的平方

6. 音叉式密度计在被测介质（　　）变化时，会影响谐振频率，需要补偿。
   [A] 温度　　　[B] 压力　　　[C] 含水　　　[D] 密度

7. 电容式原油含水分析仪是根据原油和水的（　　）差异较大的性质，测量原油中水的含量。
   [A] 黏度系数　　[B] 介电常数　　[C] 磁导率　　[D] 密度

8. 电容式原油低含水分析仪中，计量电容采用（　　）电容器。
   [A] 平板式　　[B] 同轴式　　[C] 可调式　　[D] 筒式

9. 微波是一种高频电磁波，微波式原油含水分析仪所用的微波频率为（　　）。
   [A] 1MHz　　[B] 10MHz　　[C] 1GHz　　[D] 0.5~3GHz

10. 微波式原油含水分析仪是利用微波在含水原油中产生的不同反射工作的，含水升高时反射微波的强度（　　）。
    [A] 增加　　　[B] 减小　　　[C] 不变　　　[D] 不定

11. 辐射型原油含水分析仪是基于油、水介质对（　　）射线的吸收不同，通过检测射线穿过油、水混合物后的透射强度，实现对原油含水率的在线测量的目的。
    [A] γ射线　　[B] β射线　　[C] X射线　　[D] 光线

12. 氧化锆分析器在（　　）下才能正常工作。

[A] 600℃以下　　　　　　　　[B] 600~800℃
[C] 850℃以下　　　　　　　　[D] 1000℃以上

13. 直插定温式氧化锆检测器主要由碳化硅陶瓷过滤器、氧化锆管（　　）、恒温加热器、氧化铝陶瓷气体导管和接线盒等组成。

[A] 热电偶　　[B] 热电阻　　[C] 霍尔元件　　[D] 除法器

14. 催化燃烧式气敏元件，可燃气体在（　　）℃的温度下，经钯触媒催化作用，与氧气发生氧化反应，产生无焰燃烧。

[A] 100~200　　[B] 200~400　　[C] <200　　[D] >400

15. 可燃气体探测器、报警器的指示是以可燃气体爆炸下限浓度的百分比为单位的，其缩写为（　　）。

[A] LCD　　　[B] LED　　　[C] LEL　　　[D] LOL

二、判断题

1. 振动管中介质密度增加时振动频率减小，因此可以间接测量被测介质密度的大小。（　　）

2. 双振动管密度计，其振动频率在理想情况下与介质温度、压力、黏度均无关。（　　）

3. 振动管维持振动是经检测线圈检测、放大移相后，经激振线圈驱动铁芯合拍地吸动振动管、补充振动的能量损耗。这是一种自激振荡，负反馈的结果。（　　）

4. 单振动管（直管）密度计的特点是结构更加简单、易于加工、重量轻、易清洗。（　　）

5. 振筒式密度计也是一种双管振动式密度计。（　　）

6. 音叉振动式密度变送器最大的特点是由于振动音叉处于无边界的被测液体中，音叉振动时，带动液体一起振动，液体密度改变了音叉的振动频率。（　　）

7. 电容含水分析法中所用同轴电容器的电容量 C 与含水原油的介电常数成正比关系。（　　）

8. 电容含水仪的结构形式有插入式、通过式、旁通式三种，其中插入式还有带压安装形式。（　　）

9. 电磁波谐振式含水分析仪也是一种电容式含水分析仪，其特点是其电容的测量采用电磁波谐振式原理。（　　）

10. 微波式原油含水分析仪是利用微波在含水原油中产生的不同反射工作的，含水升高时反射微波的强增加。（　　）

11. 微波含水分析仪的补偿电极，用于检测原油的电阻率，以确定水在原油中的分布状态是油包水、还是水包油。（　　）

12. 辐射型原油含水分析仪是基于油、水介质对 β 射线的吸收不同，通过检测穿过油、水混合物后的透射强度，实现对原油含水率的在线测量的目的。（　　）

13. 辐射型原油含水分析仪增加了一个散射探测器，可以同时测量原油含水率和含气率。（　　）

14. 氧化锆分析仪的基本工作原理基于温差电池原理。（　　）

15. 氧化锆敏感元件是一种陶瓷样氧化锆管。是在氧化锆中掺入一定量的氧化钙或氧化钇等低价稀土氧化物，在高温下烧结制成的。（　　）

16. 氧浓差电池是利用氧化锆固体电解质作成检测器检测混合气体中氧气的含量。（　　）

17. 氧化锆分析器在600~800℃范围下才能正常工作。（　　）

18. 直插定温式氧化锆测温系统由氧化锆探头、温度控制器、加热器、显示记录表组成。（　　）

19. 可燃气体传感器性能会随着使用时间的增加而逐渐下降，定期对探测器进行校准是十分必要的。标定间隔时间一般为一年。（　　）

20. 传感器使用寿命一般为5年（典型值）。（　　）

三、填空题

1. （　　　　）是指在由多种物质构成的混合物中，测量某一种物质所占比率的过程。

2. （　　　　）是指测量某种物质的物质特性，如密度、黏度、酸度、电导率等。

3. 双振动管密度变送器由（　　　）、（　　　）、（　　　）、（　　　）、（　　　）等组成。

4. 双振动管外径约为（　　）mm，壁厚为（　　）mm，长约（　　）mm，两管自然谐振频率完全相同而且振动方向相反，这样可抵消管端的反作用力。

5. 振筒式密度计最大特点是被测液体从振动管内、外侧流过，故压力效应对它（　　）影响。

6. 振动管密度计的安装方式，有（　　　）、（　　　）、（　　　）三种，而音叉式密度计只能（　　　　）。

7. 通常情况下人们认为原油乳化液的介电常数只与含水率有关，而实际上介电常数与原油的（　　　）、（　　　）、（　　　）、（　　　）、（　　　）等因素都有关系，因此这种含水仪必须进行现场标定。

8. 辐射型原油含水分析仪是基于油、水介质对（　　　）的吸收不同，通过检测穿过油、水混合物后的透射强度，实现对原油含水率的在线测量的目的。

9. 氧化锆分析器由（　　　）、（　　　）组成。

10. 在炉烟道上安装氧化锆氧分析器的作用是（　　　　）、（　　　　）、（　　　　）。

11. 氧化锆分析器是利用（　　　　）工作的。氧化锆探头有（　　　　）、（　　　　）两种。

12. 氧浓差电池是利用（　　　　）作成检测器检测混合气体中氧气的含量。

13. 在色谱柱中流动的是气体，即流动相为气体的色谱分析仪称为（　　　　）。

14. 氢火焰离子化检测器只适用在对（　　　）、（　　　）、（　　　）、（　　　）的检测中。

15. 可燃气体报警仪，有手持式、固定式两类，工业现场一般采用固定式。由（　　　）、（　　　）组成。

16. 可燃气体探测器检测天然气、甲烷等比空气轻的可燃气体，其安装高度宜高出释放源（　　）m，且与释放源的水平距离宜小于（　　）m。

四、简答题

1. 分析仪表的作用是什么?
2. 振动式密度计是根据什么原理测量密度的?
3. 振动管是如何维持振动的?
4. 电容式原油含水分析仪的基本测量原理是什么?
5. 移相式微波式原油含水分析仪的基本组成是什么?有几种形式?
6. 辐射式原油含水分析仪的组成有哪些?
7. 氧化锆氧分析仪的组成有哪些?
8. 为什么氧化锆氧分析器不能用于可燃性气体含量较大的混合气含氧量分析?
9. 简述催化燃烧气敏元件的测量原理,可燃气体报警仪的组成是什么?为什么要定期校验?

项目六 输油管道泄漏监测

本教学项目以输油管道泄漏监测任务的实现为载体，阐述了负压波法泄漏检测技术，主要介绍了油气集输储运生产中广泛应用的硅谐振高精度压力变送器、智能型压力变送器、质量流量计及泄漏监测系统等内容。

【学习重点】
1. 输油管道泄漏监测系统的工作原理及组成。
2. 智能差压变送器的组成、特点及应用。
3. 硅谐振压力变送器的结构原理。
4. 质量流量计的结构原理及应用。

【核心知识点】
1. 负压波法、输差分析法，以及输油管道泄漏监测原理和系统组成。
2. 智能仪表特征、智能差压变送器。
3. HART 协议、手操器、智能差压变送器参数组态与调校。
4. 硅谐振压力传感器的原理、特点。
5. 科里奥利力、质量流量计的结构及特点。

模块 6.1 输油管道泄漏监测概述

输油长输管道在使用中不可避免的老化、腐蚀等原因，会造成管道泄漏。这不仅会严重干扰正常生产，还会造成巨大的经济损失和环境污染，所以输油长输管道内外的泄漏测量与控制对维护国家能源安全和公共安全是十分重要的。

党的二十大报告明确将确保能源安全作为维护国家安全能力的重要内容。能源安全是关系国家经济社会发展的全局性、战略性问题，确保能源安全始终是中国做好能源工作的首要任务。输油管道发生泄漏事故后，在造成环境污染的同时，还会形成安全隐患，危险的泄漏介质可能引发严重的爆炸事故，造成巨大的生命和财产损失。运用输油管道泄漏监测技术，可以在输油管道泄漏发生的第一时间及时确定泄漏位置，采取相关补救措施，避免事故的发生，是加强能源产供销体系建设的重要举措之一，是能源生产安全和人员生命财产安全的重要保障。

泄漏是输油管道运行中的主要故障。国内相当比例的原油管道建成使用多年，管线、设备老化，输油管道腐蚀、突发性的自然灾害（如地震、滑坡）或第三方不知情的情况下施工破坏等原因往往会造成管道穿孔、破裂。特别是近年来，犯罪分子打孔盗油问题导致的泄漏事故时有发生，威胁着长输管道的安全，给国家造成巨大的经济损失和环境污染，严重干扰了正常的输油生产，也给生产带来重大安全隐患。因此，泄漏监测不仅成为目前输油管道安全生产管理的重要工作内容，今后也将是管道正常运行不可缺少的保障。实现输油管道的泄漏监测，对于及时发现泄漏故障、确保生产和管线的安全运行、提高长输管道的现代化管理水平等具有重要的意义。

6.1.1 管道泄漏监测方法

我国长距离输油管道泄漏监测技术的研究始于20世纪90年代，清华大学、天津大学、北京大学、中国石油大学等都在这一方面做过研究。而真正实际应用则是在2000年以后，由于油区治安形势恶化、犯罪分子打孔盗油犯罪猖獗，使测漏技术得到了大规模地研究与推广应用。综合利用负压波法、流量平衡法、瞬态模拟法、声波检漏法等方法形成的泄漏监测系统迅速得到推广应用，在实践中发挥了巨大的、不可替代的作用。目前建设的管道泄漏检测系统一般要求能够实时监测管道的运行动态，实时检测管道泄漏，并确定泄漏点的位置。

泄漏的自动监测技术，大体可分为两类：一类是检测管道内流体运行参数，通过检测因泄漏引起的压力、流量等管道运行参数发生变化检漏；另一类则靠检测管道本身状况，如利用智能清管器检测壁厚检测，主要用于管线寿命及泄露可能性评估，不能进行实时泄露检测和人工盗孔泄露检测。

随着计算机技术的迅速发展以及SCADA系统在管线上的应用，出现了一类在线实时检测技术。这类检测方法以软件为主，软硬件结合，实时采集管线中输送流体的压力、流量等信号分析处理，进行泄漏检测和定位，正逐步成为泄漏检测和定位方法的主流和趋势。

输油管道测漏方法主要有两类：直接测漏方法和间接测漏方法。

直接测漏方法就是利用预置在管道外的检测元件（如检漏线缆、光纤），直接测出泄漏介质。这种方法可以检测到微小的渗漏，并能精确定位。如美国泰科的酸碱敏感电缆TraceTek，其感应线由四根不同类型的导线组成，其中两根材料为导电聚合物。在无泄漏时其中两根导线间电流值为正常，当感应线被泄漏物浸泡，则两根导电聚合物之间被短接，并使所测电流值发生变化，控制器由此根据欧姆定律确定电缆的电阻及短路段长度，通过测算，就能得到发生故障泄漏点的位置。英国Sensornet光纤通过检测管道温度的变化来判断泄漏的发生。前者的缺点是检测距离短，一般在300m以内；后者虽然最长可达到30km，但是依靠温度变化来推测，可能会有误报和漏报。两者的共同缺点是需要新管道敷设时安装，旧管道改造时施工费用昂贵，每公里材料费用达到10万元左右。

间接测漏方法就是通过检测管道运行参数（压力、流量、音频传导）的变化推断出泄漏的发生，比较常见的如负压波法、输差分析法、次声波法等。这类方法的灵敏度不如直接测漏方法的高，适合检测较大的泄漏（一般在1%左右），优点是可在管道建设后不影响生产的情况下安装，可不断升级。

目前，在美国、日本、德国等国家立法要求所有危险介质管道（如输油管线、化工管道）都必须安装测漏系统，实时测漏系统已经成为管道必备的组成部分，而测漏线缆方法在机房、加油站等场合也有少数配置。

6.1.2 管道测漏系统工作原理

目前，输油管道泄漏监测系统主要采用负压波、输差分析两种方法实现泄漏监测报警。

泄漏点定位主要靠负压波检测。当管道上某处突然发生泄漏时，在泄漏处将产生瞬态压力突降，这种负压波动以一定的速度自泄漏点向两端传播，上下游压力传感器捕捉到特定的瞬态压力降的波形，由软件进行泄漏判断，从而得出泄漏点。

1. 负压波法

当长输管道发生泄漏时，由于管道内外的压差，使泄漏处的压力突降，泄漏处周围的液体由于压差的存在向泄漏处补充流动，在管道内产生一个短时间的负压波动——负压波，从泄漏点向上、下游传播，并以指数规律衰减，逐渐归于平静。负压波持续时间很短，并不会因为泄漏持续而产生连续的负压波，虽然沿管线压力梯度有所变化。

管道两端的压力传感器接收管道的瞬变压力信息，从而判断泄漏的发生，通过测量泄漏时产生的瞬时负压波到达上游、下游两端的时间差和管道内的负压波的传播速度，就可以计算出泄漏点的位置。为了克服噪声干扰，可采用小波变换或相关分析等方法对压力信号进行处理。

负压波的传播规律与管道内的声音、水击波相同，其速度等于工作状态下管道原油中的声速，取决于管壁的弹性和液体的压缩性。国内曾经实测过大庆原油管道在平均油温44℃、密度845kg/m^{3}时的水击波传播速度为1029m/s。对于一般原油钢质管道，负压波的速度为1000~1200m/s，频率范围为0.2~20kHz。压力点分析方法对于突发性泄漏比较敏感，能够在3min内检测到，适用于监视犯罪分子在管道上打孔盗油的行为，但是对缓慢增大的腐蚀渗漏不敏感。

苏联从20世纪70年代开始研究和使用自动测漏技术，负压波测漏系统的普及使输油管线泄漏事故减少了88%。

2. 输差分析法

输差分析法是指管道出现泄漏时，根据首末两端流量平衡判断管道泄漏。这是一种最基本、可靠的检漏方法，但不能确定泄漏点的位置。管道在正常运行状态下，管道输入和输出流量应该相等，泄漏发生时必然产生流量差，上游泵站的流量增大，下游泵站的流量减少。但是由于管道本身的弹性及流体性质变化等多种因素影响，首末两端的流量变化有一个过渡过程，所以，流量差法不能定位，反应慢，但是可靠性较高，它跟压力波结合使用，可以大大减少误报警。

输差分析判断泄漏，要求在管道首、末及各中间站的出、入口管道上安装精密流量计。此法设备投资较大、泄露量小于流量计误差范围的无法检测到。为了提高判别漏失的可靠性，正确选择测量仪表是十分重要的。首末端流量计是管道检漏的基础，采用质量流量计或容积式流量计，精度不低于±0.15%；管道压力测量精度±0.25%，复现性高于±0.1%；温度传感器高于±0.05℃的测量精度。

6.1.3 管道测漏系统的构成

1. 管道测漏系统的总体结构

泄漏监测系统通过局域网进行数据传输，分别在输油管线的首端、末端安装现场仪表及数据采集系统。泄漏监测系统分别在首、末站上配备高精度压力变送器、精密流量计、温度传感器等现场仪表和信号采集设备，用于测量并采集首、末站管线的上下游压力、流量和温度等信号；在采油厂监控中心设立服务器，并分别在首、末站提供用于显示实时曲线、历史趋势曲线和泄漏报警信息的客户端计算机。根据用户需要，在局域网上任何一台联网的计算机也可以通过安装客户端程序变成监测系统的客户端计算机，以提供实时曲线、历史趋势曲线和泄漏报警信息的远程显示功能。服务器、所有的客户端计算机和所有的信号采集设备都连接在局域网上并通过 TCP/IP 协议进行数据传输。服务器上运行的服务器程序主要负责收集、处理和保存所有信号采集设备所采集的数据、自动进行泄漏检测和定位的计算以及整个监测系统的调度。服务器还可连接打印机以打印管理报表。

客户端计算机上的客户端程序主要负责显示每段管线的压力、温度和流量的实时曲线、历史趋势曲线以及每段管线的泄漏报警信息。

一套输油管道测漏系统（图 6.1）主要由四部分构成：数据采集仪表、现场数据采集站、通信系统、上位机软件。

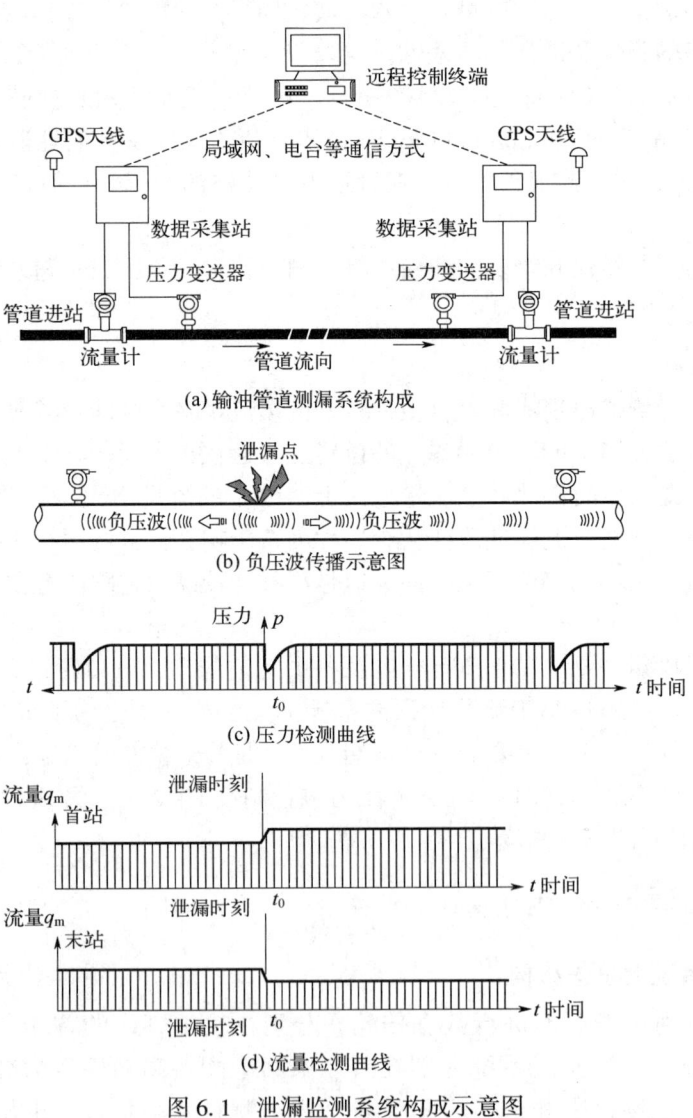

(a) 输油管道测漏系统构成

(b) 负压波传播示意图

(c) 压力检测曲线

(d) 流量检测曲线

图 6.1　泄漏监测系统构成示意图

2. 数据采集仪表

1) 压力变送器

压力变送器测量采集管道两端的压力，以判断负压波。由于负压波相对于管道压力非常之小，因此必须采用高精度、高稳定性压力变送器。压力变送器应安装在尽量靠近站外的主干线且最好在室内的位置，这既是为了尽量减小管道内压力波被阀门等元件削弱，也为了减少被雷击概率和取压管冻堵等不利因素。取压口应在管道侧部水平安装，避免在管道上方垂直安装而可能造成管道介质中气体在此积聚而影响仪表灵敏度。

关于压力变送器的选型，由于检漏是依靠压力的相对变化趋势，压力数据需要相对准确，更是要灵敏，因而可重复性性能指标比精度更为重要。一般情况下，应选用精度在0.1%以上的仪表，如 ROSEMOUNT 3051GP 型压力变送器和硅谐振式压力变送器。SCADA 系统中压力传感器的量程应尽量宽一些，即使管道末端的进站压力，也要考虑到因误操作而导致憋压，量程按首站出站的最高压力选取。测漏系统中，压力变送器的量程应尽量缩小，以提高灵敏度；阻尼设置应小于 10ms。

2) 流量计

流量计用于测量管道首末站之间的输差。如果管道泄漏轻微或盗油分子故意减小泄漏量，原油输差相对于输送流量很小，因此需要流量计具有较高的精度和很高的稳定性。特别是首末端的流量计一致性要好，一般需要采用同型、同规格流量计，同步标定才能做到。输油流量计有很多种，这里推荐两种：容积式流量计和质量流量计。最常用的是容积式流量计，如腰轮流量计、刮板流量计，其次是质量流量计。精度等级应优于 0.25 级。

质量流量计的安装应该尤为注意，必须采用"旗"式安装，要求原油从下往上流。因为原油中往往可能含有天然气或泥沙等杂质，U 形管朝上会导致油中含气积聚在顶部，朝下则会导致泥沙沉积在底部，都会严重影响流量计精度，甚至使其无法运行。

3. 数据采集站

数据采集站由数据采集模块 RTU、压力变送器、流量计、GPS 模块以及安全栅等设备组成。GPS 时间采集器采集卫星的标准时间信号，用于测漏系统的校时，保证首末站监测数据的时间标准一致，防止产生较大的距离计算误差。数据采集模块 RTU 用于协调控制各测量仪表和模块的工作，汇总上传测量数据。

4. 通信系统

通信系统采用光缆局域网、电台和 4G 公网等通信方式传输实时数据。由于首末站压力、流量测量数据都赋值时间标签，因此传递延误不影响测量结果。

5. 软件

软件部分由数据采集、网络传输、数据分析报警、定位分析软件等组成，具有自动报警与人工分析定位功能。

通过软件可实现信号分析、数据滤波，这是实现泄漏检测的关键。为了克服噪声的影响，提高检测和定位的精度，系统采用了一些信号处理的方法来进行泄漏的检测和定位，如相关分析方法、小波变换方法等。

1) 相关分析方法

利用相关分析方法可以分辨在上下游测压点测量出的压力波信号的相关性，确定同一泄漏点事件的压力波。管线在 X_L 处发生泄漏，产生的负压波将以声速 a 向两端传播，并在 t_0 时刻和 $t_0+\tau_0$ 时刻分别为 P_1 和 P_2 检测到。通过软件建立如下相关函数：

$$\Phi(\tau) = \lim_{t \to \infty} \int_{-T}^{T} P_1(t) P_2(t - \tau) \mathrm{d}t \tag{6.1}$$

当未发生泄漏时，相关函数将维持在某一值附近，发生泄漏后，理论上，当 $\tau = \tau_0$ 时，$\Phi(\tau)$ 将达到最大值。考虑管道内流体的流动速度 W，泄漏的位置估计值为

$$\hat{X}_L = \frac{L}{2}\left(1 - \frac{W}{a}\right) + \frac{\tau_0}{2}\left(1 - \frac{W^2}{a^2}\right) \tag{6.2}$$

式中　$\hat{X}_L$——管线泄漏位置距离（距首站测压点）；

　　　L——首末站测压点总长度；

　　　W——管内原油的流速；

　　　a——原油中的声速；

　　　τ_0——经相关分析得到的首末站负压波峰值的时间差。

2) 小波变换方法

采用基于小波变换的去噪声滤波算法，可以有效地抑制噪声并剔除异常值等坏数据。小波变换是一种信号的时间—尺度分析，在时域、频域中均具有表征信号局部特征的能力，同时又是一种信号的多分辨率的时间—频率分析方法。小波变换作为一种新的信号处理技术，已经在许多工程领域中得到了应用。

连续小波变换可以有效地检测信号的奇异性，从而检测出强噪声背景下的信号边沿（缓变或突变）。将小波变换的这一原理用于泄漏负压波信号检测，可以提高检测的灵敏度和克服噪声的能力。

在泄漏所导致的压力下降沿附近，出现了不随尺度增大而衰减的负极值点，而噪声所对应的极值点都随着尺度的增大而迅速趋于零。

通过小波变换检测负压波的下降沿以进行泄漏检测，并进一步通过确定负压波到达上下游压力测点的时间差进行泄漏点定位。小波变换法不需要流量信号，不用建立管线的数学模型。它的局限性体现在：它要求泄漏的发生是快速的、突发性的，抗干扰能力差，对于工况扰动易误报警。

基于上述的信号处理基本原理，可以在系统中采用多种、泄漏检测和定位方法，并采用一定的协调机制，使整个系统具有较高的检测灵敏度和定位精度以及较强的抗干扰能力。

6.1.4　管道测漏系统监控需求及特点

1. 基本技术指标

输油管道泄漏监测系统的监控需求就是实时监测管道的运行状态，一旦发生泄漏，系统能立即自动报警，给出泄漏点位置，计算泄漏量。一般来说，可以采用三个技术指标来评价

系统的技术性能：灵敏度、定位精度、反应时间。灵敏度是指系统可以检测到的最小泄漏量，常用 m^3/h 来表示。目前系统可以达到的指标是不大于输油瞬时流量的 1%。定位精度是指系统对泄漏点的定位与实际位置的误差，一般 $\leq \pm 250m$。反应时间是指从泄漏发生到系统自动报警之间的时间，一般 $\leq 3min$。

某输油管道泄漏监测系统的实测曲线，如图 6.2 所示。

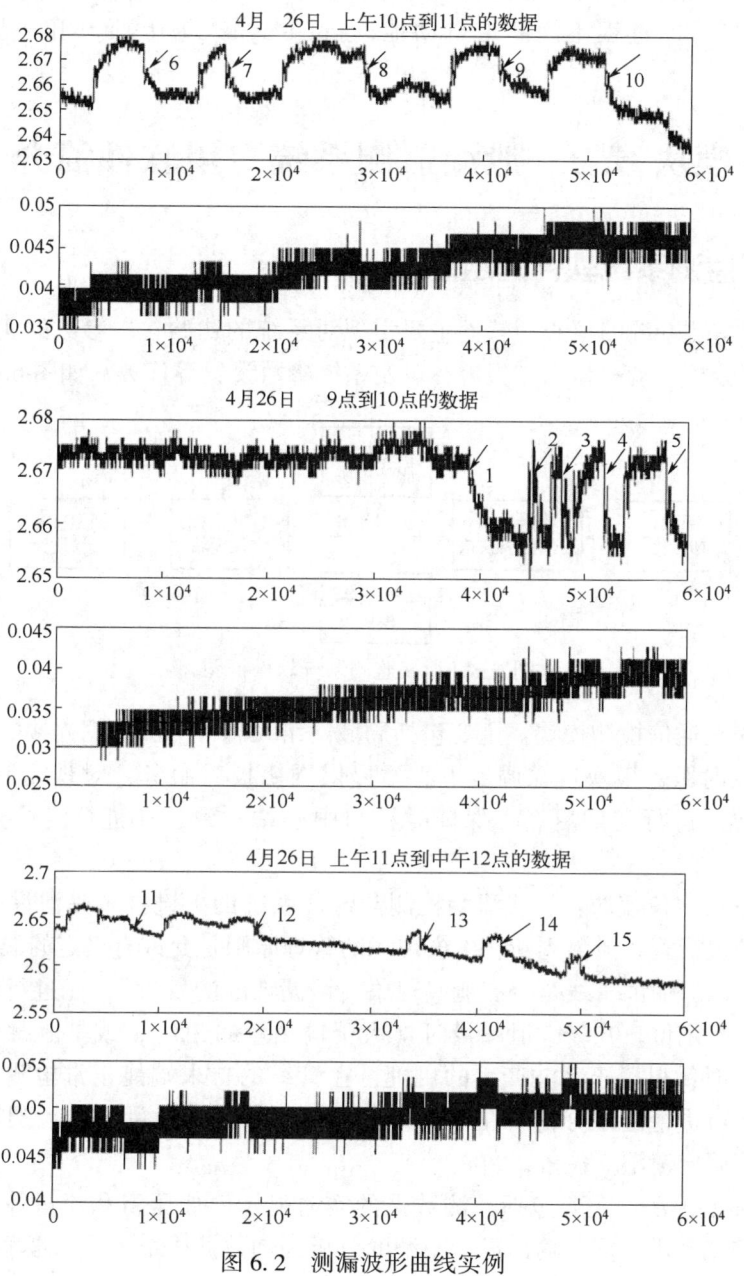

图 6.2　测漏波形曲线实例

2. 输油管道泄漏监测系统特点

系统采用流量平衡法和负压波法综合分析，用先进的软件算法进行泄漏检测和定位。

反应灵敏、定位准确,有效地克服了传统检漏方法受启停泵、流量调节等工况变化的影响。

系统的所有硬件、软件均利用油田现有的局域网进行通信,具有系统易于扩展、支持远程监控等优点。可以根据用户需要在各地可以联网的地方设置服务器配置监控系统,也可以根据用户需要配置客户端计算机,用于显示数据曲线和报警信息。

在实时监测泄漏点的同时,监控管道运行参数。出现泄漏时,能够准确计算泄漏量。

泄漏检测和定位的过程不间断地自动地进行,无须人为干预。用户界面友好,易于操作。

模块 6.2　泄漏监测系统专用软件简介

6.2.1　泄漏监测系统软件的组成

软件是泄漏监测系统的核心。软件主要实现对系统的初始化、参数的实时采集及传输、网络校时、数据分析、动态显示与报警,以及系统参数设置等任务,如图 6.3 所示。

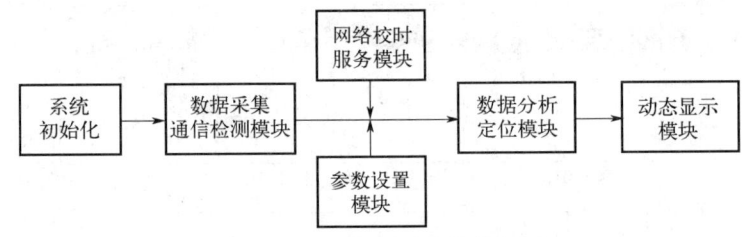

图 6.3　泄漏监测系统软件框图

(1) 数据采集通信检测模块:主要包括局域网络动态检测和数据连接的定期检测。

(2) 网络校时服务模块:在调度中心站提供网络校时服务,对现场 RTU 和 IPC 数据采集装置的时间钟进行定期更新,保证时钟与中心站一致,在进行定位分析,提高定位精度。

(3) 数据分析定位模块:管线泄漏检测与定位系统的关键技术是泄漏的判别和泄漏点的确定。首要是进行管线泄漏判断,生产现场的管理原则是允许有一定的误报警,但不能容忍出现漏报。所以对输油管线是否有泄漏现象(泄漏情况的发生),先进行初步判断,然后才是对泄漏点进行定位。在较大泄漏量时(大于输油量的 3%),或是泄漏率(单位时间内的泄漏量)较大时,根据压力波产生的机理,在管线的首末端能正常检测到,直接调用首末端压力数据即可进行定位分析。在小流量泄漏时(小于输油量 1%),通过建立管道水力模型进行分析,确定泄漏点位置。

(4) 动态显示模块:主要包括检测数据的实时显示,如压力和流量等,为系统管理人员提供直观的监视手段,同时输出显示系统的分析处理数据或结果,如报警、定位位置和时间的显示等。

(5) 参数设置模块:为了更好地保证检测数据的准确性和对不同输油工况变化的适应性,系统需要对相关数据进行修正,如压力流量的修正、泄漏判别阈值的设置、定位参数的设置和网络校时设置等。

6.2.2 泄漏监测软件的功能

1. 各模块的功能

系统按照功能分为数据采集、数据库服务器、泄漏检测与定位、调度和客户端等模块。

(1) 数据采集模块：运行在服务器计算机上，负责与信号采集设备进行通信，并远程收集其所采集的压力、温度、流量等数据。

(2) 数据库服务器模块：运行在服务器计算机上，负责对所有的实时数据、历史数据和报警信息进行基于数据库的管理和保存，并支持客户端程序的远程访问和操作。

(3) 泄漏检测与定位模块：是泄漏监测系统的核心模块，它运行在服务器计算机上，为每段管线提供实时、全自动和不间断的泄漏检测与定位计算。

(4) 调度模块：运行在服务器计算机上，负责服务器计算机上所有相关程序的调度。

(5) 客户端模块：客户端程序是整个软件系统中唯一提供用户界面的系统，可以运行在任何一台联网的客户端计算机上。该模块通过远程访问服务器上的数据库来远程显示每条管线的压力、流量和温度所对应的实时曲线、历史趋势曲线和泄漏报警信息。

2. 客户端程序

客户端程序包括总貌画面、实时画面、历史趋势画面和报警画面等几个主要画面。

(1) 总貌画面：用于显示所有管线两端的所有采样信号的实时曲线，实时曲线的起始时间为过去某一时刻，而终止时间为当前时刻，即实时曲线的数据既包含当前最新的采样数据，又包含从当前时刻向前推的一段历史数据。总貌画面按照一定的时间间隔不断自动刷新实时曲线（即实时曲线自动向前推进）以显示当前最新的采样数据。总貌画面的优点是可以同时看到所有管线的实时运行状况。

(2) 实时画面：用于显示实时曲线并按照一定的时间间隔不断自动刷新。每个实时画面都只显示一段特定管线的上、下游采样数据的实时曲线（系统只有一条管线时实时画面与总貌画面合二为一）。实时画面窗口还为用户提供了定制的功能，使用户可以根据需要随时在横、纵坐标两个方向上放大或缩小曲线的显示尺度，还可以随时启动或停止曲线的自动刷新（推进）。此外，实时曲线画面还支持游标的功能，用户只需将游标移到实时曲线上所关心的位置，即可方便地读出该点所对应的时间和幅度坐标值。

(3) 历史趋势画面：用于显示某条特定管线两端的采样数据的历史趋势曲线。它与实时画面的不同点是：历史趋势画面可以根据用户的要求显示任意两个时刻之间的历史数据曲线，其时间尺度可以远远大于实时曲线；历史趋势曲线是静止的，它并不随着时间的前进而更新。某段管线的历史趋势画面必须从相应的实时画面中启动。历史趋势画面也为用户提供了在横、纵坐标两个方向上放大或缩小曲线的功能。

(4) 报警窗口：用于向用户发出泄漏报警信息。在提供泄漏报警和泄漏位置的同时，系统还以特定声音提醒用户发生了泄漏报警。

模块 6.3　智能差压变送器

将微处理器应用于工业仪器仪表，就成为智能仪表。智能差压变送器就是其中最重要的一种,它在普通压力变送器的基础上增加了微处理电路,具有许多传统变送器所不具备的功能和良好的性能,一经出现,就获得了广泛的应用。

智能差压变送器具有测量、转换、运算、处理和自诊断等功能,可完成温度补偿和非线性误差修正等处理功能,能稳定地工作在环境温度变化较大的场合。智能差压变送器可以像普通变送器一样将压差转换成4~20mADC标准电流信号输出,此外,还可以在输出信号上叠加输出HART协议通信信号,进行数字信号通信,用HART手操器对变送器进行远程调整、设置与故障诊断。下面以罗斯蒙特公司的3051C型智能差压变送器为例做简要介绍。

6.3.1 智能差压变送器的组成、原理及数字通信

1. 智能差压变送器组成及原理

3051C型智能差压变送器由传感器模块和电子组件两部分组成,其原理如图6.4所示。

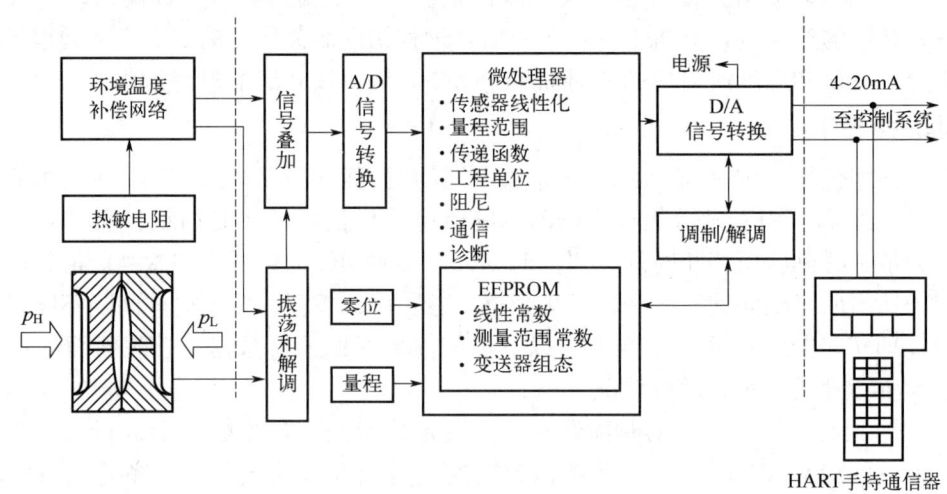

图6.4 3051C型智能电容差压变送器原理图

智能差压变送器由差动电容传感器和电子组件组成。

(1) 智能变送器上的差动电容式传感器与传统的不同。除了一个充油电容差压传感器外,还集成了一个热电阻温度传感器、一个EPROM储存器。存储器里保存着该电容传感器在不同温度条件下的校验数据,供微处理器调用进行温度补偿,提高变送器性能。被测压力差通过电容传感器转换为与之成正比的差动电容信号(电容式差压传感器组成原理在项目三中有详细介绍)。传感器内的热敏电阻还同时感受被测介质的温度,由温度补偿网络转换为补偿电压信号。

(2) 电子组件包括微处理器、储存模块和D/A信号转换器、通信模块。

上述电容和温度信号先通过A/D转换器转换为数字信号,然后再通过微处理器进行数据的处理(线性化、量程转换、温度补偿),之后输出部分将数字信号转换成4~20mADC电流信号,最后由通模块进行调制,叠加HART数字通信信号输出。

2. 智能型差压变送器的数字通信

HART协议采用基于贝尔202通信标准的移频键控(FSK)技术。如图6.5所示,通

过在 4~20mA 电流上叠加幅度为 0.5mA 两种频率的正弦交流信号来实现数字通信。频率 1200 交流信号代表数字 1，频率 2200 交流信号代表数字 0，通过两种频率的交替，实现二进制数字编码信号输出。由于交流正弦波的平均电流值是零，所以 HART 信号经隔直滤波后不影响 4~20mA 模拟输出信号。因此在不中断过程信号的情况下，实现了数字同时通信。

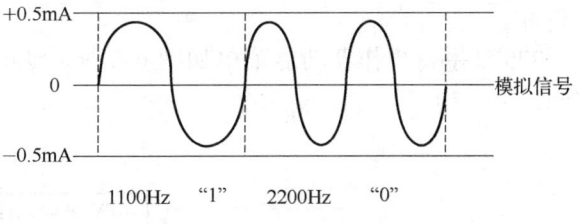

图 6.5 HART 通信原理图

HART 数字通信协议通过主令设备提供全系统的完整性信息。HART 协议有多站通信的能力，几个设备可连到单一的通信线上，适用于监控远程应用。

3051C 型智能差压变送器可以用 275 型手持操作器与变送器通信。275 型手持操作器实际上是一台具有 HART 通信协议的调制解调器，其上带有键盘和液晶显示器。需要时可以将手持通信器挂接到变送器信号回路上，与变送器进行数据交换。它既可接在现场变送器的信号端子上，进行就地设定或检测，也可以在远离现场的控制室中，通过挂接在某个变送器的信号线上来作远程设定或检测。其连接形式如图 6.6 所示。

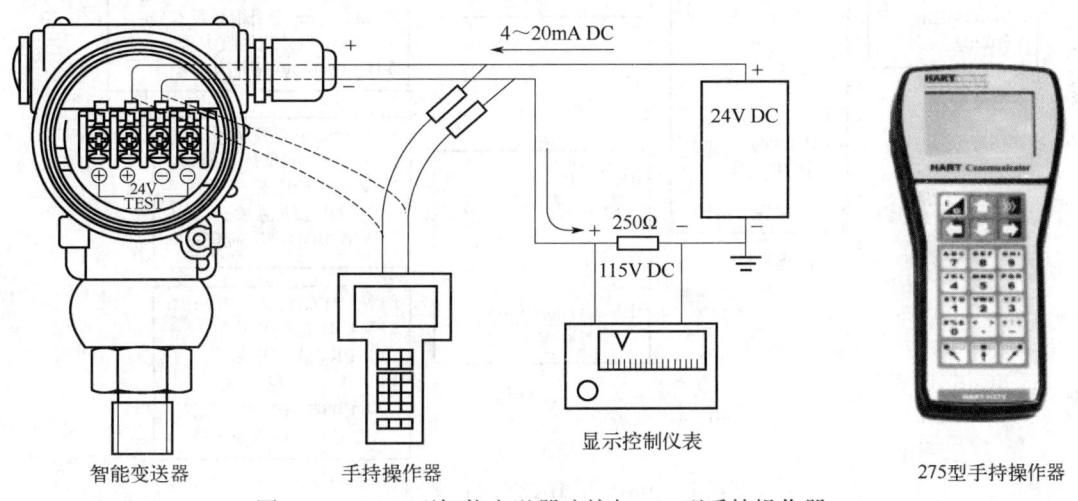

图 6.6 3051C 型智能变送器连接与 275 型手持操作器

手持通信器可以完成如下功能：

（1）组态：选择设置变送器的地址号、零点、量程、输出形式、滤波时间等，将参数传输到变送器的 EEPROM 中。

（2）抄表：读取并显示变送器中存储的重要信息，包括过程参量、零点和量程的校准。

（3）诊断：对组态参数、通信状态、变送器的运行状态进行诊断，显示故障代码。

6.3.2 智能差压变送器的组态与设置

3051C 型智能差压变送器的调校，主要包括测试和组态数据检验两个部分。调校可以在变送器安装后进行。组态包括两个方面：第一，对变送器可操作参数的设置，包括零点和量程设置、线性或开方根输出、工程单位选择、阻尼时间调整设置等；第二，可存入变送器的描述性信息，以识别、定义变送器。这些数据包括工位号、法兰类型、法兰材料、填充液、材料等。

275型手持操作器功能菜单如图6.7所示,可参照用于3051型智能差压变送器的参数组态。

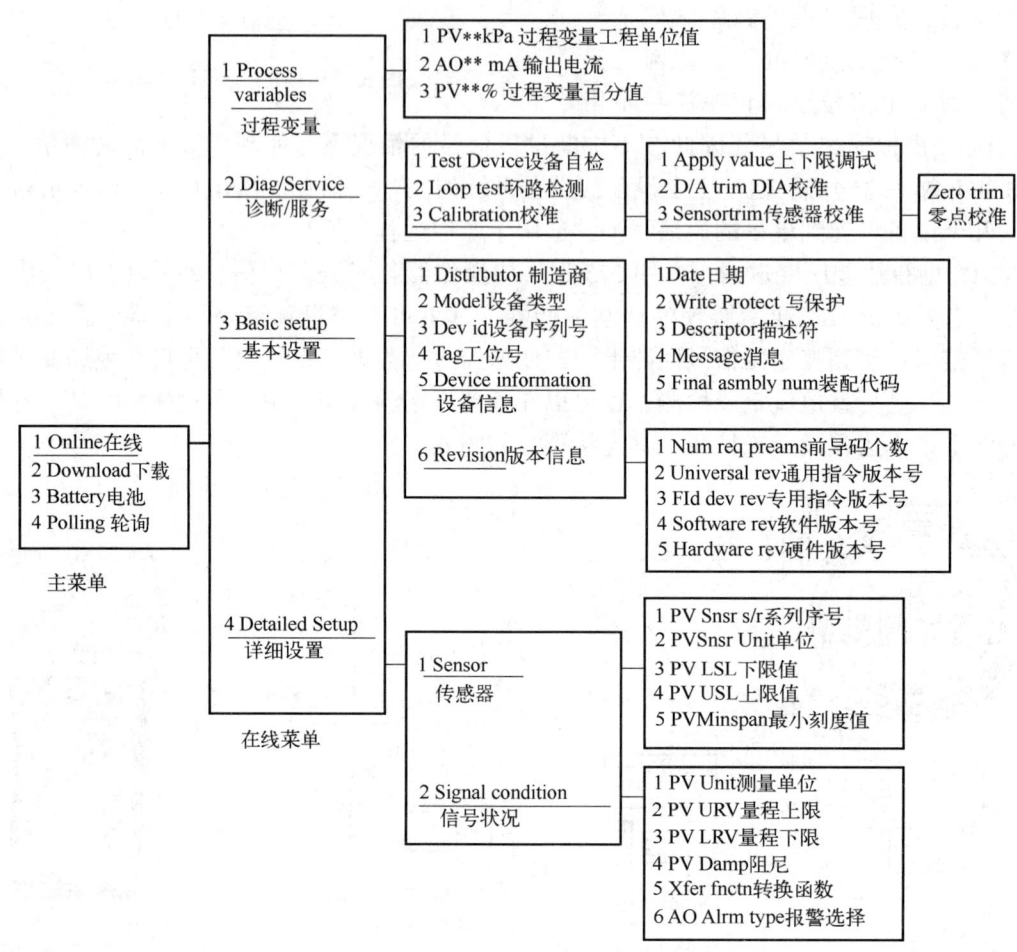

图6.7 3051C型HART通信装置菜单树

1. 按键说明

开/关键 ![icon]：打开和关闭手持操作器。

上移键 ![icon]：在菜单或者选项列表中向上移动光标。

下移键 ![icon]：在菜单或者选项列表中向下移动光标。

前移键 ![icon]：向左移动光标或者返回上一级菜单。

后移/选择键 ![icon]：向右移动光标或者选择菜单项。

确认键 ![icon]：确认选中的项。

文字数字和转换键 ←│↑│↗ ：主要负责数据输入。

一些菜单要求输入数据，可用文字数字键和转换键输入文字和数字信息。

如果在编辑菜单中直接按文字数字键，那么按下的是文字数字键中间的粗体符号键。这些符合包括数字从 0 到 9，以及小数点（.）和长划号（-）。如果要输入其他字符，则先按下转换键来选择所需字符在按键上相应的位置，然后按下所需字符所在的按键，不用同时按这两个键。例如，输入字符"R"，按键顺序为： ↗ │PQR 6 。按右转换键激活转换功能，这样右转换键被激活了，按"6"键，一个"R"出现在可编辑区域。

2. 常用功能指导

（1）读取被测参数值：在"在线"状态时，选择 1-"过程变量"并按右箭头键，即可进入监视变量功能。分别显示 PV＊＊＊kPa、AO＊＊＊mA、PV＊＊＊%，即被测参数的工程单位值、变送器输出电流值、被测参数与变送器量程的百分比值。

（2）变量单位设定："1-在线" ➡ "4-详细设置" ➡ "2-信号状态" ➡ "1-变量单位"。

（3）量程上限设定："1-在线" ➡ "4-详细设置" ➡ "2-信号状态" ➡ "2-量程上限"。

（4）量程下限设定："1-在线" ➡ "4-详细设置" ➡ "2-信号状态" ➡ "3-量程下限"。

（5）阻尼时间设定："1-在线" ➡ "4-详细设置" ➡ "2-信号状态" ➡ "4-阻尼"。

（6）输出电流校准："1-在线" ➡ "2-诊断及服务" ➡ "3-校准" ➡ "2-输出电流校准"。

（7）主变量调零："1-在线" ➡ "2-诊断及服务" ➡ "3-校准" ➡ "3-传感器校准" ➡ "1-零点校准"。

注意：输出校准电流功能一般在 HART 仪表出厂和仪表周期检定时才可进行；主变量调零功能可以修正因安装位置引起仪表输出零点偏差，一般在 HART 仪表初装和仪表周期检定时才可进行。

模块 6.4　硅谐振压力变送器

具有代表性的硅谐振式变送器是 EJA 智能式压力变送器。它采用了先进的单晶硅谐振式传感器，具有很高精度（0.075%）和分辨率，抗干扰能力强，稳定性和可靠性高，具有 BRAIN/HART/FF 三种通信协议输出和完善的自诊断及远程设定通信功能。

6.4.1　硅谐振传感器的工作原理

硅谐振传感器是采用微电子机械加工技术直接在单晶硅测压膜片上制作出谐振子，在电磁场激励下自由振动，其谐振频率随膜片变形而变化。如图 6.8 所示，通过光刻微加工技术，在单晶硅片上"挖出"两个中间悬空的 H 形梁，硅梁被封在真空腔内，形成两个谐振子，既不与被测介质接触，又确保振动时不受空气阻尼的影响。

两个谐振子一个处于膜片中心，一个处于膜片的边缘。当给膜片施加以被测压力时，膜片变形。中心谐振子受到拉应力作用，H 形梁因张力增大而振动频率增加；而边缘谐振子受到压应力作用，H 形梁振动频率因张力减小而降低。两个谐振频率的差值（0～40kHz）与被测压力成正比。两频率之差信号直接送到 CPU 进行数据处理，然后经 D/A

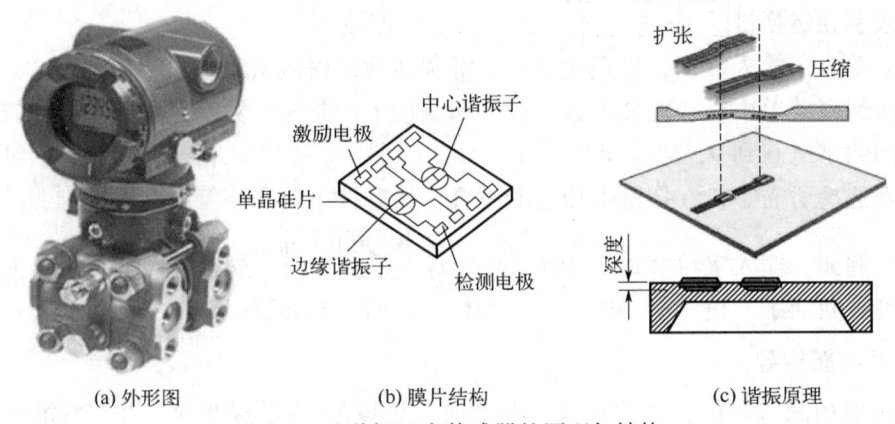

(a) 外形图　　　　　(b) 膜片结构　　　　　(c) 谐振原理

图 6.8　硅谐振压力传感器的原理与结构

转换成 4~20mA 输出信号。利用测量两个谐振梁的频率之差，即可得到被测介质的压力大小。

6.4.2　硅谐振传感器的特点及维护

1. 硅谐振传感器的特点

硅谐振式压力变送器是一种微型构件，体积小、功耗低、响应快，便于和信号处理部分进行集成。而且其输出的频率信号具有高精度、高分辨率、高抗干扰能力、输出频率信号能直接与数字设备相连接的优点，因此可以制造出精度极高的传感器。它的缺点是要求材料质量较高，加工工艺复杂，所以生产周期长，成本较高；另外，其输出频率与被测量往往是非线性关系，需进行线性化处理才能保证良好的精度。

2. 硅谐振传感器的维护

（1）智能压力变送器要定期保养，保持智能压力变送器及其附件的清洁。
（2）定期检查取压管路是否有泄漏、渗漏、堵塞等状况，如果有要及时处理。
（3）冬季还要检查取压管路的保温设施和伴热带的绝缘状态是否完好。
（4）定期检查智能压力变送器的组态参数是否合理。
（5）定期检查接线是否有松动或氧化情况，如果有也要及时处理。
（6）手操器若长时间未使用，或电池包已完全放电。则需要将电池包从手操器上取下单独进行充电。
（7）定期检查手操器的存储模块，特定的设备是否全部列入存储模块中，如发现有此异常请重新编程或者及时更换。

模块 6.5　质量流量计

目前在油田、化工和炼油生产过程中所用的流量仪表，所能直接测得的多是单位时间内所流过被测介质的体积流量。但是，在工业生产中，用于产量计量交接、经济核算或贸易等目的所需要的却往往不是体积流量，而是质量流量。由于介质密度受工作压力、温度、黏度、成分等许多因素的影响，将测出的体积流量乘以介质密度换算所得到的质量流量中间环节多往往不可靠,存在较大误差,因此需要使用质量流量计。

质量流量计可直接测量质量流量,因而可以有效克服被测介质的状态、性质变化的影响,能从根本上提高质量流量测量的精度,省去了烦琐的换算和修正。

科里奥利力质量流量计是目前发展较成熟和应用较广的一种直接式质量流量计。它是利用与质量流量成正比的科里奥利力这一原理制成的。

6.5.1 科里奥利力

如图6.9所示,一根直管以角速度 ω 绕转轴匀速旋转的同时,有流体流入直管内并沿直管以匀速 v 向前流动,则管子将强迫流体与之一起转动。对于管内流体微元 $\mathrm{d}m$,为了反抗这种强迫转动,会给管道壁面施加一个与流体流向 v 垂直的切向反作用力 $\mathrm{d}F_c$,我们将这个力称为科里奥利力,简称科氏力。

科氏力 $\mathrm{d}F_c$ 的方向可由右手螺旋定则判定:大拇指与转轴同轴,四指与转动系旋转方向一致并且是由 $\mathrm{d}F_c$ 指向 v。若流向 v 反向,则 $\mathrm{d}F_c$ 方向也相反。

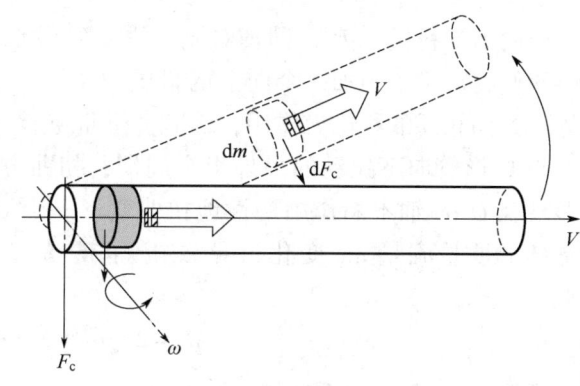

图6.9 科里奥利力

当密度为 ρ 的流体在旋转管道中以匀速 v 流动时,管道受到流体所施加的科氏力的大小为

$$F_c = 2\omega L \rho v A = 2\omega L \cdot q_m \quad (6.3)$$

其中
$$q_m = \rho v A$$

式中 A——管道的流通截面积;

L——管道长度;

q_m——质量流量。

因此,测量在旋转管道中流体产生的科氏力就可以测出流体的质量流量。

6.5.2 科氏力质量流量计的工作原理

在工业应用中,要使流体通过不断旋转的管道来进行流量测量显然是不切合实际的。经过反复研究,人们终于发现,使管道绕转轴以一定频率上下振动,即由双向振动替代单向转动,也能使管道受到科氏力的作用;而且,当充满流体的管道以等于或接近于其自振频率振动时,维持管道振动所需的驱动力很小。

目前科氏力流量计均是使测量管道在一小段圆弧内做反复摆动,在没有流量时为平行振动,有流量时就变成反复扭动。下面以单U形管结构为例,如图6.10所示,分析它的工作原理。

U形测量管在外力驱动下,以固有振动频率绕固定梁做周期性上、下振动,频率约80Hz左右,振幅接近1mm。

当U形管绕固定梁向上振动时,对流入段A管段来说,顺着流动方向流体向上的能量越来越大,由于惯性,流体将反抗U形测量管强加给它的垂直动量的改变,流体对管子施

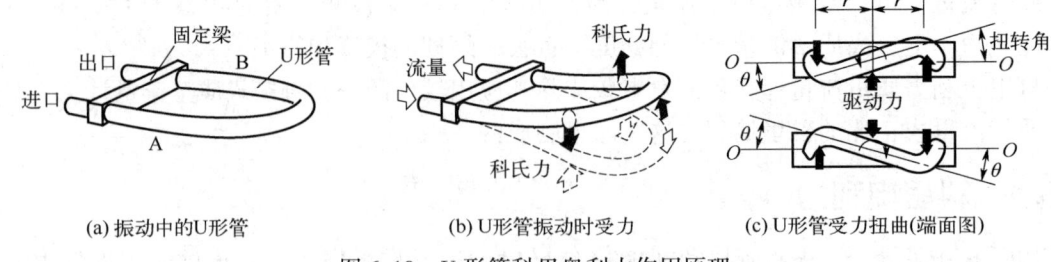

图 6.10 U 形管科里奥利力作用原理

加一个向下的科氏力 F_c，同理对流出段 B 管段来说，顺着流动方向流体向上的能量越来越小，流体将对管子施加一个向上的科氏力 F_c。进出口管段流体流向相反，将分别产生大小相等、方向相反的科氏力作用，U 形管扭曲变形，如图 6.10(c) 所示。

在 U 形管向下振动的另外半个周期，扭曲方向则相反。随着周期性振动，扭矩 M_c 使 U 形管绕 O-O 轴不断作周期性地扭曲变形。当 U 形管振动频率一定（即 ω 一定）时，被测流体的质量流量 q_m 变化，导致扭矩 M_c 的大小变化，扭转角 θ 的大小也随之变化。因此：

$$M_c = 2F_c r = 4\omega L r \cdot q_m = k \cdot \theta \tag{6.4}$$

$$q_m = \frac{k}{4\omega L r} \cdot \theta \tag{6.5}$$

式中　r——测量管道的回弯宽度（$2r$）的一半；
　　　k——测量管的刚度系数。

被测流体的质量流量 q_m 与扭转角 θ 成正比。所以只要在 U 形测量管两边各安装一个电磁检测器，测量两个检测器的时间差（相位差），就能间接确定 θ，即质量流量 q_m。

测量管扭曲运动时，进、出口测量管检测线圈上的感应电压不同步。质量流量越大，相位差越大，如图 6.11 所示。

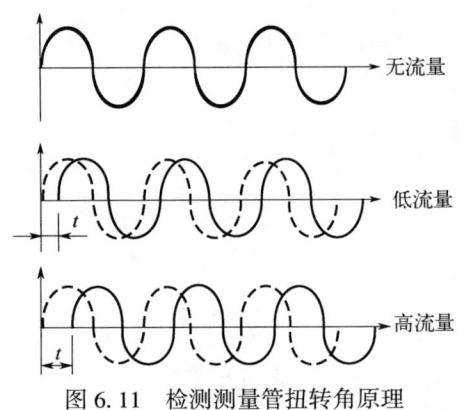

图 6.11 检测测量管扭转角原理

6.5.3 科氏力质量流量计的结构类型

科氏力质量流量计有多种形式，根据测量管的数量大体可分为单管型和多管型（一般为双管型）两类，根据测量管的形状大体可分为直管型和弯管型两类。除了双 U 形管式科氏力质量流量计以外，还有其他各种不同形式测量管的质量流量计。如 Ω 形、B 形、S 形、J 形、O 形等测量管，只是为了同别的公司有所区别，回避专利保护而设计的，不一定有什么特别的优点。常见测量管的形状如图 6.12 所示。其驱动装置、变形原理、信号检测与双 U 形管式科氏力质量流量计的基本相同。下面以双 U 形管式科氏力质量流量计为例进行介绍。

双 U 形管式科氏力质量流量计由质量流量传感器和质量流量变送器两部分组成，传感器和变送器可以一体安装或分体安装，如图 6.13 所示。

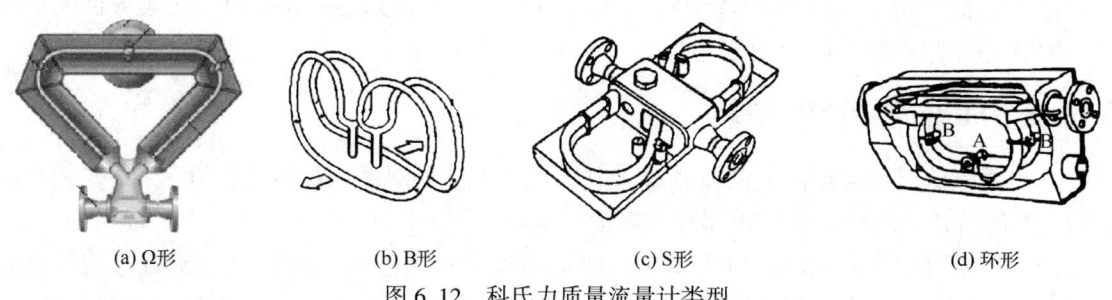

(a) Ω形　　(b) B形　　(c) S形　　(d) 环形

图 6.12　科氏力质量流量计类型

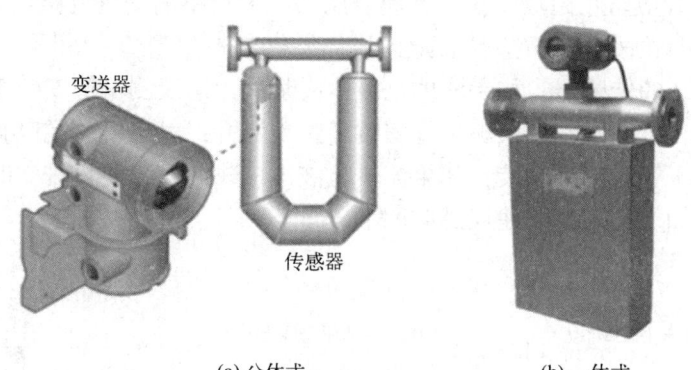

(a) 分体式　　(b) 一体式

图 6.13　U 形管科氏力质量流量计

传感器用以激励测量管的振动，并将测量管的变形转换为电信号输出。

变送器把来自传感器的电信号进行变换、放大后输出与质量流量成正比的 4～20mA 标准信号、频率/脉冲信号或数字信号，以显示质量流量并便于与其他系统进行连接。

6.5.4　科氏力流量计的特点及应用

科氏力质量流量计有如下特点：

（1）能够直接测量质量流量，测量精度高。精度可达到 0.5 级，甚至为 0.2 级或 0.1 级。目前多用于装车和产品计量。

（2）可测量流体范围广，但不能用于测量低密度介质和含气量高的液体，会造成流量计没有读数或测量误差大。

（3）可做多参数测量，如同时测量温度、密度等。

（4）对流体的流速分布不敏感，安装时仪表对上下游直管段无要求。

（5）对外界振动干扰较为敏感，为防止管道振动影响，流量传感器安装固定要求较高。

（6）不能用于较大口径，目前尚局限于 200mm 以下。

（7）由于其通径范围受到限制，所以实际计量使用中的压力损失较大。

（8）价格昂贵。

（9）零点不稳定容易漂移。

实际应用时，必须根据流量计结构类型，严格按产品安装使用要求进行，才能够保证测量精度。流量传感器零点漂移往往对测量影响较大，最后调零必须在安装现场进行。调零时，将测量管充满流体并排尽传感器内气体，在传感器温度等于流体操作温度的条件下，关闭传感器上下游阀门，继而调零。为了方便零点调整，最好加装旁路管道。安装方面变动或温度大幅度变化时需要重新调整零点。

6.5.5 质量流量计的安装

（1）质量流量计应远离大的振动源（如工艺管线上的泵能引起管道振动），并安装在被牢固支撑的管道系统中，且传感器外壳需为悬空状态。

（2）质量流量计应实现无应力安装。如不能安装在工艺管线的膨胀节附近，测量管应与管道同轴安装等，防止受管道应力作用而使传感器零点发生变化，影响测量精度。

（3）质量流量计应防止磁场干扰，远离变压器、大功率电动机等磁场较强的设备。

（4）质量流量计的安装位置应使管道内流体始终充满测量管。如图6.14所示，对于在水平方向管线上安装的传感器，如果流体是液体或浆液，建议测量管安装于管线下方；如果流体是气体或需要自排空时，建议测量管安装于管线上方；对于安装在竖直方向管线上的传感器，测量管可位于管线侧方安装，如果流体是液体、浆液或需要自排空时，建议流体自下而上流过传感器；如果是气体，建议流向朝下。

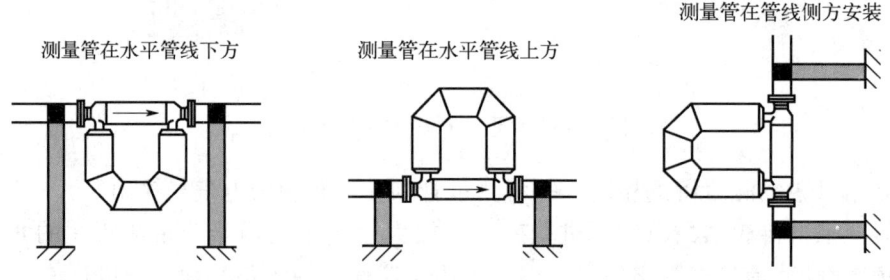

图6.14 质量流量计传感器的安装位置

（5）需要时在质量流量计上游安装过滤器或气体分离器等装置以滤除杂质。

（6）质量流量计不要安装在管线的最高位置，否则容易导致气泡聚集和滞留引起测量误差。

习题

一、选择题

1. 输油管道泄漏监测方法中以下哪个不是？（　　）
   [A] 负压波法　　　　　　　　　[B] 输差分析法
   [C] 回声波法　　　　　　　　　[D] 捡漏电缆、光纤法

2. 具体检测负压波的测量仪表属于泄漏监测系统的哪一部分？（　　）
   [A] 数据采集仪表　　　　　　　[B] 现场数据采集站
   [C] 通信系统　　　　　　　　　[D] 上位机软件

3. 横河公司EJA智能变送器中的敏感元件是一种（　　）式传感器。
   [A] 硅电容差压传感器　　　　　[B] 硅谐振差压传感器
   [C] 电容膜盒差压传感器　　　　[D] 扩散硅压力传感器

4. 硅谐振压力变送器是根据谐振子的（　　）随膜片变形而变化来进行压力测量的。
[A] 电压　　　　[B] 电容　　　　[C] 频率　　　　[D] 电流
5. 在智能电容差压变送器的检测部件中，除了差压传感元件外，一般还有（　　）传感元件。
[A] 温度　　　　[B] 湿度　　　　[C] 流量　　　　[D] 黏度
6. 如果模拟变送器采用了微处理器，而且具有（　　）功能，可称为智能变送器。
[A] 双向通信能力　　　　　　[B] 完善的自诊断功能
[C] 技术性能提升　　　　　　[D] 以上三种
7. 只要遵循HART通信协议，（　　）手持终端就可以对智能变送器进行编程组态。
[A] 罗斯蒙特275　　　　　　[B] 富士FXW
[C] 富士HHC　　　　　　　[D] 横河BT200
8. 智能电容差压变送器不具有（　　）功能。
[A] A/D、D/A 转换　　　　　[B] 线性化处理
[C] 参数自整定　　　　　　　[D] 故障自诊断
9. EJA110A 智能差压变送器的精度为（　　）。
[A] ±0.075%　　[B] ±0.1%　　[C] ±0.02%　　[D] ±0.5%
10. 质量流量计的特点之一是可直接测量（　　），与被测介质的温度、压力、黏度、密度的变化无关。
[A] 瞬时流量　　[B] 累积流量　　[C] 体积流量　　[D] 质量流量
11. 双U形管科氏力质量流量计的（　　）用以激励测量管的振动，并将测量管的变形转换为电信号输出。
[A] 质量流量传感器　　　　　[B] 放大器
[C] 质量流量　　　　　　　　[D] 质量流量变送器
12. 科氏力质量流量计传感器中激励线圈的直接作用是（　　）。
[A] 使测量管产生振动　　　　[B] 使测量管扭曲
[C] 使测量管受到科氏力　　　[D] 将测量管的扭曲转变成电信号
13. 用科氏力质量流量计测流量，流动的液体在振动的测量管内产生科氏力。测量管进出侧所受的科氏力方向（　　）。
[A] 相同　　　　[B] 相反　　　　[C] 互相垂直　　[D] 难以确定
14. 以下（　　）不会影响质量流量计的测量精度。
[A] 传感器附近有较大振动
[B] 传感器附近有产生较强磁场的设备
[C] 流体密度发生变化
[D] 传感器和连接管道之间有应力存在

二、判断题
1. 当长输管道发生泄漏时，会从泄漏点向上、下游连续产生无数个负压波。（　　）
2. 负压波的传速度等于工作状态下管道原油中的声速，约为340m/s。（　　）
3. 泄漏监测系统之所以要用GPS采集卫星的标准时间信号，主要是用于测漏系统的校时。保证首末站监测数据的时间标准一致，防止产生较大的距离计算误差。（　　）

4. 智能变送器不仅具备 4~20mA DC 标准电流信号输出，同时具有数字信号输出功能。（　　）

5. 智能变送器的最大优点之一是可以在手持终端上或 DCS 上设定零点和量程。（　　）

6. 智能变送器的安装要求与普通变送器的安装要求基本相同。（　　）

7. 智能差压变送器的零点和量程都可以在手持器上进行修正和修改，所以智能差压变送器不需要通过压力信号进行校验。（　　）

8. HART 协议采用移频键控（FSK）技术，通过在 4~20mA 电流上叠加幅度为 0.5mA 两种频率的正弦交流信号来实现数字通信。频率 2200 交流信号代表数字 1，频率 1200 交流信号代表数字 0。（　　）

9. 流体的质量与密度有关，所以流体密度的变化会使质量流量计的测量结果产生误差。（　　）

10. 用科氏力质量流量计测量流量时，温度变化对产生的科氏力的大小无影响。（　　）

11. 质量流量计检定合格后，不需要进行零点标定了。（　　）

12. 输油长输管道内外的泄漏测量与控制对维护国家能源安全和公共安全十分重要。（　　）

三、填空题

1. 输油管道测漏系统主要由四部分构成：（　　）、（　　）、（　　）、（　　）。

2. 软件主要实现对本机（　　）、（　　）、（　　）、（　　）以及（　　）等任务。

3. 谐振式压力变送器是将（　　）的变化转换为物体（　　）特性变化的装置。

4. 3051C 型智能差压变送器由（　　）和（　　）两部分组成。

5. 手持通信器可以完成如下功能：（　　）、（　　）、（　　）。

6. 科里奥利质量流量计一般由（　　）和（　　）组成。流量传感器是一种基于（　　）效应的谐振式传感器。

7. 质量流量计在安装时对上下游直管段的长度（　　）要求。（填"有"或"无"）。

8. 由于质量流量计测得的流量是（　　）流量，所以相对来说它的测量精度比较（　　）。

四、简答题

1. 请画出智能差压变送器的基本组成框图，并说出各部分的作用。

2. 简述 EJA 硅谐振式传感器的基本工作原理。

3. 科氏力质量流量计安装注意事项有哪些？

4. 智能差压变送器启动后如果输出不变化，该如何检查？

项目七 油库储油罐区监测及控制

本教学项目通过油库工艺流程及监控需求的介绍,引入油库盘库计量方法与检测仪表学习。本教学项目主要介绍了浮子钢带式液位计、伺服式物位计、超声波液位计、雷达式液位计、磁致伸缩物位计、射频导纳界面仪等用于油库液位及油水界面检测的常用仪表结构原理、特点及应用,以及油库自动化、信息化等基本知识。

【学习重点】
1. 油罐盘库计量的要求及特点。
2. 伺服式物位计的组成、原理、特点及应用。
3. 雷达式液位计的类型、安装及应用。
4. 磁致伸缩物位计的特点及应用。
5. 射频导纳界面仪的安装及应用。
6. 柴油罐氮封与分程控制原理。

【核心知识点】
1. 油管盘库计量难点、外输计量、物位概念。
2. 浮子钢带式液位计组成、格雷码。
3. 伺服液位计自动跟踪液位原理、磁耦合、油水界面测量。
4. 超声波回声液位测量原理。
5. FWCM 雷达液位测量、导波雷达。
6. 磁致伸缩式液位计结构原理。
7. 射频导纳界面测量原理。
8. 氮封、分程控制、复杂控制系统。

模块 7.1 油库监控需求及仪表选型

油库是油气田地面生产系统的终点,承担整个油区原油的收集、储存、外输与计量任务。是协调原油生产、原油加工及长输管道的纽带。大型油田设有多个油库,而小型油气田的油库常常设在联合站内。此外,长输管道的首末站也设有相当规模的油库;炼油厂、化工厂也有油品或化工产品的储存罐区,它们的监控要求基本相同。

油库储存着大量易燃易爆油品,是生产安全的重中之重。党的二十大报告指出,要建立大安全大应急框架,完善公共安全体系,推动公共安全治理模式向事前预防转型。提高防灾减灾救灾和急难险重突发公共事件处置保障能力。增设罐区监控点位,安装视频监控系统,实现储罐罐顶和关键点位压力温度检测、火焰监测报警全覆盖,推进油品计量质量是我们目前及今后一段时间的重要任务。

7.1.1 油库的工艺流程、监控及计量

1. 油库主要设备及工艺流程

一般油库按作业要求分为储油区、装卸区、辅助生产区。某油库工艺流程如图 7.1 所示。

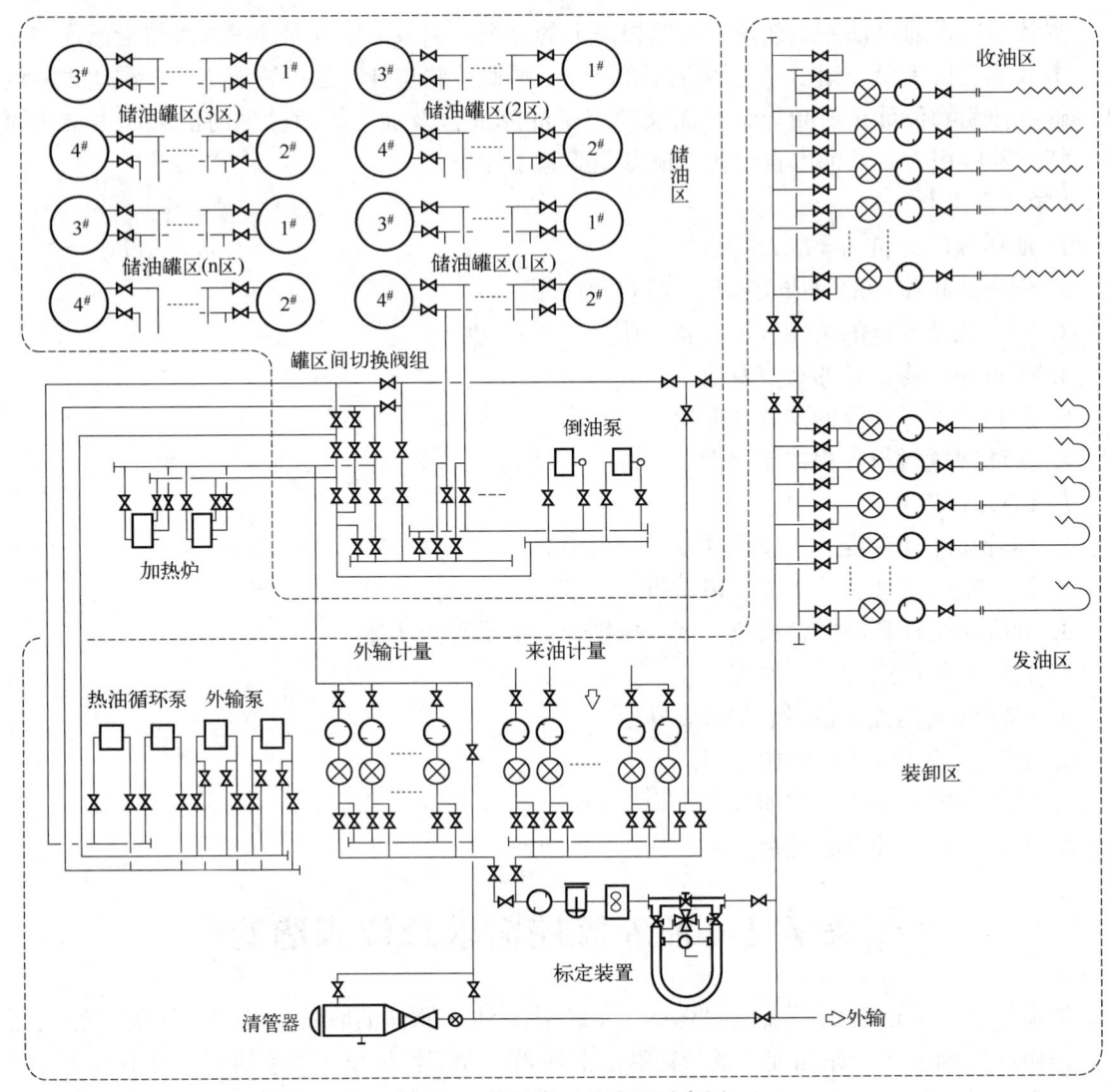

图 7.1 某油库工艺流程示意图

1) 储油区

主要设备是储油罐。围绕油罐还有来油阀组、罐区间切换阀组、外输阀组，用于解决来油如何进罐、进哪个罐，外输从哪个油罐出油，油罐之间油相互倒罐等。油罐的管道大多采用双管系统，一管进油，一管出油。

作为油库的核心是罐区各种储油罐。油田联合站、化工厂自备油库的油罐结构一般采用圆柱形拱顶或内浮顶式罐，容积一般为 3000~5000m³。拱顶罐内可承受一定的压力，但不

会超过 2kPa。随液位升降，罐顶气体有进、出呼吸问题，一般在罐顶安装液压和机械呼吸阀及阻火器。在制造油罐时，罐壁采用套筒式内搭接方法，整个罐壁不是垂直的，截面积逐渐缩小。

首末站、炼油厂、储备油库油罐结构一般采用大型浮顶式罐，容积可达 10000～200000m^3。浮顶罐内有随液面上、下活动的浮顶，没有气相空间，也不存在罐顶气相呼吸问题。罐壁采用对接方式焊接，内壁直径不变。浮顶与罐壁有密封措施。

由于在施工焊接过程中不能保证油罐横截面积上下相同，因此，在测出液位高度计算罐内液量时，不能根据截面积乘液位高的简单方法进行精确计算，必须依据罐的液高编制大罐容积表，换算出罐内储量。

2) 装卸区

装卸区是原油进出油库的操作区，不同的外输方式配备不同的设备与装置。主要设备是泵房、收发油鹤管、收发油计量仪表、来油与外输计量阀组和定量装车装置及相应的流程。

3) 辅助生产区

为保证油库的安全生产、正常作业，需要一些辅助设施，主要包括锅炉、加热炉、倒油及外输泵房、化验室、污水处理、消防泵房、避雷设施、阴极保护、机修间、变配电设施等。

2. 油库监控要求

1) 储罐仪表选用及安装规定

根据化工标准 SH/T 3007—2014《石油化工储运系统罐区设计规范》，储罐仪表选用及安装规定如下：

(1) 对于容量大于 100m^3 的储罐应设液位连续测量远传仪表。

(2) 应在自动控制系统中设高、低液位报警装置。

(3) 储存Ⅰ级、Ⅱ级毒性液体的储罐、容量大于或等于 3000m^3 的甲B、乙A类可燃液体储罐；容量大于或等于 10000m^3 的其他液体储罐应设高高液位报警及连锁关闭储罐进口阀。对于压力储罐应设 2 套高高液位报警及连锁系统。

(4) 装置原料储罐宜设低低液位报警及连锁停泵。

(5) 储罐高高、低低液位报警信号的液位测量仪表应采用单独的液位连续测量仪表或液位开关。

(6) 储罐应设置温度测量仪表。

(7) 低压储罐应设压力测量就地指示仪表和压力远传仪表，并且两者不得共用一个取压口。压力测量仪表的安装位置，应保证在最高液位时能测量气相压力并便于观察和维修。

(8) 甲B、乙A类可燃液体和有毒液体罐区内阀门集中处、排水井处应设置可燃气或有毒气体检测报警器。

(9) 仪表的安装位置与罐进出口管道、罐内附件的水平距离不小于 1m。在罐顶安装时，宜布置在梯子平台附近。

(10) 应将储罐的液位、温度、压力测量信号传送至控制室集中显示。

2) 油库自动化的主要内容

(1) 油库来油、外输与库存量计量。

（2）油罐区自动化：包括油罐液位及温度测量；液位超高、超低连锁保护；流程自动切换与倒罐控制；油罐气密闭控制等。

（3）装卸区自动化：实现流程自动切换控制。根据原油外输方式不同，自动化内容有所区别。铁路、公路及水路装运自动化有类同之处。

（4）加热炉、锅炉自动化。

（5）消防系统自动化。

3. 油罐盘库计量

在油田开发过程中，原油、天然气的计量是油田对外结算和指导生产管理的主要依据。油库收发油计量更是如此。油库原油库存量的计量称为盘库，是通过测量原油储罐液位及油水界面高度，确定原油存量的主要手段。

目前原油盘库计量一般是通过人工检尺或液位计测量油罐液位和油水界面高度，查大罐容积表求得罐内原油体积，根据原油密度和含水率（见项目五模块5.2、模块5.3），然后通过计算求得标准条件下的原油净质量。

由于储油罐内油、水分界面不是非常明显，而是形成一定厚度的油水过渡带。目前采用的电阻法、电容法、射频导纳法只能根据特定条件给出平均界面高度，无法反映过渡带厚度，测量误差较大。无法满足计量精度综合计量误差小于0.35%的国家标准要求。

盘库计量标准计算方法如下：

根据GB 9110—1988《原油立式金属罐计量 油量计算方法》，罐内纯油标准状态下质量为

$$M_n = (\rho_{20} - 1.1)(V_B + \Delta V_{ys} d_4^t)[1 + \beta(t_k - 20)]K(1 - W) \tag{7.1}$$

式中　ρ_{20}——20℃时原油标准密度，kg/m^3；

　　　1.1——空气浮力修正系数；

　　　V_B——液位H下油罐容积表体积，m^3；

　　　$\Delta V_{ys} d_4^t$——液位H下液体静压力引起的油罐容积增大值，m^3；

　　　β——钢罐体材料体积膨胀系数，取$3.6 \times 10^{-5} ℃^{-1}$；

　　　t_k——罐壁温度，保温油罐取罐内油温，℃；

　　　K——石油体积系数。

式(7-1)中系数，在建造油罐标定容积表时早已确定。油罐容积表$H-V_B$需要定期标定。

4. 外输计量

外输计量用于销售和油库与外销、供油单位的计量交接，应该受到足够的重视，通常采用流量计算机系统。

1）系统组成及要求

一种典型的外输计量系统如图7.2所示，其组成如下。

（1）流量计量仪表：通常采用精度较高的容积式流量计（腰轮式、刮板式、双转子式）或质量流量计。测量精度不低于0.25级。

（2）流体物性、状态参数测量仪表：温度与压力仪表用于修正计算，密度计用作计算质量流量，低含水分析仪用作质量指标监测和净油量计算。压力测量仪表采用电容式或扩散

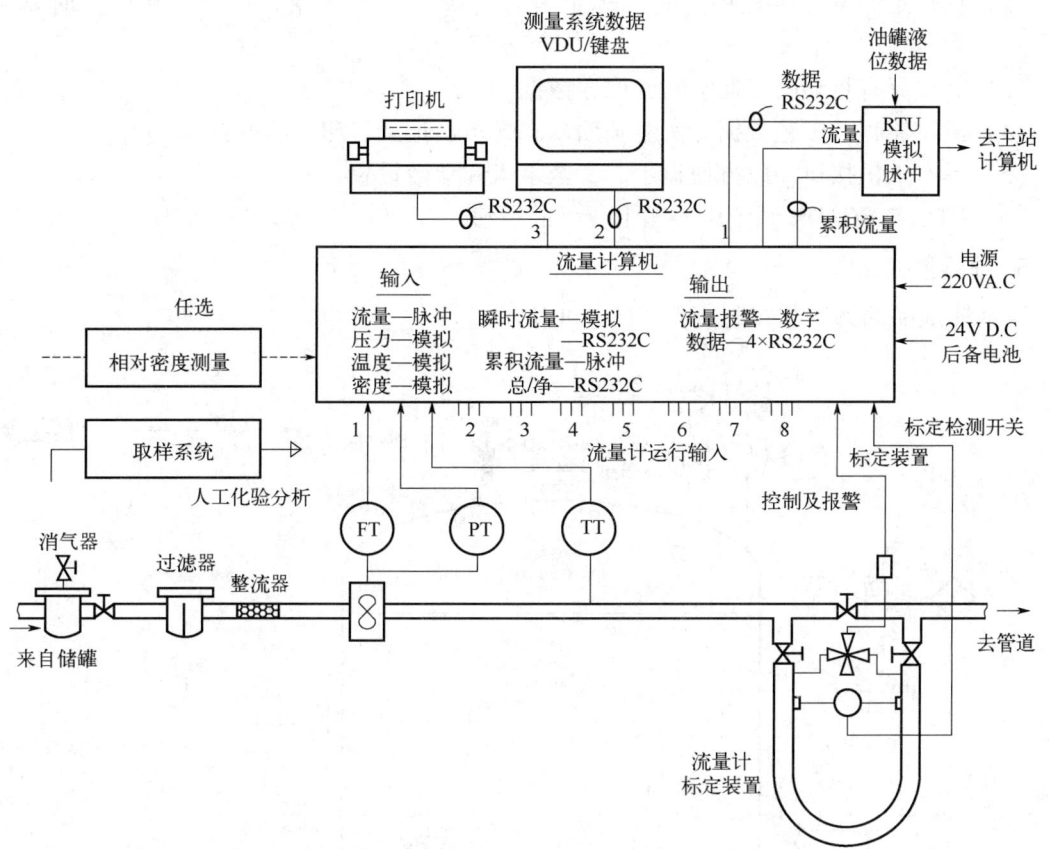

图 7.2 外输计量计算机系统

硅式压力变送器,精度更高些的可选硅谐振式压力变送器。温度测量一般采用电阻式温度变送器即可。要求测量精度优于 0.25 级。密度一般选用振动管式密度计,含水分析一般采用电容式低含水分析仪。测量精度不低于 0.1 级(见项目五模块 5.4)。

(3) 流量标定装置:用于标定流量计。一般采用固定式或移动式标准体积管。标准体积管分单向与双向两种,图 7.2 中采用的是双向流量计标定装置。当某台流量计要做标定时,开启通向标定装置的两个电动阀门,关闭主干线阀门,即可投入工作。双向流量计标定装置是在流量计算机控制下工作的。标定时将标定球从一个检测开关被原油推向另一检测开关,精确测量标定球通过时间,计算原油流量,校准流量计。作为流量计的标定装置,标定管段的容积经过严格标定。标准体积管检定精度可达±0.02%或更高。

(4) 辅助装置:消气器用于去除外输原油中的气体,以免对计量产生影响;过滤器用于去除原油中杂质,保护流量计;此外还要配置一些控制阀门,用于流程切换用。

(5) 取样系统:为校准密度及低含水分析仪,系统中设置人工取样装置,化验分析密度与含水指标,人工送入计算机系统。

(6) 计算机系统:用于数据采集、处理、显示、票据打印、记录及有关控制。

(7) RTU:与 SCADA 系统主站交换信息。

2) 系统功能

(1) 在外输计量过程中,完成各流量计与其他变送器(或传感器)数据采集和处理。

(2) 在标定流量计过程中,完成标定装置有关信号的采集、控制,并产生时基脉冲信号。

(3) 必须具有足够的存储空间,保存数据。

(4) 测试流程,工艺数据能实时画面动态显示,记录打印和票据打印。

(5) 具有人机接口,以方便显示、参数录入和参数设置。

(6) RTU 与 SCADA 系统中心站上位机的通信。

5. 油罐监控

某油库成品油罐工艺控制流程如图 7.3 所示。

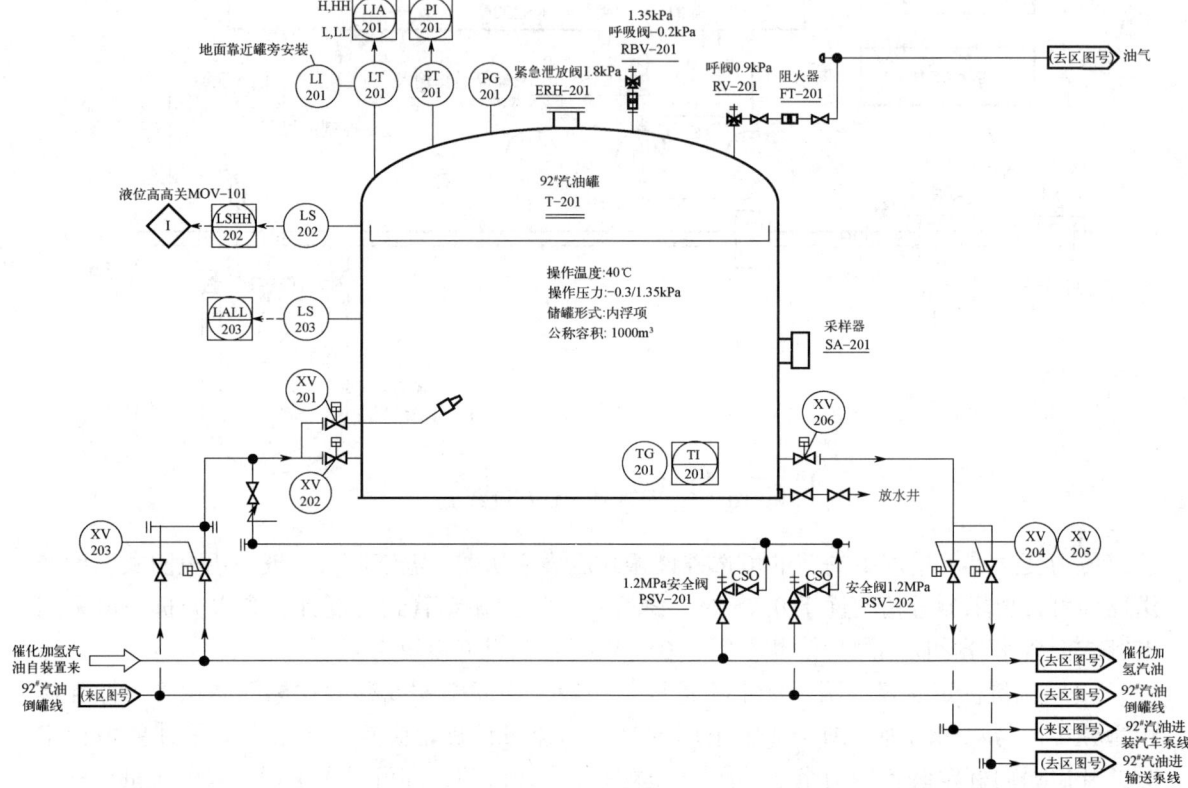

图 7.3 某油库成品油罐工艺控制流程图

此油罐是某成品油库 92#汽油储罐,罐号 T-201。这是一座内浮顶罐,容积 10000m³。

1) **流程切换**

储油罐有 2 路进油、2 路出油管线,用 XV201~XV206 六个气动活塞阀控制切换进出罐流程。其中,XV201 控制底进油总管,XV202 用于控制上部进油总管,XV203 控制催化加氢汽油进罐,XV206 是总出油管切断阀,XV204 选择去 92#汽油装车泵线,XV205 选择去 92#汽油进装车泵线。

2) **安全保护**

内浮顶油罐承压能力较低,安全压力在 -0.5~2kPa 之间。为了保险起见,罐顶设置了三套安全呼吸阀装置。RV101 为正常生产呼气阀,当罐内压力达到 0.9kPa 的微正压时打开，将罐内油气导出到轻烃回收装置。如果出现异常情况则由呼吸阀 BRV101 保护，其启闭压力范围为 -0.3~1.35kPa。保证在油罐收发油时压力控制在正常范围内。最后一道保险是一次性的紧急泄压阀 ERH201，它的动作压力是 1.8kPa，在前两个安全阀门失效或来不及动作时，鼓破膜片紧急泄压。

安全阀 PSV201、PSV202（罐区内每个油罐都有），是当 92# 汽油倒罐管线和催化加氢来油管线出现超压（≥1.2MPa）时自动开启进 T-201 罐，防止管线出现憋压。

液位开关 LS203 用于实现液位低低限报警 LALL203，液位开关 LS202 用于实现高高限液位连锁保护 LSHH202，液位超高限时通过远程关断 MOV101 进罐总阀，实现防溢罐保护。

3）状态监测

PI201、TI201 是油罐压力、温度自动检测远传进油库 DCS 系统。同时，并列安装有就地显示压力、温度仪表 PG201、TG201。

最重要的是液位检测报警，LIA201 是油罐液位自动检测远传进油库 DCS 系统，系统采用伺服式、磁致伸缩式或雷达式液位变送器 LT201，进行精密测量，并有 LI201 液位显示仪作为罐旁就地显示。远传信号进入 DCS 后，用于盘库计量，产生高、低限，以及高高限、低低限报警。

7.1.2　物位测量仪表的分类、特点及选择

在油气生产、加工以及油气集输储运系统中，石油、天然气与伴生污水要在分离器、缓冲罐、储罐等生产设备中分离、存储与处理。液位、油水界位的测量与控制，对于保证正常生产和设备安全、维持进出物料的平衡和油水罐计量，就显得至关重要。

容器中，液体和气体介质的分界面称为液位；两种密度不同液体介质的分界面称为界位；固体颗粒状物质的堆积高度称为料位。液位、界位、料位统称为物位。

1. 物位测量仪表的分类

由于工业生产中对液位测量的要求不一，物位仪表是多种多样的，按基本工作原理，主要有下列几种类型。

（1）直读式液位计：利用连通器的原理工作，主要有玻璃管、玻璃板液位计、磁翻转式液位计等。这类仪表最简单也最常见，但只能就地指示，用于直接观察液位的高低。

（2）浮力式液位计：利用浮力原理工作。它可分为两种：一种是恒浮力式液位计，如浮球式、浮标式、钢带式液位计；另一种为变浮力式液位计，如浮筒式液位计。

（3）静压式液位计：利用一定高度的液柱产生的液体静压力（压差），用压力（差压）计或差压变送器进行测量。

（4）电气式物位计：根据某些物理效应，将物位的变化转换为一些电量的变化，如电阻、电容、电磁场等的变化，通过测出这些电量的变化间接测量物位，如电容式物位计等。

（5）辐射式物位计：依据放射线透射物料时，透射强度会随物料厚度增加而减弱的原理工作。

（6）反射式物位计：利用超声波、微波在气体、液体或固体的反射折射特性进行物位测量，如超声波式物位计、雷达式物位计等。

2. 盘库计量的特点及仪表选择

在油库大型储罐盘库计量方面多数物位测量仪表还不能很好的胜任。这主要是因为目前油库的储油罐容量巨大，普遍在 5000m³ 以上，大型储罐甚至达到 200000m³，液位高度有几十米。巨大的油罐截面积，使得很小的液位误差会带来很大的容量误差。所以对液位测量仪表的测量精度要求太高，绝对误差必须小于 1mm，精度需要在 0.01 级以上。原油介质的高黏度、易挂料、不透明、易燃易爆、有腐蚀性等条件，以及原油液面多有泡沫、液面以上油气性质多变等环境因素，对仪表的性能提出了近乎苛刻的要求。

原油储罐盘库计量还有一个特殊的问题，就是储油罐还有底水，需要测量油水界面。而原油储罐油水界面往往不是很清晰，油水是经过很厚一层乳化层逐渐过渡的，尤其是联合站内的沉降罐，过渡带厚度能达到半米多，很难实现精确测量。

目前只有伺服浮子钢带式、雷达式、磁致伸缩物位计和光纤物位计的测量误差可达到毫米量级。集输站库盘库计量方法的比较如表 7.1 所示。

表 7.1 集输站库盘库计量方法比较

序号	盘库计量方法	液位检测精度	界面检测精度	温度检测	综合测量精度	可靠性	长期稳定性	连续性	油罐测量适应性	投资	安装难度	维护方便性
1	人工检尺量油法	高	低	无	中高	低	高	不连续	低	低	—	—
2	静压法	中	无	无	低	高	高	连续	高	中	高	低
3	雷达物位计法	高	中低	无	中高	高	高	连续	中	高	低	高
4	射频导纳物位计法	低	中	无	低	中	中	连续	中	高	低	中
5	伺服物位计法	高	高	无	高	中高	中	不连续	高	高	高	低
6	光纤液位计法	高	无	无	中	中	中	连续	高	高	中	高
7	磁致伸缩物位计法	高	中高	有	高	中高	高	连续	高	高	低	高

实现原油精密盘库的关键是对油罐液位计和油水界面仪的选择、使用和调校。

目前，国内各油田尝试应用雷达物位计、射频导纳物位计、伺服物位计、磁致伸缩式物位计、光纤液位计等组成油库自动监测系统，试图解决储油罐监控计量问题。如果不是进行储油罐盘库计量，上述物位仪表相互配合，都能实现基本测控要求。但是要实现储油罐盘库计量就需要根据油罐形式、测量环境、油气性质综合考虑，审慎选择物位仪表。要满足液位、界位所有测量条件往往是困难的。

如果油罐内原油温度不是太低，原油的挂料问题就无须考虑，用伺服式物位计、磁致伸缩式物位计就是不错的选择，既能较精确的测量液位，也能测量油水界面，还能想办法解决油水过渡层厚度测量问题，测量效果较好。用计量级导波雷达物位计虽然精度稍差，也可以基本满足盘库计量要求。

但是如果原油温度较低，伺服式、磁致伸缩式这类接触式测量仪表的浮子会黏附原油影响测量，只能选用雷达液位位计、射频导纳界面计配合测量。

人工检尺量油虽然比较原始，但仍是最基本的盘库计量方式。

模块 7.2 浮子式液位计

这里所介绍浮子式液位计包括编码钢带式液位计、浮子钢带式液位计，是一种恒浮力式液位计。浮子漂浮在液面上，由钢带连接，钢带跨过滑轮另一头连接重锤（卷簧），以提供平衡力。这种液位计无需动力也可运行，但钢带传递方式不便于密封，不适用于压力密封罐，多用于常压储罐的液位测量。

7.2.1 编码钢带式液位计

编码钢带式液位计是在普通浮标式液位计的基础上改进制成的，浮标和平衡重锤用钢带连接。在钢带上均匀打上多排经过编码的孔洞，液位高度用光电编码器转换为数字信号输出，又称为光电液位计。

1. 编码钢带式液位计的结构原理

编码钢带式液位计由浮子、滑轮、码孔钢带、平衡重锤、光电编码器等组成，如图 7.4 所示。如果罐内液面波动较小无强烈搅动，可以省略导向钢丝装置。钢带与浮子、平衡锤构成一力平衡系统。不考虑滑轮轴的摩擦力，钢带对浮子的拉力 T 与浮子的重力 W、浮力 F 相平衡，$T=W-F$。当浮子在测量范围内变化时，浮子的浮力基本不变，浮子自动跟随液位上、下移动，实现液位测量。钢带上标有刻度，并按固定间隔打有按格雷码编码的一排排小孔（有孔表示 1，没有孔表示 0，每排 15 孔）。格雷码的特点是相邻的两组编码只有一位取值不同，对光电检测电路的设计及钢带的制作要求不高，抗干扰能力强。

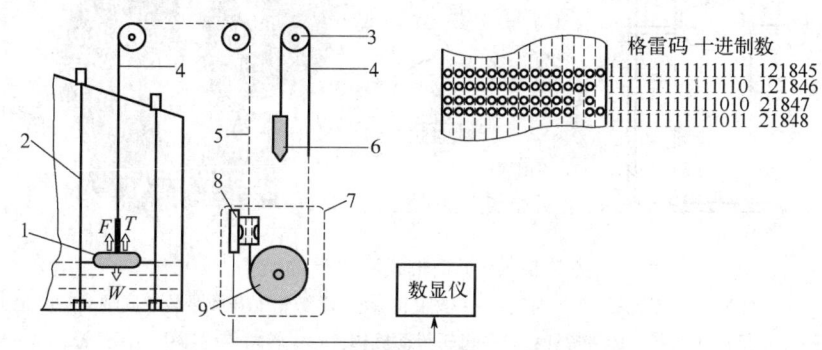

图 7.4 编码钢带式液位计的结构

1—浮子；2—导向钢丝；3—滑轮；4—连接钢带；5—码带；6—重锤；7—壳体；8—光电编码器；9—过带轮

当液位变化时，浮子和重锤带动码带上下位移，反映了液位的变化。在现场可以直接读取码带上标注的液位值，同时由变送器中的红外光电器件将码带上的 15 位格雷码转换成对应的数字编码信号，再由微处理器完成对信息的甄别、纠错，并由软件根据液位的高低对钢带自重进行自动补偿，减小系统的测量误差，最后进行 D/A 转换，输出 4~20mA 的电流。也可以直接输出数字编码信号。

注意：液位升高时，重锤下降，两者的方向是反的。码带 5 上标注的液位数值和编码孔表示的液位均与真实液位相对应,不用考虑方向问题。码带的零点是通过罐内的部分连接钢带 4 调整的。连接钢带上既无刻度也无编码孔。

2. 编码钢带式液位计的特点及应用

(1) 液位计量程不受限制随罐高而定。测量精度较高,理想情况下绝对误差小于 2mm。

(2) 无复杂的齿轮传动机构,简单可靠,但仍有滑轮钢带等传动系统,滑轮摩擦力严重影响测量精度。

(3) 有 4~20mA 标准信号及数字编码信号输出,便于远传。

(4) 采用红外光电技术及格雷码带,抗干扰能力强。

(5) 滑轮钢带等传动系统长期维护性差,影响寿命和性能。

(6) 油罐安装改造难度大,不适合高黏易挂料低温原油。

7.2.2 浮子钢带式液位计

1. 浮子钢带式液位计的结构原理

浮子钢带式液位计的结构如图 7.5 所示。

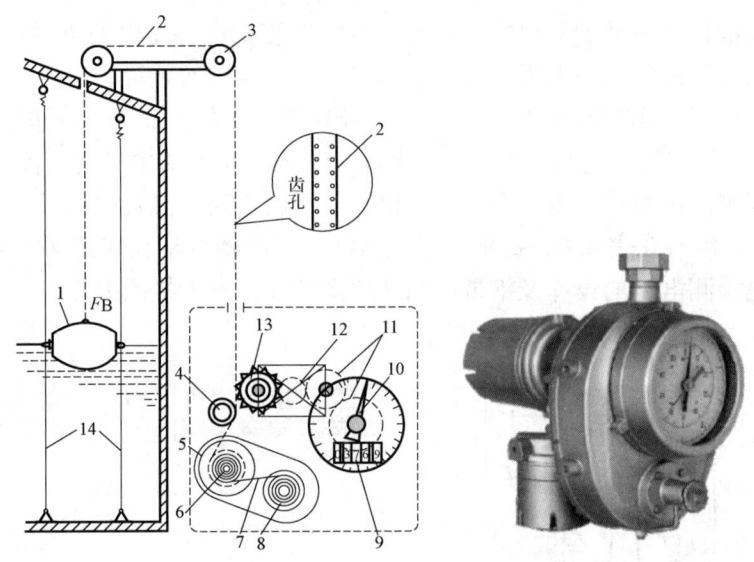

图 7.5 浮子钢带式液位计的结构

1—浮子;2—钢带;3—滑轮;4—导向轮;5—收带轮;6—卷簧轮(与收带轮 5 同轴);7—恒力卷簧;
8—储簧轮;9—机械计数器;10—指针;11—齿轮传动机构;12—转角传感器;13—钉轮;14—导向机构

液位计很重要的特点是没有笨重的平衡重锤。钢带 2 对浮子 1 的拉力由罐外恒力卷簧 7 提供,像自动钢卷尺那样。

液位计钢带 2 两边均匀打孔,但不是为了编码,而是为了计数,防止传动轮打滑。导向机构 14 由悬挂的两根钢丝绳组成,靠下端的重锤定位,浮子沿导向钢丝随液位移动。如果罐内液体的流速不大,液位较平稳,可以省略导向机构。

浮子 1 吊在钢带 2 的一端,钢带在恒力卷簧 7 的作用下可以通过收带轮 5 自动收放。钢带对浮子施一拉力 T,与浮子在原油中的重力 $W-F$(F 为浮子浮力)相平衡。当浮子在测量范围内变化时，钢带对浮子的拉力基本不变，浮子自动跟随液位上、下移动，实现液位测量。

钉轮 13 周边的钉状齿与钢带 2 上的孔啮合，将钢带的直线运动变为钉轮转动，通过齿轮传动机构 11，由指针 10 和机械计数器 9 指示出液位。齿轮传动轴上安装的角度编码器 12，就可以实现液位信号的远传。

为了保证钢带的收放，绕过导向轮 4 的钢带由收带轮 5 收紧，其收紧力由恒力弹簧（盘簧）7 提供。恒力弹簧在自由状态是卷绕在储簧轮 8 上的，受力后反绕在卷簧轮 6 上以后，其弹性恢复力始终给收带轮—卷簧轮一逆时针方向的力矩，并基本保持常数，就像现在人们常用的自动钢卷尺一样。

由于恒力弹簧有一定的厚度，其恢复力对卷簧轮的力矩并不恒定，液位越低，力矩越大。但是，液位低时罐内这一侧钢带长、钢带重力变大，恰好能抵消掉一部分卷簧力矩的变化，使浮子受到的提升力几乎不变，从而减小了误差。

注意： 虽然浮子钢带式液位计也是测量的液面以上的空高，但是计数器显示的是液面位置的变化及累加结果，只要零点校正没有问题，计数器就能正确指示真实液位。

2. 浮子钢带式液位计的特点及应用

浮子钢带式液位计的测量范围为 0~20m，测量精度可达 0.03%。测量精度主要受滑轮摩擦力矩、钢丝绳热胀冷缩、盘簧力矩的变化及导向钢丝的摩擦等诸多因素的影响。虽然理论上测量误差可以以毫米计，但实际使用时的误差要大得多。使用维护、特别是对钢带、滑轮与传动机构的保养在现场还是比较麻烦的。

浮子钢带式液位计与编码钢带式液位计一样，油罐加装液位计时需要清罐、焊接导向装置及滑轮支架等，改造安装难度很大。使用过程中滑轮、钢带等传动系统长期维护性差，影响寿命和性能。另外它们不适合高黏易挂料低温原油，因为浮子挂料后自身重量变大，会产生测量误差。

模块 7.3 伺服式物位计

7.3.1 伺服式物位计的特点

伺服式物位计也是采用浮力平衡原理工作的。与前述浮子钢带式液位计相比，浮子是由伺服电动机驱动的，通过精密测量悬挂浮子钢丝的张力，控制伺服电机正、反转动，自动跟踪液位的变化，以实现精密测量液位的目的。伺服电机克服了滑轮机械摩擦引起的计量误差，实现了测量过程的主动性，提高了测量灵敏度和精度；通过对钢丝张力的控制，可以使浮子下沉到油水界面处，跟踪界位变化，实现界位测量；钢丝比钢带易于缠绕，可以实现大量程液位测量。伺服式物位计测量范围可达 40m，精度可以达到 1mm 以内。正是由于它独特的原理，伺服式物位计一直被广泛地用于储罐液位的高精确度测量，在很多国家得到推广。典型产品主要有 Enraf 公司 854ATG/XTG、E+H 公司的 NMS 5X，以及国内北京均友欣业的 BJLM-80、青岛澳邦 CS-MI 等。虽然伺服式物位计的测量精度较高，但该类仪表由于浮子挂料卡阻的原因，不适用于测量黏度较大、温度较低的原油储罐，也不适用于原油沉降罐等乳化层巨厚、罐内扰动大及液面波动强烈的低测量精度要求的油罐。

7.3.2 伺服式物位计的结构与原理

1. 854ATG 伺服式物位计的结构与原理

854ATG 伺服式物位计的结构与原理如图 7.6 所示。

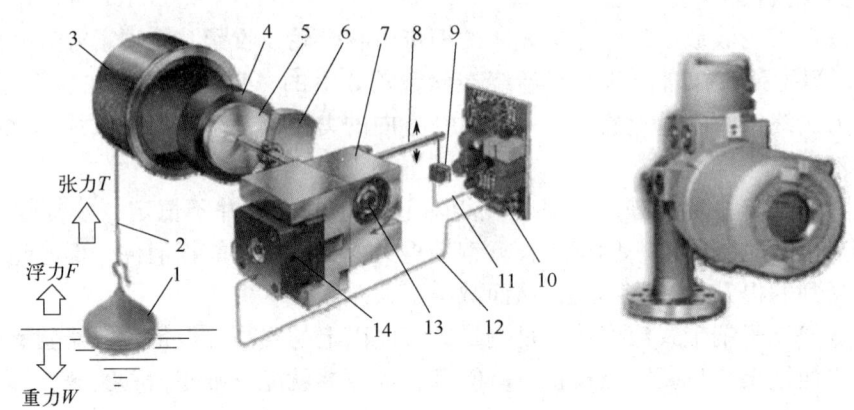

图 7.6　854ATG 伺服式物位计的结构与原理

1—浮子；2—钢丝；3—外鼓轮；4—隔离罩；5—内鼓轮；6—支座及轴承；7—驱动系统框架；8—拉力杆；
9—精密力传感器；10—CPU 及控制器；11—张力信号；12—驱动信号；13—传动主轴；14—伺服电机

854ATG 伺服式物位计是基于浮力平衡的原理工作的。浮子 1 本身的重量大于它在液体中的浮力，它由外鼓轮 3 和钢丝 2 吊挂着，放到被测液体的表面。

液位静止时，浮子受到其自身的重力 W、液体的浮力 F、钢丝上的张力 T 的作用处于平衡状态。钢丝上的张力等于浮子所受重力和浮力之差，$T=W-F$，此时设定钢丝张力为208g。

包括伺服电机 14、驱动主轴 13 等的整个驱动系统框架 7 以主轴 13 为轴心构成了力矩平衡。驱动系统框架 7 产生顺时针力矩 M_1，浮子 1 及钢丝 2 的重量产生一个逆时针力矩 M_2。平衡状态下，$M_1=M_2$，精密力传感器 9 输出的电压信号与储存在 CPU 中的参考电压比较，当浮子在液面平衡时，其差值为 0。伺服电机及传动系统是不转动的。

当液位下降时，浮子 1 所受浮力减小，则钢丝 2 上的张力增加，大于208g。精密力传感器 9 立即检测到这一变化，控制器 10 随即控制伺服电机 14 带动外鼓轮 3 逆时针转动，以 0.05mm 的步幅放下测量钢丝，浮子不断地跟踪液位下降。同时，光电计数器记录了伺服电机的转动步数，并自动地计算出测量浮子的位移量（液位的变化量）。

当液位下降时，这个过程相反。

如果要实现油水界面的测量，只要将钢丝的平衡张力设定值改小，如改为120g。浮子则会自动地穿过油层到达油水界面，通过测量浮子的位移量，即可算出油层厚度和水位的高度。

854ATG/XTG 伺服式物位计采用多功能模块化结构，具有丰富的输入输出信号方式。如可以接入多点平均温度计和 HART 协议的压力计，用户可以选择液位 4~20mA 模拟信号输出、伺服密度测量、外接油水界面设备等功能。

用户可以使用 Enraf 公司的便携终端 PET，通过红外线接口与 854ATG/XTG 伺服式物位计连接，或利用 Enraf 公司的 Ensite 组态调试软件，通过 Enraf BPM 通信总线很容易地对液位计进行远程调试和组态。开发完善的贸易计量交接、库存管理方案。

2. 磁耦合伺服式物位计的结构与原理

磁耦合伺服式物位计的结构与原理如图 7.7 所示，悬挂浮子 13 的钢丝 1 缠绕在精密加工过的外鼓轮 5 上。外鼓轮 5 和内鼓轮 12 依靠镶嵌其上的磁钢 8、10 的磁力耦合连接在一起，内鼓轮通过磁耦合力矩驱动外鼓轮转动。这样，虽然内、外鼓轮被外壳上的隔离罩 9 隔开，外鼓轮与仪表内部电气部分完全隔离，不用担心罐内的油气窜入仪表内部。

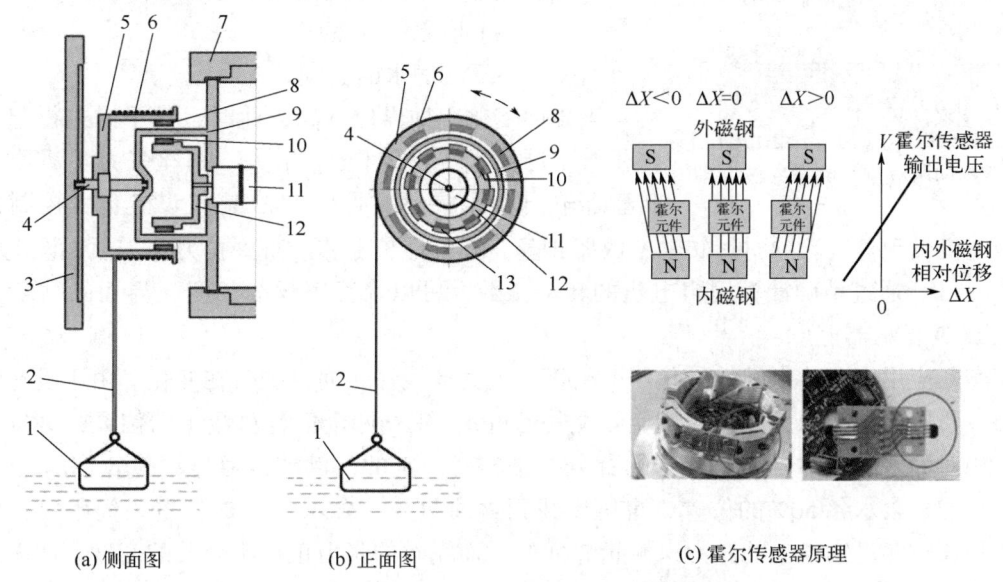

(a) 侧面图　　(b) 正面图　　(c) 霍尔传感器原理

图 7.7　磁耦合伺服液位计的结构与原理

1—浮子；2—钢丝；3—鼓轮盖；4—主轴及轴承；5—外鼓轮；6—钢丝导槽；7—外壳；8—嵌外磁钢；9—隔离罩；10—嵌内磁钢（叠霍尔元件）；11—伺服电机；12—内鼓轮；13—霍尔元件

内鼓轮表面与内磁钢之间叠放安装的霍尔传感器，用于检测钢丝拉力。当液位上下波动时，浮子 1 上的浮力、钢丝 2 上的拉力变化，引起外鼓轮 5 转动一微小角度，使内、外鼓轮磁钢错开一点[图 7.7(c)]。这样，通过霍尔元件 13 的磁通量发生变化，霍尔传感器的输出电压随之改变。其电压值与储存于 CPU 中的参考电压相比较，差值电压将通过控制器驱动伺服电机 11 正传或反转。带动浮子 1 上、下移动，跟踪液位变化，最后重新达到平衡点。

控制器的微处理器 CPU，可以根据预设程序，将浮子提离液面，比较浮子在空气中的重量值和预设的浮子重量值来检查浮子是否有黏附或腐蚀。由此进行校零标定，实现挂料补偿。伺服液位计可以设置成周期性检测浮子重量，浮子重量偏差将被修正补偿并输出报警信号。浮子重量的自动补偿对于保证仪表的测量精度很有必要。这是其他物位计无法做到的。

3. 油水界面测量原理

伺服式物位计测量界面的原理与液位测量基本相同，即根据原油与水两种介质密度的不同导致所受浮力的不同而进行的。伺服式物位计在测量油水界面时，也是基于浮力平衡原理。与测量液位不同的是，在测量界面时需要首先在液位计里输入"上层原油密度 ρ_1"和

"下层底水密度 ρ_2"两个值。在理想工况下，界面非常清晰，此时浮子处于油、水两层之间（图 7.8），钢丝所受张力为：

$$T = W - (V - V_b)\rho_1 - V_b\rho_2 = W - V\rho_1 - V_b(\rho_2 - \rho_1) \quad (7.2)$$

式中 T——钢丝张力；
W——浮子重力；
V——浮子体积；
V_b——浮子平衡时浸入的下部底水体积；
ρ_1——上层原油的密度；
ρ_2——下层底水的密度。

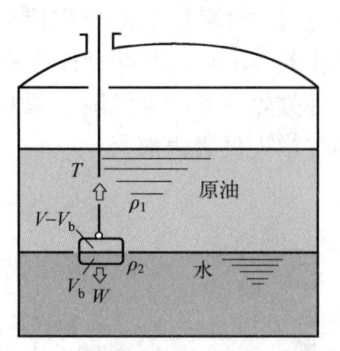

图 7.8 伺服液位计测量界位原理

当界面变化，如界位升高，此时，浮子尚未提起，则浮子被下层底水浸没体积 V_b 增大、钢丝张力 T 减小。力传感器输出电压减小、通过 CPU 比较设定值，控制器驱动伺服电机带动外鼓轮顺时针转动，收紧钢丝，提升浮子上移。直到拉力等于预先设定的界面张力。CPU 通过精确计算伺服电机的转动步数，可以计算钢丝的长度（界面的高度）并显示在 LCD 显示器上。

在实际应用中，油水间的乳化层的密度梯度为非线性，而且随时在变化。由于没有明显的界面，所以我们在测量界面时，实际上是通过 ρ_1 和 ρ_2 两个值计算浮子的位置，该位置的密度是相对固定的，即含油与含水的百分率是相对固定的，例如，通过调整 ρ_1、ρ_2 值，可以找到含油、含水各 50% 的位置，也可以找到含油 70%、含水 30% 的位置。伺服式物位计实际上是通过测量钢丝上的张力来测量界面的，而钢丝的张力正比于介质的密度。所以，可以通过设定钢丝张力，控制浮子到达混合密度、含水率任意的位置。伺服式物位计应用于这一领域最大的优点就是它的测量值重复性非常好，这是其他类型仪表如射频导纳式界面仪所无法比拟的。

伺服式物位计与人工取样化验检测之间的比较，优点是明显的。由于人工取样手法、取样桶下降速度、停留时间等因素均会造成油样含水率的改变，而在化验过程中不同的化验手段同样会引起不同的结果，从而导致了一定的误差。

7.3.3 伺服式物位计的性能及安装

1. 伺服式物位计的性能指标

（1）量程：40m 以下；
（2）精度：液位误差≤1mm；界位误差≤5mm；
（3）额定工作温度 -40~70℃、额定工作压力≤0.6~4MPa；
（4）防护等级：IP5、防爆等级：Exd ia/ibIIBT6；
（5）输出信号：4-20mA DC、HART 协议信号等。

2. 伺服式物位计的安装

在拱顶罐安装时，伺服式物位计可以不用安装稳液管，只需要通过标定接头转换（2~8in 法兰连接）。在低液位进出液时，液面波动有可能引起浮子来回移动，导致测量误差。浮子水平位移大时，钢丝与罐顶法兰口可能产生摩擦。这种情况下建议加装稳液管。在内浮顶罐上安装时，伺服式物位计可以去掉浮子，把钢丝拴住浮盘上，但这样就无法测量油水界面了。否则需要安装稳液管，如图7.9所示。稳液管必须竖直，垂直度要求不超过3mm，否则液位计可能无法正常工作。稳液管必须无弯曲和变形，稳液管内部需要光滑无毛刺，焊缝必须清除干净焊渣，管身均布的两排对流孔直径为5mm、间距300mm。

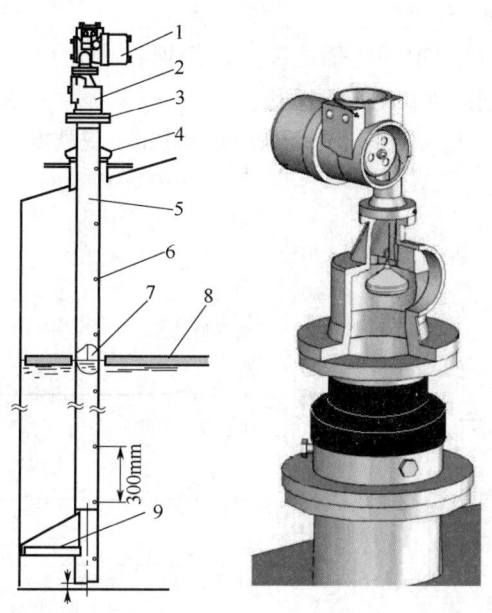

图7.9 伺服式物位计采用稳液管安装
1—伺服液位计；2—标定接头；3—安装法兰；4—罐口橡胶密封；
5—稳液管；6—对流孔；7—浮子；8—浮盘；9—固定支架

模块7.4 超声波液位计

超声波是振动频率比可听声波高的机械振动波，其下限频率为20kHz。由于超声波频率高、波长短、衍射差、束射性及方向性好，适合用于液位测量。超声波液位计工作频率10~40kHz。

7.4.1 超声波液位计的基本原理

超声波式液位计是利用超声波在液面上反射和折射特性测量液位的，可以构成两类液位测量方法，即透射式和反射式。

透射式测量方式：一般是利用气液声阻抗的显著差别作为超声液位开关用的，用于液位高、低限报警或联锁保护。液位开关装在罐壁上，上、下限位置各装一个。

反射式测量方式：超声波探头装在罐顶上，向液面发射超声波。测量入射波和反射波的时间差，从而计算出液位高度。如图7.10所示，探头到液位的距离（空高）h可用下式来表示：

$$h = \frac{1}{2} v_c t \tag{7.3}$$

则液位高度为

$$L = H - h \tag{7.4}$$

式中　h——液面空高；
　　　L——液位高度；
　　　H——探头安装高度；
　　　v_c——超声波在被测介质中的传播速度，即声速；
　　　t——超声波从探头到液面的往返时间。

对于液面上方的气相介质，声速 v_c 是已知的，因此，只要测得时间 t，即可确定被测液位高度 H。

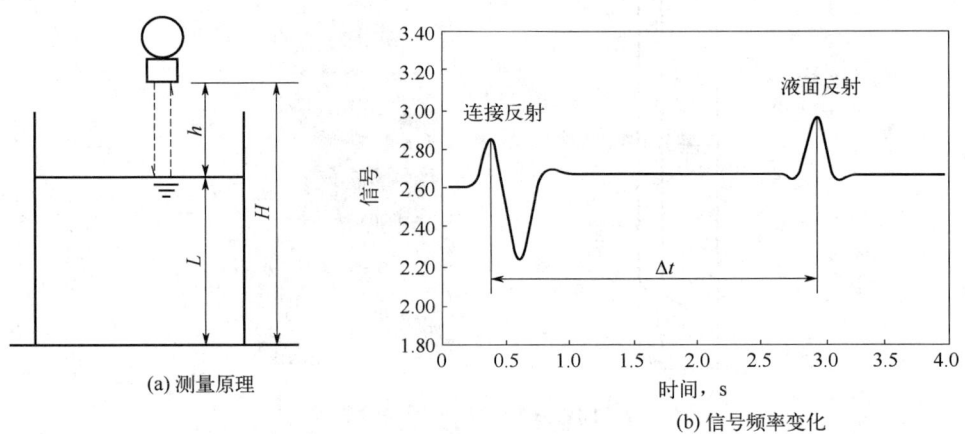

(a) 测量原理　　　　(b) 信号频率变化

图 7.10　超声波液位计测量原理

声速 v_c 与气体的密度、温度、湿度有关，主要是取决于气体性质。但气体温度变化时，声速变化会造成较大的测量误差，需要进行补偿。

无论透射式还是反射式，产生超声波和接收超声波的探头（换能器）都是利用压电元件构成。发射超声波是利用了逆压电效应，接收超声波是利用了正压电效应。反射和接受两探头的结构是相同的，只是工作任务不同。

7.4.2　超声波液位计的结构

反射式超声波液位计，根据超声波传播的介质不同有气介式和液介式两类。下面主要介绍应用较为广泛的气介式超声液位计。

气介式超声液位计的探头安装在液面以上的气体介质中，是一种非接触的测量方法，比较适用于腐蚀性介质、高黏度及含有颗粒杂质的液位测量。

图 7.11 所示为超声波液位计原理框图，超声波的发射与接收采用同一个换能器，由一电子开关控制发射与接收超声波。时钟电路定时触发高频振荡脉冲，使换能器发射一短促的超声波，同时触发计时电路开始计时。当换能器发出的声波经液面反射回来时，被换能器收到并变成电信号，经放大整形后，再次触发控制计时电路，停止计时。计时电路测得的时间差，经运算得到换能器到液面之间的距离 h，已知换能器的安装高度 H，便可求得被测液位的高度 L，最后在指示仪表上显示出来。

运用气介质液位测量方式，声速受温度压力的影响较大，因此需要采取相应的修正补偿

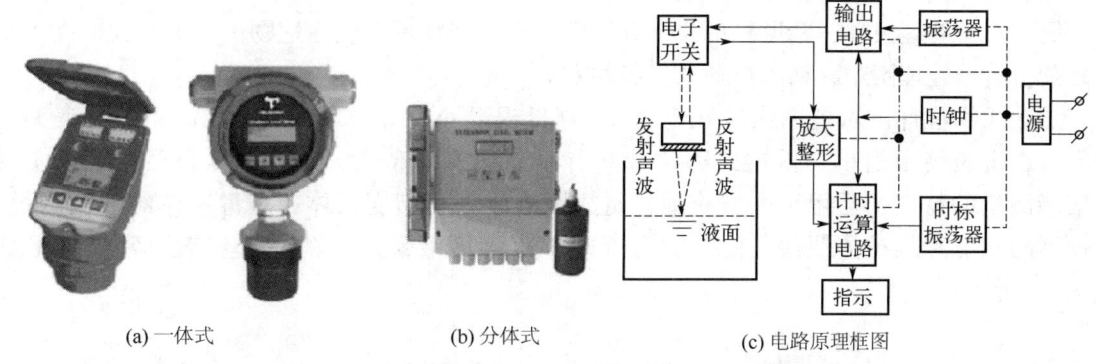

(a) 一体式　　　　(b) 分体式　　　　(c) 电路原理框图

图 7.11　超声波液位计

措施，以避免声速变化所引起的误差。气介式液位计也可用于料位测量，但颗粒尺寸和堆积坡度应尽量小，否则表面不平整，使得声速散射严重，不能有效接收回波。

7.4.3　安装要求

（1）超声波探头发射面到最低液位的距离，应小于仪表的量程。
（2）探头发射面到最高液位的距离，应大于仪表的盲区。
（3）探头的安装位置应该与液体表面保持垂直。
（4）探头的安装位置应尽量避开正下方进、出料口等液面剧烈波动的位置。
（5）若罐壁不光滑，仪表安装位置需离开罐壁 0.3m 以上。
（6）仪表在室外安装应加装遮阳板以延长仪表使用寿命。
（7）电线、电缆保护管，要注意密封防止积水。
（8）仪表一般自身带有防雷器件，但仪表在多雷地区使用时，在仪表的进出线端要另外安装专用的防雷装置。
（9）仪表在特别炎热、寒冷的地方使用，即周围环境温度有可能超出仪表的工作要求时，应在液位仪周围增加保温、隔热材料。

模块 7.5　雷达式物位计

7.5.1　雷达式物位计的原理及类型

雷达式物位计，是近些年来推出的一种新型物位测量仪表，采用微波雷达测距技术。其基本测量原理与超声波液位计相似，但用的是微波而不是超声波。

微波是指频率在 300MHz～300GHz 的电磁波。由于具有易于集聚成束、高度指向性和直线传播的特性，被用来进行物位测量。微波的透射、反射、吸收三个特性还被用来测量原油含水率。微波对于塑料、玻璃、陶瓷等材料几乎全部透射没有吸收，而对于金属则会全部反射。在密度差异较大的油、气液位和油水分界面上，微波既有反射也有透射。雷达物位计就是利用微波回波测距原理工作的。

根据雷达物位计对时间的测量方法来区分，有微波脉冲雷达（PTOF）测量法和连续调频波雷达（FMCW）法两种。所用微波工作频率在 5~25GHz。微波脉冲雷达物位计工作频率较低，信号处理简单，精度稍低，在 0.5 级左右。连续调频波雷达物位计工作频率高，结构复杂，信号处理困难，精度可达 0.1 级左右。

雷达式物位计测量范围大（几十米）、测量误差小（毫米级），稳定可靠。仪表无可动部件，安装使用简单。雷达式物位计具有耐高温、耐高压，不与被测介质接触，实现非接触测量的特点，适用于大型储罐、腐蚀性液体、高黏度液体、有毒液体的液位测量。其较高的性能和维护方便性，使之成为近些年来罐区液位测量的首选仪表。常见外形如图 7.12 所示。

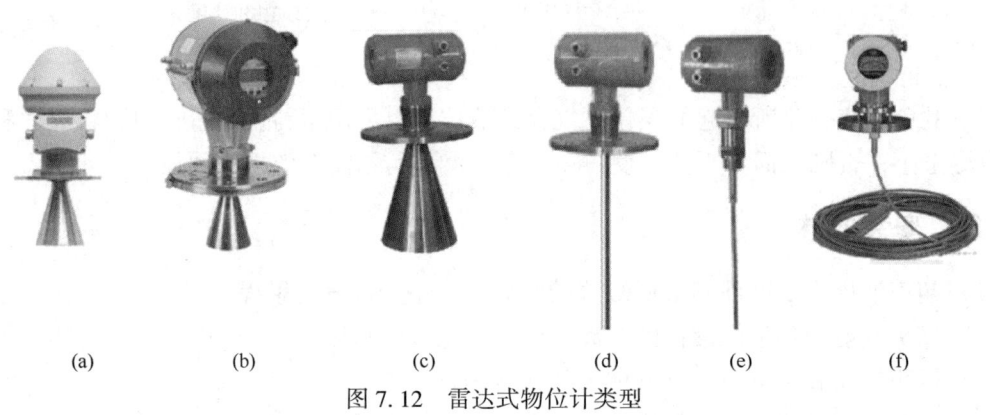

(a)　　　(b)　　　(c)　　　(d)　　　(e)　　　(f)

图 7.12　雷达式物位计类型

雷达物位计有喇叭形天线式[图 7.12(a)~(c)]、导波管式[图 7.12(d)]、导波杆式[图 7.12(e)]、导波缆式[图 7.12(f)]几种不同的型式。其变送器、显示器电路相同，只是雷达波的发射、接收方式不同，适用于不同的测量环境。其中喇叭型天线只能测量液位，叫雷达液位计，而导波天线的可以测量液位和油水界面，因此称之为雷达物位计。

7.5.2　PTOF 脉冲雷达液位计的结构与原理

PTOF 脉冲雷达液位计的测量原理如图 7.13 所示。雷达液位计是利用微波的回波测距法测量液位到雷达天线的距离，即通过测量空高来测量液位。采用间歇发射—反射—接收方式工作。

脉冲雷达液位计主要由微波源、脉冲发生器、发送器、天线、接收器、计时器及数字信号处理器等组成。

(1) 微波信号源是用微波管振荡源、微波固体振荡源来产生的固定频率的微波。常用频率多为 5~20GHz 范围内。

(2) 发送器将调频信号放大后驱动天线发射微波，是一个超高频率电—微波转换器。

(3) 接收器是一种微波—电信号转换器件，接收由液面反射的微波，转换成电信号、并放大。

(4) 计时器采用高精度高稳定性石英高速计数器承担。

脉冲发生器生成的一个极其短促的脉冲，经发送器转换成微波、从喇叭状天线向被测液面垂直发射。之后马上停止发射、转入接收状态，并触发计时器开始计时。微波束经液面反射，沿同一路径返回到天线，由接收器接收，将微波转换成电脉冲，并作为触发信号停止计

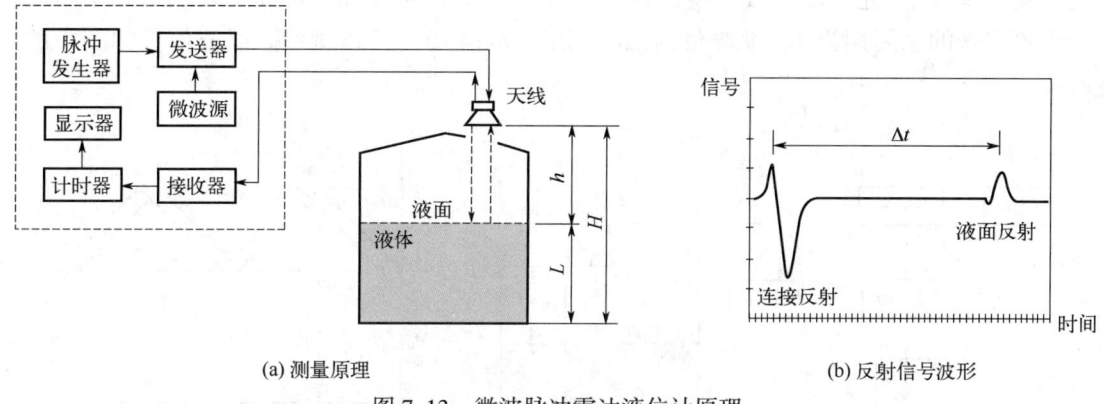

(a) 测量原理　　　　　　　　　(b) 反射信号波形

图 7.13　微波脉冲雷达液位计原理

时器计时。从计时器得到脉冲雷达波的往返时间 Δt 正比于天线到液面的距离，即

$$h = \frac{\Delta t}{2} C \tag{7.5}$$

被测液位为

$$L = H - h = H - C\frac{\Delta t}{2} \tag{7.6}$$

式中　C——电磁波的传播速度，m/s；

　　　h——被测液面到天线的距离，m；

　　　Δt——雷达波往返的时间，s；

　　　H——天线到罐底的距离，m；

　　　L——液位高度，m。

上两式中，电磁波传播速度 C 不受介质环境的影响，传播速度稳定。测得延迟时间 Δt 则可获得液位高度 h。

微波脉冲测量法大多采用 5~6GHz 的辐射频率，发射脉冲宽度约 8ns。由于雷达波的传播速度非常快，因此，直接精确测量脉冲的往返时间是这种测量方法的关键。

7.5.3　FMCW 雷达液位计的结构与原理

由于微波传播的速度很大，雷达波往返的时间极小，用常规的测量方法无法达到高的测量精度和灵敏度，所以现代雷达液位计会采用连续调频法（FWCM）进行测量。

1. 工作原理

连续调频法雷达液位计，主要由微波信号源、发射器、天线、接收器、混频器及数字信号处理器等组成。

（1）微波信号源是工作在较宽频率范围的压控振荡器（电压控制输出频率），输出微波频率由数字信号处理器提供的三角波电压控制。

（2）混频器将发射的调频信号和接收到调频信号进行混频，得到其差频信号 Δf_d。

（3）数字信号处理器是系统的核心，为微波信号源提供调制信号，并将差频信号转换为液位信号。

天线发射的微波是频率连续变化的线性调制波，微波频率与时间成线性正比关系。经液面反射后回波被天线接收到时，天线发射的微波频率已经改变了很多，这就使回波和发射波

形成一频率差 Δf_d，正比于微波往返延迟时间 Δt。由此计可计算液位高度。

调频信号的总周期为 T，总频偏为 ΔF，如图 7.14 中的实线所示。回波信号如图中的虚线所示。

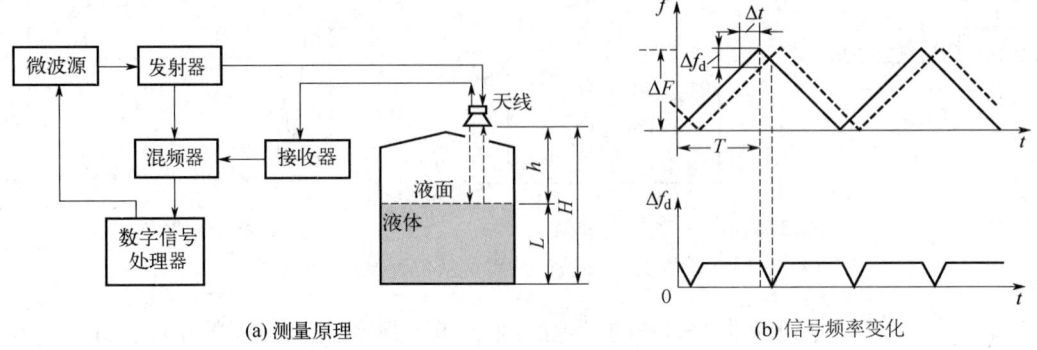

图 7.14　调频雷达液位计原理

由图 7.14 可知，反射信号与发射信号的滞后时间 Δt 和差频信号 Δf_d 的关系为

$$\Delta t = \frac{\Delta f_d}{\Delta F} T \tag{7.7}$$

可求出天线与液面的距离（空高）h 为

$$h = \frac{T}{2} \frac{\Delta f_d}{\Delta F} c \tag{7.8}$$

可见，当微波的传播速度 C、三角波的周期 T、发射信号的频偏 ΔF 确定后，天线与液面的距离与差频信号 Δf_d 成正比。被测液位 $L = H - h$ 由变送器计算后显示。

2. 结构组成

连续调频雷达液位计由变送器和显示器组成，如图 7.15 所示。

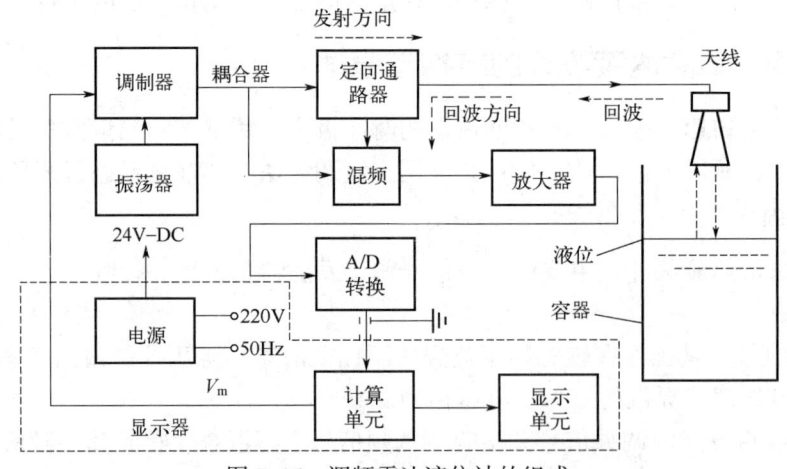

图 7.15　调频雷达液位计的组成

变送器安装在设备顶部，由电子部件、波导连接器、安装法兰及喇叭形天线组成。电子部件包括振荡器、调频器、混频电路、差频放大器、A/D 转换器等。显示器为盘装型，由

计算单元、显示单元及电源部分组成。变送器与显示器之间用一根多芯屏蔽电缆连接,其作用是向变送器提供 24V DC 电源,并将 A/D 转换信号送至显示器。由振荡器产生 10GHz 的高频振荡,经调制器线性调制电压调制后,通过耦合器及定向通路器,由喇叭形天线向被测液面发射,经液面反射回来又被天线接收。回波通过定向通路器送入混频电路,混频电路接收到发射波、回波信号后产生差频信号。差频信号通过差频放大器放大,经 A/D 转换后送到计算单元进行频谱分析,并通过频差和时差计算出液位高度,并由显示单元显示出来。

7.5.4 导波雷达物位计的结构与原理

导波雷达物位计主要是为了改善喇叭型天线发射的微波能量不集中、反射微波微弱,易受干扰等问题,而采取的一种让微波集中到导波管(杆)中传播的雷达物位计,如图 7.16 所示。

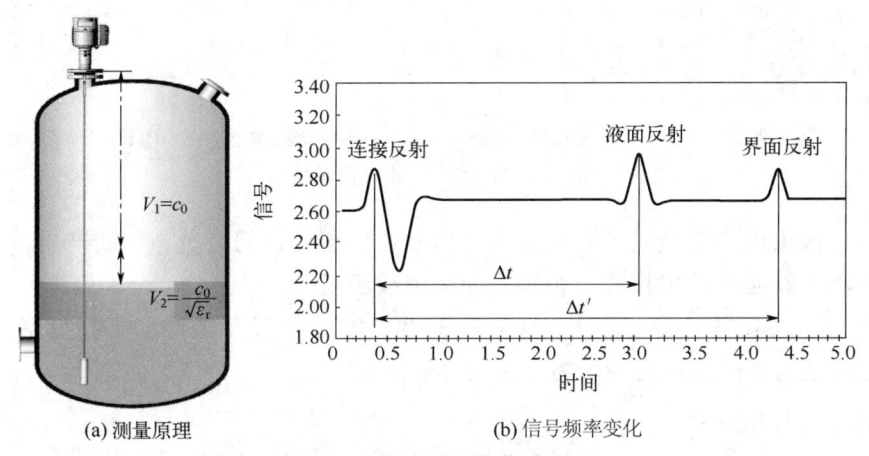

图 7.16 导波雷达物位计原理

导波雷达物位计采用接触式测量,微波沿导波管(杆)传播。可以采用微波脉冲法(PTOF)工作,也可以采用连续调频方法(FWCM)进行测量。

以微波脉冲法(PTOF)雷达物位计为例,微波脉冲以光速沿导波杆传播,当遇到被测原油液面时,部分微波被反射,形成回波并沿相同路径返回到微波发射器,发射器与被测液面的距离同脉冲在导波杆的传播时间成正比,经计算得出液位高度。

微波在液面反射的同时,剩余的部分微波会继续沿导波杆往下传播。在遇到比较清晰的油水界面时,由于界面的密度差,微波也会有反射。界面反射波经时间 $\Delta t'$ 返回到发射器,同样经信号处理器按式(7.6)计算,得到界面高度。

因此,导波雷达物位计可同时测储油罐液位、油水界面两个关键参数,而且又无运动的浮子等易损元件,这也是它优于其他物位计的重要原因。不过对于油田联合站内的原油沉降罐来说,原油脱水沉降不足,油水乳化层较厚,没有明显的油水界面,导波雷达物位计也测不出来。

导波雷达物位计的特点如下:采用回波处理新技术,可以识别虚假回波,使测量更准确;采用数据平滑方法,对检测信号进行处理,来消除噪声干扰;可以测量低介电常数的介质。

7.5.5 雷达物位计的安装与应用

1. 雷达物位计的安装

（1）不可安装于进出料口的上方，由罐内壁到安装短管的外壁距离应大于罐直径的 1/6，且天线距离罐壁应大于 30cm，如图 7.17 所示。露天安装时建议安装不锈钢保护盖，以防直接的日照或雨淋。

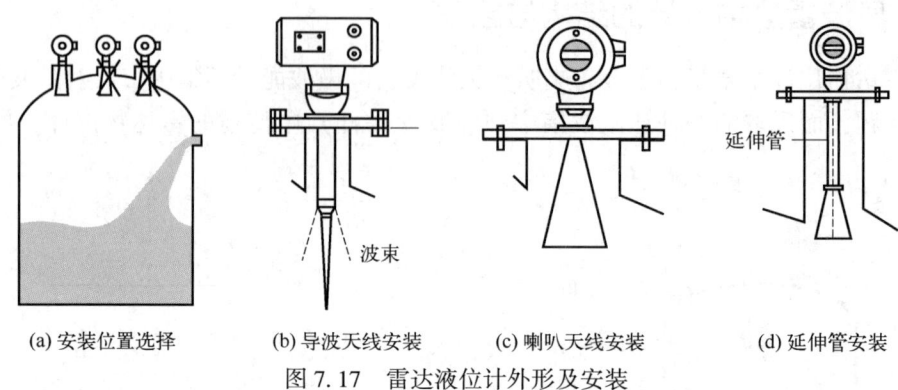

(a) 安装位置选择　　(b) 导波天线安装　　(c) 喇叭天线安装　　(d) 延伸管安装

图 7.17　雷达液位计外形及安装

（2）信号波束内应避免安装限位开关、温度传感器等任何装置，以防产生干扰回波。

（3）喇叭天线必须伸出接管，否则应使用天线延长管。

（4）测量范围取决于天线尺寸、介质反射率、安装位置及最终的干扰反射，但天线探头下有一定范围的盲区，盲区一般为 0.3~0.5m。

2. 雷达物位计的应用

（1）由于雷达液位计发射的微波沿直线传播，在液面处产生反射和折射，微波的有效反射信号强度被衰减，当相对介电常数小到一定值时，会使微波有效信号衰减过大，导致雷达式液位计无法正常工作。为避免上述情况的发生，被测介质的相对介电常数必须大于产品所要求的最小值，否则需要用导波型雷达液位计。

（2）雷达液位计发射的微波传播速度 c 决定于传播媒介的相对介电常数和磁导率，所以微波的传播速度不受温度变化的影响。但对高温介质进行测量时，需要对雷达液位计的传感器和天线部分采取冷却措施，以便保证传感器在允许的温度范围内正常工作。

（3）使用导波管和导波天线，主要为了消除有可能因容器的形状而导致多重回波所产生的干扰影响，或是在测量相对介电常数较小的介质液面时，用来提高反射回波能量，以确保测量准确度。当测量浮顶罐和球罐的液位时，一般要使用导波管。

（4）液体介质的相对介电常数、液面湍流状态、气泡大小等对微波有散射和吸收作用，从而造成对微波信号的衰减，这将影响液位计的正常工作。

模块 7.6　磁致伸缩物位计

磁致伸缩物位计，采用的是一种高精度超长行程绝对位置传感器，利用磁致伸缩原理，不但可以测量各种介质液位，还可以测量运动物体的直线位移。

7.6.1 磁致伸缩物位计的结构与原理

磁致伸缩物位计结构与原理如图 7.18 所示。核心元件是外形细长的"磁致伸缩管",是由磁致伸缩材料制成的薄壁毛细管,外径 0.7mm,内径 0.5mm。磁致伸缩材料是一种特殊的软磁性材料,在外磁场作用下可以产生机械变形。在交变磁场的作用下,会产生同频率机械振动。典型的磁致伸缩材料是金属镍和钴基合金、铁氧体,特别是稀土—铁合金(RFe_2)有更高的灵敏度。

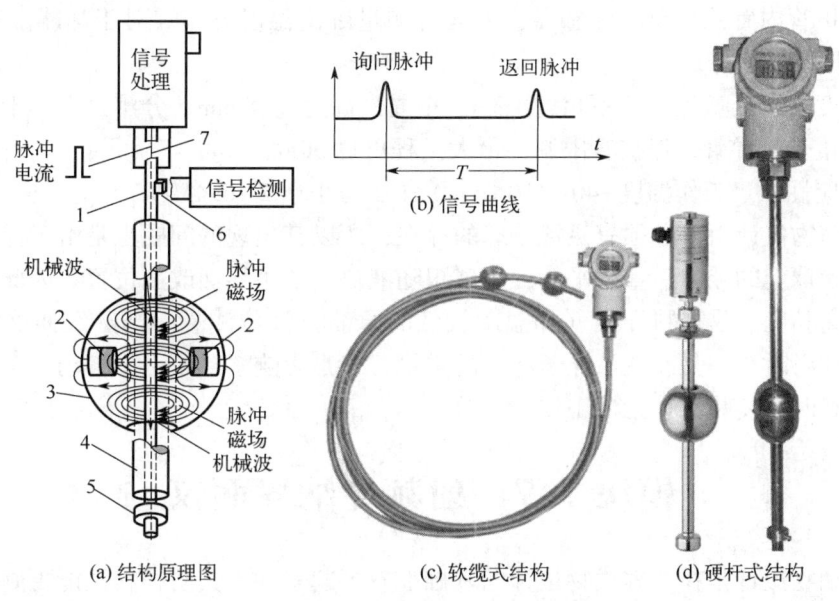

图 7.18 磁致伸缩物位计结构与原理图
1—磁致伸缩管;2—磁钢;3—浮球;4—保护管;5—阻尼器;6—小磁铁;7—铜导

磁致伸缩管内穿一条铜导线,外套一不导磁的不锈钢保护管。上部安装信号检测线圈,保护管外带永久磁铁的浮子跟随液位或界面移动。

信号处理电路的脉冲发生器给铜导线通入 10Hz 左右的脉冲电流,称为电流询问脉冲,沿磁致伸缩管周围产生的环形脉冲磁场,随电流脉冲向下传播。此磁场与浮子磁钢的磁场相互作用,使磁场分布改变,交汇处形成螺旋磁场,对磁致伸缩管产生瞬时扭力,导致磁致伸缩管产生扭转,并以固定的速度(约 2830m/s)沿波导管上、下传播。

由于磁致伸缩管在扭力脉冲波向上传播时,返回的扭力波会使磁致伸缩管上端小磁铁摆动,在检测线圈上产生感应电压脉冲。感应脉冲信号由检测电路进行处理,通过测量电流询问脉冲与感应脉冲之间的时间来精确地确定浮子的位置。而沿电流方向向下传播的扭力波,通过阻尼器衰减掉,以确保在波导管的末端不会产生反射,干扰正常测量。由于脉冲间的时间可以非常精确测量,因此可获得高精度(一般分辨率<1mm)、高重复性(一般重复性≤满量程的 0.002%)、宽量程(可达 30m)等优良性能。磁致伸缩物位计的不足之处是有较大的盲区,一般上盲区≤80mm,下盲区≤10mm。

磁致伸缩物位计在保护管外,如果安装两个磁性浮子,一个漂浮在液面之上,另一个处于两种液体的分界面处,可以同时测量液位和界位。例如在检测储油罐时,选用磁致伸缩物位计,可以同时测量油水界面高度和液位总高度。这时信号处理器需要测量两个浮子传回来的前后两个张力脉冲的时间差。

7.6.2 磁致伸缩物位计的特点与性能

（1）可同时测量液面、油水界面，能测量含泡沫、强腐蚀性液体。

（2）与浮子钢带式物位计、伺服式物位计相比，磁致伸缩物位计除浮子外无任何可动元件；仪表全集成化设计，仪表无须重新校准即可投入使用；使用时无须维护，简单可靠，寿命长。

（3）保护管内置几个温度传感器，可同时测量罐内温度分布。对于油罐盘库计量具有别的仪表不具备的优势。

（4）精度高，全量程误差不超过 1mm。重复性高达 0.05mm、分辨力不小于 0.125mm。

（5）测量受波导管、保护管限制，最大量程可达 30m。

（6）适应性强。工作温度 -40~150℃，工作压力小于 2~6.4MPa。

磁致伸缩物位计由于必须有磁性浮球的存在，所以其出现的问题也是由于浮球。由于测量的基础是浮球上的浮力—重力平衡，浮球跟随液位、油水界面改变位置。因此这种液位计也不太适应高黏度、易挂料介质（如温度较低的原油）液位测量。当磁致伸缩物位计的浮子或保护管挂料时，一是改变了浮子本身的重量，二是影响了浮子上下移动。会造成难以预计的误差。有时会使物位计无法工作。

模块 7.7　射频导纳界面仪

射频导纳物位计是在电容式物位计的基础上发展起来的，其防挂料性能更好、工作更可靠、测量更准确、适用性更广。

7.7.1 射频导纳物位计的结构与原理

射频导纳物位计的结构与原理如图 7.19 所示。

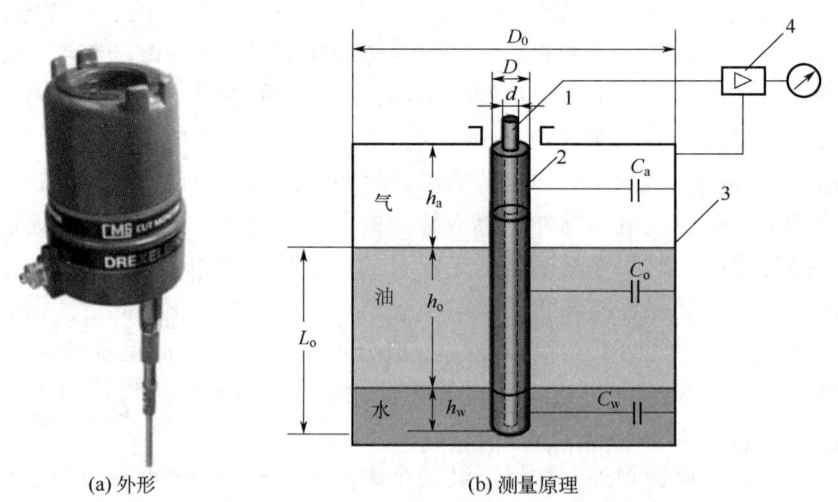

(a) 外形　　　　　　　　　(b) 测量原理

图 7.19　射频导纳物位计的结构与原理图

1—内极板；2—聚四氟乙烯绝缘套；3—外极板（罐体）；4—电容检测

1. 油罐界位测量

图 7.19(a) 所示的射频导纳物位计，其核心器件是由图 7.19(b) 所示的电容探头。是由一个不锈钢内电极板 1、聚四氟乙烯绝缘套 2、金属罐壁 3 作为外电极构成同轴电容器。储油罐内有底水层厚度 h_w、相对介电常数 $\varepsilon_t \approx 80$；原油层厚度 h_o、相对介电常数 $\varepsilon_o \approx 2$；液面以上是油气，厚度 h_a、相对介电常数 $\varepsilon_a \approx 1$。而聚四氟乙烯绝缘套的相对介电常数 $\varepsilon_a = 2.55$，与原油差不多。内外电极间的油、气、水层所形成的电容 C_o、C_a、C_w 并联，总电容为三者之和，即

$$C_x = C_o + C_a + C_w \tag{7.9}$$

同轴电容器的电容量与内外电极直径 d、D，绝缘介质的介电常数 ε' 和电容段高度 h 有关，可表示为

$$C = \frac{2\pi\varepsilon'}{\ln\frac{D}{d}} h \tag{7.10}$$

式中　h——同轴电容极板高度；
　　　ε'——内外极板间绝缘介质的介电常数；
　　　D——外电极的内径；
　　　d——内电极的外径。

用于原油储罐时，油气层和原油层外电极为罐壁直径，D_0/D 非常大，经计算原油层电容 C_o、油气层的电容 C_a 都很小。

底水层由于水是导电的，这段外电极直径就是绝缘套外径 D，总电容 C_w 就是这段绝缘套的电容。由于 D/d 很小（1.5 左右），C_w 比 C_o、C_a 大近百倍。所以总电容受水层高度的影响最大，这就是同轴电容传感器能够测量油水界面的原因。

而当油层厚度 h_o 变化时，空气层厚度反向变化。两者电容本来就很小，变化部分抵消。在有限的精度范围内，油水界面测量结果可以忽略液位变化的影响。

2. 脱水器界位测量

在电脱水器中，没有空气层。上部净化原油的含水率很低，可以认为是绝缘的；下部是乳化层和水层，当油水界面高度是 h 时，电容 C_x 为

$$C_x = \frac{2\pi\varepsilon_o H}{\ln\frac{D}{d}} + \frac{2\pi(\varepsilon_w - \varepsilon_o)L_w}{\ln\frac{D}{d}} = C_1 + K_1 L_w \tag{7.11}$$

式中　ε_w——水的介电常数；
　　　ε_o——油的介电常数；
　　　L_w——油水界面高度；
　　　H——脱水器总高度。

被测油、水的介电系数差别较大，绝缘套厚度很薄，D/d 很小，灵敏度系数 K_1 较高。电容量的变化 C_x 与油水界面高度 L_w 成正比。

3. 导电液体"挂料"问题及导纳测量

测量含水原油这种黏性导电介质时，导电的被测介质被当作外电极。介质黏挂在电极绝

缘套上（挂料），相当于增加了液位的高度，产生虚假液位，会造成很大的测量误差。虚假液位大大影响仪表精度，甚至使仪表不能正常工作，因此用电容法测量黏性导电介质液位时应考虑虚假液位引起的影响。

应用射频导纳技术，对电容式物位仪表进行改造，变单纯的测量传感电极的电容变化为测量传感电极的复阻抗变化，可以排除挂料的影响。"射频导纳"中的"射频"是指用频率100kHz左右的高频交流来测量传感电极的电容，"导纳"指电阻、电容、电感阻抗的倒数。射频导纳测量方法是利用高频交流电测量物位电容的方法。其测量原理见图7.20。

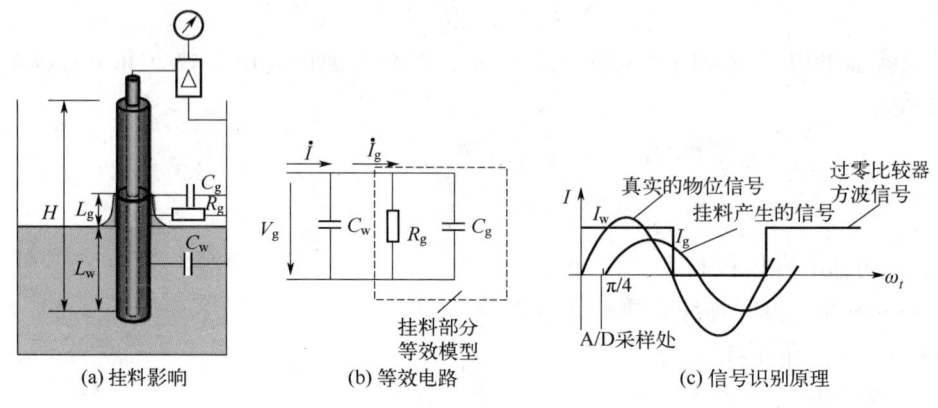

图 7.20　射频导纳测量原理

射频导纳物位计的探杆内电极外套绝缘层，自身无外电极，与金属罐体组成同轴电容。物位计中只有电容、电阻成分，阻抗为

$$Z_x = R + \frac{1}{\omega C} \tag{7.12}$$

物料部分和挂料部分的电容分别为 C_w、C_g 并联，其总电容 $C_x = C_w + C_g$，一般电容测量方法无法将这两部分电容区分测量出来。

对于导电性液体，液位以下电极与外壳间电阻很小可以忽略不计，在电路上可以看成是纯电容 C_w，不用考虑电阻成分。由于任何物料都是不完全导电的，薄薄的挂料层相当于一个电阻，传感器被挂料覆盖的部分在电路上相当于一个电容 C_g 和一个电阻 R_g 串联。由于挂料部分的横截面积要远远小于物料部分的横截面积，挂料部分的电阻要远远大于物料部分的电阻，可以忽略物料部分电阻。因此测出的总电阻 R 就是挂料部分的电阻 R_g。

根据理论分析，如果挂料足够长，则射频下挂料部分的阻抗 R_g 和容抗 $\frac{1}{\omega C_g}$ 数值相等，因此测量挂料电阻 R_g 即可确定挂料电容 C_g，由此可计算有效电容 $C_w = C_x - C_g$。消除挂料电容的影响。

如图7.20(c)所示，在激励电压 V_g 作用下，挂料电流 I_g 的相位落后于物位电流 I_w 的相位90°，如果在每个周期的 π/4 相位时，进行电流测量，则此时挂料层电流的幅值为零，测得的电流中只包含物位电流 I_w。就可以获得物位真实值，从而排除挂料的影响。

7.7.2　射频导纳物位计的安装与应用

射频导纳物位计主要用来测量油水界面，可用在三相分离器、电脱水器上，也可用于沉降罐、污水罐、净化油罐、缓冲罐等界面的测量,如图 7.21 所示。

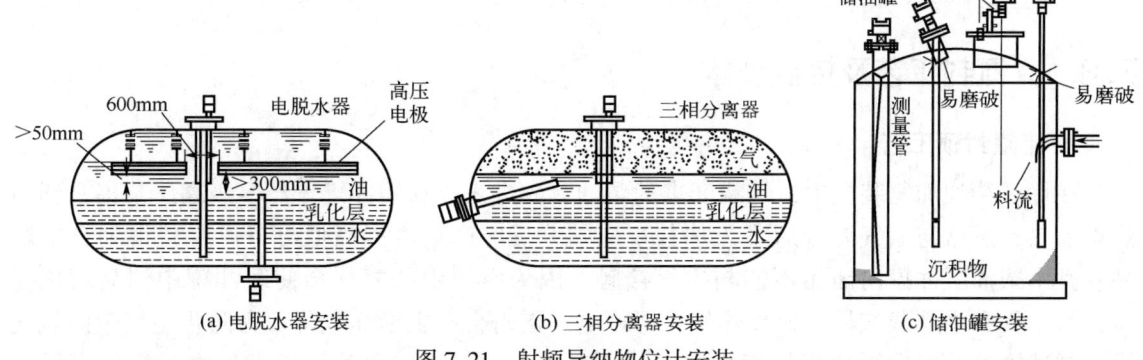

图 7.21 射频导纳物位计安装

1. 在脱水器、分离器上的安装

(1) 安装位置应选择具有代表性、无扰动的场合。尽量远离进、出料口,以免影响测量的准确性。

(2) 安装后探头距罐壁或内部金属结构至少 0.2m 以上。若容器内扰动强烈,而量程又大时,探头底端必须固定。

(3) 在新建脱水器、分离器上一般采用专用法兰安装,如果是改造安装,可加工一个安装管座焊接到罐顶或人孔盖上。

(4) 在电脱水器上使用时,要在电极栅板上开一个 600mm×600mm 的方孔,以保证高压电极与地之间正常运行时的安全距离(通常为 300mm)。探头非作用段长度,应能保证探头插过最下一个极板 50mm。

(5) 若安装在非金属罐上,还应加装地电极,以增加测量可靠性。

2. 大罐安装

(1) 当罐内有刮泥装置或波动较大时,应对电容探头加辅助支撑。硬杆采用侧面固定,软缆采用地锚或重锤固定。

(2) 沉降罐和污水罐等拱顶罐,不能装在进油(水)口附近,要避开液流的冲击。若选用的是柔性探头,其本身有一定的晃动,所以在 0.5m 范围内不应有其他金属结构。

(3) 硬杆探头量程小于 3m,且底部无测量死区,也可采用斜向上或斜向下安装。

(4) 对于不导电的非金属罐,一般还应加装地电极,以增加测量可靠性。

(5) 在装、拆探头时,只能用扳手卡在探头上端六方处操作,不能图省事去拧变送器壳体,否则会损坏内部连接电缆。由于探头位置是偏心的,在变送器底座的一边,平时振动及操作很容易造成变送器壳体转动,会影响探头的密封性能。

(6) 安装三端子探头时,中心线接探头的中心端,屏蔽线接探头的屏蔽端,地线接外壳;当安装两端子探头时,中心线接探头的中心端,探头无屏蔽层接线端,连接电缆屏蔽线应剪短,地线接外壳。

(7) 绝缘材料与探头间会产生静电,有些液体与探头也会发生原电池反应,静电与原电位都会影响测量,静电还有可能损坏电子单元,因此在这种场合应用时,需要加滤波器和火花防护器。

模块 7.8 炼厂原料缓冲罐氮封控制

7.8.1 氮封工艺及控制要求

1. 储罐封顶工艺

在炼厂柴油加氢装置中，从罐区来的柴油首先进入原料缓冲罐，经多级高压泵提升到加热炉加热，然后与氢气混合后进入加氢反应器，反应产物进入高低分分离脱硫得到合格产品。其中柴油缓冲罐内油品不能与空气接触，因为空气中的氧气会使缓冲罐中油品氧化变质，且空气和油品蒸汽易形成爆炸气，遇静电、雷击会产生爆炸危险。为防止空气中的氧气进入缓冲罐，一般在缓冲罐气相充以氮气，以使油品与空气隔绝，通常称之为氮气密封隔离，简称氮封。在联合站污水处理系统中，污水罐在空气环境下罐体钢板容易氧化腐蚀，一般也要靠引入天然气封顶。其原理和控制方法两者并无二致。

为了保证空气不进缓冲罐，一般要求氮封压力保持为微正压。柴油缓冲罐氮封 P&ID 图如图 7.22 所示。

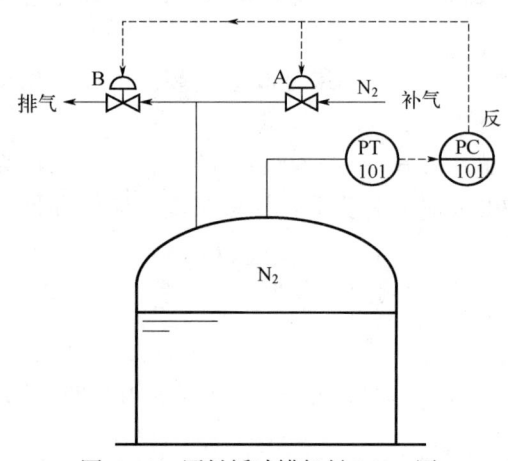

图 7.22 原料缓冲罐氮封 P&ID 图

2. 生产过程控制要求

柴油缓冲罐氮封的技术要求，是要始终保持缓冲罐内的氮气微正压（0.7kPa）。缓冲罐内物料量的增减，将会引起罐顶压力的变化，应及时进行控制。因此，当原料流出缓冲罐，液位降低时，氮封压力将会下降，如不及时向罐中补充氮气，储罐就有变形甚至被吸瘪的危险。而原料进入缓冲罐时，液位上升，氮封压力将会上升，如不及时排气，缓冲罐又有被胀破的可能。

根据生产过程要求，缓冲罐氮气入口管线和缓冲罐氮气排气管线上各设置一个压力调节阀，并分别根据缓冲罐内的氮气压力控制这两个阀的开关顺序和开度。这一生产过程控制是通过分程控制复杂控制系统实现的。

缓冲罐分程控制系统方框图如图 7.23 所示，缓冲罐压力控制器 PC-101 的输出同时送给两个执行器，执行器 A 控制缓冲罐氮气补气阀 A，执行器 B 控制缓冲罐排气阀 B。

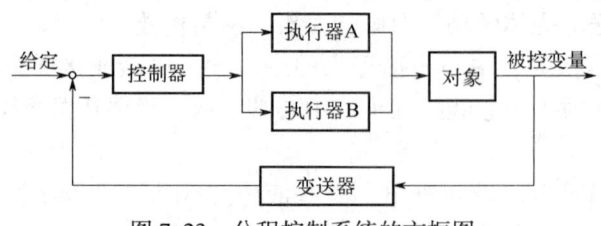

图 7.23 分程控制系统的方框图

7.8.2 分程控制阀特性分析

本方案中采用的压力控制器 PC-101 选反作用，补气阀 A 为气开式，排气阀 B 为气关式，它们的分程动作特性如图 7.24 所示。

缓冲罐气封分程控制系统的工作过程分析如下。

系统稳定时，缓冲罐压力等于给定值 $p = p_0$ （0.7kPa）偏差等于 $DV=0$，控制器的输出调整为 $I_0 = 12$mA，这时，由图可看出，A 阀是全关的，B 也是全关的，在平衡点附近有一段死区。其目的是为了防止在给定值附近时补气阀 A 和排气阀 B 同时打开。

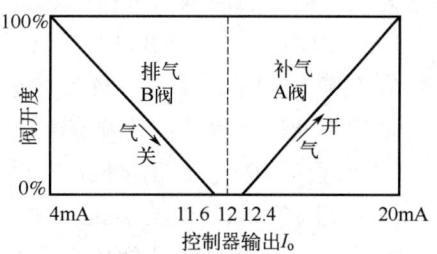

图 7.24 氮封分程阀特性图

当向缓冲罐内进料而使缓冲罐压力升高时 $p>p_0$，控制器出现正偏差 $DV>0$，而反作用控制器 PC-101 的输出减小，$I_0<12$mA。当 $I_0 \leq 11.6$mA 时，排气阀 B 随着控制器输出减小而逐渐打开，罐中的一部分氮气将通过放空管放空，于是缓冲罐内的压力将逐渐下降，最后稳定到给定值 p_0（0.7kPa）。

反之，当从缓冲罐内出料而使缓冲罐压力下降时，$p<p_0$ 则出现负偏差 $DV<0$，反作用控制器 PC-101 的输出增大，$I_0>12$mA。当 $I_0 \geq 12.4$mA 时，补气阀 A 随着控制器输出增大而逐渐打开，于是氮气被补充到缓冲罐中，提高了缓冲罐的压力。

因此，通过补气阀 A、排气阀 B 两分程阀的反向动作，不论是向缓冲罐内进料还是从缓冲罐内出料，都能使罐内的压力保持不变。

为了防止缓冲罐中压力在给定值附近变化时 A、B 两阀频繁动作，可以在两阀信号交接处设置一个不灵敏区，如图 7.24 中所示 11.6~12.4mA 之间。因为留有这样一个不灵敏区之后，A 阀将在 12.4~20mA 之间做全行程变化，B 将在 4~11.6mA 之间做全行程变化，而控制器输出控制信号范围在 11.6~12.4mA 之间时，A、B 两阀均为全关状态，均不会动作，这样做对储罐这种容积很大、时间常数较大对象来说是有益的，因为留有这样一个不灵敏区之后，将会使控制过程变化趋于缓慢，系统更为稳定。

习题

一、选择题

1. 根据化工标准 SH/T 3007—2014《石油化工储运系统罐区设计规范》，关于储罐仪表选用及安装规定，压力储罐应设（　　）套高高液位报警及连锁系统。
   [A] 1 套　　　　[B] 2 套　　　　[C] 3 套　　　　[D] 4 套

2. 浮子钢带式液位计，浮子上升时，钢带被收带轮收紧，导向轮的收紧力由（　　）提供，起作用很像钟表的发条。
   [A] 导向钢丝　　[B] 导向轮　　　[C] 钉轮　　　　[D] 恒力弹簧（盘簧）

3. 浮子钢带式液位计最适合（　　）的液位测量。
   [A] 大型储罐清洁液体　　　　　　[B] 脏污、黏性液体
   [C] 低温环境下易结冰的液体

4. 提高浮子钢带式液位计精度的有效方法是（　　）。
   [A] 加重平衡锤　　　　　　　　[B] 增加浮标厚度
   [C] 增大浮标面积　　　　　　　[D] 减小滑轮摩擦

5. 编码钢带液位计的钢带上标有刻度，并打有按（　　）码编码的小孔。这种编码的特点是相邻的两组编码只有一位取值不同。
   [A] BCD 码　　[B] 二进制码　　[C] 格雷码　　[D] 8421 码

6. 伺服式测量方法可以应用在原油储罐上，测量量程、精度可以达到（　　），一直被广泛地用于储罐液位的高精确度测量。
   [A] 量程 10m、误差 1mm　　　　[B] 量程 40m、误差 5mm
   [C] 量程 40m、误差 1mm　　　　[D] 量程 30m、误差 2mm

7. 伺服式物位计的外鼓轮和内鼓轮都嵌有磁钢，内、外鼓轮间虽然有隔离罩隔开，但它们依靠磁钢的磁力传动，让电机驱动外鼓轮转动。这种传动方式称为（　　）。
   [A] 机械传动　　[B] 直接传动　　[C] 间接传动　　[D] 磁耦合

8. 伺服式物位计测量油水界面时必须要设置两个重要的参数，分别是（　　）。
   [A] 油密度、水密度　　　　　　[B] 上层密度、下层密度；
   [C] 气相密度、液相密度

9. 超声波式液位计基本测量原理是（　　）。
   [A] 回声测量原理　　　　　　　[B] 静压测量原理
   [C] 节流测量原理　　　　　　　[D] 辐射测量原理

10. 超声波物位计是通过测量超声波发射和反射回来的（　　）来测量物位高度的。
    [A] 时间　　　[B] 速度　　　[C] 频率　　　[D] 强度

11. 下列关于超声波物位计安装的说法，正确的是（　　）。
    [A] 液位计安装时，探头和容器壁不可靠得太近，以防止回波产生干扰
    [B] 液位计的探头必须垂直安装，以保证收到最强的回波
    [C] 安装位置附近不应有较大的振动
    [D] 以上都是

12. FMCW 式（线性调频）雷达式液位计，通过天线发射线性调频微波，测量反射波与发射波的（　　）间接测量回波时间，以确定液位。
    [A] 频率差　　[B] 速度差　　[C] 强度差　　[D] 时间差

13. 雷达物位计可以测量液位和油水界面吗？（　　）
    [A] 可以　　　　　　　　　　　[B] 不可以
    [C] 导波雷达物位计可以　　　　[D] FMCW 雷达式液位计可以

14. 磁致伸缩物位计基于（　　）原理测量液位。
    [A] 材料的磁致伸缩效应　　　　[B] 材料的压电效应
    [C] 材料的热电效应　　　　　　[D] 材料的弹性应变

15. 磁致伸缩物位计可以测量液位和油水界面吗？（　　）
    [A] 只可以测量液位　　　　　　[B] 只可以测量油水界面
    [C] 都可以　　　　　　　　　　[D] 都不可以

16. 磁致伸缩物位计测量液位和油水界面时需要（　　）磁性浮子。

[A] 1个   [B] 2个   [C] 最多1个   [D] 至少2个

17. 普通电容式物位计产生虚假液位的说法错误的是（   ）。

[A] 测量导电液体时，挂料相当于增加了液位的高度，会产生虚假液位

[B] 测量非导电液体时，挂料很薄不会改变内外电极间电容，不会产生虚假液位

[C] 测量导电液体油水界面时，挂料不会产生虚假液位

[D] 电容式物位计内外电极直径 d、D 差别越大越小，仪表灵敏度越高

二、判断题

1. 对于容量大于 $100m^3$ 的储罐应设液位连续测量远传仪表。（   ）
2. 浮子钢带式液位计也是属于有动力驱动工作的。其动力来源于恒力盘簧。（   ）
3. 伺服式物位计的测量精度可以达到 1cm 以内。（   ）
4. 伺服式物位计浮子本身的重量大于它在液体中的浮力。（   ）
5. 伺服式物位计不能测量油水界面。（   ）
6. 超声液位计是一种非接触的测量方法。比较适用于腐蚀性介质、高黏度及含有颗粒杂质的液位测量。（   ）
7. 超声液位计不能用于料位测量，因为固体颗粒表面不平整，声波散射严重，不能有效接收回波。（   ）
8. 由于微波传播的速度很大，雷达波往返的时间极小，TDR 雷达液位计无法达到高的测量精度和灵敏度。一般采用连续调频法（FWCM）进行测量。（   ）
9. 连续调频雷达式液位计 FMCW 发射线性调频微波，与反射信号在同一时刻上的频率差 Δf_d（正）比于延迟时间 Δt、也正比于空高。（   ）
10. 雷达液位计的微波传播速度决定于传播媒介的相对介电常数和磁导率，所以测量精度不受温度变化的影响。（   ）
11. 磁致伸缩物位计在工作时并不是连续工作的，因为询问脉冲为 10Hz，所以每间隔 1s 测一次。（   ）
12. 射频导纳物位计不能用于测量原油液位。（   ）
13. 射频导纳界面仪是在电容式物位计的基础上发展起来的，其防挂料性能更好、工作更可靠、测量更准确、适用性更广。（   ）
14. 射频导纳界面仪只有测量导电液体时，其防挂料、消除虚假液位的性能才能体现出来。（   ）

三、填空题

1. 一般油库按作业要求分为（   ）区、（   ）区、（   ）区。
2. 集输站库原油库存量的计量称为（   ）。
3. （   ）、（   ）、（   ）总称为物位。
4. 伺服式物位计基于（   ）平衡的原理，浮子本身的重量（   ）它在液体中的浮力。
5. 考虑为了保护测量钢丝不受浮盘卡损或罐内液体流动的影响，储罐中安装伺服式物位计的时候，建议安装（稳液管）。
6. 超声液位计声速受（   ）、（   ）的影响较大，因此需要采取相应的修正补偿措施，以避免声速变化所引起的误差。

7. 雷达式、超声波式液位计是利用（　　　　）测量原理工作的。通过测量入射波和反射波的（　　　）差，从而计算出液位高度。

8. 导波雷达液位计的天线是经过特殊设计尺寸的（　　　　）、（　　　　）或（　　　　），微波在其中可以反复反射传播，能量损失较小。

9. 雷达式液位计由于微波反射延时 Δt 极其微小，直接测量非常困难。一般采用（　　　　）法（FMCW）。发射线性调频微波，与反射信号在同一时刻上的频率差（正比）于延迟时间。

10. 雷达液位计不是任何情况下都能正常使用。当（　　　　　　）小到一定值时，会使微波有效信号衰减过大，导致雷达式液位计无法正常工作。

11. 磁致伸缩物位计具有高精度（　　　　）、高稳定性（　　　　）、宽量程（　　　　）等优良性能。

12. "射频导纳"中的"导纳"指（　　　）、（　　　）、（　　　）阻抗的倒数。

13. 柴油缓冲罐氮封分程控制系统，补气阀 A 选（　　　　）式，排气阀 B 为（　　　　）。

四、简答题

1. 油库自动化的主要内容是什么？
2. 油库外输计量系统主要包括哪些仪表装置，举例说明3~5种。
3. 物位测量仪表的分类有哪些？盘库计量主要使用哪些液位计？
4. 伺服式物位计与浮子钢带式液位计相比，原理上有什么区别？
5. 简述伺服式物位计的结构组成。
6. 超声波液位计与雷达式液位计测量原理与结构有何异同之处？
7. 雷达液位计由哪些部分组成？
8. 导波雷达液位计为什么可以测量油水界面？
9. 简述磁致伸缩物位计的原理。
10. 哪些仪表适于测量油水界面？
11. 射频导纳物位计是如何消除挂料造成的虚假液位的？
12. 柴油缓冲罐氮封分程控制系统，为什么在分程区间设置死区？

项目八　联合站脱水系统状态监测及控制

党的二十大报告指出：必须坚持系统观念，万事万物是相互联系、相互依存的。本教学项目就是通过控制系统设计角度进行分析，而不局限于单个仪表介绍，力图以项目驱动方式通过联合站电脱水系统状态监测及控制项目的实现为载体，通过相关教学模块组合教学及实践训练，完成对项目任务的认知、项目目标的实现和相关自控设备的掌握。主要介绍了联合站电脱水器相关工艺流程及设备、基本控制系统设计及整定、电动执行器的组成原理及应用、可编程控制器（PLC）的组成功能及编程基本知识。

【学习重点】
1. 原油电脱水工艺、设备及监控需求。
2. 基本控制系统的设计及控制器参数的工程整定。
3. PLC 的组成原理、硬件识别、指令及编程。
4. 电动执行器的组成原理及使用。

【核心知识点】
1. 联合站电脱水工艺及电脱水器组成原理。
2. 基本控制系统的设计、控制器参数的工程整定。
3. PLC 的概念、基本组成、模块。
4. PLC 编程语言、程序结构、数据类型。
5. PLC 基本指令、简单程序编写。
6. 电动执行器组成原理、执行机构、调节机构。
7. 伺服放大器、可逆电机、减速器类型。
8. 智能电动执行机构操作。
9. 调节结构类型、特点及选择。

模块 8.1　联合站电脱水工艺流程及控制要求

8.1.1　原油脱水工艺流程及设备

原油含水，不但直接影响原油的质量，而且增加了后续处理工艺和输送过程中的动力、热力消耗，引起金属管路和设备的腐蚀。因此，含水量是原油处理的重要技术指标。经过气液分离得到的油水混合物，必须进行脱水、脱盐、脱机械杂质的净化处理。由于原油中所含的盐类和机械杂质大部分溶解或悬浮于水中，所以原油的脱水过程实际上也是脱盐、脱机械杂质的过程。

根据水分在原油中存在的形式不同，原油中的含水可分为游离水和乳化水两种。游离水在常温下用简单的沉降方法在较短的时间内就可以从油中分离出来。乳化水与油形成了一定结构的乳状液，很难用简单的沉降法直接从油中分离出来，通常需要通过化学、电场破乳后，再进行沉降脱水。目前常用的原油脱水方法有重力沉降脱水、化学破乳脱水、离心力脱水、粗粒化脱水和电脱水等。

1. 原油脱水流程

如图 8.1 所示，来自转油站、增压站的高含水原油经三相分离器沉降分离，脱出大部分游离水，使原油含水降到 30% 以下。沉降分离后的低含水原油加入化学破乳剂，通过脱水泵加压、经加热炉升温到 55~65℃，进入电脱水器破乳、沉降，实现油水分离。脱水后的净化油（含水降到 0.5% 以下）进入净化油罐，计量后泵送外输。

三相分离器和电脱水器分离出的含油污水进入污水沉降罐，实现对含油污水的缓冲、沉降和收油的双重作用。污水沉降罐收油槽里的油，用收油泵输送到站内收油池回收处理，含油污水用外输污水泵输送到污水处理站进一步处理后输送到注水站。

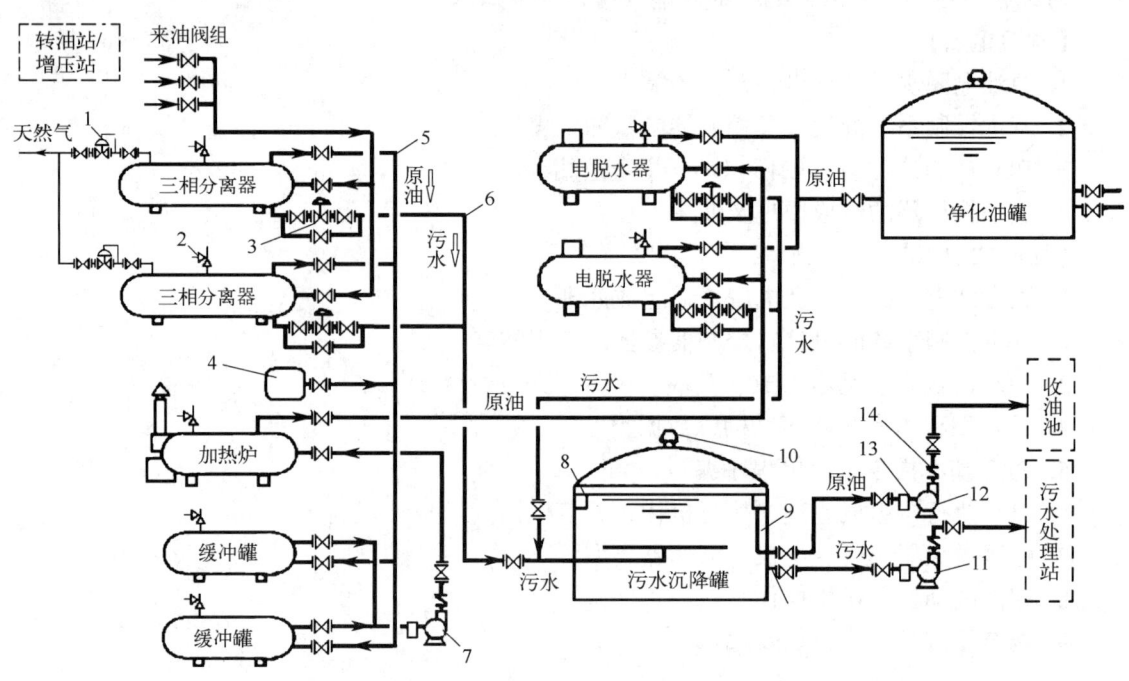

图 8.1　原油脱水工艺流程示意图

1—天然气自力式调压阀；2—安全阀；3—控制阀；4—破乳剂加药装置；5—原油汇管；6—污水汇管；7—脱水泵；8—收油槽；9—收油管；10—呼吸阀；11—污水泵；12—收油泵；13—过滤器；14—止回阀

2. 电脱水器

电脱水对多种原油，特别是重质、高黏原油脱水是一种有效方法。电脱水法将原油乳状液置于高压直流或交流电场中，由于电场对水滴的作用，削弱了水滴界面膜的强度，促进水滴的碰撞，使小水滴聚结成直径较大的水滴，在原油中沉降分离出来。

卧式电脱水器如图 8.2 所示。含水原油经加热后从管 7 进入电脱水器底部，经过油水界面之下的进液分配头 6 均匀流出。进入的含水油经过水层水洗，除去原油中游离水。原油自下而上均匀地通过电极间的高压电场，乳化原油中水珠逐渐聚结，沉降至脱水器底部。分离出的水自底部排出管 8 放出。净化油自顶部出口管 4 流出。在油层与水层之间约有 50~

100mm 厚的油水过渡层。

电脱水器内水平电极 5 用绝缘体悬挂在外壳上。电极呈偶数,根据脱水要求设有二、四、六层,电极之间距离下高上低。因此电场强度是上强下弱,以适应越向上含水率越小的要求。

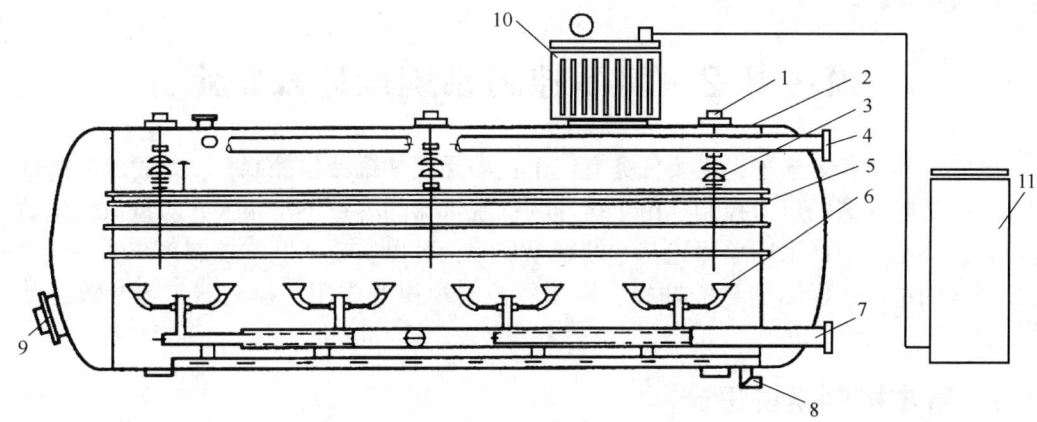

图 8.2 卧式电脱水器结构示意图

1—进线绝缘棒;2—脱水器壳体;3—悬挂绝缘子;4—净化油出口;5—电极;6—进液分配头;
7—含水原油进口;8—污水出口;9—人孔;10—整流电抗器;11—控制器

电脱水器工作电压范围一般在 11~40kV,电场强度为 0.8~3.3kV/cm。

电脱水器供电装置的适应性、可靠性和安全性对保证原油电脱水质量具有很重要的作用。目前常用的 YTDT-1 型原油电脱水调压补偿供电设备,由电源控制、升压和整流三部分组成。其容量为 50kVA,额定电压 380V,电流 131.6A,升压后交流电压为 20kV,整流后高压 28kV、电流 2.5A,并具有电量测量与保护、报警等功能。由于该设备采用了高压电容调压、补偿技术,使脱水装置在原油含水大于 50%,出现水淹电极时仍能连续工作。自动调压能避免过电压击穿绝缘棒的危险。

8.1.2 原油脱水系统监控需求

原油脱水系统自动控制要求如下:

(1) 脱水器监控:检测脱水器原油温度、压力、油水界面高度,自动控制放水阀开度,实现自动放水,保持油水界面稳定。

(2) 压力沉降罐监控:控制沉降罐油水界面,实现自动放水,保证油水分离的效果。

(3) 破乳剂加药量控制:根据来油含水率,自动调节加药泵加药量。

(4) 加热炉监控:监测加热炉烟道含氧量与温度,实施风量调节,使燃料燃烧充分;自动控制被加热原油的出口温度,保证脱水及外输工作需要;对加热炉燃油的计量。

(5) 净化原油计量:外输流量精密计量,为原油外输提供数据。

(6) 缓冲罐监控:检测缓冲罐液位,通过改变输油泵变频器频率,实现缓冲罐液位自动控制。

(7) 泵机组状态及电机参数测量。

对于电脱水器局部来说,其监控具体要求如下:

(1) 1#、2#缓冲罐液位调节，通过控制变频器的频率、调节脱水泵流量来实现。

(2) 1#、2#脱水器的油水界面控制，通过调节出水阀的流量实现。

(3) 1#、2#脱水器压力控制，通过调节出油阀的流量实现。

为能够完成上述项目，除了射频导纳界面仪知识在前面章节已做详细介绍，还需要学习本章下面模块知识。

模块 8.2　基本控制系统设计及整定

在电脱水器监控需求中，主要任务有三个：一是缓冲罐液位控制，二是脱水器的油水界面控制，三是脱水器的压力控制。由于缓冲罐、脱水器的容量不是很大，对象放大倍数、时间常数容易确定，因此采用单回路基本控制系统完全可以实现。基本控制系统的设计主要涉及被控变量的选择、操纵变量的选择、控制器控制规律的应用、控制器工程参数的整定等环节。

8.2.1　基本控制系统设计

基本控制系统，也称为简单控制系统，是由一个变送器、一个控制器、一个执行器和一个被控对象构成的单回路控制系统。基本控制系统是自动控制系统中结构最简单、最基本的控制系统，也是各类复杂控制系统、先进控制系统的基础。基本控制系统的组成简单，投运、整定都比较容易，在生产实践中能解决大多数的参数控制问题，满足定值控制的要求。

基本控制系统控制方案的设计包括被控变量选择、操纵变量选择、控制规律选择和控制器参数的整定几个方面。

1. 被控变量选择

被控变量的选择是一个很重要的问题，如果选择的不合适，那么配备再高级的自动化仪表，使用再先进的控制规律，也不可能达到预期的工艺控制要求。生产实践中，被控变量的选择以工艺人员为主，自控人员为辅，因为对控制的要求是从工艺角度提出的，但自控人员也应该多了解工艺内容以及工艺过程对控制系统的要求，从自控角度向工艺人员多提建议，有助于选择一个最佳的被控变量。

被控变量的选择与工艺生产关系相当密切。被控变量的选择有两种方法：一是直接选择工艺生产需要控制的指标（如温度、压力、液位、流量等）为被控变量的，称为直接指标控制；二是在以工艺生产质量指标作为直接控制指标有困难时，只能采用间接指标控制，一般选择与直接指标有单值关系而对其影响最大、反应又快的参数。

实际的生产过程往往是比较复杂的，为了实现预期的工艺目标，在有多个工艺变量可供选择为被控变量的情况下，被控变量的选择就应该格外的慎重，多加分析和比较。从多个变量中选择被控变量的总体原则为：

(1) 尽量采用直接指标作为被控变量。

(2) 当无法获得直接指标信号，或其测量变送信号滞后很大时，可选择与直接指标有单值对应关系，对直接指标的变化有足够大的灵敏度、反应也较快的间接指标作为被控变量。

(3) 选择被控变量时，必须考虑工艺的合理性和国内仪表产品的现状。

（4）被控变量应是独立的、可调的。

在本项目中，电脱水装置所处理的原油含水率是其质量控制指标，但含水率测量和控制都不太容易实现。考虑到电脱水器的油水界面高度是影响出口原油含水率的重要参数，可以通过油水界面测量、控制自动放水，把油水过渡带保持在高压电极网层之下某一高度，保证出口含水率不超标。显然，油水界面控制属于间接指标控制。

2. 操纵变量选择

被控变量确定之后，接着要考虑的就是影响被控变量变化的因素有哪些。在对象的所有输入变量中，应选择一个对被控变量影响最大的变量作为操纵变量，才能有效克服干扰的影响。

在影响被控变量变化的诸多因素中，操纵变量确定后，其他因素就成为干扰因素了。从前面教学项目一的学习我们知道，干扰变量通过干扰通道施加在对象上，使被控变量偏离给定值，操纵变量通过控制通道也施加在对象上，使被控变量恢复到给定值。

我们希望操纵变量对被控变量的影响要有足够大的灵敏度，并且控制及时，同时希望干扰对被控变量的影响尽量小。所以，在选择操纵变量时，应遵循以下原则：

（1）操纵变量应该是所有输入变量中对被控变量影响最大的一个，对象控制通道放大系数要大，时间常数、滞后时间尽量小。

（2）操纵变量还应该尽量使干扰作用点远离被控变量而靠近执行器，使干扰通道放大系数尽可能小，时间常数尽可能大，滞后要加大，以减小干扰对被控变量的影响。

（3）所选的操纵变量必须是可控可调的，并且此变量的调节在工艺上合理、经济。

例如图 8.3 的电脱水器对象，根据工艺要求，已经选择脱水器内的油水界面高度作为被控变量，那么如何选择操纵变量呢？

通过分析可知，影响脱水器内液位高度的变量主要有含水原油的进料流量、进油含水率，脱水器的净化原油出料流量、脱水器的底水放水流量、电脱水器内油水分离效率等比较明显的几个因素。看上去这几个量对脱水器内的界位高度（被控变量）都有影响，都能起到调节作用。但从工艺角度看，要求脱水器能够全部接收前段工艺送来的全部含水原油进行处理，进料流量是不可控的变量，同时脱水器的净化原油出料流量用于控制脱水器压力，而进料含水率、电脱水器内油水分离效率也是不可控的。因此，应选择脱水器器的底水放水流量作为操纵变量最为经济合理，控制灵敏无滞后。

3. 控制规律选择

控制器应根据控制对象的特性和工艺要求选择，包括控制器形式的选择和控制规律的选择。

通过对被控对象、测量元件、变送器和执行器的特性进行综合分析，根据对象时间常数和纯滞后大小、干扰幅度的大小和频繁程度，来选择合适的控制器。目前控制器常用的控制规律主要有比例、比例积分、比例微分和比例积分微分四种形式。下面分别叙述各种调节规律对调节质量的影响，以作为控制器选型的依据。

1） 比例控制 P

比例控制的特点是控制器的输出与偏差成比例变化，阀门位置与偏差有对应关系，当负荷变化时，克服干扰能力强，过渡过程时间短，过程终了存在余差。

比例控制适用于对象控制通道滞后较小而时间常数不大、负荷变化较小、控制精度要求又不高的控制系统，如某些塔和储罐的液位，气体和蒸汽总管的压力控制系统。在一般情况下，如能把比例控制器应用得当，都可以获得较好的效果。比例控制器的主要缺点是调节的最终结果有余差，特别是当负荷变化幅度大时，余差更大。

2) 比例积分控制 PI

比例积分控制器的输出信号除了有与偏差成正比例的瞬时输出以外，还有与偏差对时间的积分成正比的部分输出。所以当偏差存在时，控制器的输出一直在变化，直到偏差值等于零时为止。由于比例积分控制器具有这一特性，所以可以消除余差，使被控变量最终回到给定值。但系统稳定性降低，虽然加大比例度可以提高稳定性，但超调量和振荡周期都加大，恢复时间也加长。

比例积分控制器适用于对象控制通道滞后较小且时间常数 T 也不大、负荷变化较大但变化缓慢、工艺参数不允许有余差的控制系统，例如流量控制系统、管道压力控制系统和要求严格的液位控制系统等，在炼油、化工过程中多数系统都可采用。对于纯滞后和容量滞后都特别大的对象，或者负荷变化特别剧烈的对象，由于积分作用的迟缓性质，调节作用不够及时，使调节时间较长，最大偏差也较大。在这种情况下不应考虑增加积分作用。

3) 比例微分控制 PD

微分作用输出与偏差的变化速度有关。微分控制具有一定的超前调节作用。对于控制通道容量滞后大、负荷变化较大的对象，引入微分参与控制，可以使系统的反应速度加快，最大偏差减小，控制质量改善。比例微分控制器，可用于控制通道时间常数和容量滞后较大、纯滞后较小、负荷变化大但不甚频繁、控制质量要求较高的对象。

4) 比例积分微分调节 PID

比例积分微分控制器，它在比例的基础上引入积分，可以消除余差，再加入微分作用，又能提高系统的反应速度。采用 PID 控制，可以较全面地改善调节质量。可用于绝大多数对象的控制要求，如控制对象时间常数和容量滞后较大、纯滞后较小、负荷变化大、不允许有余差，控制质量要求较高的对象。例如温度控制系统多采用 PID 控制器。

4. 脱水系统控制系统设计实例

简化的联合站脱水系统工艺控制流程图（P&ID 图）如图 8.3 所示。控制设备使用可编程控制器西门子 S7-200 SMART 实现（软硬件选择及编程详见后续教学模块及实训项目）。

1) 缓冲罐液位控制 LC-003、LC-004

被控变量选择：缓冲罐液位；操纵变量选择：缓冲罐出口脱水泵流量。通过数字控制器调节变频器频率改变脱水泵的流量来实现。由于没有采用控制阀作为执行器，而是采用变频器作为执行器实现控制，为了防止脱水泵频繁启停，给缓冲罐设置了一个死区。当 1# 或 2# 缓冲罐液位在设定值的上下死区范围内时，脱水泵变频器频率不变化。当缓冲罐液位高于设定值+死区值时，脱水变频器频率逐渐增加；缓冲罐液位低于设定值-死区值时，脱水变频器频率之间减小。

控制规律选择：在这里选择的是分段比例 P 控制，但不是和三段位式控制那样。在死区之外采用比例控制规律。由于缓冲罐液位控制精度要求不高，为了不增加变频器设置的复

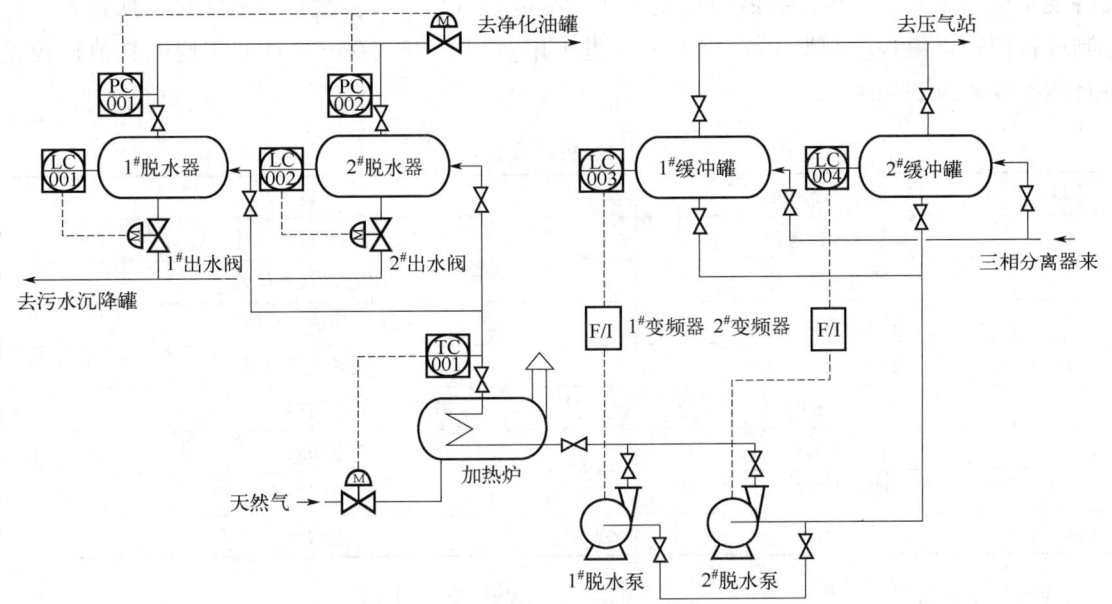

图 8.3 联合站电脱水器工艺流程 P&ID

杂性,这里没有积分、微分控制规律。

2) 脱水器的油水界面控制 LC-001、LC-002

被控变量选择:脱水器油水界面高度;操纵变量选择:脱水器底水放水流量。1#、2#脱水器界位与各自的放水阀分别形成一个单回路基本控制系统。通过改变放水阀开度以调节脱水器放水流量,使油水界位与设定值保持一致。

控制规律选择:控制器可采用 PID 控制方式。由于采用了油水界面高度作为脱水器含水率控制的间接质量指标,因此采用 PID 控制能够较迅速克服扰动,较好地保证脱水质量。

3) 脱水器的压力控制 PC-001、PC-002

被控变量选择:脱水器出口压力;操纵变量选择:脱水器出口原油流量。1#、2#脱水器压力与各自的出油阀分别形成一个单回路基本控制系统。通过改变出油阀开度以调节脱水器出油流量,使脱水器压力与设定值保持一致。

控制规律选择:脱水器压力对于油水界面及放水流量的影响很大,所以这里采用 PI 控制方式,提高控制精度,减小控制余差。由于脱水器内是液体(油水),压力控制时间常数很小、无滞后,所以控制器采用 PI 控制方式,没有采用微分控制。

4) 加热炉出口温度控制 TC-001

被控变量选择:加热炉出口原有温度;操纵变量选择:加热炉燃料天然气流量。加热炉温度与燃料天然气形成一个单回路基本控制系统。通过改变天然气阀的开度以调节加热炉出口原油温度,使出口温度与设定值保持一致。

控制规律选择:由于加热炉容量滞后较大,这里采用 PID 控制方式,以提高控制精度,减小控制余差。微分控制可以提高系统的反应速度。

5) 自控设备

以下以采用可编程控制器(PLC)实现电脱水系统自动化控制的案例介绍系统的自动化

设备及实现效果。由于缓冲罐液位控制需要有死区设置,一般控制器不易实现。所以本系统控制设备使用可编程控制器 PLC 完成。这里采用西门子 S7-200 SMART 实现。其他自控设备及测控仪表见表 8.1。

表 8.1 自控设备表

序号	测量/控制值	设备
1	1# 缓冲罐液位	远传磁翻板液位计
2	2# 缓冲罐液位	远传磁翻板液位计
3	1# 电脱水罐水位	射频导纳界面仪
4	2# 电脱水罐水位	射频导纳界面仪
5	1# 出水阀	电动阀
6	2# 出水阀	电动阀
7	电脱水罐压力	压力变送器
8	出气阀	电动阀

6) 人机界面

在监控室微机上实现的监控主页面如图 8.4 所示。在界面上点击电动执行器,可以打开手/自动模式画面,在画面上可以设置 PID 参数,P 参数为正时,控制器为正作用。也可以设置死区值,在设定值±死区范围内,控制器输出维持原值不动作,这样可以避免执行机构频繁动作。

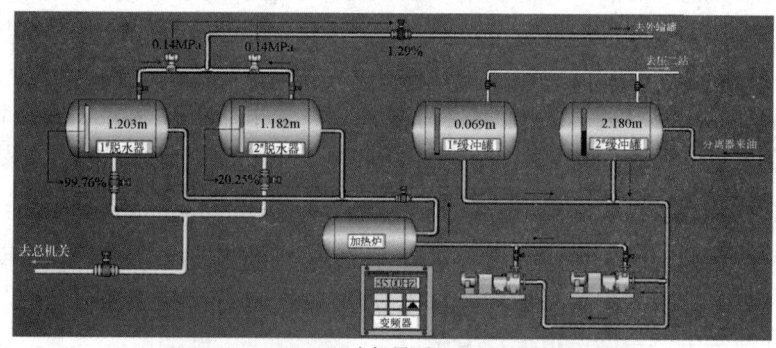

(a) 人机界面

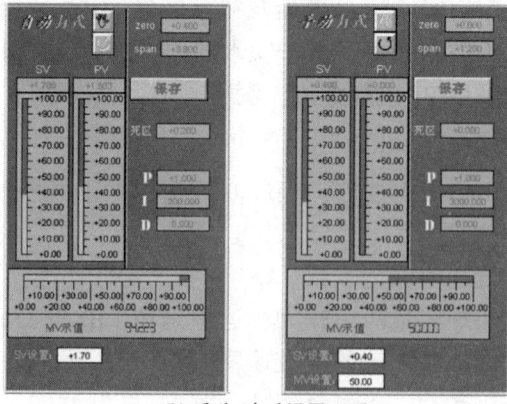

(b) 手动/自动设置画面

图 8.4 电脱水系统监控页面设计

8.2.2 控制器参数的工程整定

一旦控制方案确定之后，控制对象的特性也就确定了，这时控制系统的控制质量就主要决定于控制器参数的整定。所谓控制器参数的整定，就是求得最佳控制质量时的控制器参数值，具体讲就是确定最佳的比例度 δ、积分时间 T_I 和微分时间 T_D 的组合。

整定控制器参数的方法分两大类，一类是理论计算整定法。这类方法由于被控对象特性复杂，理论推导烦琐，计算复杂，往往得不到满意的结果，还需要拿到现场去修改，因而在工程上很少采用。另一类就是工程整定的方法。这类方法避开对象的数学建模，直接在控制系统中进行试验整定，其方法简单，计算简便，容易掌握。工程整定仅是近似的方法，所得控制器的参数不一定准确，但却相当实用，可以解决一般实际问题。下面我们介绍几种最常用的工程整定方法。

1. 临界比例度法

这是目前使用较广的一种方法。此法是先求出临界比例度 δ_K 和临界周期 T_K，然后根据经验公式求出各参数。先把控制器变为纯比例作用（即将 T_I 放在"∞"位置上，T_D 放在"0"位置上），加阶跃干扰后，逐渐减小比例度 δ，直到过程产生等幅振荡，记下此时的临界比例度 δ_K，并由过程曲线上求取临界周期 T_K，如图 8.5 所示。取得 δ_K 和 T_K 后，根据表 8.2 中的经验公式计算出控制器各参数整定数值。

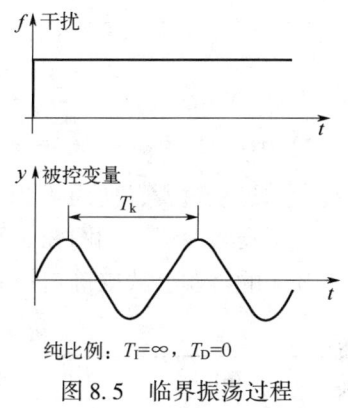

图 8.5 临界振荡过程

表 8.2 临界比例度法控制器参数计算表

控制作用	比例度,%	积分时间 T_I,min	微分时间 T_D,min
比例	$2\delta_K$		
比例+积分	$2.2\delta_K$	$0.85T_K$	
比例+微分	$1.8\delta_K$		$0.1T_K$
比例+积分+微分	$1.7\delta_K$	$0.5T_K$	$0.125T_K$

2. 衰减曲线法

临界比例度法是要使系统产生等幅振荡，容易出现发散振荡的危险，还要多次试凑。而衰减曲线法较简单，容易操作，不容易产生生产风险。实际应用中有以下两种方法。

1) 4∶1 衰减曲线法

此法是在纯比例作用下，用改变给定值的办法加入阶跃干扰，通过反复调整比例度 δ，直到得到 4∶1 衰减的过渡过程，如图 8.6 所示。记下此时的比例度 δ_s，并在过渡曲线上取得衰减周期 T_s（衰减曲线上第一、第二个波峰间的时间），再按表 8.3 的经验公式来确定控制器各参数值。

表 8.3 4∶1 衰减曲线法控制器参数计算表

控制作用	比例度,%	积分时间 T_I,min	微分时间 T_D,min
比例	δ_s		

续表

控制作用	比例度,%	积分时间 T_I,min	微分时间 T_D,min
比例+积分	$1.2\delta_s$	$0.5T_s$	
比例+积分+微分	$0.8\delta_s$	$0.3T_s$	$0.1T_s$

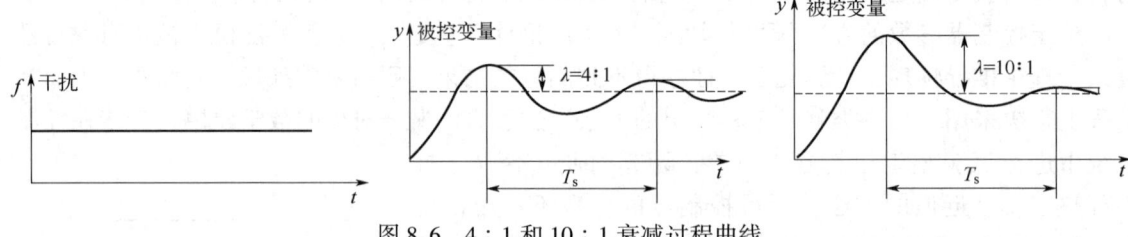

图 8.6 4∶1 和 10∶1 衰减过程曲线

2) 10∶1 衰减曲线法

有的过渡过程，使用 4∶1 衰减仍嫌振荡过强，可用 10∶1 衰减曲线法。方法同上，得到 10∶1 衰减曲线，如图 8.6 所示。记下此时的比例度 δ_s 和在曲线上求取衰减周期 T_s，再按表 8.4 的经验公式来确定控制器各参数的数值。

表 8.4 10∶1 衰减曲线法控制器参数计算表

控制作用	比例度,%	积分时间 T_I,min	微分时间 T_D,min
比例	δ_s		
比例+积分	$1.2\delta_s$	$2T_s$	
比例+积分+微分	$0.8\delta_s$	$1.2T_s$	$0.4T_s$

采用衰减曲线法必须注意以下几点：

（1）加给定干扰不能太大。要根据生产操作要求来定，一般在 5% 左右，也有例外的情况。

（2）必须在系统稳定的情况下才能加给定干扰，否则得不到正确的 δ_s、T_s 值。

（3）对于反应快的系统，如流量、压力和小容量的液面控制等，要得到严格的 4∶1 衰减曲线较困难，一般以被控变量来回波动两次达到稳定，就近似认为达到 4∶1 衰减过程了。对于采用计算机监控、能记录被控变量并显示记录曲线的系统，可借助历史记录曲线进行判定。

3. 经验试凑法

此法是根据经验，先将控制器参数放在一个数值上（各类控制系统中控制器参数的经验数据见表 8.5，特殊系统的控制器参数允许超出此范围），通过改变给定值施加干扰，观察过渡过程曲线。以 δ、T_I、T_D 对过渡过程的影响为指导，按照规定顺序，对各参数逐个整定，直到获得满意的过渡过程为止。

表 8.5 各种控制系统 PID 参数经验数据表

被控变量	特点	δ,%	T_I,min	T_D,min
流量	对象时间常数小，参数有波动，δ 要大；T_I 要短；不用微分	40~100	0.3~1	
温度	对象容量滞后较大，即参数受干扰后变化迟缓，δ 应小；T_I 要长；一般需加微分	20~60	3~10	0.5~3

续表

被控变量	特点	δ,%	T_I,min	T_D,min
压力	对象的容量滞后一般,不算大,一般不加微分	30~70	0.4~3	
液位	对象时间常数范围较大。要求不高时,δ可在一定范围内选取,一般不用微分	20~80		

对各参数试凑的顺序有两种:

(1) 试凑方法一。这种整定方法是先加 δ,再加 T_I,最后加 T_D。具体是:在整定中,先把比例度试凑好,观察过程曲线。若曲线振荡频繁,则把 δ 增大;若曲线最大偏差大且趋于非周期,则需把 δ 减小。δ 调好后,再试调 T_I。当曲线波动较大,周期较长时,应增大 T_I;曲线偏离给定值后,长期回不来,则应减小 T_I。最后试调 T_D。如果曲线振荡厉害,频率较快,应把 T_D 减小或暂时不加微分作用;若曲线最大偏差大而衰减慢时,应把 T_D 增长。这样试凑直至过渡过程振荡两个周期基本达到稳定,品质指标达到工艺要求为止。

(2) 试凑方法二。这种整定顺序的出发点是,比例度和积分时间可以在一定的范围相互补偿,可得到同样的衰减比曲线。也就是说,δ 减小时,可用增加 T_I 的办法来补偿。因而,先可根据表8.5的数据,确定 T_I 一个数值,由大到小调整 δ 到满意的过渡过程。如果需要加微分作用,可取 $T_D = (1/3 \sim 1/4) T_I$,先放好 T_I 和 T_D 后,然后对 δ 再进行试凑。δ 整定好后,再稍改动一下 T_I 和 T_D,直到满意为止。

4. 几种整定方法的比较

经验试凑法方法简单,易掌握,适用于各种控制系统,尤其是记录曲线不规则、外界是干扰频繁的系统,最为合适。但此法主要靠经验,对熟悉系统的人可能很快就试凑出合适的参数,而对不熟悉系统的人,则所花时间较长,有时要用几天的时间。此法对PID三作用的控制器参数整定不易找到最佳数值。

临界比例度法比较简单方便,容易掌握和判断,适用于一般控制系统。但对临界比例度很小的系统不适用。因为临界比例度小,控制器输出就很大,被控变量容易超出允许范围,为工艺所不许可。

衰减曲线法适用各种参数的控制系统,但对于干扰频繁、记录曲线不规则且呈锯齿形的控制系统不适用,因为得不到正确的衰减比例度 δ_s 和衰减周期 T_s。

最后必须指出,工艺操作条件改变以及负荷有很大变化时,被控对象的特性就改变了,这时控制器的参数就必须重新整定。整定控制器的参数是经常要做的工作,工艺人员和仪表人员都需要掌握。

5. δ、T_I、T_D 对过渡过程的影响

各种参数整定方法,都需要根据过渡过程曲线来调整参数,因此,必须了解这些参数对过渡过程的影响。

(1) 比例度 δ。比例度越大,过渡过程越平缓,余差越大;比例度越小,过渡过程振荡越剧烈,余差越小,δ 过小,会导致系统发散。

(2) 积分时间 T_I。积分时间越大,积分作用越弱,过渡过程越平缓,消除余差越慢,余差越大;积分时间越小,积分作用越强,过渡过程振荡越剧烈,消除余差越快,余差越小。

(3) 微分时间 T_D。微分时间越大,微分作用越强,过渡过程趋于稳定,最大偏差减小,但微分时间过大,微分作用太强,又会增加过渡过程的波动。

【例1】 某控制系统采用临界比例度法整定参数,已知 $\delta_K = 25\%$,$T_K = 5\min$,请分别确定 PI、PID 作用时的控制器参数。

解:PI 作用时控制器的参数为:

$\delta = 2.2\delta_K = 2.2 \times 25\% = 55\%$ $T_I = 0.85T_K = 0.85 \times 5 = 4.25\min$

PID 作用时控制器的参数为:

$\delta = 1.7\delta_K = 1.7 \times 25\% = 42.5\%$ $T_I = 0.5T_K = 0.5 \times 5 = 2.5\min$

$T_D = 0.125T_K = 0.125 \times 5 = 0.625\min$

8.2.3 控制系统的投运

1. 控制系统的构成原则

前面曾讲到(参见教学项目一),自控系统必须是具有被控变量负反馈的系统。系统各环节的作用方向明确以后,就可以根据系统各环节作用方向的组合情况,使系统总的作用方向为"反"方向,构成负反馈,达到控制的目的。

1)自控系统各环节的作用方向

对于变送器,其作用方向都是"正"的,因为被控变量增加时,其输出信号相应增加。

对于执行器,若为气开阀,为"正作用";若为气关阀,为"反作用"。

对于被控对象,其作用方向有正有反。操纵变量增加时,被控变量增加的,则被控对象为"正作用",反之为"反作用"。

对于控制器,可以人工改变其作用方向。

2)负反馈控制系统的构成原则

规定了系统各环节的作用方向后,就可以根据系统各环节作用方向的不同组合情况,使系统各环节总的作用方向为"反"方向,构成系统的负反馈,达到控制的目的。

在一个控制系统中,当从工艺需要和安全角度确定了执行器的作用方向后,对象、变送器和控制阀的作用方向就都确定了,所以剩下的任务就是确定控制器的作用方向。控制器上有"正""反"作用开关,在系统投运前,一定要根据前面所讲的原则,确定好控制器的作用方向。

构成负反馈系统的原则就是:通过改变控制器的作用方向,使系统的变送器、控制器、执行器、被控对象这四个环节的作用方向组合成"三正一反"或"三反一正"规律,形成负反馈控制系统。

3)负反馈控制系统构建实例

【例2】 图 8.7 所示为脱水工艺系统脱水加热炉出口温度控制环节。为生产安全,避免在气动执行器的气源故障突然断气时,炉温继续升高而烧坏炉体,采用了气开阀(气源断气时阀关,停炉),是"正作用"方向。出口温度(被控变量)是随燃料天然气(操纵变量)的增加而升高的,所以被控加热炉也是"正作用"方向。变送器随炉温升高输出增大,也是"正作用"。控制器必须是"反作用"方向,才能构成控制系统"三正一反"。在加热炉出口温度升高时,控制器输出减小,使气开式执行器关小,炉温下降,出口温度下降,恢复到给定值。

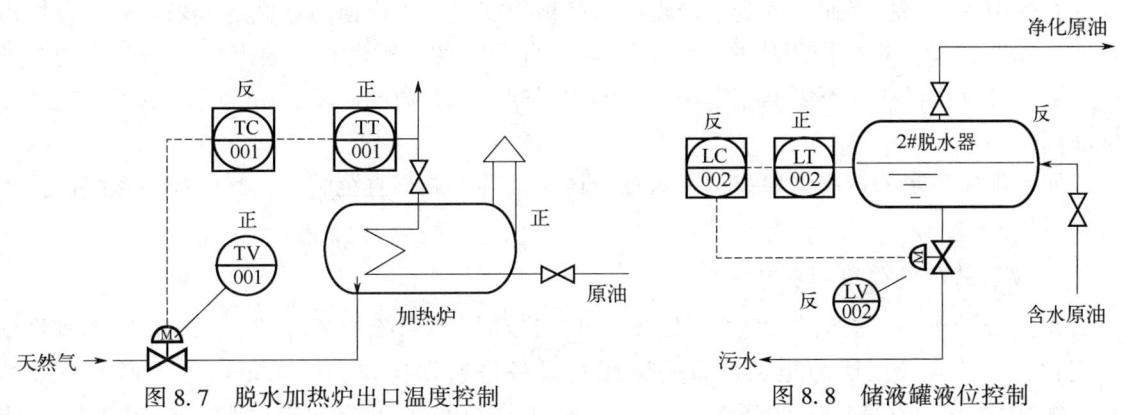

图8.7　脱水加热炉出口温度控制　　　　图8.8　储液罐液位控制

【例3】 在图8.8所示为脱水工艺系统脱水器油水界位控制环节。由于这里采用的是电动执行器，仪表故障、信号中断时，阀门会保持在当前阀位上，因此选气开气关均可，这里选择气关式，控制器输出电流信号增加，脱水器放水流量下降，是"反作用"方向。脱水器放水流量下降时、油水界面上升，所以脱水器是"反作用"方向，变送器是"反作用"方向，这时，控制器就必须是"反作用"方向才行，满足"三反一正"负反馈要求。

2. 自动控制系统的投运

控制系统的投运是控制系统投入生产、实现自动控制的最后一步工作。无论选用什么样的仪表装置，都必须先做好准备工作，再进行控制系统的投运。

1）准备工作

准备工作大致有以下内容：熟悉工艺过程、主要设备的功能、控制指标和要求，以及各工艺参数之间的联系；掌握控制方案设计的意图，熟悉各控制方案的构成及自动化仪表的结构、原理；掌握其调校技术和整定控制器参数的方法；对测量元件、变送器、控制器、控制阀和其他仪表装置以及电源、气源、管路和线路做全面检查，尤其是气压管路的试漏。仪表虽在安装前已作校验，但投运前仍应在现场校验一次。

2）控制系统各环节的投运

（1）先投运测量仪表，观察测量显示是否正确，在有差压变送器这样一些测量仪表投入使用时，应注意不要使其弹性元件受到突然冲击和处于单向受压的状态。

（2）执行器的投运方法是先用人工操作旁通阀3（图8.9），此时前后截止阀1和2关闭，待工况稳定后再切换到执行器控制。切换时，需要将执行器4先行打开到与旁通阀3相近的开度，一边慢慢打开前后截止阀1、2，同时慢慢关闭旁通阀3。直到完全切换过来，完全关死旁通阀3。**注意**：旁通阀3没有关死的情况相当于执行器并联运行，会使调节范围变窄，调节特性变坏。

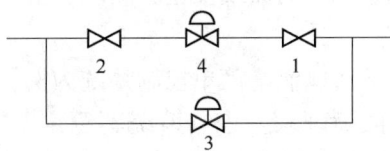

图8.9　控制阀及旁通阀连接图
1，2—截止阀；3—旁通阀；4—执行器

（3）控制器的投运，是在条件许可的情况下，通过控制器本身的切换装置切至"手动"位置，先用手动遥控操作。改变手动输出，使被控变量在给定值附近稳定下来以后，再切换到"自动"运行。进行控制器的"手动"与"自动"切换时注意不要产生扰动。总的要求是所有切换操作都必须不影响正常操作，即不引起工艺参数的波动，做到平稳迅速，实现无扰动切换。

如果预先整定的控制器参数仍不满意，这时可继续调整直至满意，此后控制系统即投入自动运行。

3. 仪表故障的简单判别方法

在生产操作中，有时仪表发生故障（包括自动控制系统的各环节），记录曲线因此发生变化，工艺人员误认为是工艺有问题而对设备进行误操作，结果影响了生产。所以判别曲线变化的原因是在工艺还是在仪表，是正常操作的重要前提之一。简单判别方法如下。

1）记录曲线的前后比较

一般又可分为三种情况：

（1）记录曲线突变。一般来说，工艺参数的变化是比较缓慢的，有规律的。如果记录曲线突然变到"最大"或"最小"两个极端位置，则多半可能是仪表的问题。

（2）记录曲线突然大幅度增大。各个工艺参数往往是互相关联的，一个参数的大幅度变化一般总要引起其他参数的明显变化。如果其他参数没有变化，则可能是指示这个参数变化的仪表（或其他装置）出了故障。

（3）记录曲线不变化（呈直线状）。目前仪表大多较灵敏，对工艺的微小变化多少总能反映一些出来。如果在较长时间内，记录曲线是直线状或原来有波动的曲线突然变成直线状，就要考虑仪表有故障。这时可以人为地改变一点工艺参数，看仪表有无反应；如果没有反应，则仪表有故障。

2）控制室仪表与现场仪表比较

对控制室仪表指示有怀疑时，可去现场看同位置（或相近位置）安装的各种就地指示仪表的示值，两者指示值是否相近。如果差别很大，则仪表有故障。

3）仪表之间的比较

对一些重要的工艺参数，往往都是用两台仪表同时进行检测显示，起码在现场安装一台直读式测量仪表。如果两台仪表不是同时变化，则表明有一台出了故障。

总之，当曲线发生波动时，要正确判断是工艺的问题还是仪表的问题后，再采取相应的措施。

下面以流量简单控制系统为例，介绍控制系统故障判断具体的方法。

故障现象：控制系统不稳定，输入信号波动大。控制系统由电动差压变送器、单回路控制器和带电气阀门定位器的气动薄膜执行器组成。在处理这类故障时，仪表工应很清楚该流量控制系统的组成情况，要了解工艺情况，如工艺介质及简单工艺流程，是加料流量还是出料流量，或是精馏塔的回流量；是液体、气体还是蒸汽。故障处理步骤如图 8.10 所示。

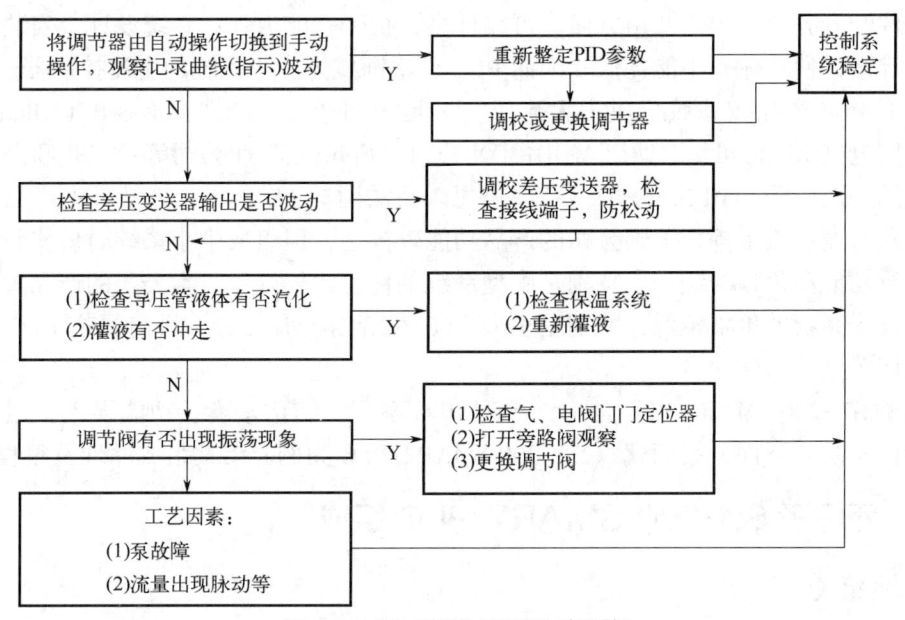

图 8.10　自动控制系统故障判断

模块 8.3　PLC 控制器

普通数字控制器通常以 PID 调节为主要功能，而且功能比较固定。可编程数字控制器 PLC 的功能相对比较灵活，用户可使用简单的过程语言（POL）即可编写各种控制与运算程序，使控制器具有希望的控制功能，从而满足实际生产过程中的不同控制需求。可编程序控制器在生产现场广泛应用，下面介绍其硬件结构、软件编程与应用方法。

8.3.1　PLC 简介

20 世纪 20 年代起，人们将各种继电器、定时器、接触器及其触点按一定的逻辑关系连接起来组成继电器控制系统，解决工业生产过程中的逻辑控制、顺序控制问题。1969 年美国数字公司研制出了基于集成电路和电子技术的控制装置，首次采用程序化的手段实现逻辑控制，并将此装置定名为可编程序逻辑控制器（Programmable Logic Controller，PLC）。随着技术的发展，PLC 的功能已经超出逻辑控制的范围，为此更名为可编程序控制器（Programmable Controller，PC），但为了避免和个人计算机的简称 PC 混淆，通常还是将可编程序控制器简称为 PLC。

国际电工委员会（IEC）对 PLC 的定义是：可编程序控制器是一种数字运算操作的电子系统，专为在工业环境下应用而设计。它采用可编程序的存储器，用来在其内部存储执行逻辑运算、顺序控制、定时、计数和算术运算等操作的指令，并通过数字的、模拟的输入和输出，控制各种类型的机械或生产过程。可编程序控制器及其有关设备，都应按易于与工业控制系统形成一个整体、易于扩充其功能的原则设计。

如今 PLC 不仅能实现对数字量的逻辑控制，还具有数学运算、数据处理、运动控制、模拟 PID 运算控制、通信联网等功能。具有以下优点：编程方法简单易学；功能强，性价比高；硬件配套齐全，用户使用方便；可靠性高，抗干扰能力强；系统设计、安装、调试工作量少；维修方便；体积小能耗低。因而 PLC 已逐渐成为中小系统的主流控制器。

世界上 PLC 产品按地域分成三大流派：一是美国产品，制造商有 AB（Allen-Bradley）公司、通用电气 GE 公司、莫迪康 MODICON 公司、德州仪器 TI 公司等；二是欧洲产品，制造商有德国的西门子 SIMENS 公司、AEG 公司以及法国的 TE 公司；三是日本产品，制造商有三菱、欧姆龙、松下等。美国公司的产品功能较齐全，但组成中小系统时价格较高；欧洲的产品注重功能和价格的统一，特别是中型系统的性价比较好；日本公司的产品模块集成度较高，使整个系统的价格较低，特别是小型 PLC 在价格上有优势。目前国产 PLC 厂商有和利时和信捷等。

西门子 S7-200 SMART PLC 是一种小型 PLC 系列，结构紧凑、功能强大，适合中小规模的自动化系统。下面，我们就以 S7-200 SMART PLC 为例介绍其组成原理及编程。

8.3.2　西门子 S7-200 SMART PLC 组成

1. 基本组成

西门子 S7-200 SMART PLC 系统由硬件和软件两部分构成，如图 8.11 所示。硬件系统由主机、I/O 单元、特殊功能模块和外部设备等组成，各部件封装形式不同，成为一个个独立的模块。软件系统一般运行在与 PLC 连接的上位机，它是为了更好地管理使用所有的硬件设备而开发的与硬件配套的程序、文档及其规则的总和，主要用于控制系统开发、监控系统运行等。

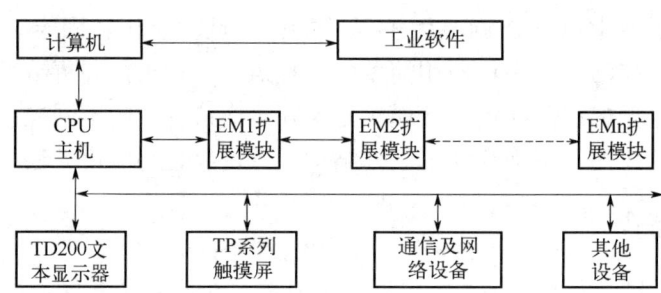

图 8.11　S7-200 SMART PLC 系统结构

2. 主机

PLC 的主机通常被称为 CPU 单元，是 PLC 系统中最重要的模块，PLC 的输入、输出和运行都离不开该模块。S7-200 SMART PLC 的主机主要包括 CPU、存储器、基本输入输出点、通讯口和电源等，它决定了该 PLC 的主要功能。S7-200 SMART PLC 系列有四种不同结构配置的主机可供选择：CPU SR（T）20、CPU SR（T）30、CPU SR（T）40 和 CPU SR（T）60，都可加扩展模块。其中，各型号主机的技术指标见表 8.6。CPU SR（T）20 主机外形和端子接线分别如图 8.12 与图 8.13 所示。

表 8.6　S7-200SMART 标准型 PLC 各型号主机的技术指标

特性		CPU SR20 CPU ST20	CPU SR30 CPU ST30	CPU SR40 CPU ST40	CPU SR60 CPU ST60
用户存储器	程序	12kB	18kB	24kB	30kB
	用户数据	8kB	12kB	16kB	20kB

续表

特性		CPU SR20 CPU ST20	CPU SR30 CPU ST30	CPU SR40 CPU ST40	CPU SR60 CPU ST60
板载数字量 I/O	输入	12DI	18DI	24DI	36DI
	输出	8DQ	12DQ	16DQ	24DQ
扩展模块		最多 6 个	最多 6 个	最多 6 个	最多 6 个
高速计数器 （总共 6 个）	单相	4 个,200kHz 2 个,30kHz	5 个,200kHz 1 个,30kHz	4 个,200kHz 2 个,30kHz	4 个,200kHz 2 个,30kHz
	A/B 相	2 个,100kHz 2 个,20kHz	3 个,100kHz 1 个,20kHz	2 个,100kHz 2 个,20kHz	2 个,100kHz 2 个,20kHz
PID 回路		8	8	8	8

图 8.12　S7-200 SMART PLC 主机外形及结构
1—I/O 的 LED 指示灯；2—端子连接器；3—以太网通信端口；4—标准 DIN 导轨安装夹片；
5—以太网状态 LED 指示灯（保护盖下方 LINK、RX/TX）；6—工作状态 LED 指示灯（RUN、STOP、ERROR）；
7—RS485 通信接口；8—可选信号板；9—存储卡读卡器（保护盖下方）

3. 扩展模块

S7-200 SMART 系列提供了多种规格的 I/O 扩展模块（图 8.14），利用这些模块与主机搭配，可以完成各种复杂的控制。扩展模块分为数字量扩展模块和模拟量扩展模块。

1）数字量扩展模块

数字量输入模块采用了很多措施来提高可靠性，如光电隔离、输入保护、高频滤波等，减少了对外部输入的要求，只需提供开关触点即可。每一个输入通道上都有对应的 LED 指示，以便用户随时了解通道的工作状态。数字量输出模块有继电器、晶体管、晶闸管 3 种类型，用于适应不同的负载。用户可以根据实际需要选择不同的输出类型。

2）模拟量扩展模块

模拟量模块的主要功能是完成模数或数模转换。PLC 上电后，PLC 的主控 CPU 将控制字装入模拟量模块的 CPU，模拟量模块的 CPU 就按照主控 CPU 的要求独立工作，并与主控

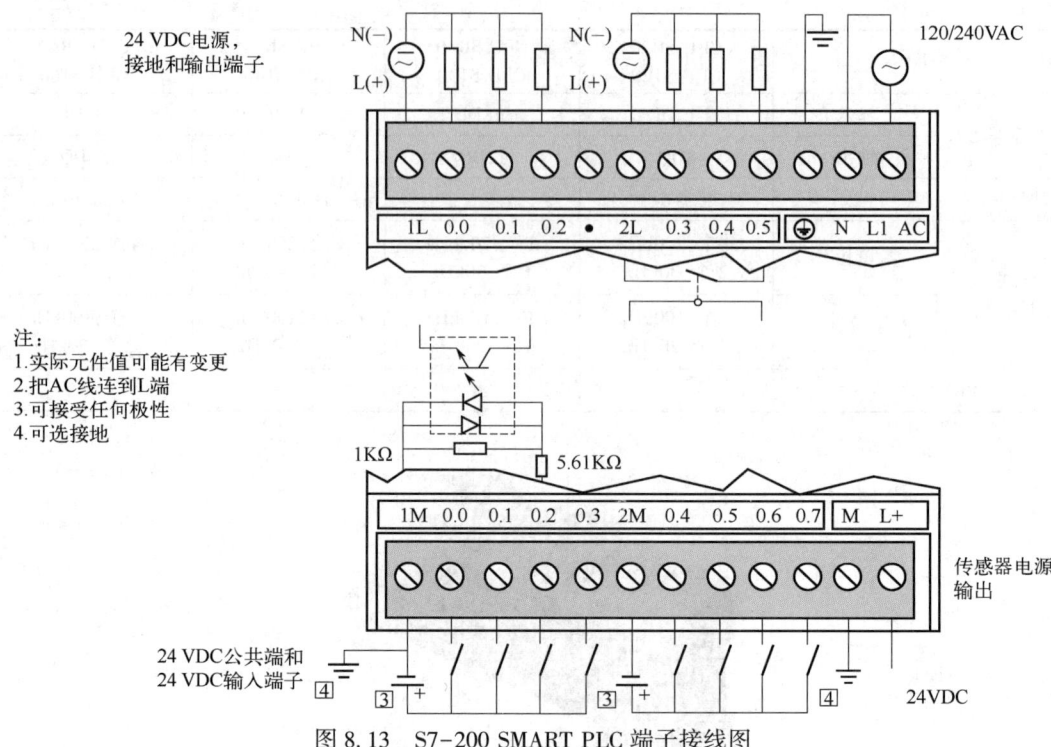

图 8.13　S7-200 SMART PLC 端子接线图

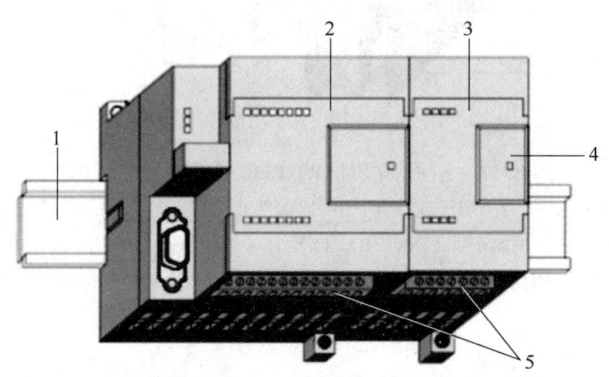

图 8.14　带扩展模块的 S7-200 SMART PLC

1—导轨；2—主机；3—扩展模块；4—扩展 I/O 连接（保护盖）；5—接线端子

CPU 共享存储器，主控 CPU 只需通过读写指令就可对模拟量模块进行操作。

3）特殊功能模块

常见的 PLC 专用特殊功能模块有温度控制模块、通信模块等，适于在特殊控制场合使用。

4. 相关设备

相关设备包括手编器、计算机、编程电缆和人机界面。

手编器在早期曾是主要编程设备。现在多采用通信电缆使 PLC 和计算机相连，用编程软件在计算机上直接编写 PLC 程序。人机界面主要指专用操作员界面，S7-200 SMART 系列可供使用的人机界面主要是文本显示器和触摸显示屏。这些设备可以使用户通过友好的操作界面轻松完成各种调整和控制任务。

5. 编程软件

S7-200 SMART 系列 PLC 使用 STEP-7/MicroWin SMART 编程软件。计算机或编程器必须装上该软件后，用户才能进行 PLC 程序的编写、编辑、调试和监视等。

8.3.3　西门子 S7-200 SMART PLC 软件编程

1. 编程基本知识

1）编程语言

STEP-7/MicroWin SMART 编程软件提供了三种编程语言：梯形图、语句表和功能块图。

梯形图（LAD）是一种图形语言，与继电器控制电路比较类似，形象直观，熟悉电气控制的工程技术人员很容易掌握，因此把它作为 PLC 的第一编程语言。

语句表（STL）类似于计算机的汇编语言，用助记符来表示各种指令功能，程序执行时间短，执行速度快。一般来讲，梯形图编程语言可以对应地转化为语句表编程语言，但语句表编程语言却不一定能转化为梯形图。

功能块图（FBD）的图形结构与数字电路的结构相似，每个模块有输入和输出，输入和输出之间满足各种逻辑功能，模块之间的连接方式与电路连接方式也基本相同。

2）程序结构

用户程序可分为主程序、子程序和中断程序三个程序分区。PLC 程序运行采用循环扫描方式，主程序是用户程序的主体，每一个扫描周期都要被执行一次。子程序和中断程序是可选部分，只有主程序调用子程序时，子程序才能执行；只有中断事件发生时，中断程序才能执行。程序结构如图 8.15 所示。

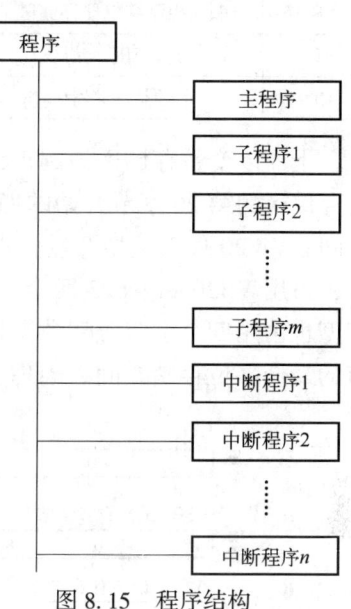

图 8.15　程序结构

3）数据类型

PLC 内部的数据类型分为布尔型、字节型、整型、双整型和实型（浮点数）。各类型的数据表达范围见表 8.7。

表 8.7　S7-200 SMART PLC 的基本数据类型

基本数据类型	所占位数	类型说明	数据范围
BOOL	1	布尔型	0 或 1
BYTE	8	无符号型	0~255
WORD	16	无符号整数	0~65535
INT	16	有符号整数	−32768~+32767
DWORD	32	无符号双整数	$0 \sim 2^{32}-1$

续表

基本数据类型	所占位数	类型说明	数据范围
DINT	32	有符号双整数	$-2^{31} \sim +2^{31}-1$
REAL	32	IEEE32 浮点数	$-10^{38} \sim +10^{38}$

4) 编程元件及寻址

PLC 的编程元件实质上为存储器单元，如输入继电器、定时器、计数器、数据存储器等。这些存储器单元都是按功能和存储区地址组织的，每个单元都有唯一的地址。编程元件名称与存储区的对应关系见表 8.8。

表 8.8　编程元件名称与存储区的对应关系

名称	对应存储区	名称	对应存储区	名称	对应存储区
I	输入过程映像存储区	AI	模拟量输入	HC	高速计数器
Q	输出过程映像存储区	AQ	模拟量输出	M	位存储区
S	顺序控制继电器存储区	AC	累加器	C	计数器存储器区
L	局部变量存储区	HM	特殊存储器区	V	变量存储区
T	定时器存储器区				

下面以变量存储区为例来说明数据类型和存储区地址的关系，如图 8.16 所示。对于变量存储区的第 20 字节开始的四个字节。VB20 代表字节型变量，占用 VB20 一个字节的存储空间；VW20 代表整型变量，占用 VB20 和 VB21 两个字节的存储空间；VD20 代表双整型变量，占用 VB20 到 VB23 四个字节的存储空间，高位内容在 VB20 中，低位内容在 VB23 中；实型也占用四个字节，但数是按浮点数表示的；V20.0 代表布尔型变量，占用 VB20 这个字节的最低一位存储空间。同理 I0.0 代表 PLC 第一个输入点的状态。

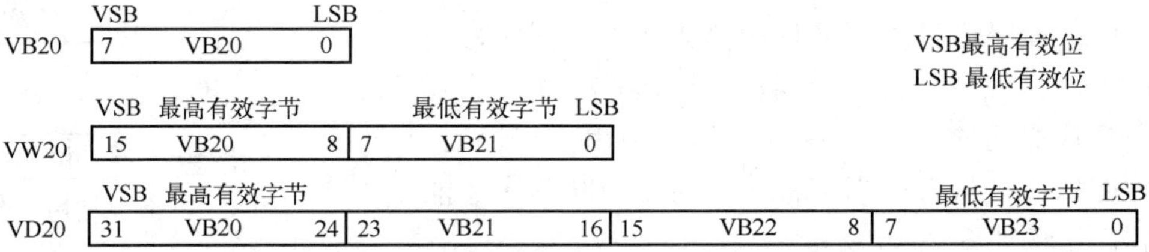

图 8.16　数据类型和存储区地址的关系

2. 位逻辑指令及应用

位逻辑指令包括位逻辑运算指令、输入输出指令、置位/复位指令与位正负跳转指令等。下面主要介绍输入输出指令、置位/复位指令。

1) 输入输出指令

输入输出指令见表 8.9。

表 8.9　输入输出指令

STL 指令	LAD 指令	功能	操作数	数据类型	存储区
LD bit	─┤├─ bit 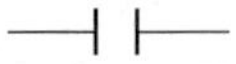	输入(常开触点)	位地址	BOOL	I、Q、M、SM、T、C、V、S、L

续表

STL 指令	LAD 指令	功能	操作数	数据类型	存储区
LDN bit	—|/|—	输入(常闭触点)	位地址	BOOL	I、Q、M、SM、T、C、V、S、L
=bit	—(bit)—	输出	位地址	BOOL	I、Q、M、SM、T、C、V、S、L

输入触点读取对应存储器地址位的值。其中,当地址位值为 1 时,常开触点闭合;当地址位值为 0 时,常闭触点闭合。当执行输出指令时,对应的存储器地址位被置 1。

编程实例:两路报警信号经 PLC 读入后分别控制两路报警指示灯,程序如图 8.17 所示。

2) 置位/复位指令

置位/复位指令见表 8.10。

编程实例:利用 PLC 内 0.5s 脉冲输出,控制输出两个指示灯闪烁。程序如图 8.18 所示。其中 P 为上升沿指令,N 为下降沿指令。

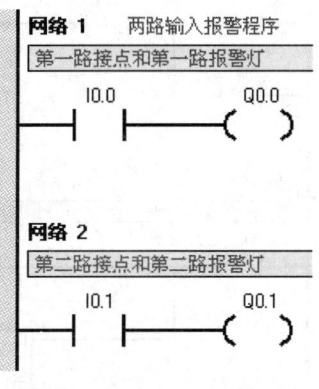

图 8.17 两路输入报警程序

表 8.10 置位/复位指令

STL 指令	LAD 指令	功能	数据类型	操作数
S bit,N	—(S)— bit / N	置位(置1)	bit:BOOL N:BYTE	bit:I、Q、M、SM、T、C、V、S、L N:VB、IB、QB、MB、SMB、SB、LB、常数
R bit,N	—(R)— bit / N	复位(置0)		

3) 电机启停控制逻辑

I0.0 接启动按钮,I0.1 接停止按钮,Q0.0 接电机接触器。程序如图 8.19 所示。

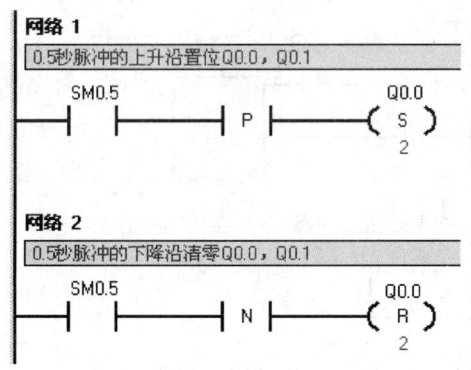

图 8.18 置位/复位指令应用程序

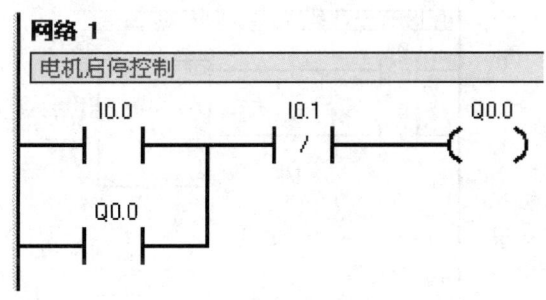

图 8.19 电机启停控制程序

3. 定时器指令及应用

使用定时器指令可以完成基于时间的计数功能,S7-200 SMART 提供了三种定时器指令：接通延时定时器 TON，记忆型接通延时定时器 TONR 和断开延时定时器 TOF。定时器有三种定时基准：1ms、10ms 和 100ms。下面以接通延时定时器为例说明指令的应用。

编程实例：两台电机顺序启动。按一下启动按钮 I0.0，0#电机启动，10 秒后 1#电机启动，按一下停止按钮 I0.1，两台电机同时停止。程序如图 8.20 所示。

定时器功能：使能输入端（IN）为 1 时，定时器当前值从 0 开始累加计数，计数值大于或等于预置值（PT）后，定时器标志位置 1；只要 IN 端为 0 时，定时器立即停止计数，并且将当前值清零，定时器标志位置 0。

4. 计数器指令及应用

S7-200 SMART 计数器指令有三种：递增计数器指令 CTU、增/减计数器指令 CTUD 和递减计数器指令 CTD。下面以递增计数器为例说明指令的应用。

1）递增计数器指令

在每一个 CU 输入的上升沿递增计数，当计数器的当前值大于或等于预置值 PV 时，计数器标志位被置 1；当复位端 R 接通时，计数器标志位被置 0 复位，当前值清零。

编程实例：对输入脉冲 I0.0 计数，大于等于 3 个脉冲，输出指示。I0.1 控制复位。程序如图 8.21

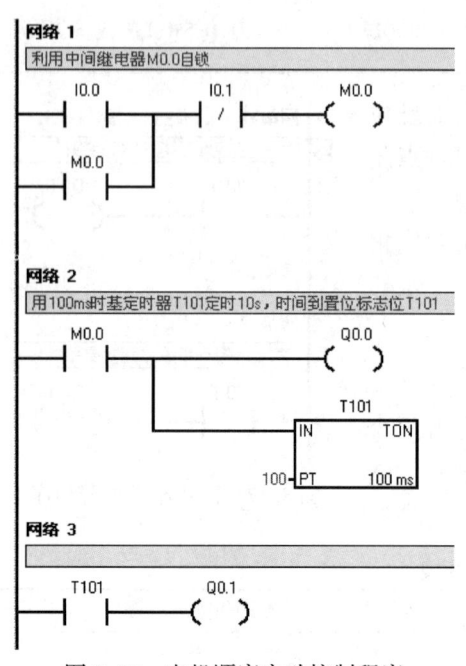

图 8.20 电机顺序启动控制程序

所示。

2）递增计数器和定时器综合应用

编程实例：对生产线产品归类计数，每 4 个归成一小箱，并输出指示 1s。程序如图 8.22 所示。

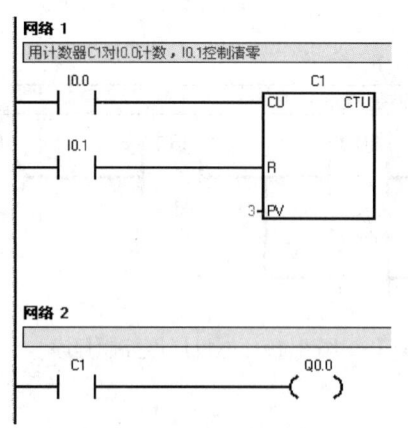

图 8.21 递增计数器应用程序

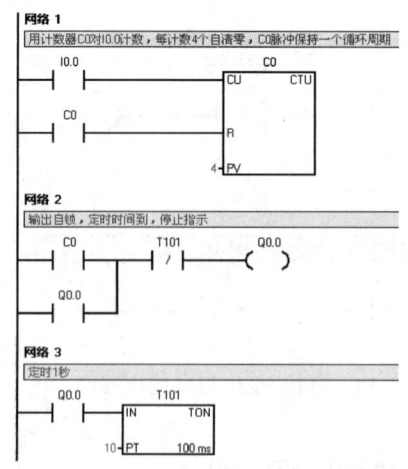

图 8.22 递增计数器和定时器综合应用程序

5. 传送与移位指令及应用

传送指令分字节传送 MOVB、字传送 MOVW、双字传送 MOVD 和实数传送 MOVR。除数据类型不同外，用法相同。

移位指令分左移 SHL、右移 SHR、循环左移 ROL 和循环右移 ROR。操作数按数据类型分为字节型、字型和双字型。移位的特点是移出端和 SM1.1（溢出）相连，移位时移出位进入 SM1.1，另一端自动补零，SM1.1 始终存放最后一次被移出的位。循环移位的特点是移出端和另一端相连，同时又和 SM1.1 相连，所以最后被移出的位不仅移到另一端，同时也被放到 SM1.1 位存储单元。

编程实例：利用 QB0 的八个输出指示灯作流水灯演示。先点亮两个低位灯，然后向高位循环流转。程序如图 8.23 所示。

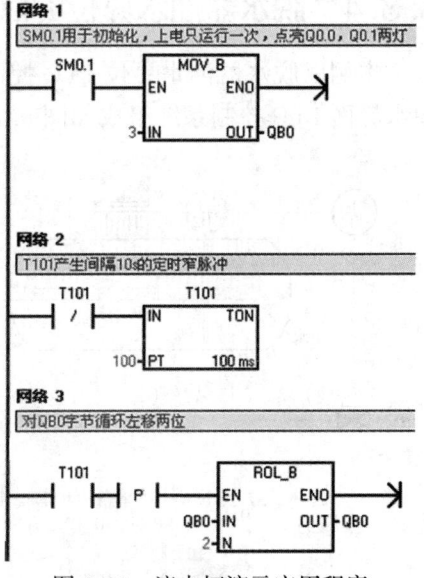

图 8.23 流水灯演示应用程序

6. 子程序指令及应用

子程序在结构化程序设计中是一种方便有效的工具，是一段可多次调用的程序。其操作包括建立、调用和返回。子程序在单独的页面建立，有自己的名字或默认名，如 SBR_n；在主程序中直接调用子程序名即可执行该段程序，执行完后自动返回调用语句的下一语句执行。

编程实例：主程序从 PLC 的模拟电位器 SMB28 读取数值，用输入 I0.0 控制计算模拟量的平方根值。程序如图 8.24 所示。

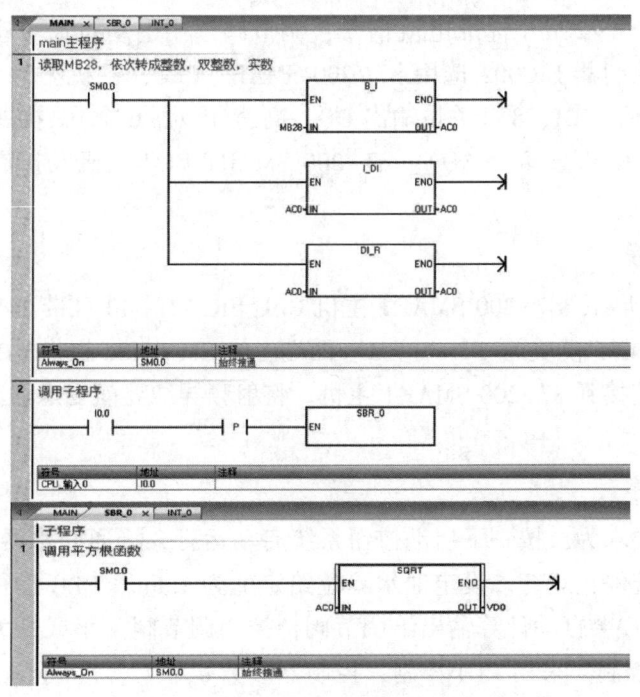

图 8.24 子程序指令应用程序

8.3.4 脱水器油水界位 PLC 控制系统应用实例

本例以脱水器油水界位 PLC 控制系统为例介绍 S7-200 SMART PLC 的应用，电脱水器油水界面 PLC 控制系统组成如图 8.25(a) 所示。

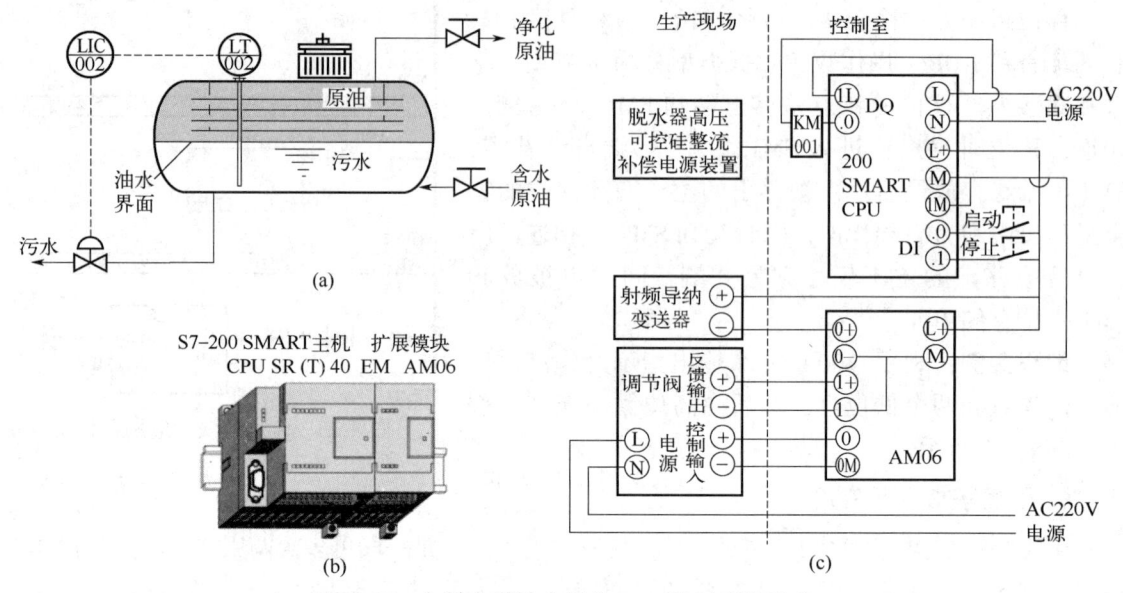

图 8.25 电脱水器油水界位 PLC 控制系统组成

1. 系统硬件组成

本系统中，油水界面变送器 LT002 采用测量范围为 0~3m 的射频导纳物位变送器，将脱水器油水界位转化为 4~20mA 标准电流信号；调节阀选用电动直通单座执行器，输入控制信号为 4~20mA；控制器 LIC002 选用 S7-200 SMART PLC，主机型号 CPU SR20（存储器 12+8kB、12 开关量输入 DI、8 开关量输出 DQ，高速计数器 6 个），扩展模块选用 EM AM06（4 模拟量输入 AI/2 模拟量输出 AQ）。S7-200 SMART PLC 主机及扩展模块如图 8.25(b) 所示。

2. 系统硬件接线

如图 8.25(c) 所示，S7-200 SMART 主机 CPU SR（T）40 自带 24V 电源，"L+""M" 两端分别接到 EM AM06 模块的"L+""M"两端，给 EM AM06 提供 24V 工作电源。启动按钮和停止按钮分别连接到 S7-200 SMART 主机。将射频导纳界面变送器和电动执行机构连接至 EM AM06 模块。

3. 界位控制程序

本系统的控制要求为：按一下启动按钮系统启动运行，接通脱水器调压补偿供电设备，按一下停止按钮系统停止运行。设定油水界位给定值为 1.5m，PLC 运行时检测油水界面低于或高于 1.5m，PLC 会自动计算输出给调节阀，控制调节阀关小或开大使油水界面维持在 1.5m，实现恒液位控制。采用 PID 控制，控制器参数 δ_p、T_i、T_d 可调。PLC I/O 分配和控制程序分别如表 8.11 和图 8.26 所示。

表 8.11　PLC I/O 分配表

信号名称	信号类型	信号范围	映像寄存器	数据范围
系统启动	布尔量	true 或 flase	I0.0	0 或 1
系统停止	布尔量	true 或 flase	I0.1	0 或 1
油水界位	4–20mA	0–1m	AIW0	6400–32000
调节阀开度	4–20mA	全范围	AQW0	6400–32000

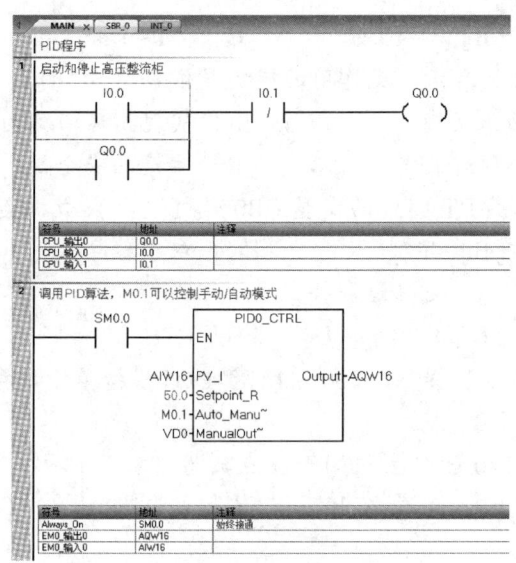

图 8.26　脱水器油水界位控制程序

习题

一、选择题

1. 经过电脱水工艺，原油的含水率一般要求降到（　　）。
   [A] 30%以下　　　[B] 3%以下　　　[C] 1%以下　　　[D] 0.5%以下

2. 电脱水器工作电压范围一般是（　　）。
   [A] 220~380V　　[B] 11~40kV　　[C] 110~220kV　　[D] 1~10kV

3. 由于微分调节规律有超前作用，因此控制器加入微分作用主要是（　　）。
   [A] 克服调节对象的容量滞后和纯滞后
   [B] 克服调节对象的纯滞后
   [C] 克服调节对象的容量滞后

4. 某比例积分控制系统，出现了较严重的振荡，但振荡周期较长，说明（　　）。
   [A] 比例作用太弱　[B] 积分作用太强　[C] 比例度太大　[D] 积分时间太长

5. 新开车的自动控制系统启动时先投（　　）。
   [A] 自动控制　　　[B] 手动控制　　　[C] 手自动控制皆可

6. 临界比例度法整定控制器参数，是控制器处于（　　）作用时，通过试验，得到临

界比例度 δ_k 和临界振荡周期 T_k，然后根据经验公式求出各参数值。

[A] 比例积分　　　[B] 比例微分　　　[C] 纯比例　　　[D] 比例积分微分

7. 衰减曲线法整定控制器参数，是力图将过渡过程曲线整定成（　　）的衰减振荡曲线。

[A] 4∶1 或 1∶10　[B] 1∶4 或 10∶1　[C] 1∶4 或 1∶10　[D] 4∶1 或 10∶1

8. 对于温度控制系统，用经验试凑法进行参数整定时，积分时间 T_i 的经验取值范围为（　　）。

[A] 0.4~3 分　　　[B] 3~10 分　　　[C] 0.1~1 分

9. 自动控制系统中控制器正、反作用的确定是依据（　　）。

[A] 实现闭环回路的正反馈　　　　[B] 实现闭环回路的负反馈
[C] 系统放大倍数恰到好处　　　　[D] 生产的安全性

10. 西门子 S7-200 SMART PLC 的变量 QB0 是（　　）数据类型。

[A] 字节型　　　　[B] 字型　　　　[C] 双字型　　　　[D] 实数型

11. 下列指令中，（　　）是传送指令。

[A] TON　　　　　[B] CTU　　　　　[C] CTD　　　　　[D] MOVD

12. 下列符号中，（　　）是 S7-200 SMART PLC 模拟量输入存储区的符号。

[A] I　　　　　　 [B] V　　　　　　 [C] Q　　　　　　 [D] AI

13. S7-200 SMART ST20 PLC 主机的 I/O 点数为（　　）。

[A] 6 入/4 出　　 [B] 8 入/6 出　　 [C] 12 入/8 出　　 [D] 24 入/16 出

二、判断题

1. 普通数字控制器的功能比较灵活，可通过编程实现各种控制算法。（　　）

2. 比例积分调节中，比例度 δ 越小，调节作用越弱，不会引起振荡。（　　）

3. 对于同一个对象，减小积分时间，可能将使闭环系统振荡倾向加强，稳定性下降。（　　）

4. 控制系统投运时，只要使控制器的测量值与给定值相等（即无偏差）时，就可进行手、自动切换操作。（　　）

5. 在采用衰减曲线法进行比例作用整定时，应由大到小地改变比例度。（　　）

6. 采用经验法整定控制器参数时，其原则是"先比例、再微分、后积分"。（　　）

7. 采用临界比例度法整定控制器参数时，要求使过程曲线出现 4∶1 或 10∶1 的衰减为止。（　　）

8. 在自动调节中，PID 控制器主要靠比例作用避免过分振荡，靠积分作用消除静态偏差，靠微分作用减少动态偏差。（　　）

9. 当调节过程不稳定时，可以考虑采取增大积分时间或加大比例度的方法，使其稳定。（　　）

10. 可编程序控制器程序运行采用循环扫描方式。（　　）

11. PLC 仅能实现逻辑控制，不能实现 PID 控制。（　　）

12. 可编程序数字控制器只有 PLC 一种。（　　）

13. S7-200 SMART 标准型 PLC 主机最多可以连接 7 个扩展模块。（　　）

14. 过程控制系统中所使用的执行器主要为调节阀。（　　）

三、填空题

1. 电脱水器将原油乳状液置于（　　　　）中，促使小水滴聚结，在原油中沉降分离出来。
2. 控制器按调节规律来分，通常有（　　）、（　　）、（　　）、（　　）四种。
3. 控制器的积分时间越小，积分作用越（　　　）。
4. 工程上常用的控制器参数整定方法有（　　　　）、（　　　　）、（　　　　）等三种。
5. 理想的调节过程衰减比为（　　　　）。
6. S7-200 SMART PLC 的主机型号有（　　　）、（　　　）、（　　　）和（　　　）四种。
7. S7-200 SMART PLC 提供的三种定时器指令是（　　　）、（　　　）和（　　　）。
8. S7-200 SMART PLC 提供的三种计数器指令是（　　　）、（　　　）和（　　　）。

四、简答题

1. 选择被控变量的总体原则有哪些？
2. 整定方法有哪些，并作一下比较？
3. 设计一个对锅炉鼓风机和引风机进行控制的梯形图。控制要求：开机时首先启动引风机，10s 后自动启动鼓风机；停止时，立即关闭鼓风机，经 20s 后自动关闭引风机。

项目九　化工厂加热炉温度测量及复杂控制

温度检测对于保证化工厂的设备安全、经济运行，提高产品质量，以及维护国家能源安全等都具有极其重要的意义。本教学项目通过化工厂加热炉温度测量及控制项目的介绍，引入了温度测量仪表和复杂控制系统的学习，主要介绍了油田、化工企业在加热炉温度测量中广泛使用的热电偶温度变送器，炉温控制中常用的串级控制系统，以及在自动控制系统中常用的用来改变操纵量从而实现被控参数调节的气动执行器。

【学习重点】
1. 热电偶温度变送器的原理结构及类型。
2. 气动执行器的结构及工作原理。
3. 串级控制系统的构成及类型、抗干扰过程。
4. 电—气阀门定位器的原理及作用。

【核心知识点】
1. 热电势、热电偶类型、分度号、冷端补偿。
2. 热电偶温度变送器的结构、原理。
3. 气动执行器的结构、特点及原理。
4. 气动执行器作用形式的选择。
5. 复杂控制、串级控制、主副回路、系统构成特点。
6. 串级控制系统抗干扰过程分析。
7. 电—气阀门定位器的原理。

模块 9.1　加热炉工艺监控需求及仪表选型

石油、化工企业需要按工艺要求用加热炉加热原油和辅助原料，以便进行加工和输送。加热温度对于像原油、重油、渣油、沥青这样的高黏易凝介质的加工输送作用非凡。因此对工业加热炉温度进行准确的测量和可靠的控制，在石油化工生产中具有重要意义。

工业加热炉利用燃料在炉膛内燃烧时产生的高温火焰与烟气作为热源，来加热炉管中流动的油品，使其达到工艺规定的温度，以供给原油或油品在进行分馏、裂解或反应等加工过程中所需要的热量，保证生产正常进行。因此对工业加热炉的温度监测，不仅可以提高加热炉的工作效率，也为安全生产、节约能源提供了重要保证。

9.1.1　加热炉组成及工艺流程

1. 管式加热炉的组成及功能

石油、化工企业中，用火焰通过直接加热炉管中的原油、天管式等原料的加热炉称为管式加热炉。通常由辐射室（又称炉膛）、对流室、燃烧器和通风系统等构成。其中，辐射室是通过火焰或高温烟气进行辐射传热的部分，它是加热炉热交换的主要场所。辐射室内的炉管，通过火焰或高温烟气进行传热，以辐射热为主。对流室是靠辐射室排出的高温烟气进行对流传热来加热物料。烟气以较高的速度冲刷炉管管壁，进行有效的对流传热。燃烧器的作用是使燃料雾化并混合空气使之燃烧。通风系统的作用是将燃烧用的空气引入燃烧器，并将烟气引出管式加热炉。

2. 管式加热炉工艺流程

管式加热炉带控制点的工艺流程如图 9.1 所示。联合站计量后的原油（0.45MPa，50℃），首先进入原油缓冲罐 D-101/1，原油缓冲罐液位（30%~70%）由液位变送器监测液位值，该液位通过来油调节阀来控制。来油经原油泵 P-101/1 加压（1.5~2.2MPa），此压力值由压力变送器监测。然后原油经原油换热器与稳后原油换热升温至 120~190℃，分四路（此工艺流程图以其中一路为例）进入加热炉 H-101 升温至 160~225℃后进入原油稳定塔 T-101（图中未画出）。

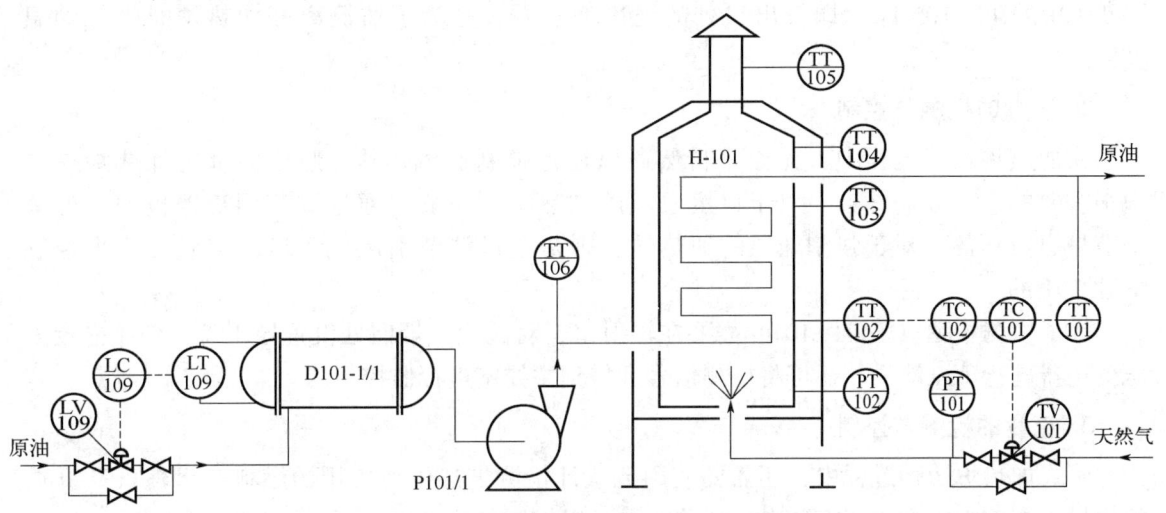

图 9.1 管式加热炉带控制点的工艺流程图

管式加热炉通过调节供给加热炉的燃料气流量，调节加热炉出口汇管原油温度（TT-108 温度变送器监测的温度）。当加热炉出口汇管原油温度超高时，通过执行器 TV-108 减少燃料气流量；反之，增加燃料气流量。在工艺流程中加入控制系统，能够很好地控制了加热炉的出口温度。

9.1.2 管式加热炉监控需求及仪表选型

管式加热炉监控，即通过数据采集、传输，把加热炉的实时运行信息传送到监控中心。通过采集的数据可以实时查看管式加热炉的温度、压力、液位等运行状态，对其进行在线监控。当判断加热炉运行在危险状态时可及时报警，甚至提前预知加热炉的潜在危险，依此信息提醒工作人员采取必要的操作处理来避免事故的发生。

1. 温度的检测与控制

由于温度检测可以快速、准确、合理地反映加热炉的运行状况，所以在加热炉燃烧过程中，除了对加热原油出口温度 TT-101 进行监测外，必须对加热炉多处温度监测点进行实时检测。

（1）在加热炉的辐射室，为保证其温度的均匀性，需在辐射室内不同位置放置多个温度传感器进行监测。最重要的是辐射室出口处所测的炉膛温度（或火墙温度），它是指烟气离开辐射室进入对流室时的温度，是加热炉操作中很重要的一个控制指标。如图9.1中的TT-103即为辐射室出口温度变送器。由于辐射室温度达到上千度，因此采用热电偶温度变送器。

（2）在加热炉的对流室的出口处，温度依然很高，一般也需要安装热电偶进行温度监测。该处所检测的温度是指高温烟气离开加热炉对流室的温度，它反映了加热炉热效率的高低，也是加热炉日常维护工作中的一个很重要的参数。如图9.1中的TT-102即为对流室出口温度变送器。

（3）在加热炉的排烟道处，温度已经降到几百度，可以选择安装热电阻进行温度监测。排烟温度是指烟气离开加热炉系统时的温度，它直接反映了加热炉系统热效率的高低。如图9.1中的TT-105即为烟气出口处的温度变送器，是为了监测离开加热炉时烟气的温度值。

2. 压力的检测与控制

在加热炉运行过程中，无论是自然通风还是强制通风，其炉膛压力都是加热炉操作中很重要的一个控制参数。对于自然通风的加热炉，一般是通过调节烟道挡板的开度来调节炉膛负压的。对于强制通风的加热炉，则是通过调节引风机入口的蝶阀开度来控制炉膛负压的。

为了检测炉膛负压PT-101，需要在辐射室、对流段、烟囱处设置导压管，外接一台差压变送器进行负压测量，还可将检测信号远传到主控室进行监控。

3. 流量的检测与控制

管式加热炉运行过程中，还需要使用流量计检测加热炉所使用的燃料（天然气）介质的用量。在控制中有时还需要自动调节流量，以控制加热炉出口原油的温度。

该联合站管式加热炉检测燃气流量时使用的是靶式流量计，也可选用旋涡流量计、腰轮流量计、转子流量计等。

模块9.2 复杂控制系统设计及整定

前面详细介绍了基本控制系统，系统组成简单，投运、整定都比较容易，在生产实践中能解决大多数的参数控制问题，满足定值控制的要求。然而，随着工业的发展，对自动化控制系统的要求也越来越高，简单控制系统在有些复杂控制要求下就无能为力了。因此在生产实践中，发展出了与简单控制系统不同的其他控制形式，这些控制系统就是复杂控制系统。

所谓复杂控制系统，是相对于简单控制系统而言的，指具有多个输入输出参数，由一个以上变送器、控制器、执行器组成的多回路自动控制系统。复杂控制系统种类繁多。根据系统的结构和所担负控制任务的不同，常见的复杂控制系统分为串级、均匀、比值、前馈、分程等控制系统，此处重点学习串级控制系统。

9.2.1 串级控制系统设计

1. 串级控制系统的组成

为了学习串级控制系统,我们首先来分析加热炉温度控制系统。在原油加热时,需要控制加热炉出口温度 T。图 9.2 所示为加热炉出口温度简单控制系统。当执行器改变了燃气流量以后,先影响的是炉膛温度 T_2,然后经历炉管向原油的传热过程才能逐渐影响原油的出口温度 T_1。加热炉这个对象的惯性很大、容量滞后很大,时间常数约 12min 左右。当天然气压力波动(干扰)使炉温升高时,出口温度来不及变化,控制器 TC-101 无法产生控制效果。由于控制不及时,控制质量差,上述简单控制系统难以满足生产要求。

管式加热炉是靠一根盘曲的炉管传热的。燃料在炉膛燃烧后,是通过炉膛与原油的温差将热量传给原油的。那么能否以炉膛温度 T_2 作为被控变量、以稳定炉膛温度来间接实现炉出口温度 T_1 的控制呢?如果这样,当然会使调节通道容量滞后大幅度减小,时间常数明显减小(约 3min 左右)。但是炉膛温度不能真正代表加热炉的原油出口温度。而且即使炉膛温度被控制稳定,当原油本身流量或入口温度变化的话,仍然会使加热炉出口温度受到干扰影响发生波动。但这提醒我们,可以将炉膛温度作为一个中间变量来控制。

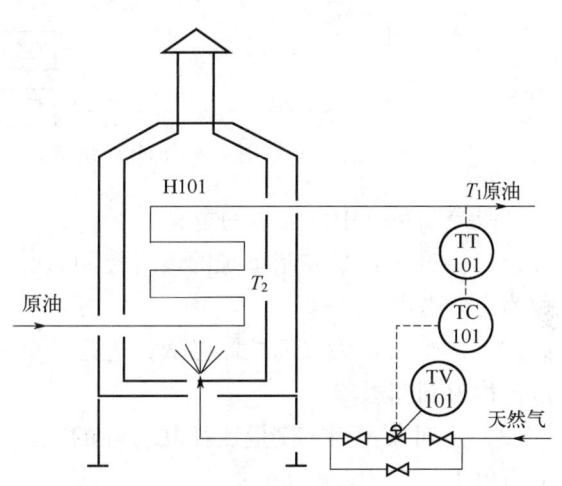

图 9.2 加热炉出口温度简单控制系统

为了解决这一问题,人们在生产实践中,往往根据炉膛温度的变化,先改变燃料量,然后再根据加热炉原油出口温度与其给定值之差,进一步改变燃料量,以保持原油出口温度的恒定。根据这一控制思想,就构成了加热炉温度串级控制系统,图 9.3 为加热炉出口温度串级控制系统示意图。

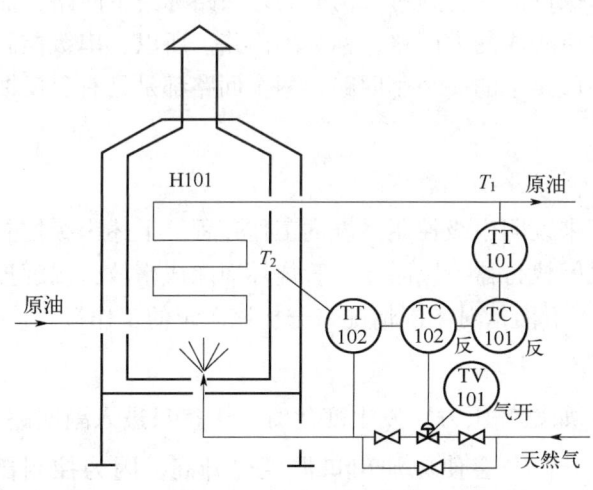

图 9.3 加热炉出口温度串级控制系统示意图

假定在某一时刻,燃气的压力升高。这个干扰首先使炉膛温度 T_2 升高,TT-102 变送器的测量值增大,使控制器 TC-102 控制燃气阀 TV-101 的开度,减小燃气的流量,使升高的炉膛温度在还未影响到出口温度之前就尽快降下来。与此同时,由于炉膛温度的升高,会导致原油出口温度 T_1 也有一定程度的增大。T_1 的变化反馈到控制器 TC-101,使 TC-101 的输出控制信号、就是控制器 TC-102 的给定值减小,其输出控制信号通过燃气阀 TV-101 同样减小燃气流量。这样,两个控制器协同工作,直到原油出口温度重新稳定在给定值。当由于原油进口流量或温度发生变化时，系统的调节过程与上述过程类似。

根据以上控制过程，画出如图 9.4 所示控制系统方框图。根据信号传递的关系，图中将管式加热炉对象分为两部分。一部分为炉管，图上标为对象 1，它的输出变量为原油出口温度 T_1。另一部分为炉膛及燃烧装置，图上标为对象 2，它的输出变量为炉膛温度 T_2。干扰 f_2 表示燃气压力、组分等的变化。干扰 f_1 表示原油本身的流量、进口温度等的变化。

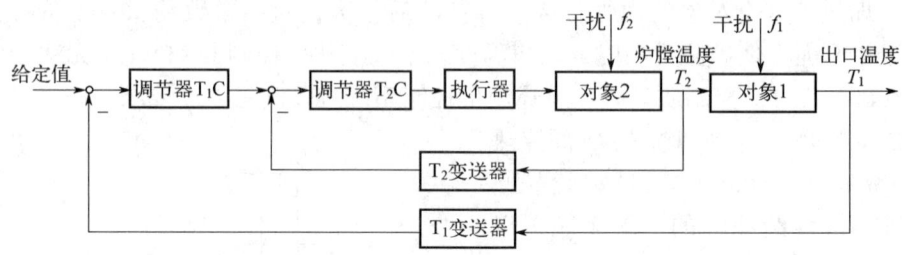

图 9.4　加热炉出口温度串级控制系统方框图

串级控制系统中各环节的意义如下：

（1）主变量：是控制系统的最终控制参数，如上例中的原油出口温度 T_1。相应的变送器称为主变送器。

（2）副变量：为辅助控制参数，也是一个中间变量，如上例中的炉膛温度 T_2。相应的变送器称为副变送器。

（3）主对象：为主变量表征其特性的生产设备。本例中主要是指炉内加热炉管，如图中的对象 1。

（4）副对象：为副变量表征其特性的工艺生产设备。本例中主要是炉膛及燃烧装置，如图中的对象 2。

（5）主控制器：按主变量的测量值与给定值的偏差而工作，如图中的 TC-101。

（6）副控制器：其给定值来自主控制器的输出，并按副变量的测量值与给定值的偏差而工作，其输出直接控制执行器，如图中的 TC-102。

图 9.4 中，由主变送器、主副控制器、执行器和主副对象构成的外回路称为主回路，而把由副变送器、副控制器、执行器和副对象所构成的内回路，称为副回路。所以，串级控制系统中有两个闭合回路，副回路是包含在主回路中的一个小回路，两个回路都是具有负反馈的闭环系统。

2. 串级控制系统的工作过程

下面以管式加热炉出口温度控制为例，来说明串级控制系统的工作过程。上述串级控制系统中，假定执行器采用气开式，断气时关闭执行器，以防止炉管烧坏而酿成事故，温度控制器 TC-101 和 TC-102 都采用反作用方向。下面针对不同情况来分析该系统的工作过程。

1）干扰作用于副回路

如果干扰 f_1 不存在，系统只有干扰 f_2（如燃气压力）发生变化时，干扰只进入副回路。假定燃气压力、流量增加，使炉膛温度 T_2 升高，会使原油出口温度也升高。因为控制器 TC-101 为反作用，其输出降低，使 TC-102 的给定值降低。由于 TC-102 也是反作用的，其给定值降低、同时测量值升高，会使输出值较大幅度降低，使气开式阀门关小、使燃料量减少，产生了"加强"的调节效果，可较快地克服干扰的影响，使原油出口温度尽快回到给定值。由于副回路时间常数小，可以获得比单回路控制系统超前的控制作用，有效地克服燃气压力或热值变化对原油出口温度的影响，从而大大提高控制质量。

2）干扰作用于主回路

如果干扰 f_2 不存在，系统只有干扰 f_1（如原油的进口流量）发生变化时，干扰只进入主回路。假如在某一时刻，由于原油的进口流量降低，使温度 T_1 升高。这时控制器 TC-101 的测量值增加，因为是反作用式控制器，输出降低，即 TC-102 的给定值减小。对于反作用式控制器 TC-102 来说，其输出减小，气开燃料阀门开度减小，燃料供给量减少，炉膛温度 T_2 降低，促使原油出口温度降低，直至恢复到给定值。

3）干扰同时作用于主、副回路

如果干扰 f_1、f_2 都存在，分别作用在主、副对象上。这时可以根据干扰作用下主、副变量变化的方向，分下列两种情况进行讨论。

（1）在干扰作用下，主、副变量的变化方向相同，即同时增加或同时减小。例如，由于炉膛温度 T_2 和原油出口温度 T_1 都增加，这时 TC-101 的输出减小。TC-102 由于给定值减小、测量值 T_2 增加，其输出大大减小，以使气开式的执行器关得更小些。由于此时主、副控制器的工作都是使阀门关小的，所以加强了控制作用，缩短了控制过程。

（2）主、副变量的变化方向相反，一个增加，另一个减小。譬如在上例中炉膛温度 T_2 增加、原油出口温度 T_1 降低，这时 TC-101 输出增大。对于副控制器 TC-102 来说，其给定值增大、测量值 T_2 也增大，两者能互相抵消掉一部分，因而偏差不大，只要执行器稍稍动作一点，即可使系统达到稳定。

通过以上分析可以看出，在串级控制系统中，由于引入一个闭合的副回路，不仅能迅速克服作用于副回路的干扰，而且对作用于主对象上的干扰也能加速克服过程。副回路具有先调、粗调、快调的特点；主回路具有后调、细调、慢调的特点，并对于副回路没有完全克服掉的干扰影响也能彻底加以克服。因此，在串级控制系统中，由于主、副回路相互配合、相互补充，充分发挥了控制作用，大大提高了控制质量。

3. 串级控制系统的特点

（1）在系统结构上，串级控制系统中，主、副控制器是串联工作的。主控制器的输出作为副控制器的给定值，系统通过副控制器的输出去操纵执行器动作，实现对主变量的定值控制。所以在串级控制系统中，主回路是个定值控制系统，而副回路是个随动控制系统。

（2）在串级控制系统中，主变量是反映产品质量或生产过程运行情况的主要工艺变量。控制系统设计的目的就在于稳定主变量。而副变量是影响主变量的关键因素，所以副变量的选择在于可控、灵敏、直接。

（3）在系统特性上，串级控制系统由于副回路的引入，改善了对象的特性，使控制过程加快，具有超前控制的作用，从而有效地克服滞后，提高了控制质量。

（4）由于增加了副回路作用，因此具有一定的自适应能力，可用于负荷和操作条件有较大变化的场合。

对于一个控制系统来说，控制器参数是在一定的负荷和一定的操作条件下，按一定的质量指标整定得到的。因此，一组控制器参数只能适应一定的负荷和操作条件。如果对象具有非线性，那么，随着负荷和操作条件的改变，对象特性就会发生变化，需要控制器参数跟着变化。这样的问题，在单回路控制系统中是难于解决的。在串级控制系统中，主回路是一个定值系统，副回路却是一个随动系统。当负荷或操作条件发生变化时，主控制器能够适应这一变化，及时改变副控制器的给定值，使系统运行在新的工作点上，从而保证在新的负荷和操作条件下，控制系统仍然具有较好的控制效果。

4. 副回路的确定

副回路的确定，实际上就是根据生产工艺的具体情况，选择一个合适的副变量，从而构成一个以副变量为被控变量的副回路。

为了充分发挥串级系统的优势，副回路的确定应考虑如下一些原则。

1) **副变量对主变量的影响大**

在串级控制系统中，副变量的引入往往是为了提高主变量的控制质量。因此，在主变量确定以后，选择的副变量应与主变量间有一定的内在联系。也就是说，在串级系统中，副变量的变化应在很大程度上能影响主变量的变化。

选择串级控制系统的副变量一般有两类情况。一类情况是选择与主变量有一定关系的某一中间变量作为副变量，例如前例炉膛温度。另一类情况是选择的副变量就是操纵变量本身，这样能及时克服它的波动，减少对主变量的影响。

2) **主要干扰被包围在副回路内**

如果在确定副变量时，一方面能将对主变量影响最严重、变化最剧烈的干扰包围在副回路内，另一方面又使副对象的时间常数很小，这样就能充分利用副回路的快速抗干扰性能，将干扰的影响抑制在最低限度。例如，在管式加热炉中，如果主要干扰来自燃气的压力波动时，可以采用如图 9.5 所示的加热炉原油出口温度与燃气压力串级控制系统。

在这个系统中，由于选择了燃气压力作为副变量，副对象的时间常数很小，因此比采用炉膛温度做中间变量时控制作用更及时。能更有效地克服由于燃气压力波动对原油出口温度的影响，从而大大提高控制质量。

3) **副回路包围更多的干扰**

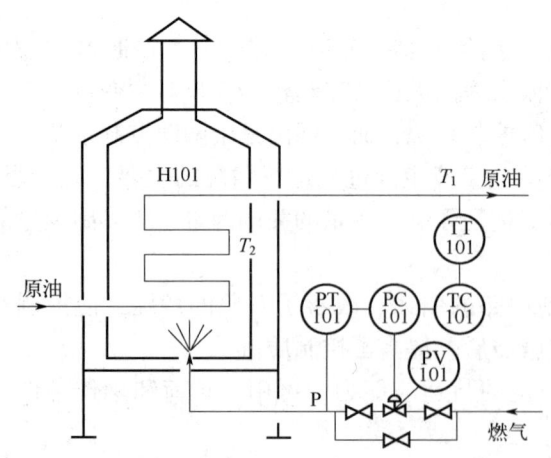

图 9.5 加热炉出口温度与燃气压力串级控制系统

如果在生产过程中，除了主要干扰外还有较多的次要干扰。在这种情况下，选择副变量应考虑使副回路尽量多包围一些干扰，这样可以充分发挥副回路的快速抗干扰能力，以提高串级控制系统的控制质量。

比较图 9.3 与图 9.5 所示的控制方案，显然图 9.3 所示的控制方案中，其副回路包围的干扰更多一些，凡是能影响炉膛温度的干扰都能在副回路中加以克服，从这一点上来看，图 9.5 所示的串级控制方案似乎更理想一些。

需要说明的是，随着副回路包围干扰的

增多，副变量离主变量也就越近。这样一来，副对象的控制通道就变长，滞后增大，从而会削弱副回路的快速、有力控制的特性。例如对于管式加热炉，当主要干扰来自燃气的压力波动时，如采用图9.3所示的控制方案，必须通过燃烧过程影响炉膛温度后，副回路方能施加控制作用来克服这一干扰的影响，反应时间变长，倒不如图9.5所示的方案，来得直接、迅速、有力。

4) 主、副对象时间常数匹配

在串级控制系统中，主、副对象的时间常数不能太接近。这一方面是为了保证副回路具有快速的抗干扰性能，另一方面是考虑到如果主、副对象的时间常数接近，那么主副回路的工作频率就比较接近，一旦系统受到干扰，就有可能产生"共振"。所以，在选择副变量时，应注意使主、副对象的时间常数之比为3~10，以减少主、副回路的动态联系，避免"共振"。

5) 副回路少包含纯滞后

对于含有大纯滞后的对象，宜采用串级控制系统，并通过合理选择副变量将纯滞后部分放到主对象中去，以提高副回路的快速抗干扰功能，及时克服干扰的影响。

不过应当指出，这种方法是有很大局限性的，即只有当纯滞后环节能够大部分乃至全部都可以被划入到主对象中去时，这种方法才能有效地提高系统的控制质量，否则将不会获得很好的效果。

5. 主、副控制器的选择

1) 控制规律的选择

串级控制系统的目的是高精度地稳定主变量。一般来说，主变量不允许有余差。所以，主控制器通常都选用PI控制规律，以实现主变量的无余差控制。有时，主对象控制通道容量滞后比较大（例如温度对象或成分对象等），可以选择PID分控制规律。

在串级控制系统中，稳定副变量并不是目的。在干扰作用下，为了维持主变量的不变，副变量就要变。所以，在控制过程中，对副变量的要求一般都不很严格，允许它有波动。因此，副控制器一般采用P控制规律。为了能够快速跟踪，最好不带积分作用，因为积分作用会使跟踪变得缓慢。副控制器的微分作用也是不需要的，因为当副控制器有微分作用时，一旦主控制器输出稍有变化，就容易引起执行器大幅度变化，这对系统的稳定是不利的。

2) 控制器正、反作用的选择

（1）副控制器作用方向的选择。

在选定执行器的气开、气关型式后，按照使副回路成为负反馈系统的原则来确定副控制器的作用方向。因此，副控制器的作用方向与副对象特性、执行器的气开、气关型式有关，其选择方法与简单控制系统相同，这时可不考虑主控制器的作用方向。

（2）主控制器作用方向的选择。

可按下述方法进行：当主、副控制变量增加时，如果由工艺分析得出，为使主、副被控变量减小，主、副控制器对执行器的动作方向要求是一致的时候，主控制器应选"反"作用；反之，则应选"正"作用。因此，主控制器作用方向的选择完全由工艺情况确定，与执行器及副控制器的作用方向完全无关。

当由于工艺过程的需要，执行器由"气开"改为"气关"，或由"气关"改为"气开"时，只要改变副控制器的正反作用就仍能维持负反馈控制，而不需改变主控制器的正反作用。

9.2.2 串级控制系统的工程整定

1. 系统投运

复杂的串级控制系统和简单的控制系统一样，要求投运过程要做到无扰动切换。由于串级控制系统的主要干扰集中在副回路，而且副回路反应较快、滞后较小，因此先将副回路投入自动，把副变量稳定下来。这样主变量就不会产生大的波动，主控制器的投运便比较容易了。而且主控制器的输出是副控制器的给定，而副控制器的输出直接控制调节阀，因此从系统结构上来看，先投运副回路，再投运主回路也更为合理。

2. 控制器参数的工程整定

串级控制系统主、副控制器的参数整定方法主要有下列两种。

1）两步整定法

按照串级控制系统主、副回路的情况，先整定副控制器，后整定主控制器的方法称为两步整定法，整定过程是：

（1）在工况稳定，主、副控制器都在纯比例作用运行的条件下，将主控制器的比例度先固定在100%的刻度上，逐渐减小副控制器的比例度，求取副回路在满足某种衰减比（如4∶1）过渡过程下的副控制器比例度和操作周期，分别用 δ_{2s} 和 T_{2s} 表示。

（2）在副控制器比例度等于 δ_{2s} 的条件下，逐步减小主控制器的比例度，直至得到同样衰减比下的过渡过程，记下此时主控制器的比例度 δ_{1s} 和操作周期 T_{1s}。

（3）根据上面得到的 δ_{1s}、T_{1s}、δ_{2s}、T_{2s}，按简单控制系统的衰减曲线法的规定关系，计算主副控制器的比例度和主控制器的积分时间、微分时间。

（4）按"先副后主""先比例次积分后微分"的整定规律，将计算出的控制器参数加到控制器上。

（5）观察控制过程，适当调整，直到获得满意的过渡过程。

2）一步整定法

为了简化步骤，串级控制系统中主、副控制器的参数整定可以采用一步整定法。

一步整定法，就是考虑到对副变量控制的要求不高，允许它在一定范围内变化这一前提。根据经验先将副控制器一次放好，不再变动，然后按一般单回路控制系统的整定方法直接整定主控制器参数。虽然按照经验设置的副控制器参数不一定合适，但可以通过调整主控制器的放大倍数来进行补偿。

副控制器参数可按表8.5所给出的数据进行设置。一步整定法的整定步骤如下：

（1）在生产正常，系统为纯比例运行的条件下，按照表8.5所列的数据，将副控制器比例度调到某一适当的数值。

（2）利用简单控制系统中任一种参数整定方法整定主控制器的参数。

（3）若出现"共振"现象，可加大主控制器或减小副控制器的参数整定值，一般即能消除。

模块 9.3 热电偶温度变送器

热电偶温度计是目前应用最普遍的温度测量仪表之一。它的特点是测温范围宽,性能稳定,结构简单,动态响应好。测量精度较高,能够满足工业过程温度测量的需要。热电偶输出为电信号,便于远传和集中检测与自动控制。

9.3.1 测量原理

热电偶温度计由热电偶、连接导线(补偿导线)和显示仪表等组成,如图 9.6 所示。

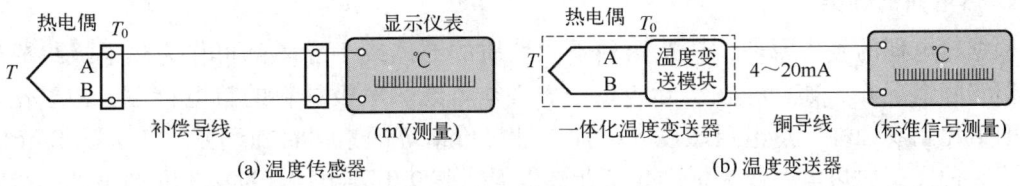

图 9.6 热电偶温度计组成

热电偶是一种热电型温度测量元件,一般是用 A、B 两种不同的金属丝(称为热电极)一端焊接制成。焊接的一端(热端)感受被测温度 T,另一端(冷端)置于环境温度 T_0 下,则热电偶会产生一个与被测温度对应的 mV 级热电势信号,这种现象称为热电效应。

热电偶的热电势可以通过一种特殊的补偿导线与 mV 测量温度仪表连接指示温度[图 9.6(a)]。也可以通过温度变送模块就地将 mV 热电势放大转换为 4~20mA 标准信号[图 9.6(b)],供数显仪表或其他监控系统进行温度显示及控制之用。

理论与实验表明,热电偶测量回路(图 9.7)产生的热电势由温差电势和接触电势组成。温差电势是同一导体的两端因温度不同而产生的电势。接触电势是在两种不同的导体接触面上产生的电势。接触电势的大小取决于两种不同导体的性质和接触点的温度。温差电势远小于接触电势,在闭合回路中产生的总热电势为

$$E_{AB}(T, T_0) = \int_{T_0}^{T} S_{AB} dT = E_{AB}(T) - E_{AB}(T_0) \tag{9.1}$$

式中,S_{AB} 称为塞贝克系数,其值随热电极材料和接点温度而定。

当冷端温度 T_0 维持一定时,$E_{AB}(T_0)$ 等于常数 C,则对于确定的热电偶,其热电势只与被测温度 T 成单值函数关系,即

$$E_{AB}(T, T_0) = E_{AB}(T) - C \tag{9.2}$$

对于具体的热电偶,式中表示热电极材料的字母下标 A、B 可以不写,写成 $E(T, T_0)$。

在 $T_0 = 0$ 的条件下,国家标准化组织已经用实验的方法,精确测出各种热电偶在不同热端温度下所产生的热电势值,构成所谓的热电偶"分度表",可以方便查用。

根据理论实验分析,对于热电势具有如下特性:

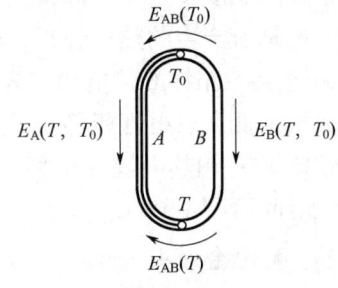

图 9.7 热电效应原理

（1）均质材料制成的热电偶，其热电势大小只与热电极材料及两端温度有关，与热电极的粗细和长短无关，与冷热两端中间温度分布无关。

（2）在热电偶回路中接入第三种材料的导体后，只要中间导体两端的温度相同，对热电偶回路的总热电势值没有影响。

根据这一性质，可以在热电偶回路中引入各种仪表和连接导线等。这一性质还表明，任何不同材料做成的电路板及用任意焊接方式连接时，只要保证各处温度相同，不会因热电势存在而影响信号的传输。

9.3.2 热电偶的种类及结构

1. 热电偶的种类

根据热电偶的基本原理，任意两种不同性质的导体或半导体都可作为热电极组成热电偶。但实际情况并非如此，在实际应用中，必须考虑热电极材料的热电特性、物理化学性能、耐氧化耐腐蚀性、热电灵敏度、可加工性、价格等因素。目前国际电工委员会（IEC）推荐了 8 种类型的热电偶作为标准化工业热电偶。表 9.1 列出这 8 种标准化热电偶的分类及性能，其中所列各种型号的热电极材料前者为正极，后者为负极。这些热电偶的热电极材料都是被精选过的，测量效果良好。

表 9.1 工业热电偶分类及性能

名称	分度号	测量范围,℃	适用气氛	一般性能评价
铂铑 30—铂铑 6	B	200~1800	O、N	<1500℃,优;>1500℃,良
铂铑 13—铂	R	−40~1600	O、N	<1400℃,优;>1400℃,良
铂铑 10—铂	S			
镍铬—镍硅	K	−270~1300	O、N	中等
镍铬硅—镍硅	N	−270~1260	O、N、R	良
镍铬—康铜	E	−270~1000		中等
铁—康铜	J	−40~760	O、N、R、V	<500℃,良;>500℃,差
铜—康铜	T	−270~350	O、N、R、V	−170~200℃,优

注：表中 O 为氧化气氛，N 为中性气氛，R 为还原气氛，V 为真空。

下面介绍几种工业中常用的热电偶。

1）铂铑—铂类热电偶

由铂铑合金丝及纯铂丝构成，属贵金属热电偶。这类热电偶使用温区宽，特性稳定，可以测量较高温度。由于可以得到高纯度材质，所以它们的测量精度较高，一般用于精密温度测量。但是所产生的热电势小，热电特性非线性较大，且价格较贵。

铂铑 30—铂铑 6 热电偶（B 型），可长期测量 1600℃的高温，短期可测 1800℃。600℃以下灵敏度低。热电性能稳定，精度高，适于氧化性和中性介质中使用。

铂铑 13—铂热电偶（R 型）、铂铑 10—铂热电偶（S 型），在 1300℃以下可长时间使用，短时间可测 1600℃。

2）廉价金属热电偶

由于铂铑—铂类热电偶价格较贵，为了降低成本，在实际生产中经常用由价廉的合金或纯金属材料构成的热电偶。

镍铬—镍硅热电偶（K型），化学稳定性较高，可在氧化性或中性介质中长时间地测量900℃以下的温度，短期测温可达1300℃。K型热电偶不能直接在高温下用于有硫环境，如果用于还原性介质中，则会很快地受到腐蚀，此情况下只能用于测量500℃以下的温度。

K型热电偶具有线性度好，热电动势较大，灵敏度较高，稳定性和均匀性较好，抗氧化性能强，价格便宜等优点。虽然测量精度稍低，但完全能满足工业测温的要求，是工业生产中最常用的一种热电偶。

镍铬硅—镍硅热电偶（N型），是一种新国际标准化的热电偶，测温范围及性能与K型热电偶相近，它克服了K型热电偶在300~500℃之间和800℃左右热电动势不稳定的缺点。其综合性能优于K型热电偶，是一种很有发展前途的热电偶。

镍铬—康铜热电偶（E型），康铜是镍、铜合金。其长期使用温度不超过600℃，短期测温可达800℃。热电偶热电势大，灵敏度最高，但是重复性较差。适用于还原性或中性介质，缺点是测量范围低，康铜合金易受氧化而变质，材料质地坚硬，不易加工。

铜—康铜（T型）、铁—康铜（J型）热电偶，稳定性较好，测温精度较高，是在低温区应用广泛的热电偶。铁—康铜热电偶有较高灵敏度，在700℃以下热电特性基本为线性。

2. 热电偶的结构型式

工业热电偶的典型结构有普通型和铠装型两种型式。

1）普通型热电偶

普通型热电偶为装配式结构，一般由热电极、绝缘管、保护套管和接线盒等部分组成，如图9.8所示。贵金属热电极直径不大于0.5mm，廉金属热电极直径一般为0.5~3.2mm；

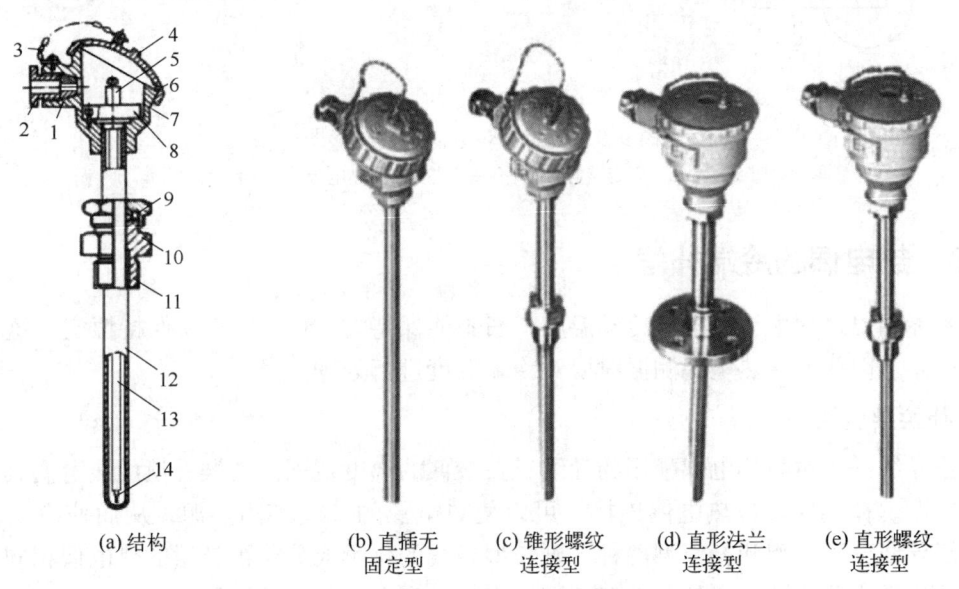

(a) 结构　　(b) 直插无固定型　　(c) 锥形螺纹连接型　　(d) 直形法兰连接型　　(e) 直形螺纹连接型

图9.8　热电偶典型结构与四种类型

1—出线孔密封圈；2—出线孔压紧螺母；3—防掉链；4—接线盒盖；5—接线柱；
6—密封圈；7—接线盒座；8—接线绝缘座；9—固定压帽；10—连接螺母；
11—连接螺纹；12—保护套管；13—绝缘管；14—热电极

绝缘管一般为单孔或双孔瓷管，套在热电极上；保护套管要求气密性好、有足够的机械强度、导热性能好和物理化学特性稳定，最常用的材料是不锈钢以及氧化铝陶瓷材料等。整支热电偶长度由安装条件和插入深度决定，一般为350～2000mm。这种结构的热电偶热容量大，因而热惯性大，对温度变化的响应慢。

2) 铠装热电偶

它是将热电偶丝、绝缘材料和金属保护套管三者组合装配后，经拉伸加工而成的一种坚实的组合体，如图9.9所示。采用的绝缘材料一般是氧化镁或氧化铝粉末，套管材料多为不锈钢。铠装热电偶的外径一般为0.5～8mm，其长度可以根据需要截取，最长可达100m。铠装热电偶的测量端热容量小，因而热惯性小，对温度变化响应快；挠性好，可弯曲，可以安装在狭窄或结构复杂的测量场合。

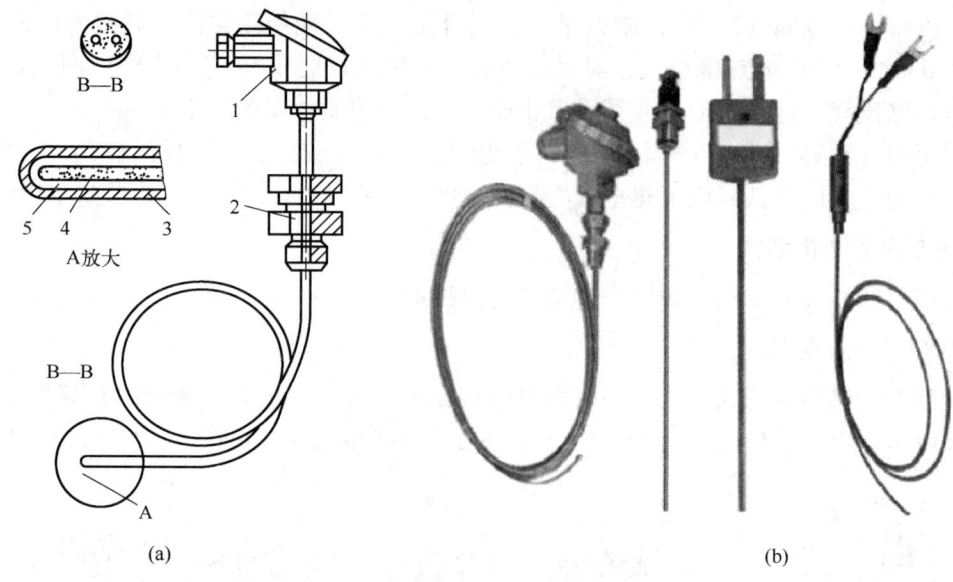

图9.9 铠装型热电偶结构外形图
1—接线盒；2—固定装置；3—金属套管；4—热电极；5—绝缘材料

9.3.3 热电偶的冷端补偿

在实际测温过程中，热电偶冷端温度一般不能保持在0℃，也不易保持恒定，这会给测量带来误差，因此，在热电偶测温时要对冷端温度进行处理。

1. 补偿导线法

补偿导线是一对与热电偶配用的导线，在较低的温度范围内与被补偿的热电偶具有相同的热电特性。补偿导线与热电偶连接，可以使热电偶的冷端远离热源，从而使冷端温度稳定。补偿导线分延长型和补偿型两种。延长型导线的化学成分与被补偿的热电偶相同，补偿型导线的化学成分与被补偿的热电偶不同。表9.2列出了几种补偿导线。使用补偿导线时要注意型号及极性不能接反，还要注意补偿导线和热电偶相连的两个接点温度要相同，以免造成不必要的误差。

表 9.2 常用补偿导线

配用热电偶类型	代号①	色标 正	色标 负	允差,℃ 100℃ B级 A级	允差,℃ 200℃ B级 A级
S,R	SC	绿	红	5 3	5
K	KC	蓝	红	2.5 1.5	
K	KX	黑	红	2.5 1.5	2.5 1.5
N	NC	浅灰	红	2.5 1.5	2.5 1.5
N	NX	深灰	红	2.5 1.5	2.5 1.5
E	EX	棕	红	2.5 1.5	2.5 1.5
J	JX	紫	红	2.5 1.5	2.5 1.5
T	TX	白	红	1.0 0.5	1.0 0.5

①代号第二个字母的含义是：C 表示补偿型，X 表示延长型。

2. 冷端温度修正法

采用补偿导线将热电偶冷端温度移到 T_0 处，但是 T_0 通常为环境温度而不是 0℃，此时需要测量冷端温度，再根据如下关系式进行计算修正：

$$E(T,0) = E(T,T_0) + E(T_0,0) \tag{9.3}$$

式中　$E(T,T_0)$——为实测的回路电势；

　　　$E(T_0,0)$——为冷端温度 T_0 下热电偶理论热电势，$E(T_0,0)$ 可查分度表求得。

由上式求出总电势 $E(T,0)$，反查分度表求出被测温度。

由于热电偶的热电特性是非线性的，所以切不可简单地用温度直接相加。

【例 1】 用一支分度号为 K 的镍铬—镍硅热电偶测温时，当冷端温度 T_0 为 25℃，测得热电偶电势为 33.277mV，试确定被测温度 T 为多少度？

解：由题意可知　　　　$E_k(T,25) = 33.277\text{mV}$

$$E_k(T,0) = E_k(T,25) + E_k(25,0)$$

查分度表得

$$E_k(25,0) = 1.000\text{mV}$$

则　　　　$E_k(T,0) = 33.277 + 1.000 = 34.277(\text{mV})$

再反查分度表得 $T = 824.5℃$。

3. 补偿电桥法

补偿电桥法利用不平衡电桥产生相应的电势，可以自动补偿热电偶由于冷端温度变化而引起的热电势变化。如图 9.10 所示，补偿电桥串接在热电偶回路中，与热电偶的冷端同处于温度 T_0 下。电桥的三个桥臂电阻 R_1、R_2、R_3 为锰铜电阻，其电阻值不随温度而变化，另一个桥臂电阻 R_{Cu} 由纯铜丝绕制，温度变化时其电阻改变。

通常，补偿电桥是按 $T_0 = 20℃$ 时电桥平衡而设计的，在 $T_0 = 20℃$ 下，使 $R_1 = R_2 = R_3 = R_{Cu} = 1\Omega$，电桥平衡，无

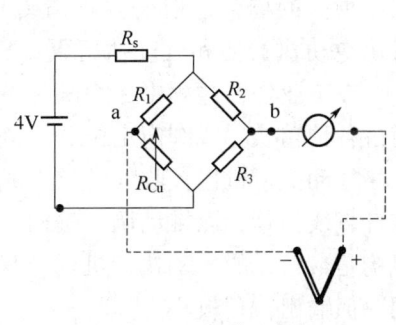

图 9.10　补偿电桥

信号输出。当 T_0 变化时，R_{Cu} 的阻值改变，电桥将输出不平衡电压 U_{ab}，与热电势 $E(T,T_0)$ 叠加输出。选择适当的串联电阻，使电桥的输出电压 $U_{ab}=E(T_0,0)$，可以补偿因 T_0 变化而引起的热电势的波动。

模块 9.4　气动执行机构

执行器是自动控制系统中必不可少的组成部分，它接收来自控制器的控制信号，并依据其改变操纵量（物料或能量输送量），使被控参数达到设定值。执行器由执行机构和调节机构组成，如图 9.11 所示。执行机构是指根据控制器控制信号产生推力及直线/转角位移的装置，而调节机构（阀）是依靠在执行机构位移改变阀门开度、改变物料量的装置。调节机构除了阀门之外，还可以是风门等其他机械装置。

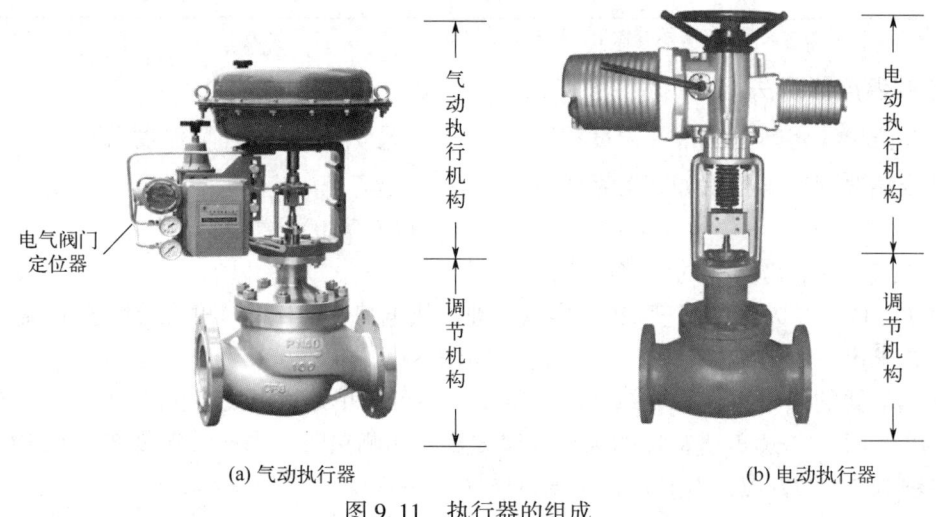

图 9.11　执行器的组成

执行器按其使用的驱动能源可分为气动、电动和液动三大类。它们各具特点，适于不同的应用场合。其中，气动执行器具有结构简单、工作可靠、价格便宜、维护方便、防火防爆等优点，因而在工业控制中获得最普遍的应用；电动执行器的优点是电源取用方便、信号传输速度快、传输距离远，无须专门设置气源压缩—干燥—稳压装置。缺点是结构复杂、价格贵、维护费用高，调节过于频繁会引起电动机发热，减速齿轮易磨损，适用于防爆要求不太高以及缺乏气源的场所；液动执行器的推力大、体积小，适用于被控压力高的场合，但需要设置专门的液压站，比较笨重，所以较少使用。因此下面将只讨论电动执行器和气动执行器。

在工业生产过程中，为满足不同的控制需求，往往采用电—气复合控制系统，这时可以通过各种转换器或阀门定位器等进行转换。

气动执行机构接收气动仪表或电—气阀门定位器输出的气压信号，并将其转换为相应的推杆直线位移，以推动调节机构工作。气动执行机构有薄膜式和活塞式两种。气动薄膜执行机构是最常见的气动执行机构，其特点是结构简单，维护方便，成本低廉，从而得到广泛应用，但输出行程较小。

9.4.1 气动薄膜式执行机构

1. 气动薄膜式执行机构的组成原理

气动薄膜执行机构分有弹簧和无弹簧两种，现以有弹簧正作用执行机构为例说明其原理。

图9.12是常用的气动薄膜执行机构结构示意图，有多弹簧式（精小型）和单弹簧式两种，其结构基本相同，都由上膜盖、下膜盖、膜片、托板、推杆、弹簧、调节件、支架和阀杆连接件等组成。膜片将上、下膜盖分隔开，在气压信号作用下膜片上、下位移，通过托板带动推杆移动。

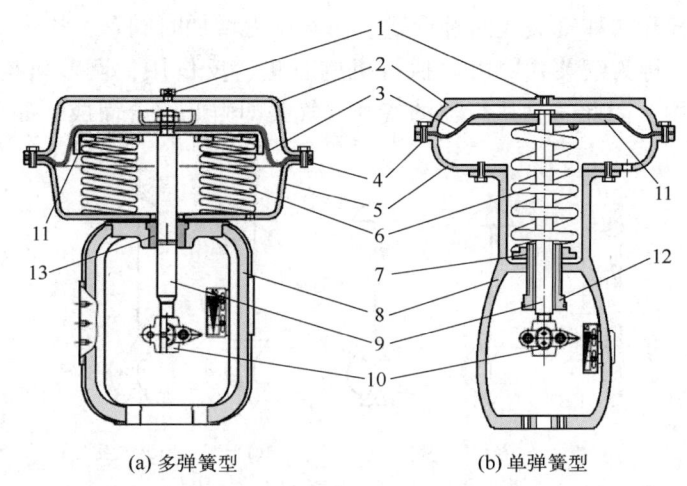

(a) 多弹簧型　　　　(b) 单弹簧型

图9.12　气动薄膜执行机构结构示意图

1—进气孔；2—上膜盖；3—膜片；4—紧固螺栓；5—下膜盖；6—弹簧；7—弹簧座；8—支架；9—推杆；
10—阀杆连接件；11—托板；12—调节件；13—密封件

气压控制信号由进气孔进入上膜盖2和波纹膜片3组成的气室时，在膜片3上产生一个推力，使推杆9下移并压缩弹簧6。当弹簧的作用力与信号压力在膜片上产生的推力相平衡时，推杆稳定在一个对应的位置上，推杆的位移即执行机构的输出，也称行程。

执行机构的输入输出特性呈现线性关系，即推杆位移量与输入信号压力之间成正比。国产气动薄膜执行机构的行程有10mm、16mm、25mm、40mm、60mm和100mm等六种规格。膜片的有效面积有200cm^2、280cm^2、400cm^2、630cm^2、1000cm^2、1600cm^2等六种规格，有效面积越大，执行机构的推力越大。通过调节件调整弹簧的初始压力，可以改变执行机构的零点位置。

气动薄膜执行机构可添加手轮机构，在自动控制失效时采用手轮进行操作直接操纵阀门，提高系统安全性和可靠性。

精小型气动薄膜执行机构采用多个弹簧代替原来的一个弹簧，降低了执行机构的高度和重量，具有结构紧凑、节能、输出推力大等优点。

2. 气动薄膜式执行机构的作用形式及选择

1) 气动执行机构的正、反作用

当气动执行机构的输入气压信号增加时，推杆向下位移运动，称为正作用；相反，输入气压信号增加时,推杆向上位移运动,称为反作用。正作用执行机构进气口在上膜盖上,反作用执行机构进气口在下膜盖上。

2) 调节机构的正装和反装

阀芯有正装和反装两种形式。阀芯下移,阀芯与阀座间的流通截面积减小的称为正装阀;相反,阀芯下移时,流通截面积增加的称为反装阀。对于双导向正装阀,只要将阀杆与阀芯下端相接,即为反装阀。公称直径 $D_g<25mm$ 的阀,一般为单导向式,因此只有正装阀。

3) 气动执行器的作用形式

气动执行器有气开式和气关式两种形式。信号压力增加时阀开,称为气开式;反之,信号压力增大时阀关,称为气关式。由于执行机构有正、反作用,调节机构(具有双导向阀芯)也有正、反作用,因此气动执行器的气开或气关即由此组合而成,如图9.13所示。

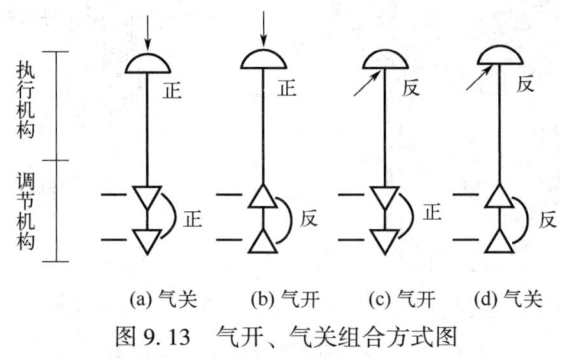

图9.13 气开、气关组合方式图

对于小口径调节阀,通常采用改变执行机构的正、反作用来实现气开或气关;对于大口径调节阀,则通常是改变调节机构的正、反作用来实现气开或气关。

3. 气动执行器作用形式的选择

气开和气关的选择主要从生产工艺的安全角度来考虑:当信号压力突然中断时,应保证设备和操作人员的安全。如果信号中断时阀处于全开位置时危害性小,则应选用气关式;反之,阀处于关闭时危害性小,则应选用气开式。例如,控制进入加热炉内的燃料气或燃气流量,应选用气开式,当控制器发生故障或供气中断时,阀门处于全关状态,停止燃料气进入炉内,以防止爆炸或烧坏炉管。又如当精馏塔釜内为易结晶、易凝固的液体时,则再沸器蒸汽流量调节阀应选用气关式,以防止事故状态下塔釜内物料结晶或凝固而造成堵塞。

9.4.2 气动活塞式执行机构

活塞式执行机构有单作用型和双作用型两种。如图9.14所示,其主要部件——气缸内活塞随气缸两侧差压的变化而移动。

单作用型气动执行机构只有一个气缸,而双作用型有两个对称布置的气缸。有弹簧气动执行机构返程时靠弹簧反力,进程时则要克服弹簧弹力,效率低,如图9.14(b)所示,只用一个进排气口。进气时活塞在气压信号作用下受力向两边移动,压缩弹簧,通过齿条使齿轮-阀轴逆时针转动。当气压信号下降时,弹簧反力大于气体作用于活塞上的力,两活塞向内移动,使阀轴反向顺时针转动。

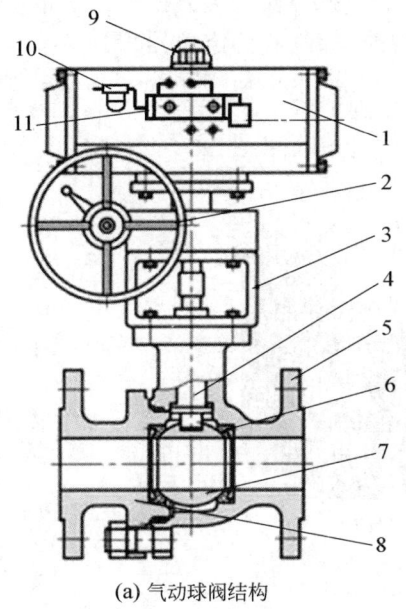
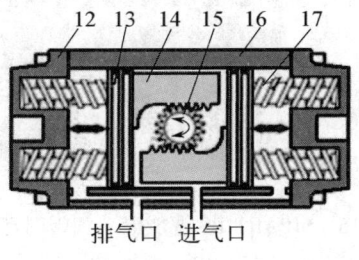
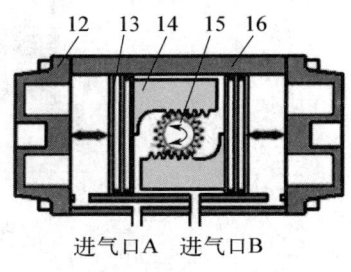

(a) 气动球阀结构　　　　　　(b) 有弹簧作用型　　　　　　(c) 无弹簧作用型

图 9.14　气动活塞式执行机构示意图

1—气缸头；2—手轮机构；3—支架；4—阀轴；5—阀体；6—密封圈；7—球阀芯；
8—阀体；9—阀位指示发讯器；10—气源过滤减压阀；11—电磁阀；
12—气缸端盖；13—活塞；14—齿条；15—齿轮；16—气缸体；17—弹簧

无弹簧气动执行机构 [图 9.14(c)]，有 2 个进排气口 A、B。B 口进气、A 口排气时两活塞内侧受力向两边移动，通过齿条使齿轮-阀轴逆时针转动。当 A 口进气、B 口排气时，两活塞外侧受力、向内移动，使阀轴反向顺时针转动。

气动活塞式执行机构的输出特性有比例式及两位式两种。两位式是根据输入活塞两侧操作压力的大小，活塞从高压侧被推向低压侧，只有全开、全关两个位置。比例式是在两位式基础上加有阀门定位器，通过控制两侧气压信号的大小，使推杆位移和信号压力成比例关系。

图 9.14 中的电磁阀、阀位指示发讯器、手轮机构和阀门定位器等都是其常配备的辅助装置。其中电磁阀是用来控制气动阀气缸中进气、排气的小型阀，依靠电磁铁原理工作。通过控制电磁线圈的电流通断控制两边气缸的进、排气。阀位指示发讯器是一种用于阀门开关状态指示和远程发讯的装置。一般用位置开关实现阀门全开或全关到位的信号发送。

气动活塞式执行机构由于不断排气-进气，活塞不断往复运动，所以耗气量大、易磨损，因此必须配备气动稳压、过滤、喷油装置（气动三联），对气源进行减压稳压，并将储油器中的润滑油雾化喷入气缸，润滑活塞。而用润滑脂润滑的气缸，则不需要喷油。

9.4.3　电—气阀门定位器

电—气阀门定位器接收控制器输出的 4~20mA（DC）电流信号，然后将其成比例地输出到执行机构，当阀杆移动以后，其位移量又通过机械装置负反馈作用于阀门定位器，因此它与执行机构组成一个闭环系统。

随着计算机技术的迅速发展，将微处理器引入阀门定位器，出现了智能电—气阀门定位器。智能电—气阀门定位器在控制精度、耐环境性、投运、维护及操作费用等方面都优于常规定位器。此处以西门子 SIPART PS（图 9.15）为例，介绍智能电-气阀门定位器。

图 9.15　SIPART PS 智能电—气阀门定位器外形

1. 智能定位器的构成原理

SIPART PS 智能电—气阀门定位器原理如图 9.16 所示。以微处理器 CPU 为核心，对设定值与实际阀位的反馈值进行比较，其偏差一旦超出灵敏度极限值，CPU 就回根据偏差的正、负控制进气阀或排气阀开启，通过不断控制执行机构进气、排气，实现气动执行机构推杆位移的目的。

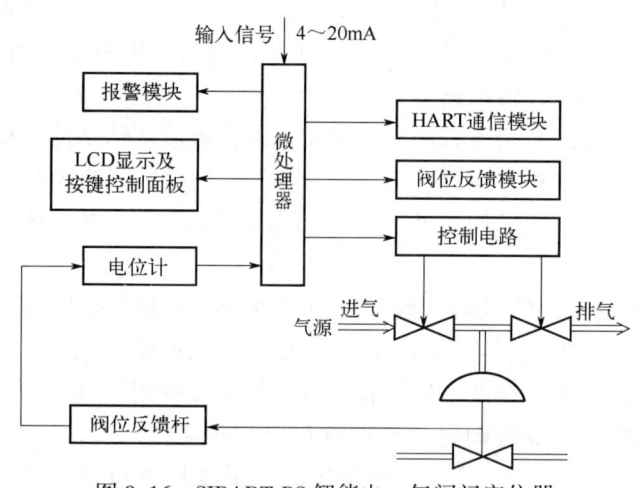

图 9.16　SIPART PS 智能电—气阀门定位器

另外，CPU 还根据设定值与实际阀位的反馈值偏差的大小调整控制进、排气阀的频率，实现控制速度的变化。如果偏差很大就输出一个连续信号，快速响应；如果偏差较小，则输出数字脉冲信号，以精确定位。

进、排气阀采用压电式阀门，用压电转换元件作为阀芯，形成微型阀门。压电阀只有通和断两种状态，需要加大阀门开度，打开进气阀，否则打开排气阀，状态稳定时，两阀均处于切断状态，将执行机构锁定在设定位置，这和常规定位器相比较，气源损耗几乎可以忽略不计。

LCD 显示及按钮使操作更容易方便和直观；HART 模块的使用，可以借助于手持通讯器、个人电脑或系统控制台方便地获取现场信息。阀位反馈模块输出执行机构位置信号（4~20mA），定位器在初始化时，可以根据输入参数，自动确定执行机构的零点、最大行程、作用方向和定向速度，大大节省了投运时间。工作时，可以根据阀门或执行机构的机械性能变化，自动修改控制参数、补偿阀门老化、磨损等机械问题。

SIPART PS 智能定位器主要功能如下：

（1）具有可编程的输出特性。

（2）自动调校零点和行程。智能定位器是自动调整行程和平衡的，大大节约了投运时间。定位器安装在执行机构上，只要按一下按钮则可全自动地进行过程的初始化。初始化时，执行机构从全开到全关，自动记录执行器阀芯关闭零点和行程范围（根据施加的推力变化）。系统还要测量两个方向的定位速度，确定最小的定位增量，计算最佳中间带。

（3）在线修改控制参数。SIPART PS 智能定位器在投运过程中不仅可优化参数，还可连续地修改参数，以便得到最佳的控制效果。定位器可检测出操作过程中发生的问题，如在工作期间，阀门或执行机构的机械性能有变化，它可自动地修改控制参数，以补偿阀门或配件的问题及老化的影响。

（4）智能定位器通过接口可与其它现场总线用户通信，测量传感器和执行机构之间可直接相连，通过现场总线将操作状态和故障信息传送到控制室。

在石油化工生产过程中，智能电-气阀门定位器主要用于控制要求非常严格的生产过程，以及改善控制系统品质、提高控制精度和克服工艺过程管线振动的影响。

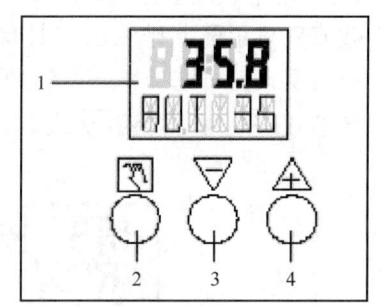

图 9.17 阀门定位器的显示屏和操作按键
1—显示屏；2—工作模式按键；
3—下降按键；4—上升按键

2. 智能定位器的操作

SIPART PS 智能电-气阀门定位器的操作方法为：定位器上面有两排 LCD 显示，每排符号的组成不同。上排为 7 段字符显示，下排为 14 段字符显示。显示取决于可选择的模式。定位器在现场可采用 3 个按键实现定位器的操作（图 9.17），按键的功能取决于可选择的工作模式。

定位器工作模式分为自动模式和手动模式两种。工作模式切换如图 9.18 所示。

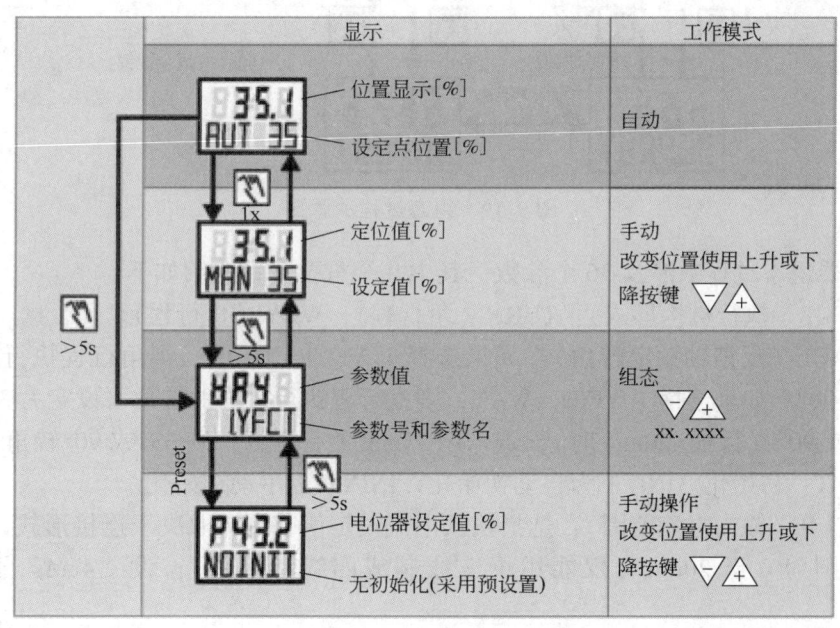

图 9.18 工作模式的切换

自动模式是常用的模式，经初始化以及组态的定位器自动按设定值改变并且不断使系统偏差尽可能趋于最小值。这时下降▽和上升△按键不起作用。在屏幕顶部以百分数显示当前阀位。在下面一行左侧表示所选为自动模式"AUT"，右侧以百分数表示当前的设定值。

按工作模式键，定位器可以从自动模式切换到手动模式。通过按△或▽键达到分步调整。为了达到快速增加，先按△键，然后再按▽键。为了达到快速减小，先按▽键，然后再按△键。一旦释放△/▽键，执行机构就停在其现时的位置。内设定值被调整至现时的操作变量。由于手动模式内控制是闭环的，因此即使处于定位器气源渗漏事故时仍能保持现时阀位。现时阀位在显示屏上以百分比表示。下一行左侧表示所选为手动模式"MAN"，右侧表示现时设定值。

用工作模式按键可从自动模式或手动模式转换为"组态"模式（图9.18）。为此，必须长按模式转换键至少5s，直至完成转换。在"组态"模式（图9.19）下能改变定位器的参数值。显示屏上排表示现时参数值（设定），下排表示参数名（简写形式）及参数编号。使用模式键可选择下一个参数。如果按模式键（<5s）的同时按住下降键，则以相反次序选择参数。利用下降键▽或上升键△可改变参数值。

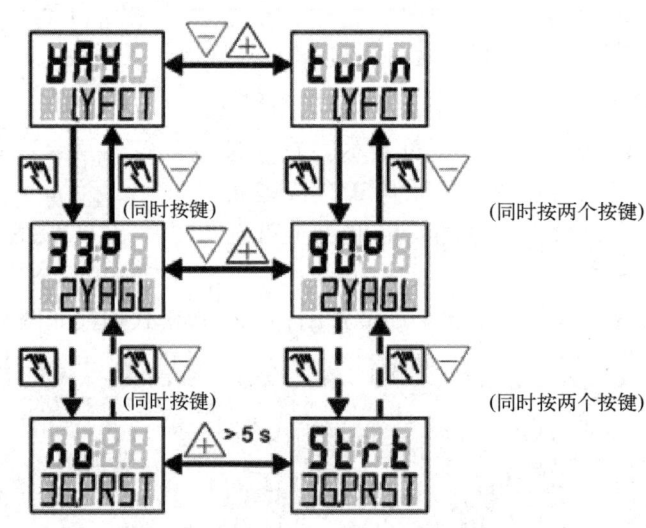

图 9.19 组态过程示意图

在定位器组态过程中涉及36个参数，其中几个重要参数介绍如下：

(1) YFCT（执行机构形式）：TURN（角行程），WAY（直行程）。

(2) YAGL（反馈轴额定转角）：如果选择1. YFCT=TURN，则角行程执行机构的转角自动设置为90°。如果选择1. YFCT=WAY，则直行程执行机构的转角可设定为33°（行程≤20mm时）或90°（行程>20mm时），若采用35mm的行程杆，则33°或90°转角都可以。

(3) INIT：初始化。INITA为自动初始化。ININM为手动初始化。

(4) SCUR（输入电流范围）：选择输入电流设定值范围，取决于连接形式。设"0mA"代表电流范围为0至20mA（仅能用于三线制或四线制接线）；设"4mA"代表电流为4~20mA。

(5) SDIR（正反作用）：设置改变设定值的方向。

模块 9.5 电动执行机构

电动执行器由也是执行机构和调节机构组成。电动执行机构是通过电动机驱动的。

电动执行机构将来自控制器的 4~20mA 标准直流电流信号，转换成与输入信号相对应的角位移或直线位移，以推动各种类型的执行机构，从而达到连续调节工艺过程的流量、自动控制被控参数的目的。常见电动执行器如图 9.20 所示。

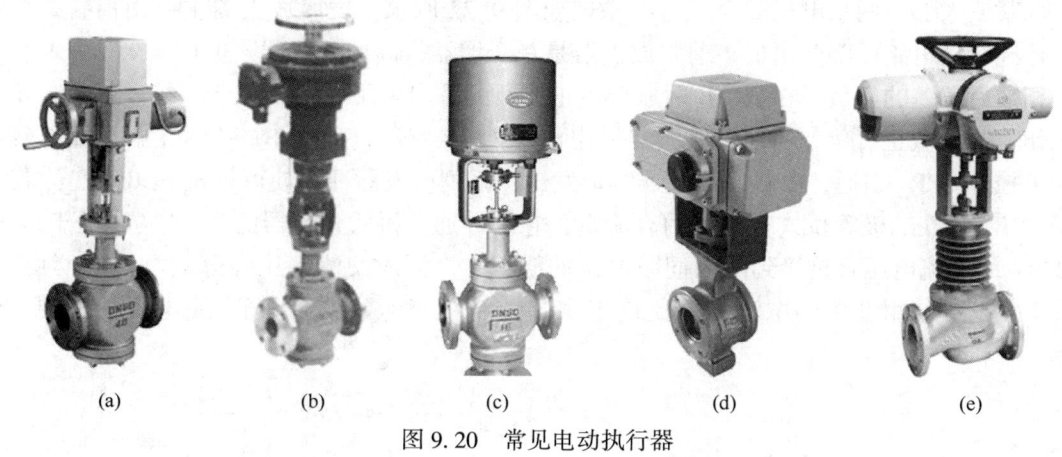

图 9.20 常见电动执行器

电动执行器的执行机构和调节机构是可以分开的两个装置，并且其调节机构与气动执行器的调节机构是相同的。

9.5.1 普通电动执行机构

普通电动执行机构由伺服放大器和执行机构两部分组成，如图 9.21 所示。

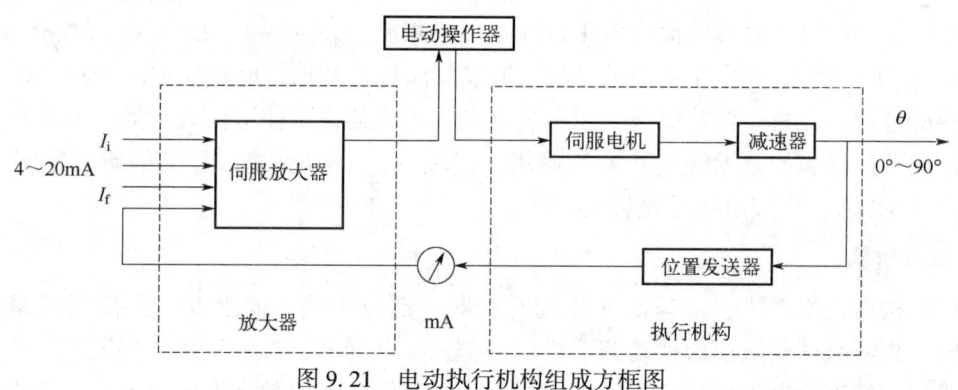

图 9.21 电动执行机构组成方框图

1. 伺服放大器

伺服放大器将输入的控制信号 I_i（控制器输出）和反馈信号 I_f（位置发送器输出）相比较，所得差值电流 $\Delta I = I_i - I_f$ 经伺服放大器功率放大后，驱动两相伺服电机正转或反转，再经减速器减速，带动输出轴改变转角 θ。若差值电流 $\Delta I > 0$ 为正，伺服电机正转，输出轴转角增大；当差电流值为负 $\Delta I < 0$ 时，伺服电机反转，输出轴转角减小。

输出轴转角位置经位置发送器转换成相应的反馈电流 I_f，回送到伺服放大器的输入端。当反馈信号 I_f 与输入信号 I_i 相平衡，即差值为零 $I_i=I_f$ 时，伺服电机停止转动，输出轴稳定在与输入信号 I_i 相对应的位置上。输出轴转角 θ 与输入信号 I_i 成正比，所以电动执行机构可看成一个比例环节。

电动执行机构还可以通过电动操作器实现控制系统的自动操作和手动操作的相互切换。当操作器的切换开关切向"手动"位置时，由正、反操作按钮直接控制电机的电源，以实现执行机构输出轴的正转和反转，进行遥控手动操作。

伺服放大器与两相电机配合工作的原理如图 9.22 所示。伺服放大器主要由前置放大器和可控硅驱动电路两部分组成。前置放大器是一个增益很高的放大器，根据输入信号与反馈信号相减后偏差的正负，在 A、B 两点产生正或负的输出电压，控制两个可控硅触发器中一个工作，一个截止。例如当前置放大器输出电压的极性为 A(+)、B(−) 时，触发器 2 被截止，可控硅 SCR_2 不通，由触发器 1 连续地发出一系列触发脉冲，使可控硅 SCR_1 完全导通。由于 SCR_1 接在二极管桥式整流器的直流端，它的导通使桥式整流器的 c、d 两端近于短接，故 220V 的交流电压直接接到两相伺服电机的绕组 Ⅰ。同时交流电压经分相电容 C_F 加到绕组 Ⅱ 上，这样绕组 Ⅱ 中的电流相位比绕组 Ⅰ 超前 90°，形成旋转磁场，使电机朝正转方向转动。

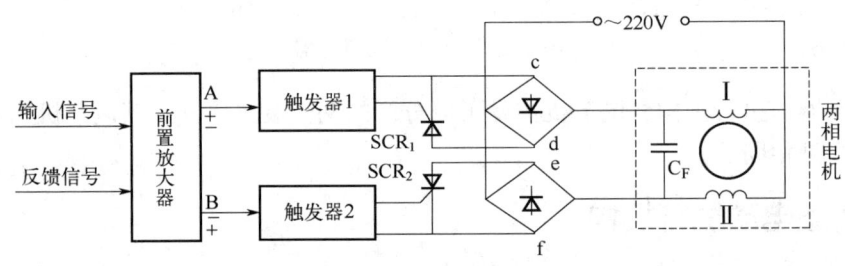

图 9.22　伺服放大器原理示意图

反之，如果前置放大器的输出电压极性与上述相反，即 A(−)、B(+)，可控硅 SCR_2 导通、SCR_1 截止，使 C_F 与定子绕组 Ⅰ 串联，形成反向旋转磁场，电机反方向转动。由于前置放大器的增益很高，只要偏差信号大于不灵敏区，触发器便可使可控硅导通，电动机以全速转动，这里可控硅起的是无触点开关的作用。当输入信号与反馈信号的偏差为零时，SCR_1 和 SCR_2 都不导通，伺服电机停止转动。

2. 执行机构

执行机构由伺服电机、减速器和位置发送器三部分组成。伺服放大器控制伺服电机的正、反转，再经减速器减速后推动调节机构动作。与此同时，位置发送器将调节机构的角位移转换成相应的直流电流信号，用以指示阀位，并反馈到前置放大器的输入端，去平衡输入电流信号。

1) 伺服电机

两相伺服电机实际上是一个电容式两相异步电机，与洗衣机电机相似。它由用硅钢片叠成的定子和鼠笼转子组成。定子上均匀分布着两个匝数、线径相同而相隔 90° 电角度的定子绕组 Ⅰ 和 Ⅱ。由于分相电容 C_F 的作用，这两个绕组中的电流相位总是相差 90°，其两绕组交流电流在定子上产生一个旋转的磁场。旋转磁场在转子内产生感应电流,在定子磁场中产生电磁力,驱使转子旋转。如前所述,转子旋转方向取决于绕组Ⅰ和Ⅱ中的电流相位差,即取决于分相电容 C_F 串接在哪一个定子绕组中。

2) 减速器

减速器的作用是把伺服电机高转速、小力矩的输出功率转换成执行机构输出轴的低转速、大力矩的输出功率,以推动调节机构。减速机构有行星齿轮和蜗轮蜗杆两种形式。

行星齿轮减速机构具有减速比大、效率高等优点。蜗轮蜗杆减速机构与行星齿轮减速机构相比,其减速比大,结构紧凑,传动平稳,具有自锁性,但效率较低,发热量大,齿面容易磨损,成本高。

3) 位置发送器

位置发送器的作用是将电动执行机构输出线性地转换成 4~20mA 的直流电流信号,用以指示阀位,并作为位置反馈信号 I_f,反馈到伺服放大器的输入端,以实现整机负反馈。常用的位置发送器有差动变压器式位置发送器、导电塑料电位器式位置发送器和非接触式位置发送器。

差动变压器式位置发送器常用于直行程电动执行机构,采用差动变压器作为位移传感器。由于差动变压器是一种互感线圈,其中铁芯移动时差动线圈输出电压与位移成正比,具有灵敏度高、线性好、无触点、结构复杂等特点。

导电塑料电位器式位置发送器采用精度高、寿命长的精密导电塑料电位器作为角度传感元件,具有功耗小、可靠性高、抗干扰能力强等优点,因此目前较为流行。但它是有触点的,因而寿命不可能很长,且精确度不高。

9.5.2 智能电动执行机构

随着微电子技术和大规模集成电路的迅猛发展,微处理器被引入到过程控制装置中使它们智能化和功能多样化,从而出现了智能电动执行机构等智能仪表。智能仪表是硬件和软件的结合体,众多功能是由软件来实现的。

智能电动执行机构内置伺服模块和阀门反馈组件,无须另外配置伺服放大器,实现了电动执行机构一体化,输入控制信号及电源即可控制运转,连线简单。相对于普通电动执行机构具有体积小、重量轻、控制精度好、性能高等优点。此外,一般智能电动执行机构具有阀门输出特性补偿、PID 控制、阀门特性自检验和自诊断等功能。由于智能执行机构备有微机通信接口,它可与其他智能化仪表一起联网构成计算机控制系统。

1. 智能电动执行机构的组成原理

智能电动执行机构按控制电源分为单相和三相两大类,如图 9.23 所示。

单相智能电动执行机构将模拟控制信号经数字式操作器处理后进入智能伺服放大器,智能伺服放大器中的微处理器定时检测该输入信号与位置反馈信号。当两个信号不平衡时,偏差一旦超出规定值,立即发出控制信号,经放大隔离后驱动智能伺服放大器中的功率晶闸管,使其导通带动单相电动机转动,进而带动减速器并改变阀门的开度。同时,微处理器也将表示阀门开度的位置信号转换成相应的脉冲量,送往操作器的显示器。操作人员可从数字

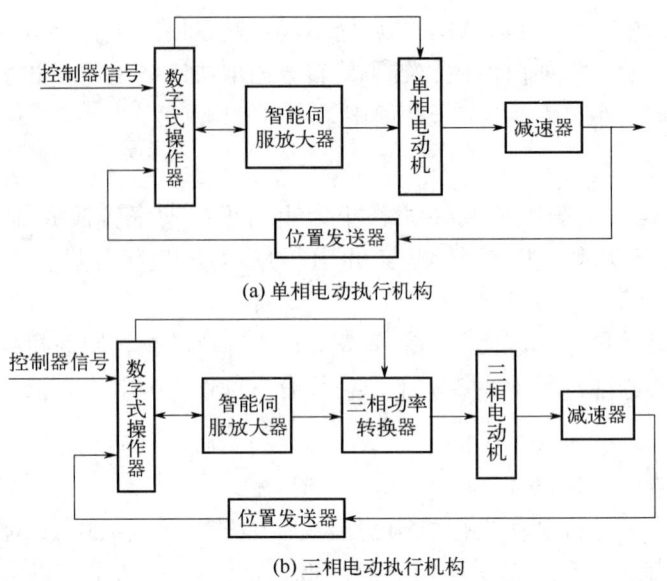

图 9.23 智能电动执行机构组成框图

操作器上观察阀门的开度。

单相智能执行器的正反向转动及减速机构与普通电动执行器相同。

三相智能电动执行机构,智能伺服放大器的输出进入三相功率转换器,由其转换成三相功率,再驱动三相伺服电动机工作。三相伺服电动机在改变运行方向时,用晶闸管控制电源切换相序,实现电机的正反转转换。

2. 智能电动执行机构的功能特点

智能电动执行机构实现了一体化结构,即将伺服放大器与执行机构合为一体。伺服放大器采用了微处理器系统,所有控制功能均可通过编程实现,具有数字通信接口,支持 HART 协议或现场总线通信,能够成为现场总线控制系统中的一个节点。部分伺服放大器中还采用变频技术,可更有效地控制伺服电动机动作。智能电动执行机构与普通电动执行机构相比主要具有以下特点:

(1) 采用微处理器和数字显示技术,以智能伺服放大器取代传统伺服放大器,以数字式操作器取代原有模拟式操作器;

(2) 具有 PID 调节功能,不需要用常规的 PID 控制器而直接接收现场变送器的信号,完成模拟式连续控制系统难以完成的工作;

(3) 增加了流量特性软件修正。采用微处理器能够灵活地设定和改变流量特性,提高调节机构控制性能,使一种固有特性的调节机构可以拥有多种输出特性;

(4) 采用电制动和断续调节技术,对具有自锁功能的执行机构可取消机械摩擦制动器,提高了整机的可靠性。

3. 操作及应用

下面以罗托克(ROTORK)公司的 IQ 智能电动执行机构为例说明智能电动执行机构的操作及应用。

图 9.24 所示为 IQ3 系列智能电动执行机构,适合驱动碟阀、球阀、旋塞阀等角行程阀门。

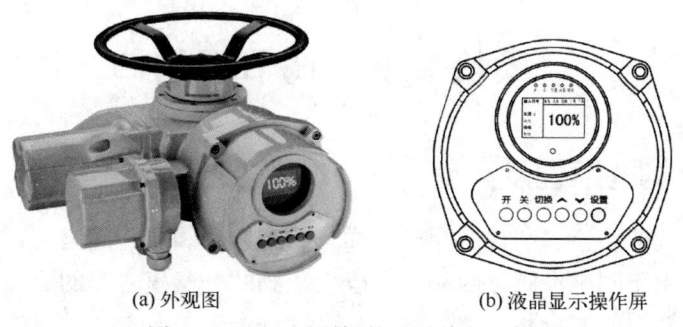

(a) 外观图　　　　　(b) 液晶显示操作屏

图 9.24　IQ3 系列智能电动执行机构

IQ3 系列智能电动执行机构的操作分本机操作、人工操作和遥控操作三种。

(1) 本机操作：执行机构的显示屏下面有六个按钮，代表六个操作方式：按"开"键开启阀门，按"关"键关闭阀门（点按为点动状态，长按 3s 为保持连续运行状态，保持后再点按停止）。按"切换"键进行本地/远程切换。"∧""∨"键在参数设置状态，用于参数选取和加减功能，在正常工作状态下不起作用。长按"设置"键约 3s，表示已进入系统参数设置操作。在设置状态下，欲退出设置状态，须按"设置"键约 3s。

(2) 人工操作：将执行机构切换到现场位置（提起手轮）正反转手轮即可。

(3) 遥控操作：红外遥控器的操作功能与本机的六个按钮操作方法相同。

IQ3 系列智能电动执行机构的功能连接如图 9.25 所示。图中 SP_2 表示智能伺服模块。

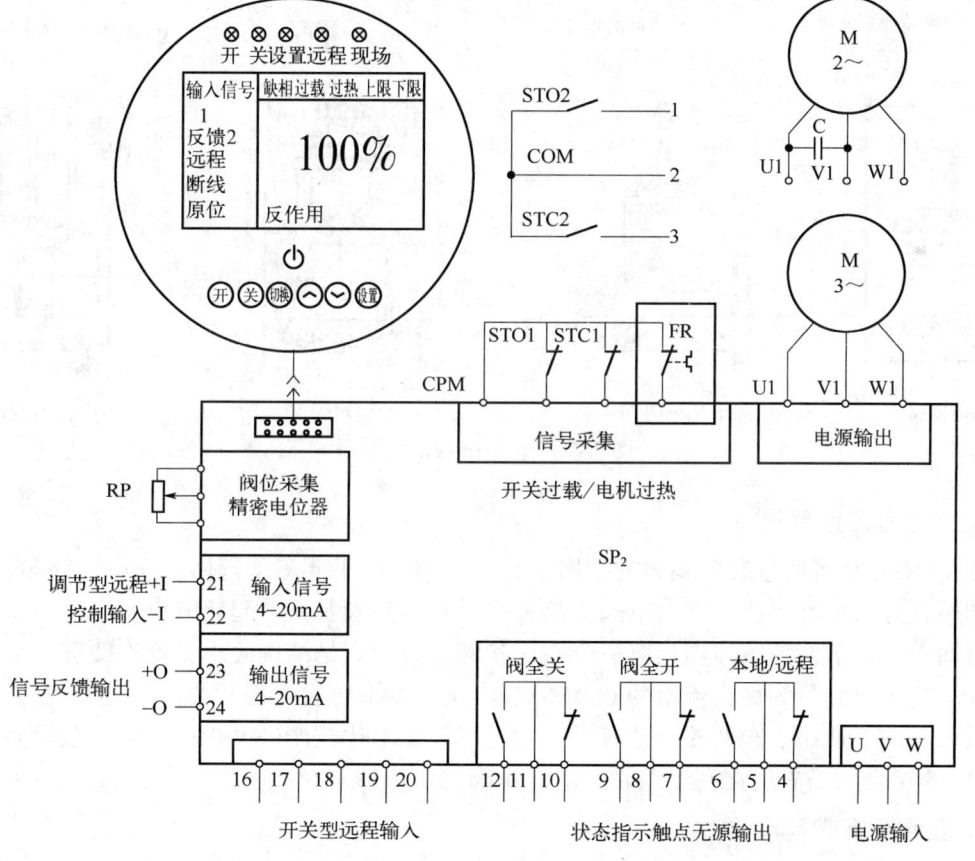

图 9.25　IQ3 系列智能电动执行机构的功能连接图

模块 9.6 调节机构

9.6.1 调节机构的原理及类型

调节机构又称调节阀，它和普通阀门一样具有阀体、阀芯和阀座，是一个局部阻力可以变化的节流元件。由于阀芯在阀体内移动，改变了阀芯与阀座之间的流通面积，即改变了阀的阻力系数，被控介质的流量相应地改变，从而达到调节工艺参数的目的。

根据不同的使用要求，调节机构的结构有很多种类，如直通单座阀、直通双座阀、角形阀、隔膜阀、球阀、三通阀、套筒阀等，如图 9.26 所示。

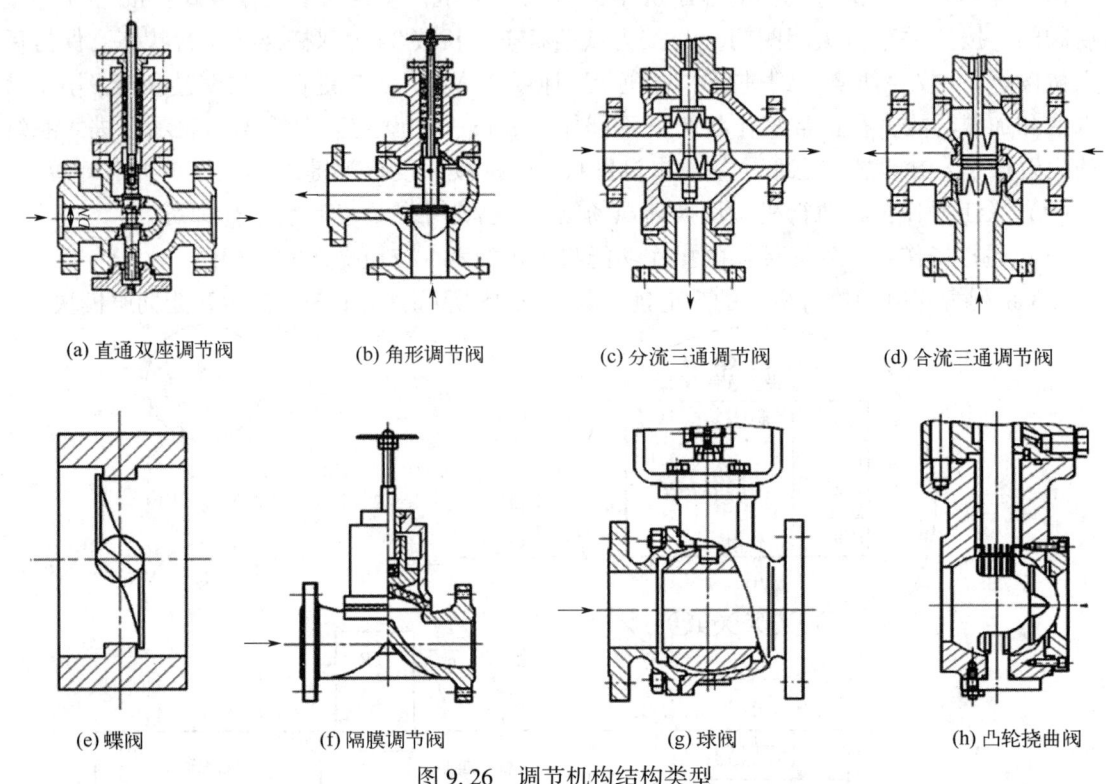

(a) 直通双座调节阀　　(b) 角形调节阀　　(c) 分流三通调节阀　　(d) 合流三通调节阀

(e) 蝶阀　　(f) 隔膜调节阀　　(g) 球阀　　(h) 凸轮挠曲阀

图 9.26　调节机构结构类型

1. 直通单座调节阀

图 9.27 是常用的直通单座阀的结构，它由上阀盖、下阀盖、阀体、阀座、阀芯、阀杆、填料和压板等零部件组成。上、下阀盖都装有衬套，为阀芯移动起导向作用。

直通单座调节阀的阀体内只有一个阀座和阀芯。特点是结构简单，价格便宜，全关时泄漏量少，它的泄漏量为最大流量的 0.01%。但由于阀座前后存在压力差，对阀芯产生不平衡力较大。一般适用于阀两端压差较小，对泄漏量要求比较严格，管径不大（公称直径 $D_g <$ 25mm）的场合。当需用在高压差时，应配用阀门定位器。

2. 直通双座调节阀

直通双座调节阀的阀体内有两个阀座和两个阀芯，如图 9.26(a) 所示。它的流通能力比同口径的单座阀大。由于流体作用在上、下阀芯上的推力方向相反而大小近似相等,因此介质对阀芯造成的不平衡力小,允许使用的压差较大,应用比较普遍。但是,因加工精度的限制,上下两个阀芯不易保证同时关闭,所以关阀时泄漏量较大。阀体内流路复杂,用于高压差时对阀体的冲蚀损伤较严重,不宜用在高黏度和含悬浮颗粒或纤维介质的场合。

3. 角形调节阀

角形调节阀的进出口接管呈直角形,如图 9.26(b) 所示,它的流路简单,阻力较小。流向一般是底进侧出,但在高压差的情况下,为减少流体对阀芯的损伤,也可侧进底出。这种阀的阀体内不易积存污物,不易堵塞,适用于高黏度、高压差、含有少量悬浮物或颗粒状介质的场合。

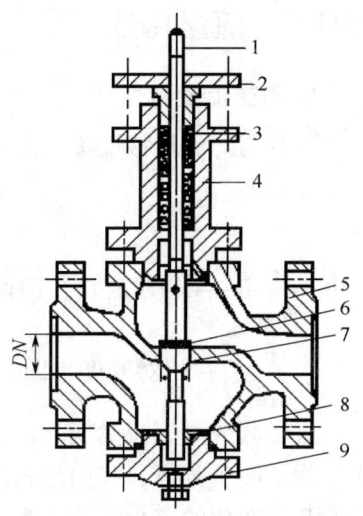

图 9.27　直通单座阀结构图
1—阀杆；2—压板；3—填料；
4—上阀盖；5—阀体；6—阀芯；
7—阀座；8—衬套；9—下阀盖

4. 三通调节阀

三通调节阀有三个出入口与管道连接。其流通方式有分流(一种介质分成两路)和合流(两种介质混合成一路)两种,分别如图 9.26(c)、(d) 所示。这种产品基本结构与单座阀或双座阀相仿。通常可用来代替两个直通阀,适用于配比调节和旁路调节。与直通阀相比,组成同样的系统时,可省掉一个二通阀和一个三通接管。

5. 蝶阀

蝶阀又称翻板(挡板)阀,如图 9.26(e) 所示。它是通过杠杆带动挡板轴使挡板偏转,改变流通面积,达到改变流量的目的。蝶阀具有结构简单、重量轻、价格便宜、流阻极小的优点,但泄漏量大。它适用于大口径、大流量、低压差的场合,也可以用于浓浊浆状或悬浮颗粒状介质的调节。

6. 隔膜调节阀

它采用耐腐蚀衬里的阀体和隔膜,代替阀组件,如图 9.26(f) 所示。当阀杆移动时,带动隔膜上下动作,从而改变它与阀体堰面间的流通面积。这种调节阀结构简单,流阻小,流通能力比同口径的其他种类阀大。由于流动介质用隔膜与外界隔离,故无填料密封,介质不会外漏。这种阀耐腐蚀性强,适用于强酸、强碱、强腐蚀性介质的调节,也能用于高黏度及悬浮颗粒状介质的调节。

7. 球阀

球阀的节流元件是带圆孔的球形体,如图 9.26(g) 所示。转动阀球,包裹阀球的阀座遮挡阀球上的圆孔,改变了流通面积,可起到调节和切断的作用,常用于双位式控制。球阀的结构除上述外,还有一种是 V 形缺口球形体,如图 9.26(h) 所示。转动阀球使 V 形缺口起节流和剪切的作用,其特性近似于等百分比型。它适用于纤维、纸浆、含有颗粒介质的调节。

9.6.2 流量特性

1. 理想流量特性

调节阀的流量特性是指流过调节阀的相对流量与阀的相对开度之间的函数关系，即：

$$\frac{q}{q_{max}} = f\left(\frac{l}{l_{max}}\right) \tag{9.4}$$

式中 $\frac{q}{q_{max}}$——相对流量，即调节阀在某一开度下的流量 q 与全开时流量 q_{max} 之比；

$\frac{l}{l_{max}}$——相对开度，即调节阀在某一开度下阀芯位移 l 与全开时阀芯位移 l_{max} 之比。

由于调节阀上流量变化时，阀前后的压差也会变化，而压差的变化又将引起流量的变化。为了便于分析，我们把阀前后压差恒定时的流量特性称为理想流量特性；阀前后压差随阀的开度变化的流量特性称为工作流量特性。调节阀出厂所提供的流量特性是指理想流量特性，如图 9.28 所示。

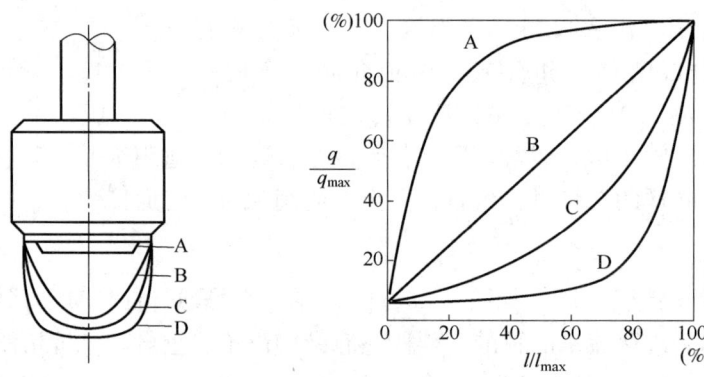

图 9.28 理想流量特性

A—快开流量特性；B—直线流量特性；C—抛物线流量特性；D—等百分比流量特性

理想流量特性有直线、等百分比（对数）、抛物线及快开四种。下面分别介绍它们的特点。

1) 快开流量特性

随着开度的增大，流量很快就达到最大，此后再增大开度，流量变化很小。快开特性调节阀常用于迅速启闭的切断阀或双位控制系统。其阀芯形状和流量特性如图 9.28 中 A 曲线所示。

2) 直线流量特性

相对流量与相对开度之间呈直线关系。其阀芯形状和流量特性分别如图 9.28 中 B 曲线所示。直线流量特性，在小开度时，流量相对变化值大，灵敏度高，调节作用强，易产生振荡；而在大开度时，流量相对变化值小，灵敏度低，调节作用弱，调节缓慢。

3) 抛物线流量特性

相对流量与相对开度之间为抛物线关系，在直角坐标中为一条抛物线，如图 9.28 中 C

曲线所示，它介于直线与等百分比特性曲线之间。

4) 等百分比流量特性（对数流量特性）

相对开度与相对流量成对数关系，如图 9.28 中 D 曲线所示。等百分比流量特性，流量相对变化在不同的阀门开度下是相等的。因此，调节阀在小开度时，放大系数小，调节缓和平稳；在大开度时，放大系数大，调节灵敏、有效。

实际上，除了上述直通阀芯，各种阀门都有自己特定的流量特性：隔膜阀的特性接近于快开特性，但它的工作段应在位移的 60% 以下；蝶阀特性接近于等百分比特性；对于隔膜阀和蝶阀，由于它们的结构特点，不能用改变阀芯的曲面形状来改变其特性。

2. 工作流量特性

当调节阀安装在管路中时，由于阀上流量变化引起管路阻力的变化，从而使得阀上压降也发生相应的变化，工作状态下调节阀的实际流量特性称为工作流量特性。

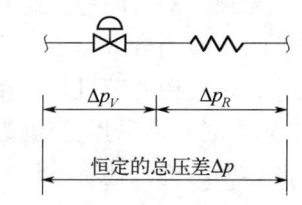

图 9.29 具有串联阻力的调节阀

如图 9.29 所示，与调节阀串联的管路系统，调节阀开度增加后，管路中的流量增加，从而引起与调节阀串联的管路摩阻 Δp_R 增大。在总压差 Δp 不变的情况下，使得调节阀前后的压差 Δp_V 减小，反过来会比在理想情况下的流量变低。这就使得实际流量特性偏离理想特性，发生了畸变。畸变程度与压降比 s 有关，s 的定义为

$$s = \frac{\Delta p_{V\min}}{\Delta p} \tag{9.5}$$

式中 $\Delta p_{V\min}$——阀全开时阀两端的压差。

工作流量特性畸变趋势（图 9.30）具有以下几个特点：

（1）特性曲线总是向左上方畸变，直线特性接近快开特性，等百分比特性接近直线特性；

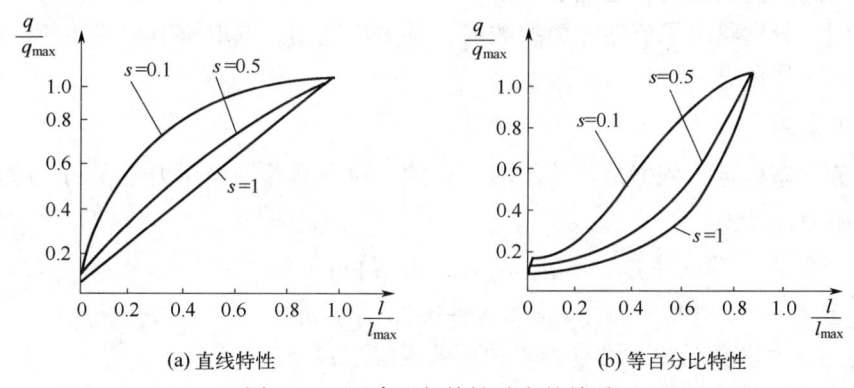

图 9.30 压降比与特性畸变的关系

（2）s 值越小，畸变越严重；

（3）畸变后，最小流量 $q_{\min}$ 上升，使调节阀所能控制的最大流量 $q_{\max}$ 与最小流量 $q_{\min}$ 之比（可调比）下降。

9.6.3 调节机构选择

1. 结构形式选择

各种调节机构具有不同特点，可适应不同的使用要求。如单座阀结构简单，装配方便，泄漏量小，但受流体冲击的不平衡力影响大，适用于小口径（$DN \leqslant 25mm$）管道场合；双座阀受流体冲击不平衡力影响小，但关不严，泄漏量较大，可适合于大口径管道场合；角形阀的阀体受流体冲蚀小，体内不易结污，对高黏度、含有悬浮物和颗粒物质的流体尤为适用；蝶阀流阻小，适用于低压差、大流量的气体或含有固体悬浮物的介质；隔膜阀用橡胶隔膜代替阀芯，无阀杆密封问题，绝对无泄漏，便于清洗。可适用于强腐蚀性及高黏度、带悬浮物或纤维物的介质场合，但不耐高温和高压；三通阀可用于需将流体分流或合流的场合。

此外，在选择调节机构类型时还需考虑上阀盖的形式和所用的填料。当使用工作温度为$-20 \sim +250℃$时只需采用普通型结构；当工作温度为$-60 \sim +450℃$时应采用阀盖上有多层散热片的散热型结构；还有波纹密封型阀盖，其阀杆可动部分采用波纹管将阀内介质与外界隔绝，故适用于有剧毒、易挥发、易渗透或贵重介质场合。

调节机构常用的密封填料有聚四氟乙烯填料和石墨石棉绳填料等。前者虽比后者昂贵，但密封性能好得多，故目前逐渐已取代石墨石棉绳填料。

2. 口径选择

在正常工况下，阀门开度处于15%~85%之间。口径选择过小，当经受较大扰动时，阀门很可能运行到全开时的饱和非线性工作状态，使系统处于暂时失控情况。口径选择过大，阀门经常处于小开度，流体对阀芯、阀座的冲蚀越严重，而且小开度时，阀芯由于受不平衡力的作用，容易产生振荡现象，这就更加重了阀芯和阀座的损坏，甚至造成控制失灵。

调节阀口径的选择是依据流通能力C值大小来确定的。流通能力是指当阀前后压差为0.1MPa，介质密度为$1g/cm^3$时，每小时通过阀门的流体体积流量值（m^3/h）。流通能力直接反映流体通过阀门的能力，是调节阀的一个重要参数。在调节阀手册上，对不同口径和结构形式的阀门，分别给出了流通能力的数值，供用户选用。选取调节阀流通能力首先要根据调节阀所处的工作流态进行计算。

1）非阻塞流

非阻塞流状态确定，依据是调节阀前、后的绝对压力差。当压力差p_1-p_2满足下式的情况下，为非阻塞流状态。

$$p_1-p_2 < F_L^2(p_1-F_F p_V) \tag{9.6}$$

其中
$$F_F = 0.96 - 0.28\sqrt{p_V/p_C}$$

式中 F_L——压力恢复系数，可查调节阀参数表确定；

F_F——流体临界压力比系数；

p_V——阀入口温度下介质的饱和蒸气绝对压力，查被控介质的蒸气压力表确定；

p_C——物质热力学临界压力，查液体的性质表可知。

非阻塞流状态下流通能力C可按下式计算：

$$C = 10 q_V \sqrt{\frac{\rho}{p_1-p_2}} \tag{9.7}$$

式中　q_V——液体的体积流量，m³/h；

　　　ρ——液体的密度，g/cm³；

　　　p_1-p_2——调节阀前、后的绝对压力差，kPa。

2）阻塞流

当 p_1-p_2 满足下式的情况下，是阻塞流。

$$p_1-p_2 \geqslant F_L^2(p_1-F_F p_v) \tag{9.8}$$

阻塞流状态下流通能力 C 可按下式计算：

$$C = 10 q_v \sqrt{\frac{\rho}{F_L^2(p_1-F_F p_v)}} \tag{9.9}$$

3. 流量特性选择

目前应用最多的流量特性就是直线流量特性和等百分比流量特性，因此调节阀流量特性的选择就是在这两种之间进行选择。主要从以下两个方面考虑：

（1）从静态考虑选择调节阀的工作流量特性。从静态考虑，要求被控对象特性与调节阀特性保持反向变化即可。如果对象特性是线性，就选调节阀直线流量特性；如果对象特性是快开样特性，就选调节阀是等百分比特性，反之一样。

（2）从配管状况选择理想流量特性。实际生产过程中，调节阀总与工艺设备串联连接，因此可采用系统的压降比 s 确定理想流量特性。经验选择法见表 9.3。

表 9.3　根据压降比 s 确定调节阀理想流量特性

压降比 s	$s>0.6$			$0.3<s<0.6$			$s<0.3$
所需工作流量特性	直线	等百分比	快开	直线	等百分比	快开	宜用低压降比调节阀
应选理想流量特性	直线	等百分比	快开	等百分比	等百分比	直线	调节阀

从表 9.3 可见，压降比 $s>0.6$ 时，选择的理想流量特性与工作流量特性相同；压降比 $0.3<s<0.6$ 时，由于工作流量特性的畸变较严重，因此，工作流量特性是线性时，应选择理想流量特性是等百分比的流量特性，余类推。当压降比 $s<0.3$ 时，由于畸变已相当严重，不宜采用普通调节阀，可采用低压降比调节阀。

习题

一、选择题

1. 镍铬—镍硅热电偶的分度号是（　　）。

　　[A] S　　　　[B] R　　　　[C] K　　　　[D] N

2. 热电偶开路将使仪表指示（　　）。

　　[A] 最小　　　[B] 偏小　　　[C] 最大　　　[D] 不变化

3. 下列（　　）不是气动执行器的优点。

　　[A] 结构简单　[B] 维修方便　[C] 防火防爆　[D] 信号传递迅速

4. 铂铑 10-铂热电偶的分度号为（　　）。

　　[A] S　　　　[B] R　　　　[C] K　　　　[D] N

5. (　　) 是通过火焰或高温烟气进行辐射传热的部分，它是加热炉热交换的主要场所。
   [A] 对流室　　　[B] 燃烧器　　　[C] 辐射室　　　[D] 通风系统
6. 串级控制系统的副回路一般采用的调节规律是 (　　) 调节。
   [A] 比例　　　[B] 比例微分　　　[C] 比例积分　　　[D] 比例积分微分
7. 对串级控制系统副回路的要求是 (　　)。
   [A] 消除所有干扰　　　　　　　[B] 消除余差
   [C] 快速克服主要干扰　　　　　[D] 快速克服次要干扰
8. 串级控制系统中的主回路是 (　　) 控制系统，副回路是 (　　) 控制系统。
   [A] 随动、定值　　[B] 定值、随动　　[C] 定值、定值　　[D] 随动、随动
9. 电动执行机构的组成不包括 (　　)。
   [A] 伺服放大器　　[B] 伺服电机　　[C] 阀门定位器　　[D] 减速器
10. 角行程电动执行机构和直行程电动执行机构的结构区别在于 (　　)。
    [A] 伺服放大器　　[B] 伺服电机　　[C] 位置发送器　　[D] 减速器
11. 下列调节机构流量特性中，(　　) 适于两位控制的场合。
    [A] 直线　　　[B] 快开　　　[C] 等百分比　　　[D] 抛物线

二、判断题

1. 热电偶冷热两端温度相同时不产生热电势。(　　)
2. 热电偶的测温原理是基于热电效应，它的热电势大小，不仅取决于热电偶材料的材质和两端的温度，而且与热电偶的直径和长短也有关系。(　　)
3. 补偿导线没有正负极之分，可反接。(　　)
4. 热电偶校验合格后使用中不需要再校验。(　　)
5. 串级控制系统中的主控制器应该选择 PI 或者 PID 作用的。(　　)
6. 串级控制系统中，副回路的控制目的就是稳定副变量。(　　)
7. 由于串级控制系统副回路具有快速性的特点，所以应将所有干扰包含在副回路中，以使干扰被快速克服。(　　)
8. 串级控制系统有主副两个控制回路，两个回路都是具有负反馈的闭环系统。(　　)
9. 温度检测对于保证化工厂的设备安全、经济运行，提高产品质量，以及维护国家能源安全等都具有极其重要的意义。(　　)
10. 对于小口径调节阀，通常是改变调节机构的正反作用来实现气开和气关的。(　　)
11. 当压降比 s 大于 0.6 时，调节阀应选理想流量特性与所需工作流量特性一致。(　　)
12. 智能电动执行机构内置微处理器，但没有实现一体化结构。(　　)

三、填空题

1. K 型热电偶的补偿导线分为 (　　) 和 (　　) 两种。
2. 铂铑 10-铂热电偶的正极成分含义是含铂 (　　)%、含铑 (　　)%。
3. 补偿导线的作用是将 (　　) 延伸到温度较低且比较稳定的地方。
4. 执行器按照驱动能源分为 (　　)、(　　) 和 (　　) 三大类。
5. 气动执行器的作用形式分为 (　　) 和 (　　) 两种。

6. 执行器由（　　　　）和（　　　　）两部分组成。
7. 电动执行器按照输出位移的形式可分为（　　　　）和（　　　　）两种。
8. 流量特性是指经过调节阀的（　　　　）和（　　　　）之间的函数关系。

四、简答题

1. 热电偶测温时为什么需要进行冷端补偿？
2. 热电偶输出不稳定，试说出至少三条可能原因。
3. 热电偶的基本特性有哪些？工业上常用的测温热电偶有哪几种？
4. 为什么串级控制系统中的主控制器一般应选择 PI 或者 PID 作用的，而副控制器选择 P 作用的？
5. 物料进入聚合釜后发生放热反应，釜内温度会升高，但釜内温度过高会发生事故，为此采用夹套水带走热量进行冷却。由于对釜温的控制要求较高，故设置温度控制系统如图 9.31 所示。

(1) 这是什么类型的控制系统？
(2) 指出被控对象、主变量、副变量和操纵变量，并画出该系统的方框图。
(3) 该系统受到的主要干扰有哪些？
(4) 确定控制阀的气开气关类型和主、副控制器的正反作用。
(5) 若进料量增加导致釜内反应温度突然升高，分析系统的自动调节过程。

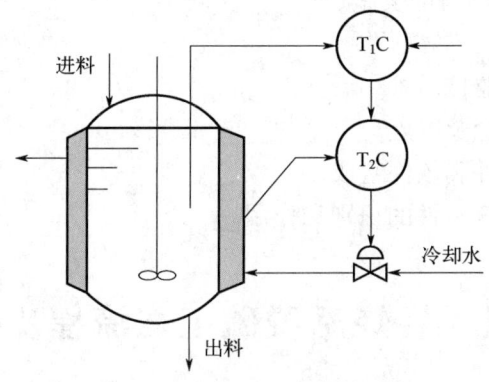

图 9.31　聚合釜温度控制系统

6. 智能电动执行机构相比普通电动执行机构具有哪些优点？

五、计算题

1. 应用 S 型热电偶测温，冷端温度为 20℃，热电偶产生的热电势为 10.754mV，试求热电偶热端温度为多少？
2. 已知 K 型热电偶热端温度为 300℃，冷端温度为 20℃，查热电偶分度表得热电势 300℃时为 12.209mV，20℃时为 0.798mV。这样该热电偶回路内所产生的电动势为多少？

项目十　轻烃站脱硫工艺 DCS 控制系统

党的二十大精神指出，必须突出问题导向，回答并指导解决问题是理论的根本任务。本教学项目通过对轻烃站脱硫工艺 DCS 控制系统的实现为载体，通过对轻烃站脱硫工艺的测控需求分析，引入集散控制系统 DCS 的架构功能特点介绍，并介绍了国内应用比较成熟的 JX-300XP 国产 DCS 系统的硬件构成和软件应用。通过脱硫工艺 DCS 系统的实现，用实训项目的实战形式，完成了脱硫 DCS 测控目标的实现和相关测控仪表的掌握以及 DCS 硬件配置和界面组态。本教学项目中所介绍的测控仪表主要是电动执行器。

【学习重点】
1. 轻烃站脱硫工艺流程及测控需求。
2. 集散控制系统的概念及特点。
3. JX-300XP 系列 DCS 系统的架构组成及作用。
4. 脱硫工艺 DCS 系统项目的实施。

【核心知识点】
1. 轻烃站脱硫工艺、监控需求。
2. 集散控制系统的概念及特点。
3. 集散控制系统的硬件和软件组成。
4. JX-300XP 系列 DCS 卡件的识别和作用。

模块 10.1　轻烃站脱硫工艺流程及控制要求

10.1.1　轻烃站脱硫工艺流程

轻烃站脱硫流程的原料气是来自压缩机一级出口的天然气。原料气经来气分离器分液后进入络合铁脱硫装置。进入装置后经过滤分离后进入脱硫塔与络合铁溶液反应，以脱除其中含有的硫化氢，净化后的天然气进入净化气分离器分离出夹带的溶液后回到压缩机的二级入口。吸收了硫化氢的富液由富液泵打入鼓泡式再生塔，通过鼓风机提供的空气得以再生，再生好的溶液从再生塔上部溢流口进入贫液槽，完成络合铁溶液的再生。再生塔内析出的元素硫悬浮于再生塔顶部的环形塔内，溢流后进入泡沫槽，再由硫泡沫泵送入离心机，经离心机过滤，回收硫黄。简化的脱硫工艺流程原理图如图 10.1 所示。轻烃站脱硫工艺控制流程图（P&ID 图）如图 10.2 所示。

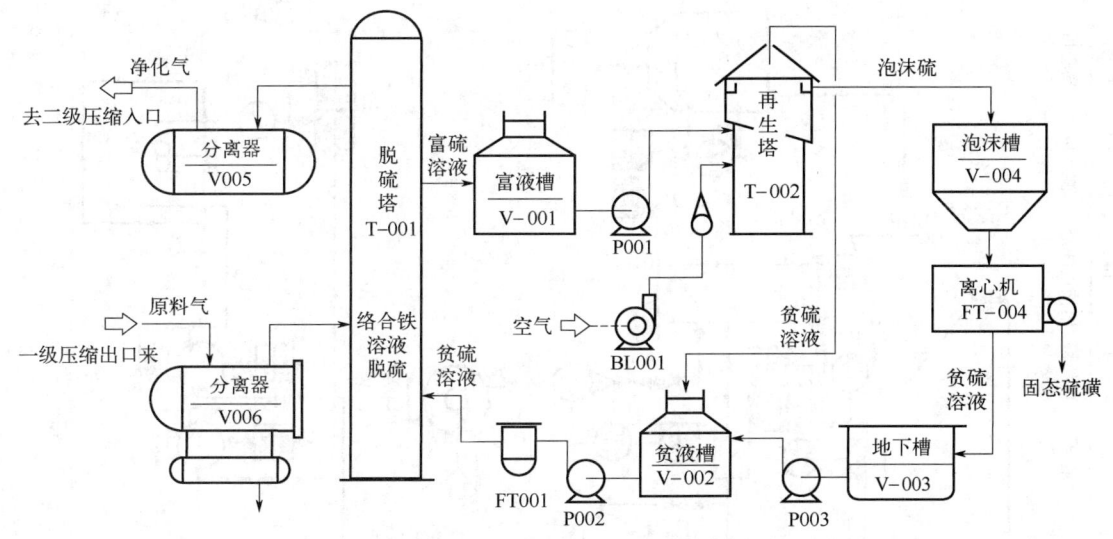

图 10.1 脱硫工艺流程原理图

10.1.2 轻烃站脱硫系统测控要求

1. 测控需求

1）流量测量及控制

(1) FIT-003 脱硫塔进气流量检测，流量范围 2083~3333m³/h。

(2) FIT-001 再生塔进口流量检测远传，控制室流量指示。FIC-001 流量信号变频控制富液泵运行，实现恒流量控制。

(3) FIT-004 鼓风机出口流量检测远传，控制室流量指示。

(4) FIT-002 贫液泵出口流量检测远传，控制室流量指示。FIC-002 流量信号变频控制贫液泵运行，实现恒流量控制。

2）液位测量及控制

(1) LT-005 地下槽液位检测远传，控制室液位显示，低液位（0.5m）报警，低低液位（0.3m）停补液泵 P003A/B，高液位（1.2m）自动启泵，高高液位（1.4m）报警。

(2) LT-006 贫液槽液位检测远传，控制室液位显示，高低液位报警，高液位 1.8m，低液位 0.5m，低低液位（0.3m）停贫液泵（P002A/B）2 台。

(3) LT-002 富液槽液位检测远传，控制室液位显示，高低液位报警，高液位 1.8m，低液位 0.5m，低低液位（0.3m）停富液泵（P001A/B）2 台。

(4) LT-003 再生塔液位检测远传，控制室液位显示，高液位 0.4m，低液位 0.1m 报警。

(5) LT-004 硫泡沫槽液位检测远传，控制室液位显示，高高液位报警：1.0m，高液位 0.8m。

(6) LT-001 脱硫塔液位检测远传，控制室液位显示，高低液位报警，高液位 1.8m，低液位 0.4m。液位信号控制富液撬块调节阀（LV-001）开度，实现脱硫塔恒液位控制，调节阀为气动调节阀，故障保位。

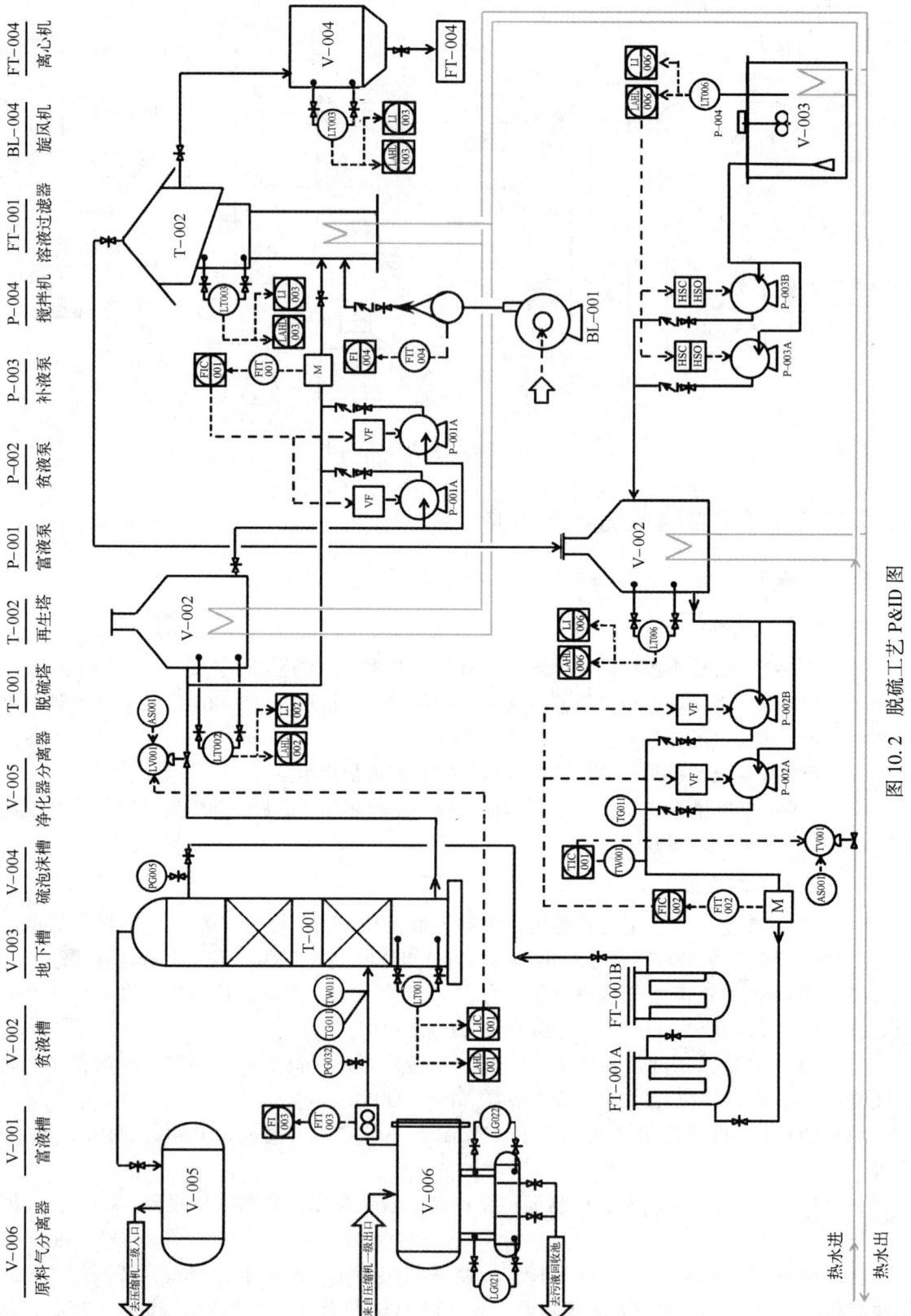

图 10.2 脱硫工艺 P&ID 图

3）温度测量及控制

（1）TIT-001 贫液橇温度检测远传，控制室温度显示，温度控制热水调节阀的开度，实现贫液出口恒温度控制。热水调节阀（TV-001）设气动式调节阀，调节阀故障保位。

（2）TIT-015 加热炉区温度检测远传（注：TIT-015 仪表在加热炉区，不在此 P&ID 内）。

4）可燃气体/有毒气体检测（P&ID 图中没画出）

(1) 显示脱硫装置区可燃气体浓度报警状态 3 个。

(2) 净化分离器区可燃气体浓度报警状态。

(3) 加热炉区可燃气体浓度报警状态。

(4) 脱硫装置区 H_2S 气体浓度报警状态 5 个。

2. DCS 系统功能需求

脱硫装置区采集和控制采用集散控制系统（DCS）的功能如下：

(1) 各流量测量控制点位实时测量显示流量，实现恒流量控制。

(2) 各液位测量控制点位实时测量显示液位，实现脱硫塔恒液位控制；实现高、低液位及高高、低低液位报警；实现低低液位自动停泵、高高液位自动启泵。

(3) 各温度测量控制点位实时测量显示温度，实现贫液出口恒温度控制。

(4) 各可燃气体、有毒气体测量点位实时测量显示气体浓度，实现高、高高浓度分级报警。

(5) 控制室显示贫液泵 AB、富液泵 AB、补液泵 AB、鼓风机的运行状态，控制室远程开停机。显示循环水泵 AB 运行状态、故障状态。显示补水泵 AB 的运行状态。

(6) 全自动离心机 1 用 1 备，每套离心机自带 PLC 控制系统，离心机橇块上的设备运行信号通过 RS-485 接口（遵循 Modbus RTU 协议）上传数据（温度、工作状态、转速等）至本控制系统。

模块 10.2　集散控制系统 DCS

10.2.1　集散控制系统及其特点

集散控制系统（DCS）是基于分散控制、集中监督、操作与管理，而将集中控制的危险性分散的思想构成的计算机分级控制系统。

集散控制系统发展很快，自 1975 年 Honeywell 公司推出了第一套集散控制系统 TDC-2000 后，国外已有几十种 DCS 系统相继问世。国内近年来也有一些性价比较高的 DCS 产品问世，如浙江中控公司于 1993 年推出国内第一套完全实现双机热冗余的 SUPCON JX-100 系统以来，近年来推出了更大型的 JX-300XP、ECS-100、ECS-700 控制系统。

DCS 的设计思想可以概括为：采用标准化、模块化、系列化设计，以通信网络为纽带构成集中显示、集中操作和集中管理，控制功能相对分散，具有配置灵活，组态方便的多级分布式计算机控制系统。集散控制系统的特点如下：

1. 递阶分级结构

递阶分级结构通常分为四级。第一级为直接控制级（又称过程控制级），直接控制过程或对象的状态；第二级为过程管理级，对过程控制进行设定点控制；第三级为生产管理级，任务是维持系统的最佳运行状态；第四层为经营管理级，其任务是决策、计划、管理、调度与协调。

2. 高度开放性

过去的控制系统都是由各厂家各自开发的，一般不能与其他厂家的产品相连接。各厂家开发的系统有自己的通信方法和计算机网络体系结构，相互之间不兼容，由此给广大用户带来了许多麻烦。

为了实现系统的开放，对 DCS 的通信系统提出了标准化的要求，即开放互连必须符合 OSI 参考模型。在此基础上，各有关组织提供的几个符合标准模型的国际通信标准，如 MAP/TOP 协议、IEEE802 通信协议等，在集散控制系统中已得到了广泛应用。

3. 强有力的人机接口功能

操作站的 CPU 广泛使用 32 位微处理器，处理速度大为提高；CRT 显示技术不断发展，显示画面更为丰富，操作性更为提高，甚至可以不使用键盘，直接使用鼠标器、跟踪球或触摸屏操作，大大方便操作人员的使用。

目前，每个操作站可监视上万个工位，数百幅流程图画面。一般都有总貌显示、报警汇总、操作编组、点调整、趋势编组、趋势记录点、操作指导信息和流程图等画面。还有丰富的信息打印输出功能，如标准报表打印、报警打印、班报、日报、月报等自由报表打印，并具备电子音响报警功能、语言输出功能和系统维护功能等。

4. 采用高可靠技术

可靠性通常用平均无故障间隔时间（MTBF）和平均故障修复时间（MTTR）来表征。当今大多数集散控制系统的 MTBF 达 5 万小时，MTTR 一般只有 5min 左右。

保证这样的高可靠性，主要是硬件的工艺结构可靠，广泛采用表面安装技术与专用集成电路。另一条重要途径是采用冗余技术，这是维持系统高可靠性的基本措施。保证高可靠性还有采用容错技术、故障自检和自诊断技术等。

下面以中控公司 WebField JX-300XP 系统为代表介绍集散系统的组成和功能。

10.2.2 集散控制系统硬件架构

下面以国产浙江中控 WebField JX-300XP 系列 DCS 系统为例介绍集散控制系统硬件架构。

1. 系统组成

1）系统组成架构

WebFieldJX-300XP 系统的整体结构如图 10.3 所示。JX-300XP 系统组成架构分为四个层级。第一级为直接控制级，就是图 10.3 中 SCentII 控制网以下部分。第二级为过程管理级，就是图 10.3 中过程信息网以下部分。第三级为生产管理级，就是图 10.3 中管理信息网以下部分；第四层为经营管理级，就是图 10.3 中过程信息网以上部分。

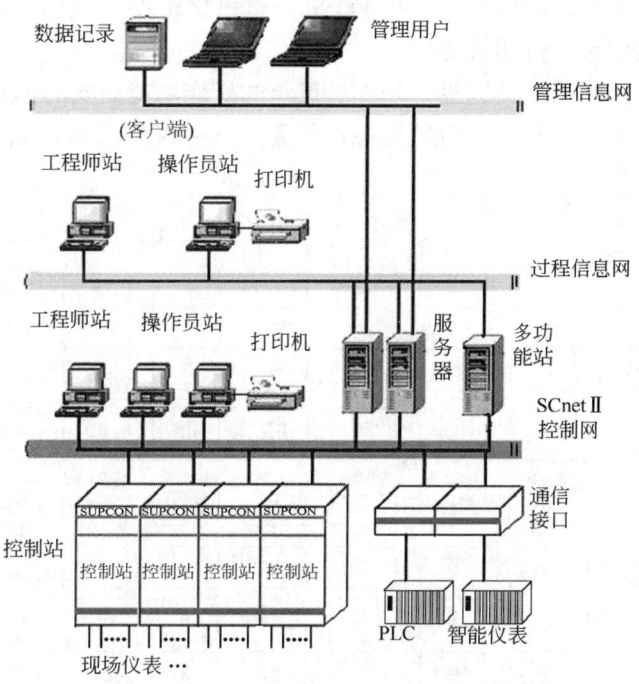

图 10.3　JX-300XP 系统的整体结构图

2) 硬件设备

JX-300XP 的基本硬件包括工程师站、操作员站、控制站和通信网络（图 10.4）。在通信网络上挂接通信接口单元（CIU）可实现 JX-300XP 与 PLC 等数字设备的连接；通过多功能计算站（MFS）和相应的应用软件 Advantrol-PIMS 或 OPC 接口可实现与企业管理计算机网的信息交换，从而实现整个企业生产过程的管理、控制全集成综合自动化。

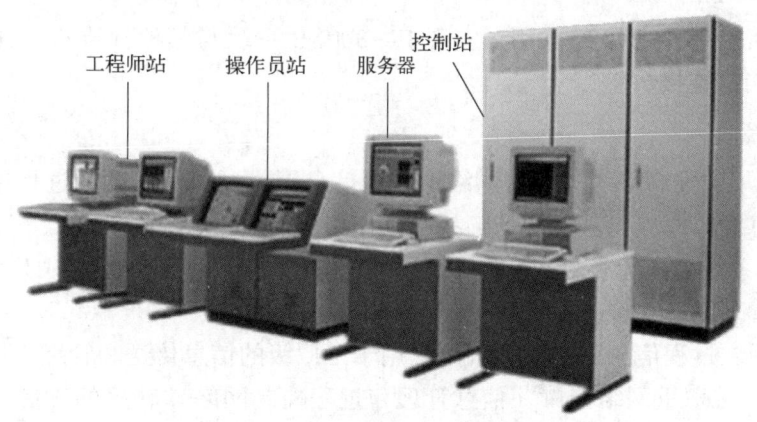

图 10.4　JX-300XP 设备组成外观

（1）控制站（CS）。控制站是系统中直接与现场测控仪表打交道的 I/O 处理单元，完成整个工业过程的实时监控功能。通过不同的硬件配置和软件设置，可构成不同功能的控制站，如过程控制站（PCS）、逻辑控制站（LCS）、数据采集站（DAS）。

（2）操作员站（OS）。操作员站用于实现工艺过程监视、操作、记录等功能。

操作员站的硬件基本组成包括：工控PC机、彩色显示器、鼠标、键盘、SCnetⅡ网卡、专用操作员键盘、操作台、打印机等。

操作员站配备专用的操作员键盘。操作员键盘的操作功能由实时监控软件支持，操作员通过专用键盘和鼠标实现所有的实时监控操作任务。JX-300XP DCS的操作员键盘如图10.5所示。

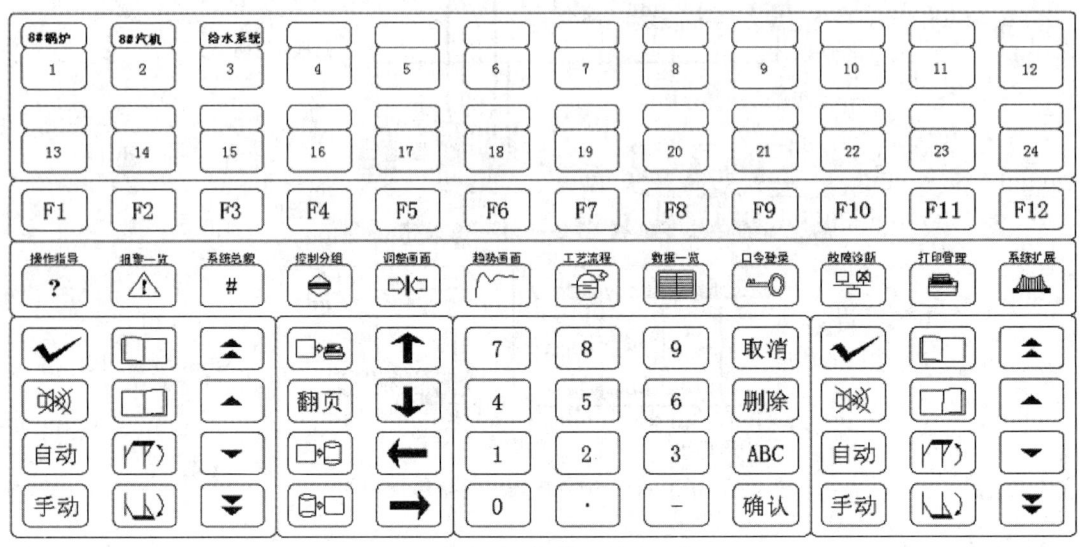

图10.5 操作员键盘

（3）工程师站（ES）。用于控制应用软件组态、系统监视、系统维护。报表输出的功能可分散在各个操作员站/工程师站上完成。

（4）多功能站（MFS）。用于工艺数据的实时统计、性能运算、优化控制、通信转发等特殊功能。

（5）通信接口单元（CIU）。用于实现JX-300XP系统与其他计算机、各种智能控制设备（如PLC）接口连接。

2. 通信网络

JX-300XP集散控制系统的通信网络由管理信息网、过程信息网、过程控制网、控制站内部I/O控制总线等构成，其典型的拓扑结构如图10.6所示。

JX-300XP系统为适应各种过程控制规模和现场要求，其通信系统对于不同结构层次分别采用了信息管理网、SCnetⅡ网络和SBUS总线。

管理信息网、过程信息网采用以太网，用于工厂级的信息传送和管理。该网络通过在多功能站MFS上安装双重网络接口（信息管理和过程控制网络）转接的方法，获取集散控制系统中过程参数和系统运行信息，同时向下传送上层管理计算机的调度指令和生产指导信息。

过程控制网络SCnetⅡ是双高速冗余工业以太网。它直接连接了系统的控制站、操作员站、工程师站、通信接口单元等，是传送过程控制实时信息的通道，具有很高的实时性和可靠性。通过挂接网桥，SCnetⅡ可以与上层的信息管理网或其他厂家设备连接。

SBUS总线分为两层，第一层为双重化总线SBUS-S2。它是系统的现场总线，物理上位

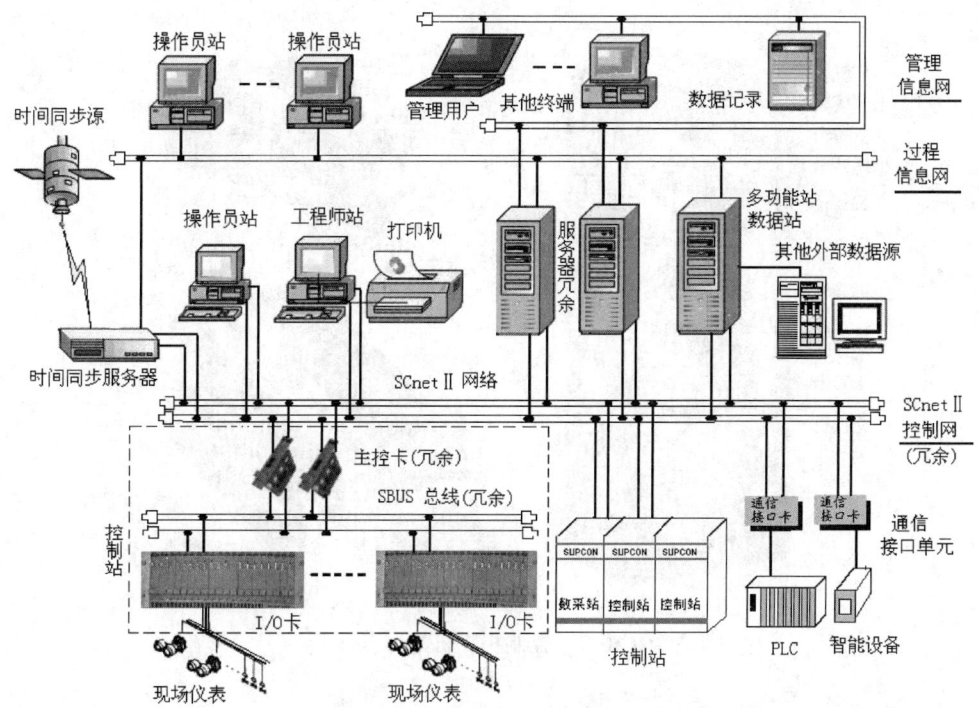

图 10.6 JX-300XP 系统网络结构示意图

于控制站所管辖的 I/O 机笼之间,连接了主控制卡和数据转发卡,用于两者的信息交换。第二层为 SBUS-S1 网络,物理上位于各 I/O 机笼内,连接了数据转发卡和各块 I/O 卡件,用于他们之间的信息交换。主控制卡通过 SBUS 来管理分散于各个机笼内的 I/O 卡件。

10.2.3 控制站

1. 控制站组成

JX-300XP 控制站如图 10.7 所示。内部以 I/O 单元——"机笼"为单位,机笼固定在机柜的多层机架上,每只机柜最多配置 8 只机笼,其中 1 只电源箱机笼、1 只主控制机笼以及 6 只 I/O 卡件机笼(可配置控制站各类卡件)。

控制站所有卡件采用标准尺寸、导轨方式插卡安装在控制站的机笼内,并通过机笼内接插件和母板上的电气连接,实现对卡件的供电和卡件之间的总线通信。

控制站由主控制卡、数据转发卡、I/O 卡件、电源模块等构成。通过软件设置和硬件的不同配置可分别构成过程控制站、逻辑控制站、数据采集站。它们的核心单元都是主控制卡 XP243 和 XP243X。

过程控制站:提供常规回路控制的所有功能和顺序控制方案,控制周期最小可达 0.1s。

逻辑控制站:提供马达控制和继电器类型的离散逻辑功能,特点是信号处理和控制响应快,控制周期最小可达 0.05s。逻辑控制站侧重于完成联锁逻辑功能。逻辑控制站最大负荷:512 个模拟量输入、2048 个开关量。

数据采集站:提供对模拟量和开关量信号的基本监测功能。

电源模块:采用双路 220V 交流电供电,每一路电源用两个相互冗余的直流稳压电源模块 AC/DC,引入机笼上的电源端子,提高了电源的安全性,如图 10.8 所示。

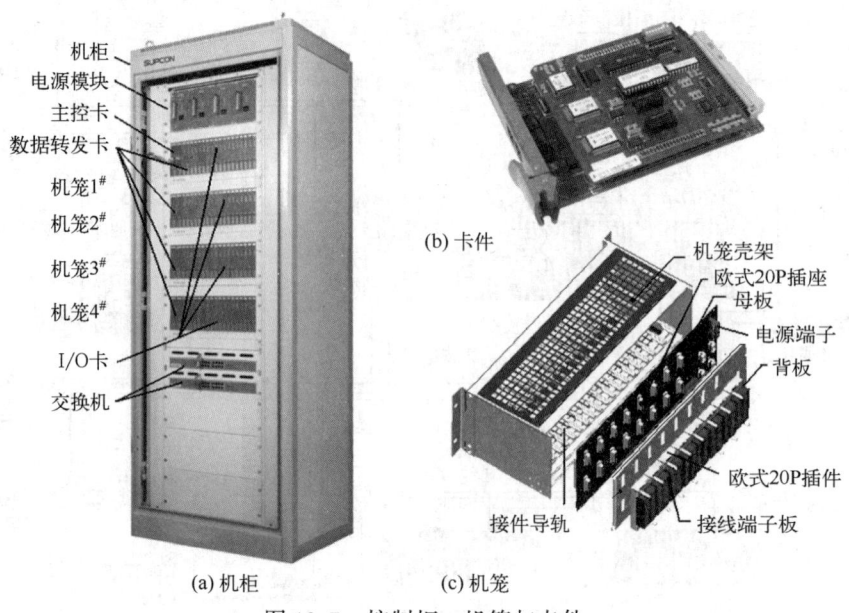

图 10.7 控制柜、机笼与卡件

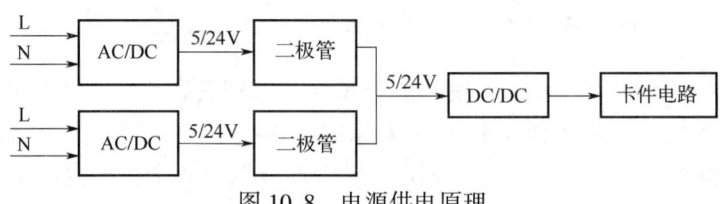

图 10.8 电源供电原理

卡件机笼根据内部所插卡件的型号分为两类：主控制机笼（配置了主控制卡）和 I/O 机笼（不配置主控制卡）。每类机笼最多可以安装 20 块卡件，即除了配置一对互为冗余的主控制卡和一对互为冗余的数据转发卡之外，还可以配置 16 块各类 I/O 卡件。主控制卡和数据转发卡必须安装在规定的位置，如图 10.9 所示。

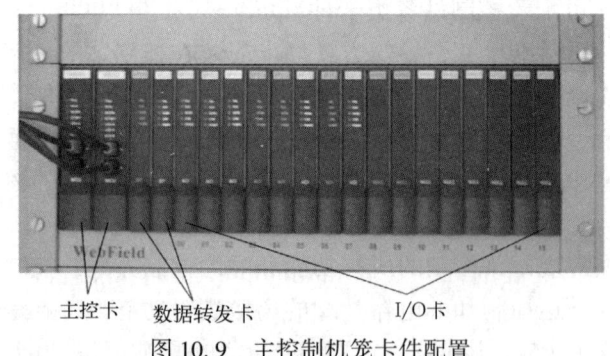

图 10.9 主控制机笼卡件配置

数据转发卡是每个机笼必配的卡件，是连接 I/O 和主控制卡的智能通道。如果数据转发卡件按非冗余方式配置，则数据转发卡件可插在这两个槽位的任何一个，空缺的一个槽位不可作为 I/O 槽位。

2. 卡件类型

1) 主控制卡 XP243、XP243X

主控制卡是控制站软硬件的核心，协调控制站内软硬件关系和各项控制任务。通过过程控制网络（SCnet Ⅱ）与过程控制级（操作站、工程师站）相连，接收上层的管理信息，并向上传输采集到的实时数据。向下通过 SBUS 网络和数据转发卡通信，实现与 I/O 卡件的信息交换（现场信号的输入采样和输出控制）。

XP243、XP243X 安装在 I/O 机笼的前两个槽位，主控卡与所在机笼的数据转发卡通信直接通过机笼母板的电气连接实现，不需要另外连线。与其他机笼的数据转发卡的通信通过机笼母板背后的 SBUS-S2 端口及 485 网络连线实现。

2) 数据转发卡 XP233

数据转发卡是 I/O 机笼的核心单元，是主控卡连接 I/O 卡件的中间环节，它一方面驱动 SBUS 总线，另一方面管理本机笼的 I/O 卡件。通过数据转发卡，一块主控制卡可扩展 1 到 8 个 I/O 机笼，即可以扩展 1 到 128 块不同功能的 I/O 卡件。数据转发卡与主控卡、I/O 卡及通信网络的关系如图 10.10 所示。

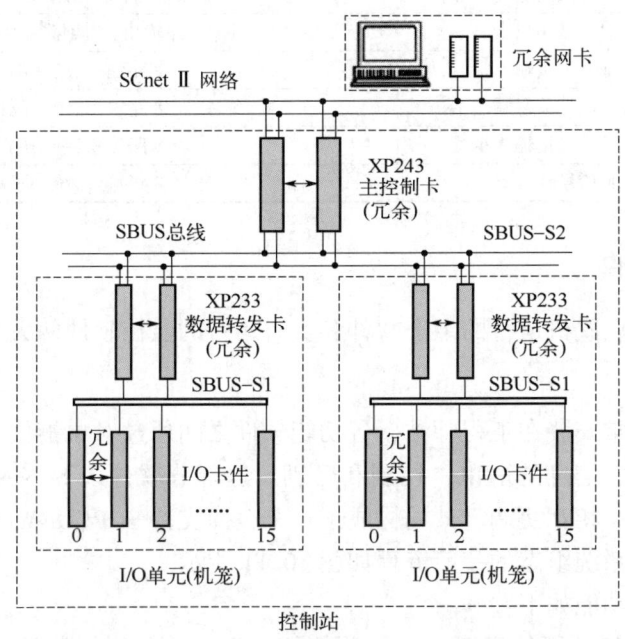

图 10.10 数据转发卡与通信网络

数据转发卡具有 WDT 看门狗复位功能，在卡件受到干扰而造成软件混乱时能自动复位 CPU，使系统恢复正常运行。支持冗余结构，每个机笼可配置双 XP233 卡，互为备份。在运行过程中，如果工作卡出现故障可自动无扰动切换到备用卡，并可实现硬件故障情况下软件切换和软件死机情况下的硬件切换，确保系统安全可靠地运行。

3) 通信接口卡 XP244

通信接口卡是 DCS 系统与其他智能设备（如 PLC、变频器、称重仪表等）互连的网间连接设备，在 SCnet Ⅱ 网络中处于与主控卡同等的地位。其功能是将用户智能系统的数据通过通信的方式连入 DCS 系统中,通过 SCnet Ⅱ 网络实现数据在 DCS 系统中的共享。

通信接口卡安装在 I/O 机笼的 I/O 卡插槽内,占用两个 I/O 槽位。提供 RS-232、RS-485 两种接口方式,通过 SCX 语言编程软件实现与第三方设备间的通信。

4) I/O 卡件

JX-300XP 系统 I/O 卡件分为模拟量卡、数字量卡和特殊卡件。所有的 I/O 卡件均需安装在机笼的 I/O 插槽中。I/O 卡件构成如表 10.1 所示。

表 10.1 I/O 卡件一览表

型号	卡件名称	性能及输入/输出点数
XP313	电流信号输入卡	6 路输入,可配电,分两组隔离,可冗余
XP313I	电流信号输入卡	6 路输入,可配电,点点隔离,可冗余
XP314	电压信号输入卡	6 路输入,分两组隔离,可冗余
XP314I	电压信号输入卡	6 路输入,点点隔离,可冗余
XP316	热电阻信号输入卡	4 路输入,分两组隔离,可冗余
XP316I	热电阻信号输入卡	4 路输入,点点隔离,可冗余
XP335	脉冲量信号输入卡	4 路输入,分两组隔离,不可冗余,可对外配电
XP341	PAT 卡(位置调整卡)	2 路输出,统一隔离,不可冗余
XP322	模拟信号输出卡	4 路输出,点点隔离,可冗余
XP361	电平型开关量输入卡	8 路输入,统一隔离
XP362	晶体管触点开关量输出卡	8 路输出,统一隔离
XP363	触点型开关量输入卡	8 路输入,统一隔离
XP369	SOE 信号输入卡	8 路输入,统一隔离

10.2.4 系统软件

系统软件分为可以脱机运行的组态软件和实时运行的监控软件两大类。

1. 组态软件

系统组态软件通常安装在工程师站,各功能软件之间通过对象链接与嵌入技术,动态地实现模块间各种数据、信息的通讯、控制和管理。这部分软件以 SCKey 系统组态软件为核心,各模块彼此配合,相互协调,共同构成了一个全面支持 SUPCONWebField 系统结构及功能组态的软件平台。系统组态的一般流程如图 10.11 所示。

系统组态的基本功能如下:

(1) 说明控制系统的硬件配置,一是总体信息组态,包括控制站、操作站总体情况的说明、地址及类型。二是控制站 I/O 组态,包括卡件的配置说明、地址及类型;信号点特性的设置;控制站常规回路组态。

(2) 操作站一般显示画面的生成,包括总貌画面、趋势画面、分组画面、一览画面。

(3) 提供工程设计的相关组件接口,包括流程图制作软件、报表制作软件、图形化组态软件、二次计算软件。

(4) 配置信息的编译、下载、传送。

组态软件用于给 CS、OS、MFS 进行组态的专用软件,包括用户授权管理软件(SCReg)、系统组态软件(SCKey)、图形化编程软件(SCControl)、语言编程软件

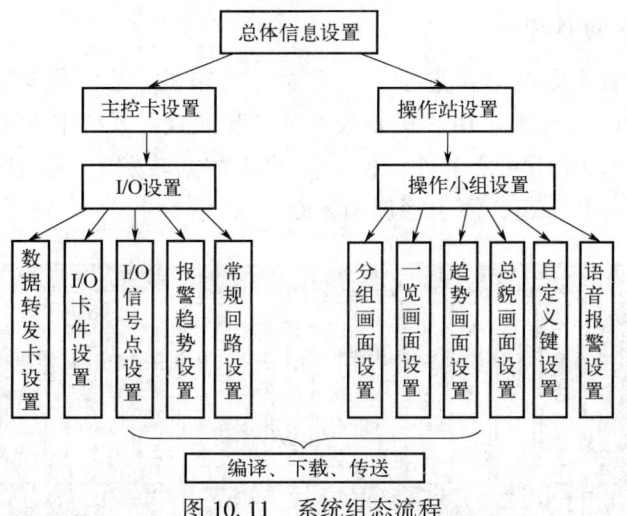

图 10.11 系统组态流程

（SCLang）、流程图制作软件（SCDrawEx）、报表制作软件（SCFormEx）、二次计算组态软件（SCTask）、ModBus 协议外部数据组态软件（AdvMBLink）等。

2. 实时监控软件

实时监控软件用于过程实时监视、操作、记录、打印、事故报警等功能的人机接口软件。包括实时监控软件（AdvanTrol）、数据服务软件（AdvRTDC）、数据通信软件（AdvLink）、报警记录软件（AdvHisAlmSvr）、趋势记录软件（AdvHisTrdSvr）、ModBus 数据连接软件（AdvMBLink）、OPC 数据通信软件（AdvOPCLink）、OPC 服务器软件（AdvOPCServer）、网络管理和实时数据传输软件（AdvOPNet）、历史数据传输软件（AdvOPNetHis）等。

JX-300XP 系统软件基于中文 Windows2000/NT 开发，用户界面友好，所有的命令都化为形象直观的功能图标，使用更方便简捷；再加上操作员键盘的配合，控制系统设计实现和生产过程实时监控快捷方便。

模块 10.3 脱硫工艺 DCS 实施

10.3.1 脱硫工艺 DCS 系统硬件配置

1. 脱硫工艺 I/O 点统计

根据控制要求，统计 I/O 点数如表 10.2 所示。

表 10.2 脱硫自控系统 I/O 点表

类型	类别	数量
DI	状态触点 24VDC	23
DO	继电器/无源触点	15
AI	4~20mA	14
AO	4~20mA	4
CIO	RS485	2

2. 脱硫工艺 DCS 硬件配置

DCS 系统硬件配置主要有卡件选型、工作站、打印机、浪涌保护器、系统通信网络设备、机柜等。依据 I/O 点数进行 DCS 机笼板卡选型和配置，系统卡件选型如图 10.12 所示。前两个位置必须是两块 CPU 冗余卡件，接着是两块数据转发卡，其余卡件顺序没有要求，一般遵循同类卡件安排在一起，便于管理和诊断。

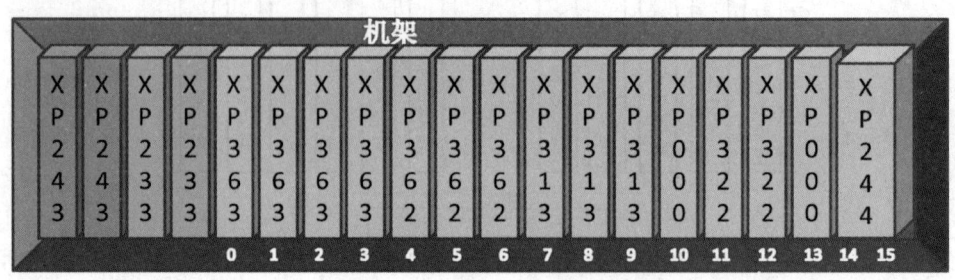

图 10.12　机架板卡配置

控制系统由 1 个控制站、1 个工程师站、2 个操作员站组成。控制站 IP 地址为（02），工程师站 IP 地址为 130，操作员站 IP 地址为（131~132）。脱硫自控系统分 3 个操作小组，即：工程师小组、小组 1、小组 2。

过程控制网（SCnet）：分 A、B 两层，互为冗余。

A 网网络号为 128.128.1，控制站主控制卡在 A 网的 IP 地址为 128.128.1.×××，最后一位是 DIP 地址，地址范围为 2~63；操作站在 A 网的最后一位地址范围为 129~200。

B 网网络号为 128.128.2，控制站主控制卡在 B 网的 IP 地址为 128.128.2.×××，最后一位是 DIP 地址，地址范围为 2~63（地址与 A 相同）。操作站在 B 网的最后一位地址范围为 129~200（地址与 A 相同）。

过程信息网：操作站和工程师站 IP 地址为 128.128.5.×××；最后一位与控制网中相同。

10.3.2　脱硫 DCS 系统运行界面

运行界面包括登录和退出窗口（图 10.13）、流程图画面（包括工艺流程总貌画面、离心机画面、脱硫撬块画面、富液槽撬块画面、再生撬块画面和贫液槽撬块画面等，总貌画面如图 10.14 所示）、分组画面（图 10.15）、PID 控制画面（图 10.16）、报警画面、报表画面、故障诊断画面、趋势画面（图 10.17）。

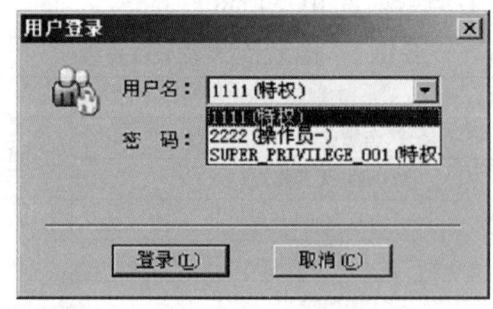

图 10.13　登录窗口

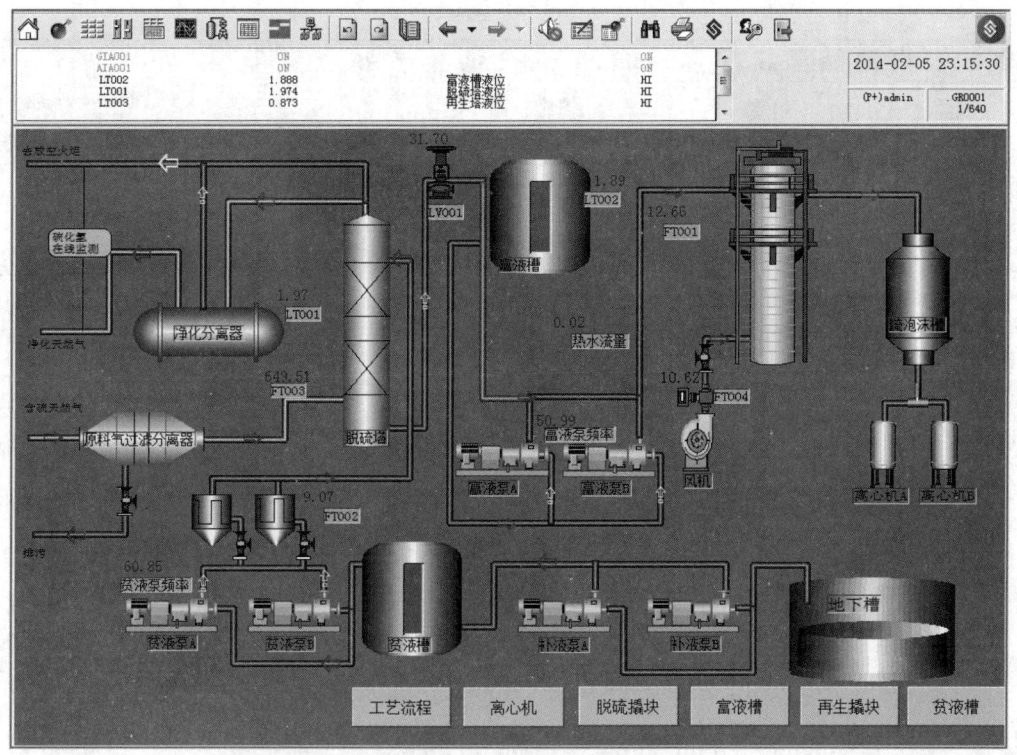

图 10.14 工艺流程总貌画面

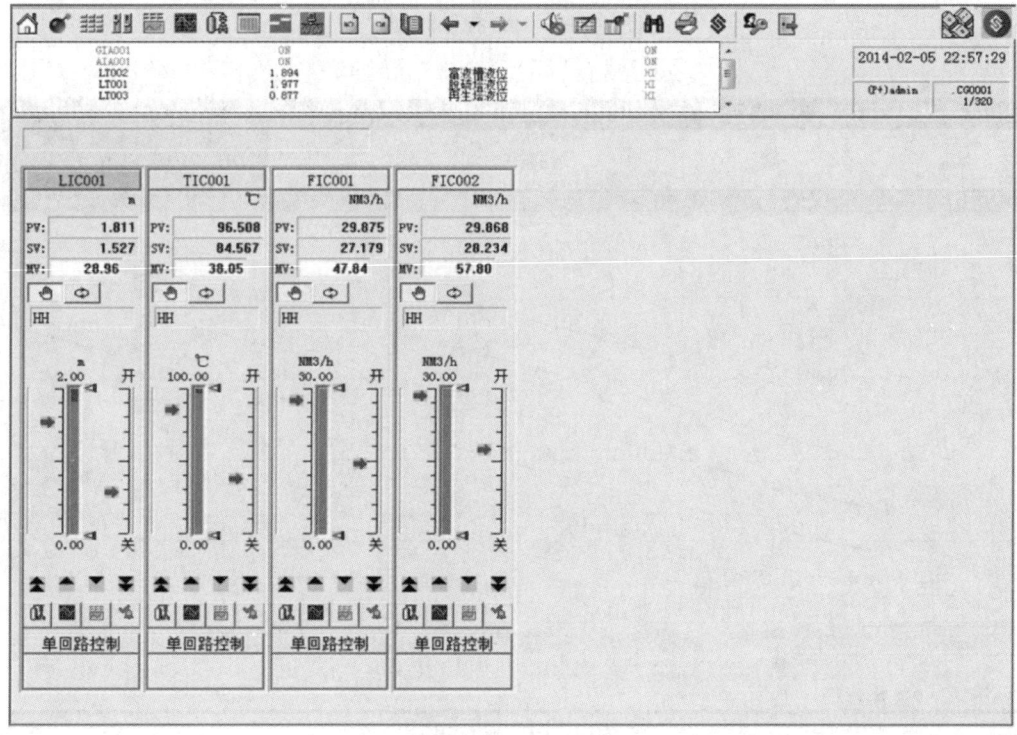

图 10.15 分组画面

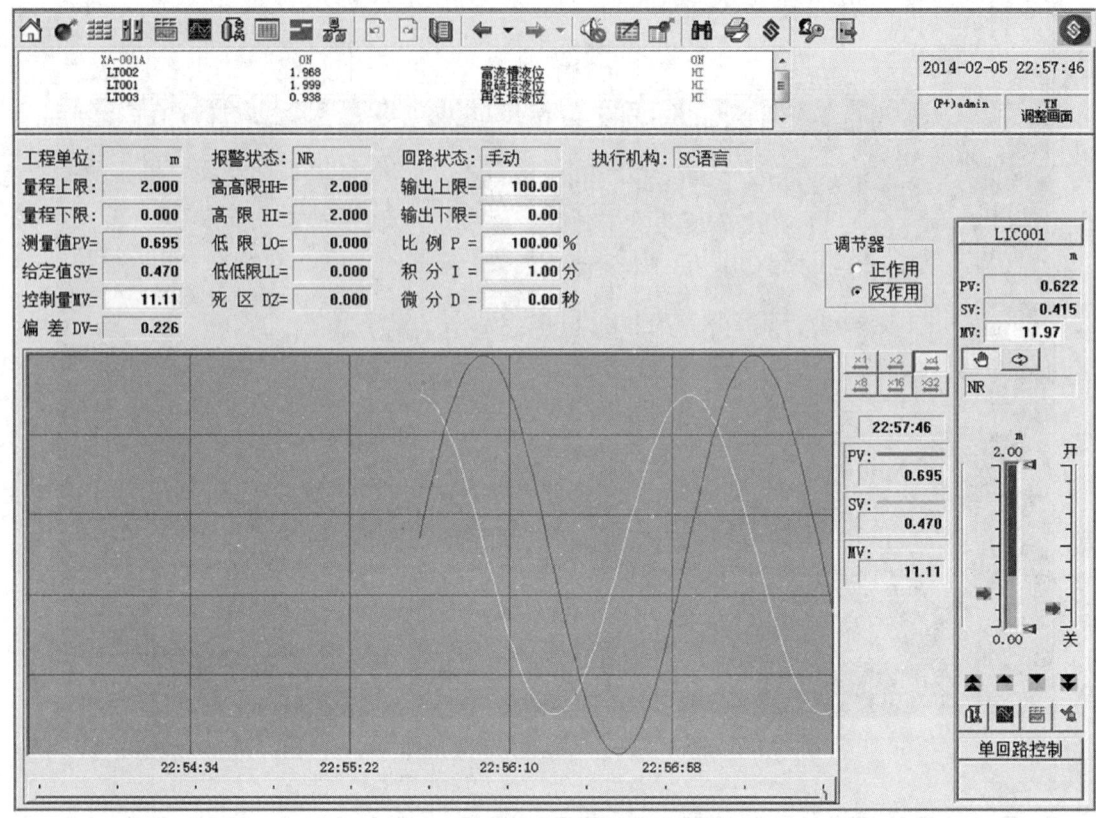

图 10.16　PID 控制画面

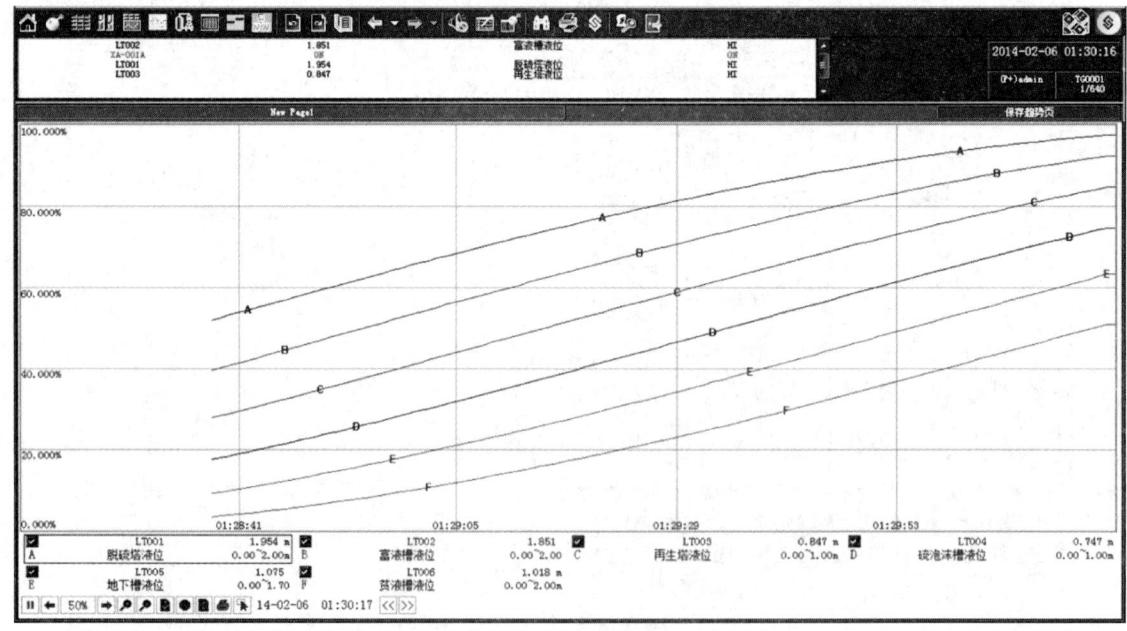

图 10.17　趋势画面

— 288 —

10.3.3 脱硫工艺 DCS 系统的开发与实现

如果要真正熟悉 DCS 系统的硬件安装和软件系统组成。掌握 DCS 系统项目实施的步骤。只有通过真刀实枪的技能训练才能完成，只教学与理论是无法真正掌握 DCS 实施工程的。

1. DCS 软硬件准备

（1）计算机 3 台，每台均装有 3 块网卡。

（2）AdvanTrol-Pro2.65 软件包。

（3）JX300XP 机柜（内含冗余电源 2 个、工业交换机 3 个、机笼 1 个及相关附件）。

（4）相应卡件：CPU 卡件 XP243 卡 2 块、数据转发卡件 XP233 卡 2 块、数字量输入卡件 XP263 卡 4 块、数字量输出卡件 XP262 卡 3 块、模拟量输入卡件 XP313 卡 3 块、模拟量输出卡件 XP322 卡 2 块、串口通讯卡件 XP244 卡 1 块、空卡 XP000 卡 2 块。

（5）工程师站软件狗 1 个，操作员站软件狗 2 个。

（6）信号校验仪 1 块、万用表 1 块。

2. 脱硫工艺分析

脱硫工艺介绍及控制要求：详见模块 10.1 轻烃站脱硫工艺及控制要求、图 10.1 脱硫工艺流程图和图 10.2 脱硫 P&ID 图。

3. 脱硫工艺 DCS 系统开发实施步骤

（1）通过控制系统监控数据分析，统计出 I/O 点数。

DI 状态触点 24VDC，23 点；DO 继电器/无源触点，14 点；AI 模拟量输入 4~20mA，14 点；AO 模拟量输出 4~20mA，4 点；CIO 通讯 RS485，2 点。

（2）依据 I/O 统计并结合一定的点数余量后，进行卡件选型。

主控制卡（冗余）XP243，2 块；数据转发卡（冗余）XP233，2 块；DI 卡，触点型开关量输入 XP363，4 块；DO 卡，晶体管触点开关量输出 XP362，3 块；AI 卡，模拟量电流输入 XP313，3 块；AO 卡，模拟量输出 XP322，2 块，以及串口通信卡件 XP244，1 块。

（3）设置网络结构，如图 10.18 所示。

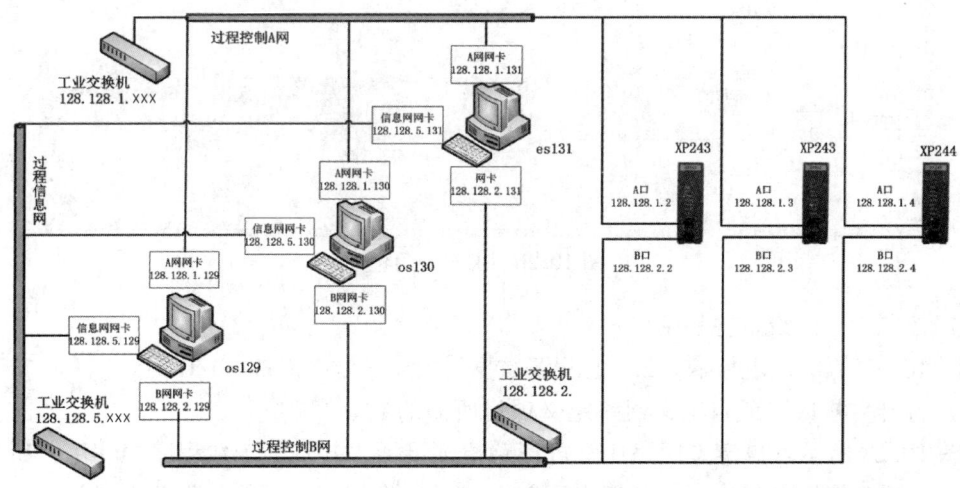

图 10.18　网络结构图

(4)点位和硬件配置。

参考硬件 I/O 卡件说明,画出硬件接线。将各卡件拨码开关或跳线置于相应位置后按次序安装在主控机笼内。

(5)安装组态软件 AdvanTrol-Pro2.65。

打开后建立新项目。新建 os129、os130、es131,如图 10.19 所示。

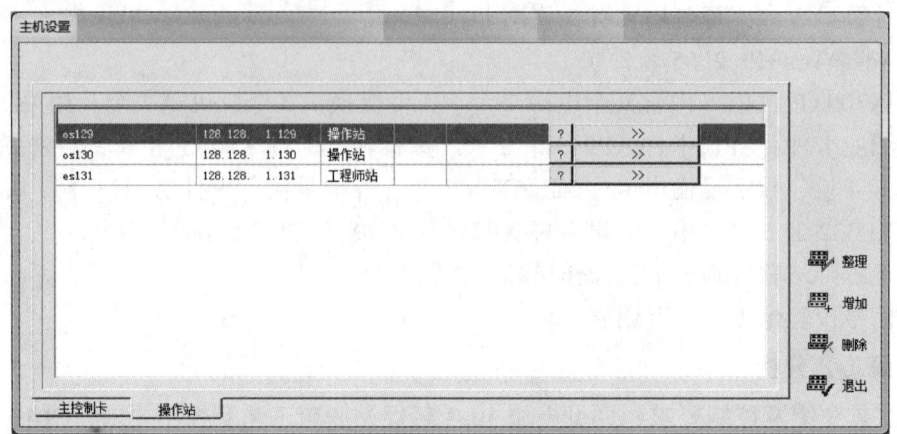

图 10.19 建立操作站

(6)打开用户授权界面,建立所需角色、用户。图 10.20 为建立的工程师角色。

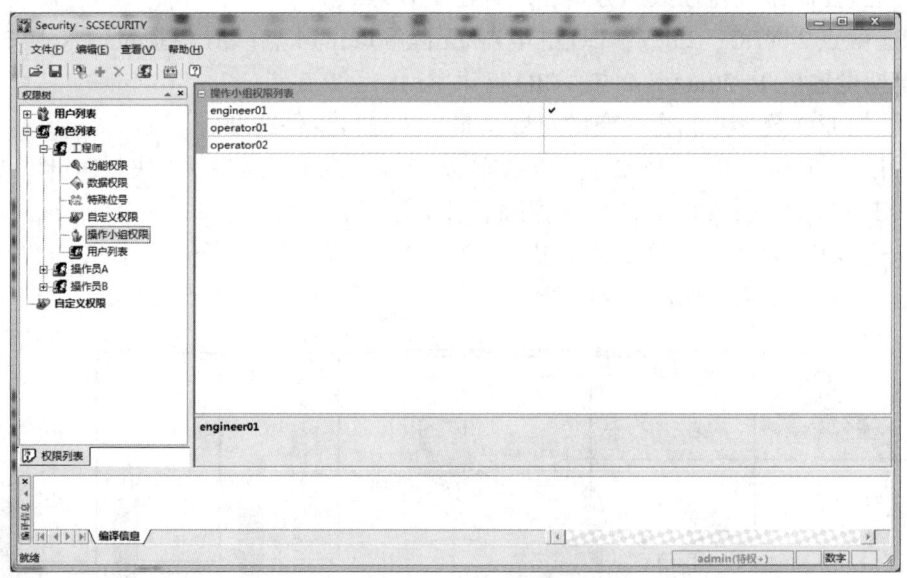

图 10.20 工程师角色

(7)按图 10.21 设置主控卡。

如图 10.22 依次在主控卡 [2] 上配置数据转发卡、I/O 卡件、I/O 点。

(8)打开常规回路或自定义回路定义项目所需的 PID 回路。

如图 10.23 所示。自定义回路比常规回路更加灵活,并且易于在程序中使用,所以在实际应用中,更多使用自定义回路,但当回路简单时用常规回路更能节省开发时间。

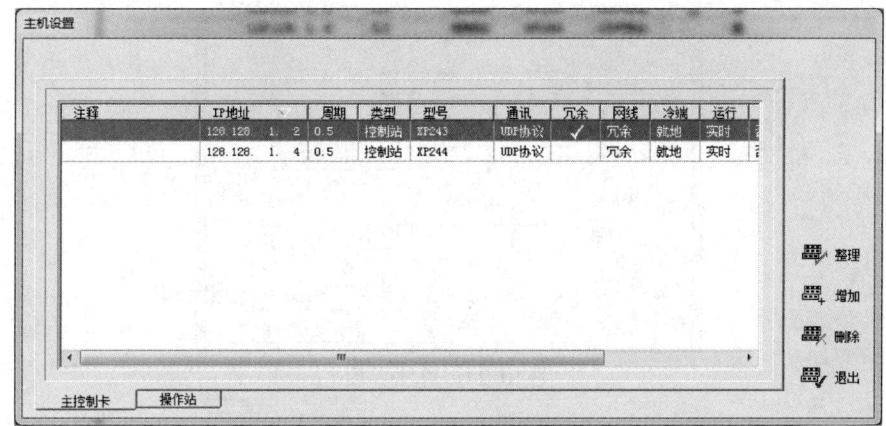

图 10.21　主控卡设置

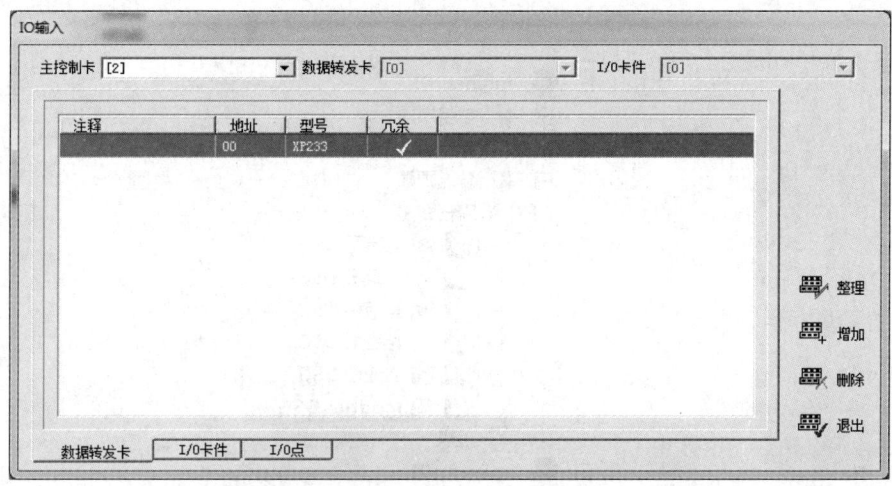

图 10.22　数据转发卡、I/O 卡件、I/O 点设置

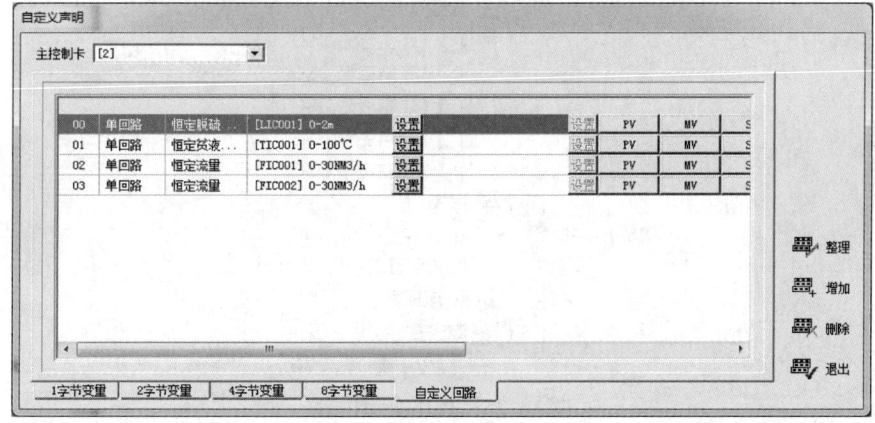

图 10.23　自定义回路

(9) 打开主站的算法界面。

如图 10.24 所示，[2] 站使用图形编程，[4] 站由于和 ModBus RTU 从站通讯，需要使用 SCX 语言编程。(也可使用 ModBus 数据连接软件 AdvMBLink，这样不须使用 XP244)。

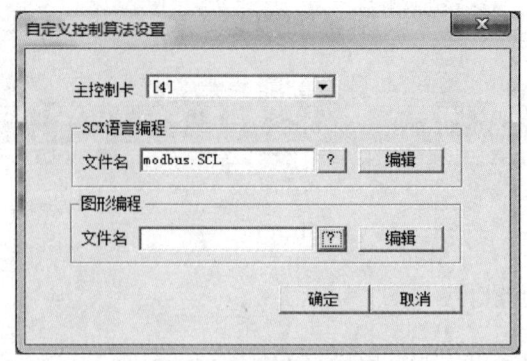

图 10.24 算法界面

（10）完成各部分的总貌、流程画面和报表。

完成的操作小组内容如图 10.25 所示，工艺流程总貌画面可参照图 10.14 所示。

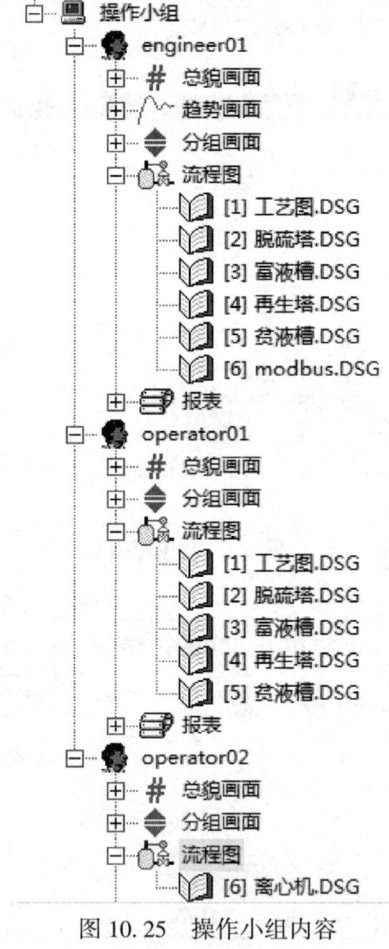

图 10.25 操作小组内容

（11）编译、发布和调试。结合校验仪、万用表调试 PID 回路。结合按钮、指示灯调试 DI、DO。ModBus 调试时可用另外一台微机安装 ModBus slave 模拟器充当 MODBUS 从站。

【注意事项】

① 工程师站必须安装工程师站软件狗才能完成组态编译和下载。

② SCX 程序编写前需安装工程师站软件狗。

③ 工程师站编写完组态后要通过点击"发布"按钮传送到操作员站，不要拷贝到操作员站。

④ 使用时注意三个网络的网段区别。

⑤ 软件组态时应与硬件实际安装顺序相符。

习题

一、选择题

1. DCS 系统的最主要特点是（   ）。
   [A] 集中管理，分散控制　　　　　　　　[B] 通信能力强
   [C] 易于组网　　　　　　　　　　　　　[D] 全数字化

2. JX300XP DCS 系统的数据转发卡型号是（   ）。
   [A] XP244　　　　[B] XP362　　　　[C] XP335　　　　[D] XP233

3. SCADA 系统的中文名称是（   ）。
   [A] 监测控制与数据采集系统　　　　　　[B] 集散控制系统
   [C] 视频监控系统　　　　　　　　　　　[D] 全球定位系统

4. 1975 年 Honeywell 公司推出了第一套集散控制系统（   ）。
   [A] TDC-2000　　　　　　　　　　　　　[B] JX300XP
   [C] TDC-3000　　　　　　　　　　　　　[D] TDC-1000

5. 操作站一般显示画面的生成，包括（   ）、趋势画面、分组画面、一览画面。
   [A] 流程图制作　　　　　　　　　　　　[B] 总貌画面
   [C] 报表制作　　　　　　　　　　　　　[D] 图形化组态

二、判断题

1. JX300XP 系统机笼中除 CPU 卡件需插入最前端的两个插槽，其余卡件插入没有特定的顺序。（   ）

2. DCS 又称为现场总线控制系统。（   ）

3. DCS 系统组态工作应先进行控制站 I/O 组态。（   ）

4. DCS 的设计思想可以概括为：采用标准化、模块化、系列化设计。（   ）

5. DCS 系统软件分为可以脱机运行的组态软件和实时运行的配置软件两大类。（   ）

三、填空题

1. JX-300XP 的基本组成包括（   ）、（   ）、（   ）和（   ）。

2. JX300XP 系统主控制机笼最前端的两个插槽必须插入（   ）卡件。

3. JX-300XP 的基本硬件包括（   ）、（   ）、（   ）和（   ）。

4. JX300XP 系统主控制机笼紧挨着 CPU 卡件的两个插槽必须插入（   ）卡件。

5. 数据转发卡是每个机笼必配的卡件，是连接（   ）和（   ）的智能通道。

四、简答题

1. 什么是 DCS？

2. 简述 JX300XP 系统的组态内容。

项目十一　油气生产信息化与 SCADA 系统

迈向全面建设社会主义现代化国家新征程，油气企业肩负着保障国家能源安全的重要使命，油气企业要以油气生产信息化赋能管理，转变油气企业的生产方式，推动信息技术与生产业务深度融合，确保国家能源安全，不断育新机开新局。

本教学项目主要介绍了油气生产信息化的系统架构和主要功能，对油田 SCADA 系统的组成、特点及作用进行了较深入的介绍，并以油田生产信息化建设工程为例，介绍了 SCADA 系统在油田井场、注水站、联合站的应用。

【学习重点】
1. 油气生产信息化系统的基本架构。
2. SCADA 系统在油气田企业生产现场的应用。

【核心知识点】
1. 油气生产信息化系统的基本架构、主要功能。
2. 工控网、办公网、视频网数据流向。
3. 油气田 SCADA 系统的构成、特点及作用。
4. RTU、PCS、SCADA、数据通信。

模块 11.1　油气生产信息化系统

11.1.1　油气生产信息化系统概述

石油化工行业是国民经济的支柱产业之一，承担着保障国家能源安全的责任。在我国，石油行业是集中度较高的产业，国有大型企业占有的资源量、加工能力和市场份额均较高，处于市场竞争的优势地位。我国的石油生产和产品供应商主要是中国石油、中国石化和中国海油。近年来，原油开采成本增高，炼油利润空间缩小，成品油销售市场竞争激烈，化工品市场价格和需求变化快，这些都对石油行业生产、经营和决策提出了挑战，要求经营者必须依据资源和市场情况，做出及时的反应和科学的决策。为适应国际市场竞争，以及保障能源生产和供应，三大石油公司十分重视信息化与工业化的融合，将信息化作为企业发展的战略之一。通过多年的持续推进，各公司在信息基础设施、信息系统、信息化管理等方面取得了显著的成果，积累了大量的数据资源，梳理和优化了业务流程，规范了企业管理和执行体系，提高了经营决策能力，为企业发展提供了重要的支撑。目前三大石油公司已经将信息化建设和应用作为助力企业提质增效、转型发展的关键性举措。

油气生产信息化建设是以解决油田开采过程面临的技术和管理难题为突破口，以提升油气生产管理的质量和效益为目标，将传统石油工程工艺技术与信息化技术深度融合，以自动化、信息化、数字化、可视化建设为基础，通过构建一体化的油气生产指挥系统，赋能油气田企业改革创新和高质量发展。油气生产信息化建设覆盖了油气田井场、各类站场、油气管网及各类生产辅助系统,包含数据采集与控制、网络、视频监控、生产管控平台等多个方面。

油气生产信息化的主要目标就是通过建立一个高效运行、资源共享的信息系统运营体系,为油田生产经营提供海量高精度、高质量的"实时数据",通过采集交换、集成共享、反馈控制和决策优化,支撑油田两化融合和创新创效。

油气生产信息化建设,就是根据不同生产类型、按统一的模板组织实施对传统生产工艺过程的信息化改造。通过对工艺设备增设数据采集仪表、远程通信网络和视频监控设备,建成覆盖油气生产现场的测/控网,构建覆盖油气生产各领域的数据采集与监督控制系统(SCADA)、视频监控网络和统一的生产指挥平台(PCS)。全面实现油气生产实时数据采集、全流程监控、可视化运行,达到生产动态实时感知、指挥精准高效,全面提高油气生产管理水平。

11.1.2 油气生产信息化系统的组成与功能

油气生产信息化系统主要是围绕油气生产实时数据采集监控、视频监控及信息化开发应用而逐步发展起来的。因此油气生产信息化系统的架构主要由数据采集与监督控制系统(SCADA)、网络传输系统、生产指挥系统(PCS)三部分组成,如图11.1所示。

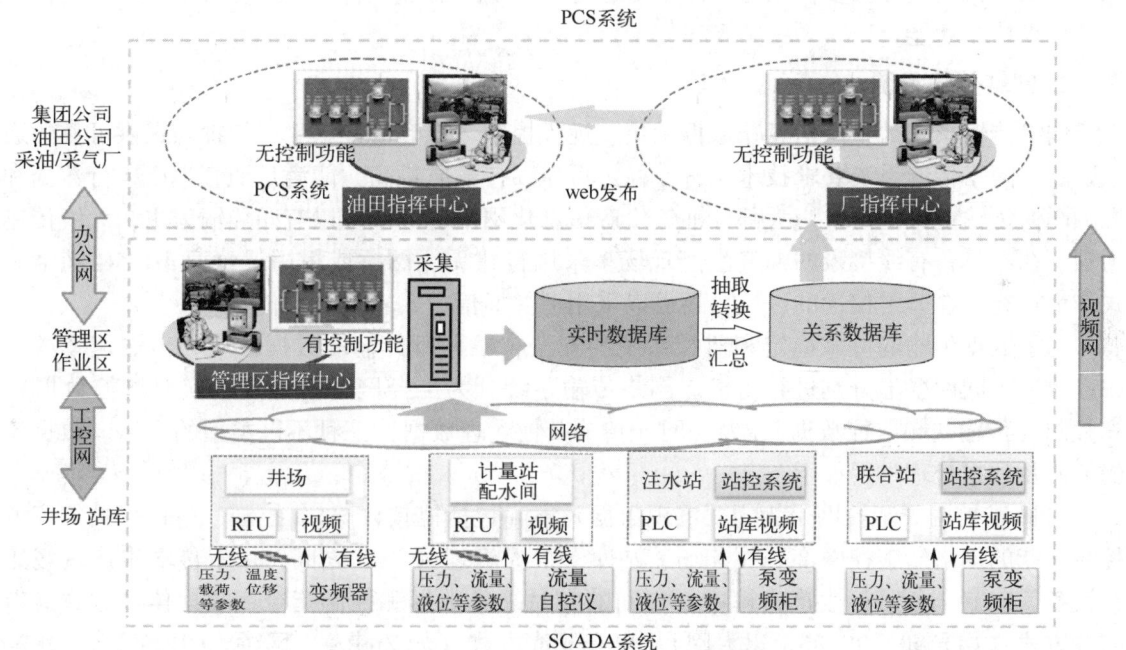

图 11.1 油气生产信息化系统结构示意图

1. 数据采集与监督控制系统

数据采集与监督控制系统(SCADA),布署在井场、站场至采油管理区,对生产现场的数据进行采集,并实现对生产现场的实时控制功能。数据运行网络在工控网上,通过数据采集服务器轮训查询采集存储到实时数据库内,供操作员调用,实现对生产现场的实时监视和具体控制。实时数据库数据经抽取、转换、汇总后存储于关系数据库,经web服务器发布到办公网,向采油厂、油田公司等上级PCS传送。

数据采集与监督控制系统(SCADA)是油气生产信息化的主要内容,主要由安装在井场、站库油气生产工艺流程及设备上的传感器、测控仪表,以及控制单元(PLC、RTU等)等组成,实现油气生产数据采集、状态监视、预警报警、远程管控等功能。

数据采集与监督控制系统主要实现油气生产运行参数自动采集、生产环境自动监测、物联设备状态自动监测、生产过程监测及远程控制功能。

(1)油气生产运行参数自动采集,实现采油、集输、作业、钻井等各油气地面生产环节的实际生产数据的采集。

(2)生产环境自动监测,实现生产现场的实时视频采集,可燃气体及有毒有害气体浓度等信息的采集和告警。

(3)物联设备状态自动监测,如井场测控仪表、视频球机、网桥、作业钻井设备、拉油车等实现物联网设备的标识、位置、工作状态等信息的采集与监视。

(4)生产过程监测,提供油井监测、气井监测、供/注水井监测,实现站库、场站、集输管网、供水管网、注水管网涉及的生产对象的工艺流程图动态显示、实时数据显示和告警。

(5)远程控制,实现抽油机井远程启停、电泵井远程控制、气井远程关断、注水自动调节控制、自动倒井计量控制等,用户可综合考虑生产需求、管理需求和安全需求,选择实现的远程控制功能。

2. 网络传输系统

网络传输系统为生产信息化数据采集、远程控制、视频监控、生产指挥等提供可靠的通讯链路。网络传输系统要求技术先进、稳定可靠、传输质量高,能满足油气生产运行数据和视频图像传输业务的需求。大部分油气生产信息化网络传输系统以有线传输为主,无线传输为辅。在不具备有线接入的油气生产现场多采用自建无线网桥或租用运营商4G/5G网络方式作为补充。在非常偏远的区域,还可以采用卫星通信方式实现数据传输。

为了数据传输的可靠稳定和监控系统的安全,根据所传输的数据性质和传输速率的大小,放到不同网络上分别进行传输。网络传输系统分为工控网(传输现场实时测控数据)、视频网(传输视频监控数据)、办公网(传输其他管理数据)三种不同类型的网络。数据流的流向及数据处理过程如下。

(1)工控网。工控网是为主要实现数据采集(包括视频数据)、控制、联锁保护等工业控制功能的网络。工控网部署在井场、站库、采油管理区PCS之间,用于传输生产现场工艺设备、RTU与管理区生产指挥中心之间的实时采集数据和控制指令。数据传输方式既有有线方式(如光纤、RS485、以太网),也有无线方式(如ZigBee、网桥、GPRS等)。传输生产现场实时采集数据和控制信号,数据短、数据流量小、实时性强、安全要求高。工控网出口部署网闸,进行安全隔离。

(2)办公网。办公网是为主要实现办公管理、文件共享及邮件通知等办公功能的网络。办公网部署在管理区、采油采气厂、油气田公司、集团公司PCS之间。用于传输经汇聚转换的监控数据、系统所需的各类油田办公网内数据及Web发布数及其他管理数据。

(3)视频网。视频网部署在井场、站库、采油管理区及采油厂之间。专门用于传输实时性不强、流量大的视频信号。前段采用网桥或光线传输。后端一般都用光纤传输。

3. 生产指挥系统 PCS

油气生产指挥系统简称 PCS，是油气田企业实现油气水井场、站库、管网等油气现场生产管控的可视化、自动化、智能化综合信息平台。主要提供生产过程监测、生产分析与工况诊断、物联网设备管理、视频监测、报表管理、数据管理、辅助分析与决策支持、系统管理、运维管理、功图分析功能。

PCS 部署在采油/采气厂、油气田公司及集团公司总部，满足各级管理、决策人员的油气生产监测、分析诊断、预测预警等需求。PCS 包括油田公司生产指挥中心、采油/采气厂级生产指挥中心、区域（采油管理区/作业区）监控中心三个层级。其中区域（采油管理区/作业区）监控中心是三级生产指挥系统的第一级，也是 SCADA 系统的中心站。采油厂、油田公司生产指挥中心与管理区生产指挥中心之间通过办公网连接，完成对油气生产监督管理，实现生产和管理决策层的信息交换。

PCS 系统的主要功能如下：

（1）生产过程监测——实现油井监测、气井监测、供注水井监测、站库场站信息展示、集输管网信息展示、供水管网信息展示、注水管网信息展示功能，实现对涉及的生产对象基础数据和历史数据查询、实时监测和超限告警、油气水井和站库场视频监测。

（2）生产分析与工况诊断——实现产量计量、参数敏感性分析、工况诊断预警、示功图诊断预警等功能。

（3）物联网设备管理——实现物联网设备信息检索、设备故障管理和物联网设备维护功能。

（4）视频监测——实现视频采集与控制、视频展示、视频分析报警功能。

（5）报表管理——实现生产数据报表模板管理，实现对生产数据报表、物联网设备故障报表、系统运行报表的自动生成功能。

（6）数据管理——实现采集数据质量管理和数据集成管理功能。

（7）辅助分析与决策——支持实现油气生产物联网汇总信息展示功能。

（8）系统管理——实现告警预警配置管理、用户权限管理、系统日志管理、数据字典管理功能。

（9）运维管理——实现运维日志管理、运维任务管理、系统备份管理、系统版本控制功能。

（10）抽油井示功图分析——具有示功图对比分析、功图分析结果查询与展示功能。

PCS 系统是油气生产指挥系统的简称。在油田生产前端实施自动化改造的基础上，通过集成油、水井及站库的实时数据、现场视频和管控信息，实现对油气生产全过程的实时监控、远程管控、报警预警、协同管理、高效处置。

按照油田统一的顶层设计，确立了 PCS 系统 "361" 的体系架构，即 3 个层级、6 个模块、1 个平台，实现三级联动、上下贯通、层层穿透，充分发挥其对"油公司"体制机制建设的支撑作用，如图 11.2 所示。

（1）生产监控模块：综合利用生产现场实时信息，依托地理信息，集成现场自动化及视频监控系统，有采油监控、采气监控、注水监控、集输监控、海上监控、巡护监控 6 个子功能模块。涵盖了油井、注水井、计量站、配水间、注水站、集输站、外输管线、重点拉油

图 11.2 PCS 系统功能模块

车辆等生产运行实时状态、实时工作参数、压力温度趋势曲线、示功图跟踪、报警信息的集中展示及分级处置。

生产监控模块采用数据列表与 GIS 结合的展示方式，列表中简要描述出报警的分类、报警事件、报警时间、处理情况等信息，点击链接后在 GIS 地图中定位报警点，同时展示出详细报警信息及周边的油水井、管线等生产设施。

（2）报警预警模块：根据专业化管理的要求分采油、注水、集输、巡护 4 个子功能模块。包括警示定位、警示处置、历史查询、报警预警的阈值设置。以预警事前处置为主，报警事后处置为辅，突出一井一策预警管理，由事后管理向事前管理转变，超前发现问题，减少事故发生。

（3）生产动态模块：基于前端实时数据，通过自动归集、指标汇总，生成图表关联的展示页面，实现主要动态指标的全面掌握，包括新井运行、作业运行、电力运行、采油动态、采气动态、注水动态、集输动态、海上生产 8 个子功能模块。自动生成油水井生产动态曲线等综合分析等；主要体现生产要素的实际变化情况，为生产监控岗、生产技术岗等提供工作依据，反映工作动态、现场分布、进度情况。

（4）调度运行模块：实现人员动态、日常调度、重要工作流程化管控。分级、分事件类型建立要素标准模板，落实到岗位，指挥到单兵、考核到个人，实现"三级贯通一体化，横向联动协同化"。调度运行模块主要体现调度组织与协调功能，包括调度在线、调度会议、重点工作、报表管理、计划管理、资料查询、车辆运行 7 个子功能模块。反映岗位人员动态，实现工作协调内容（日常维护等）及执行反馈，能够快速定位巡线巡护人员、自动记录协调组织过程的录视频资料。通过生产即时通，促进管理区内专业班站之间，管理区外专业化队伍间的工作协同。

（5）生产管理模块：实现主要生产技术指标的统计分析和技术运行管理。分采油、注水、集输、开发实现工艺、地质等专业技术管理岗位的指标自动汇集和辅助分析，为专业化管理提供在线、实时、系统分析手段。主要是日常生产技术管理方面的应用，包括采油管理、采气管理、注水管理、集输管理、开发管理5个子功能模块。

（6）应急处置模块：实现应急现场可视化、应急资源协同化、应急处置规范化，预案应急报警与预案的联动执行、跟踪事故现场实况（视频、生产设施信息、处置记录等）、现场与管理指挥人员的在线通信。应急处置模块包括事件处置、应急预案、应急流程、应急专家、应急物资、应急队伍6个子功能模块。

模块 11.2 油气田 SCADA 系统

数据采集与监督控制（Supervisory Control And Data Acquisition，SCADA）系统，是由生产指挥中心通过数据通信网络对远程站点的运行设备进行监控的计算机控制系统。以实现对多个分散的远程站点生产工艺设备状态、生产参数的数据采集与调节、设备控制以及信号报警等功能。

作为计算机分级控制系统的一个分支，SCADA系统是专门为分布于大空间跨度的生产过程而开发的，如电力、石油、消防等领域，尤其在长距离油气管网上应用非常广泛。

SCADA系统的概念形成于20世纪60年代中期。中心站能够与多个远程站进行通信并对其进行监测与控制。SCADA系统主要用于测控点十分分散、分布范围广泛的生产过程或设备的监控，通常情况下，测控现场是无人或少人值守。SCADA系统在控制层面上具有一个中心站、多个远程站类型的两层金字塔结构以及连接两个控制层的通信网络。

近年来，随着网络技术、通信技术、微处理器技术的发展，SCADA系统在结构上更加分散，通信方式更加多样。能够很好地完成对测控点分散的各种生产过程或设备的实时数据采集、本地及远程自动控制，实现油气田等大型综合性企业生产过程的全面实时监控，并为安全生产、调度运行、优化管理提供必要的数据及技术支持。

11.2.1 SCADA 系统总体架构

1. 油气田 SCADA 系统的组成

根据油气生产信息化系统总体设计要求，油气田SCADA系统在采油/气管理区或大型中心站厂部署。并在管理区/作业区建立监控中心，通过工控网实时监测、控制油气井场、站库、管线等现场的生产数据。

油气田SCADA系统由管理区监控中心、数据通信网络、远程测控站点（生产现场测控仪表及远程终端单元RTU）组成，如图11.3所示。

1）远程测控站点

远程测控站点包括井场（采油井、采气井、注水井、注聚井、蒸汽吞吐开采井、水源井等）、增压站、转油站、注水站、联合站等大中小型站厂的数据采集与监督控制。作为SCADA系统的基础层级，由远程终端单元RTU与现场测控仪表、设备组成。一般的，油气田的井场、增压站测控参数有限，数量众多，采用专用油田RTU作为测控终端设备；而其他中小型站厂测控参数众多、相对集中，工作环境较好，一般采用PLC作为测控终端设备；

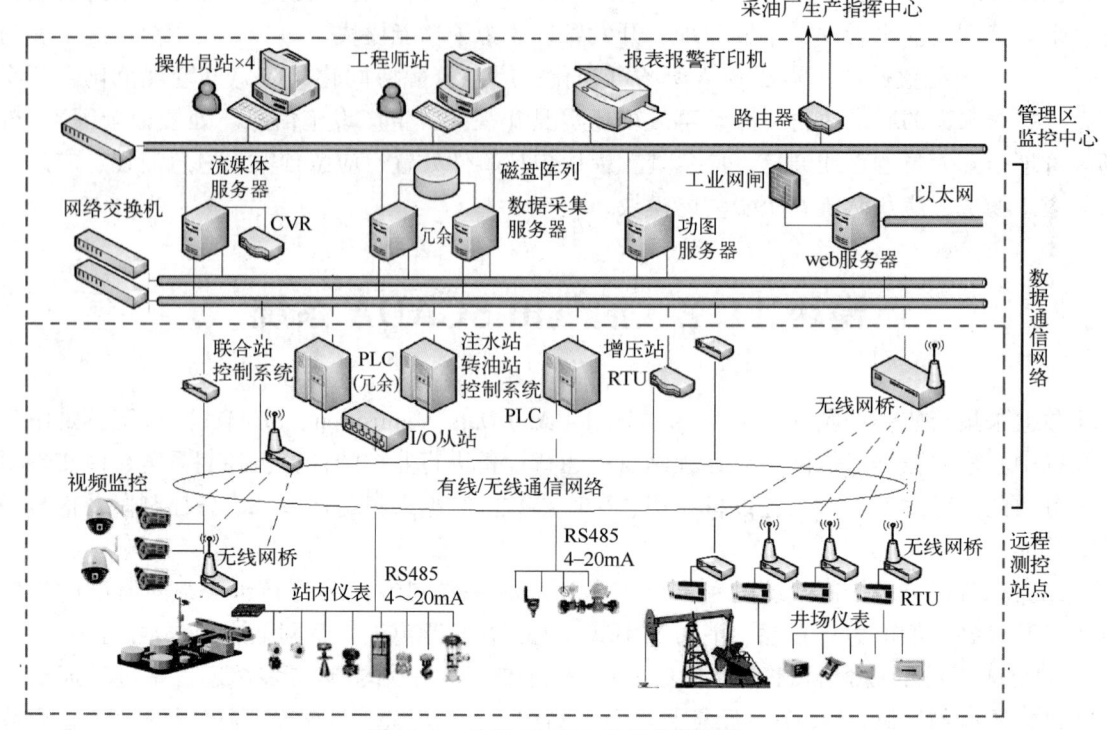

图 11.3 油田 SCADA 系统总体架构

大型联合站、油田炼油、化工、轻烃厂等大型站厂有的采用 DCS 系统作为测控终端设备。SCADA 系统只起到监视作用，不进行另外的控制。

实现生产现场工艺设备数据采集与控制的核心是远程终端单元 RTU。与采油井场、集输站库各生产设备上的测量仪表、传感器、执行器连接，进行数据预处理及本站监控。在与监控中心的通信中断时能够按照预先设定的采集控制程序独立工作。

2) 数据通信网络

数据通信网络连接远程 RTU 和管理区监控中心，以及管理区监控中心与采油厂、油田公司生产指挥中心之间的数据传输。RTU 和管理区监控中心之间建立工控网，一般采用光纤通信或网桥通信。管理区监控中心与上级生产指挥中心之间，采用以光纤通信的有线网络，实现高速率的网络互联。

3) 管理区监控中心

管理区监控中心设置实时数据库和示功图关系数据库。数据采集服务器通过对各远程测控站点的 RTU 定期查询、采集操作数据和状态，并将数据信息存储到实时数据库中。并通过工控软件实现监控终端对现场的监视与控制。

管理区监控中心对整个系统进行统一监视，并向各 RTU 发出操作和调整指令，实现分散控制和集中调度管理。完成对生产设备的遥信、遥测、遥控、遥调。管理区监控中心是唯一能够实现对现场设备进行操作控制的机构，测量、控制数据只在工控网上传输。通过关系数据库。

2. 数据采集处理流程及存储

在 SCADA 系统中，从信息的传输与处理过程来看，数据的采集、处理、存储及应用都是遵循一定的流程的，如图 11.4 所示。

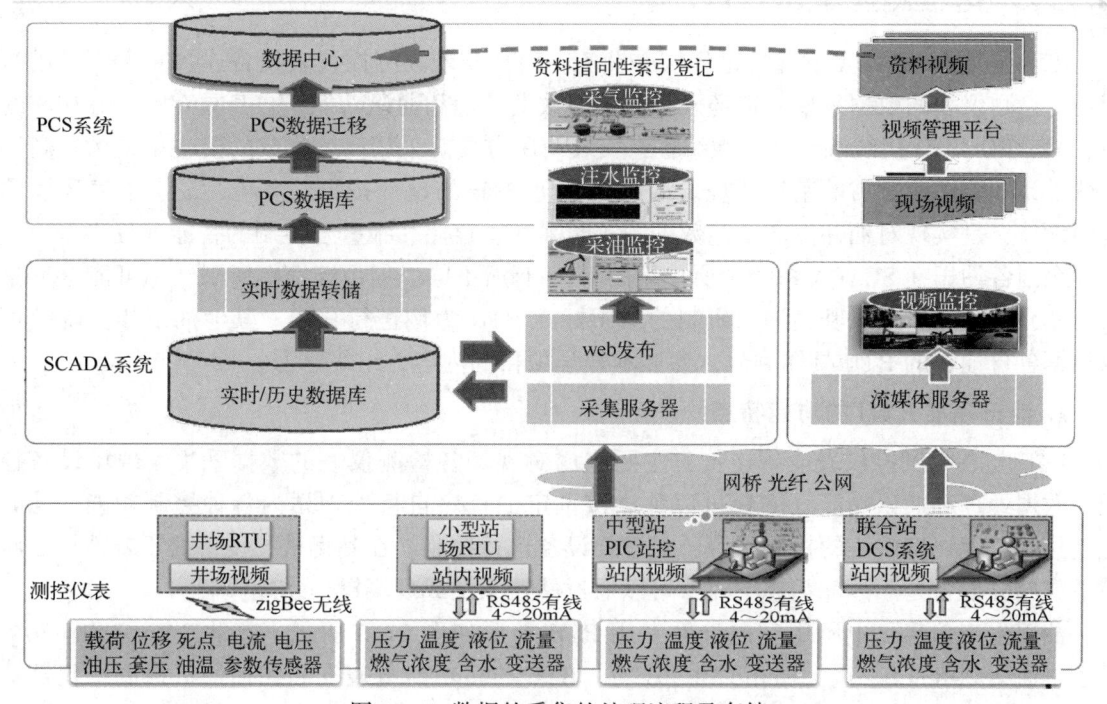

图 11.4　数据的采集的处理流程及存储

采油井场、集输站库各生产设备的状态、工艺参数（实时数据）通过相应的传感器及仪表检测出来，传送给本地 RTU（或 PLC），与现场监控（视频数据）一起通过有线光纤或无线网桥向管理区监控中心汇聚。

现场 RTU 上传的温度、压力、流量、电参等实时数据通过工控网分配到实时数据采集服务器进行集中处理，形成实时数据库；抽油井载荷-位移等示功图数据分配给功图服务器汇聚处理，存储到功图关系数据库（小型管理区可以公用一个采集服务器）。

实时数据及视频通过二次组态模块及 web 服务器发布，供 SCADA 系统操作员对油井、场站设备及生产过程进行监视、监控。

通过实时数据转储工具，对实时/历史数据库的数据进行二次开发，实时数据库中的相关数据按照规范处理后向 PCS 数据库转储。PCS 数据按照数据中心存储规范处理后，转变为可满足不同业务应用的、符合入库标准的生产数据，同步镜像到采油厂数据中心，实现永久储存。

PCS 数据库标准数据为油田各专业深度数据挖掘及应用提供了保障基础。并为生产运行指挥、油田开发、采油工艺等专业分析应用提供支持。

现场视频数据通过视频网在流媒体服务器集中处理、硬盘录像机 CRV 进行循环存储。存储时间与摄像头路数有关，一般能达到 30~60 天。通过视频管理平台，摘取有报警、预警信息的动态现场视频经算法压缩后存储。并向数据中心提供指向性索引登记。

PCS数据采取"分类存储、时限各异"的存储方式：资料数据永久保存，运行数据中期保存，状态数据短期保存，图像数据选择性保存。利于优化存储空间、提升系统运行效率。

11.2.2 远程测控单元RTU

RTU是油田SCADA系统的远程核心设备。RTU与现场测控仪表设备连接，主要完成对现场各检测仪表的数据采集、现场设备控制、数据处理和通讯功能。自身具有定义好功能的DI、AI、DO、AO接线端子，无须编程，安装使用方便。采用高度集成的模块化结构、高可靠性设计，能适应恶劣的室外环境。油田标准化RTU的设计按野外环境、复杂电气环境的应用设计，是实现对油井生产工艺数据的实时采集、存储、报警及控制的智能远程终端。

全国各油田在SCADA系统中所使用的RTU有所不同。但由于篇幅所限，不可能全部拿来——介绍。这里仅以胜利油田研制的油田标准RTU为例进行介绍。其他油田相关院校可以根据各自油田的RTU具体型号，参照本教学项目的内容，组织学习。

1. 油田标准RTU的功能特点

RTU与现场测控仪表设备连接，主要完成对现场各检测仪表的数据采集、现场设备控制、数据处理和通讯功能。RTU可以独立按预定的程序自行处理站内各种控制功能，同时又能接受调度调度中心的控制指令，对重要设备进行控制。在站场被控设备处于就地控制状态下或部分设备处于故障状态下时，可以通过站控系统或现场操作实现控制。

油田生产信息化中所用到的油井专用RTU外形如图11.5所示，有北京安控SL-304、丹东华通2000R+CS、南大傲拓CPU401等。RTU与多功能电表安装在抽油机控制柜仪器舱内。具有较好的防雨、防晒、防尘、防电磁干扰环境。

RTU由主控板、输入输出（I/O）信号处理板、电源板、通信板、外壳、栅栏式接线端子排、串行接口、网口、指示灯、外置ZigBee通信天线等组成。

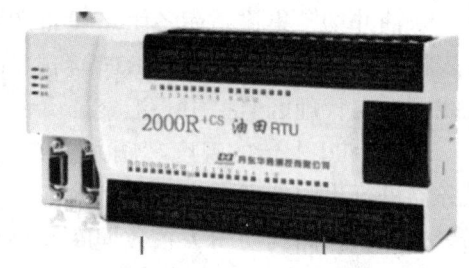

RTU采用高度集成的模块化结构、高可靠性设计，能适应恶劣的室外环境。油田RTU结合油田生产信息化建设需求，根据特定工作内容和环境量、按油田技术标准规格书量身定制的专门数字控制器，

图11.5 油田标准RTU外形

它自身具有定义好功能的输入、输出及通信接口，每一路输入输出接线端子接什么设备信号都已经明确定义，已经为特定测控需求编制好了内部检测控制程序。现场应用时只要按规定接线，无须编程，安装使用方便。

油田标准RTU有14路开关量输入DI、5路4~20mA模拟量输入AI、10路开关量输出DO、3路RS485串口通信、2个RS232串口、1个RJ34以太网口。RTU用于小型远程站数据采集与控制。

根据油水井、站库标准化要求，专门对RTU的采集方式、传输协议、控制功能、通讯模式进行了针对性程序开发和设计。

RTU通用性较强，可以满足油田各种生产工艺的油井、水源井及增压泵站的现场应用，通过RTU工作模式的配置可以使RTU具有A-油井RTU模式、B-水源井RTU模式、C-增压泵站 RTU 模式。

油井模式下 RTU 可以接收存储油井负荷、位移、压力、温度及电压电流等数据，并通过无线网络上传到数据汇集点的服务器上。

油田标准 RTU 专门针对油田油水井、增压站数据采集及控制设计，很有行业特点。

（1）支持 I/O 接口、RS485 现场总线接口、无线 ZigBee 网络数据采集功能。

（2）支持传感器故障检测、网络通信故障检测、RTU 报警数据主动上传 SCADA 系统功能。

（3）支持多种示功图数据采集方式。支持无线载荷传感器即时唤醒功能。

（4）支持电功图测量及辅助分析：利用电机电气数据，间接实时测量"示功图"辅助分析油井工况。

（5）支持上行网络中断 RTU 监测数据缓存（保存 10 天）。支持掉电数据保持功能。

（6）具有日历时钟并支持网络通信校时（日历时钟掉电时间保持 3 个月）。

（7）支持无线手持操作器、RS232 有线接口对 RTU 的现场配置、调试，以及远程配置功能。

（8）内置温度测量模块，具有 PT100 温度接口，实时监测环境温度。

2. 输入/输出端子定义及接线

RTU 上下各有 P1 和 P2 两个栅栏式接线端子排，每个接线端子排有上下两层。需要成对使用的接线端子分布在上下两层相对的端子位上。油田标准 RTU 的输入输出端子的功能定义如图 11.6 所示。

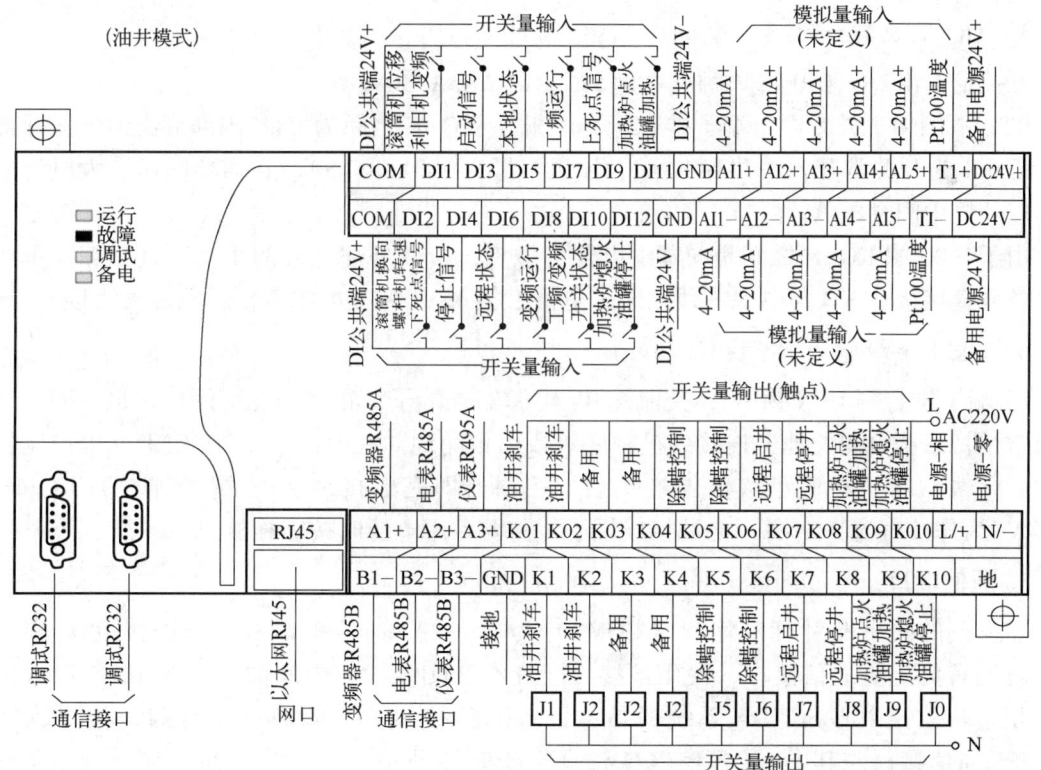

图 11.6　RTU 的外部功能定义

1) DI 输入接线端子

油田标准 RTU 的接线端子位于上下两排。上排 P1 为输入接线端子，有 12 路开关量输入 DI。DI 输入要求为无源干接点，RTU 装置内部给各 DI 输入供电（DC24V）。其中 COM 为 DC24V 电源正端、GND 为 DC24V 电源负端（各路 DI 内部连接 GND）。该 DC24V 不得作为其他设备的供电电源。

DI 接开关型设备，如启/停按钮、上/下死点开关、远程/就地转换开关等。开关器件的两条线，一条接公共端 COM 接入内部 24V+电源，经开关通过另一条线接 RTU 的 DI，经内部检测回到 GND（电源 24V-），形成闭合回路。

2) AI 输入接线端子

RTU 上面 P1 端子排上，AI1~AI5 为 5 组 4~20mA DC 模拟量信号输入端。具有过压、过流保护，以防止现场接线错误造成的损坏。现场接线，可以分为两线和三线制两种方式。

二线制变送器 24V 电源可以利用 RTU 内部供电（DC24V）。两线制变送器只需连接在 COM 和 AI+之间即可，经 AI-内部检测回到 GND（电源 24V-），形成闭合回路。因此 AI-不用连接。

三线制变送器的外电源 24V+接变送器电源+、外电源 24V-接 RTU 的 AI-和变送器的电源-，变送器的输出信号端 S 接 RTU 的 AI+。

P1 端子排的 T+~T-接线端子是 RTU 提供的 1 路 PT100 热电阻（RTD）温度测量通道。T+、T-分别接热电阻两端即可。无极性之分，无须采用三限制。

3) DO 输出接线端子

开关量输出 DO（10 路）触点容量 5A/250VAC5A/30VDC。

RTU 下侧端子排为输出端子排 P2。端子排上 KO-K 之间为 RTU 内部输出继电器外部端子，KO-K 为开关常开，一共有 10 组，输出容量为 250V AC 5A。在需要高压、大电流的场合，应外接中间继电器。

由于 RTU 的 KO-K 之间是内部继电器的触点，所以外部连接的小功率（1kW）单相电器设备可直接接在 KO 与电源零线之间。电器 L 接 KO、N 接电源零线，电源火线接 K。

4) 电源接线端子

P2 端子排右侧 L-N 为 RTU 交流 220V 电源输入端子。在大部分应用中，最好的系统接地通常是将系统电源的地，连接到机柜底盘或面板的地。在 RTU 上，将 GND（即控制器外壳或者导轨）与机柜底盘或大地连接后，控制器即完成接地。P1 端子排右侧 DC24V+、DC24V-为外接直流 24V 备用电源接线端子。需要备用电源时按需连接。

3. 通信端口

左下侧的两个 9 针标准串口（COM1）为 RS-232 通信串口，用于连接 RTU 调试设备。可配置为上行通信接口，使用该接口配置本 RTU。下侧中间的网口为 RJ45 以太网接口，用于与监控中心 SCADA 系统通信，上行通信接口。下侧右面串行通信接口为三个 RS-485 通信接口。其中 A1-B1（COM2）与变频器通信，变频器地址指定为 1，通信波特率 19200；A2-B2（COM3）与多功能电表通信，多功能电表地址指定为 1，波特率

9600；A3-B3（COM4）可以连接最多 32 台 RS-485 串行通信总线仪表，通信波特率定义为 9600。

4. 指示灯及含义

RTU 上有多个指示灯，便于操作人员清晰了解 RTU 工作状态。指示灯分为状态指示灯、通信指示灯、DI 与 DO 状态指示灯；其中故障指示灯为红色，其余指示灯均为黄色。

工作状态指示灯：用于指示 RTU 处于的状态，包括运行、故障及调试三种状态。

"运行"指示灯：工作正常时闪烁，有故障时常亮，电源故障时灭。

"故障"指示灯：故障状态时亮，工作正常时灭。

"调试"指示灯：RTU 此时处于现场调试中时亮，正常运行（非调试）灭。

"备电"指示灯：有 24V 备用电源时亮，备用电源未接入时灭。

RTU 左下侧的通信指示灯：用于指示 RTU 各通信接口通信状态，分别为："ZigBee"通信指示灯、"COM1" RS232 通信指示灯、"COM2" 第 1 路 RS485 通信指示灯、"COM3" 第 2 路 RS485 通信指示灯、"COM4" 第 3 路 RS485 通信指示灯、"CAN"扩展接口通信指示灯、"LINK"以太网通信指示灯、"DATA"以太网通信指示灯。通信接口有数据收发时闪烁，无数据收发时长灭。

DI 与 DO 状态指示灯：用于指示 RTU 各通道开关量输入（DI）与开关量输出（DO）状态，有信号（接通）时亮，无信号（断开）时灭。

L1-L10 调试状态指示灯：用于指示标定、调试、工作状态下各仪表的工作状态，具体定义详见 RTU 操作说明书。

5. RTU 的配置

通过配置 RTU 的"配置信息表"相关信息，油田标准 RTU 可满足油田生产的油井、水源井、增压泵站的 SCADA 系统现场应用。

通过 RTU 上的 RS232 接口或通过 ZigBee 无线手持操配置 RTU 的"配置信息表"，设置 RTU 的运行模式等工作参数。RTU 的"配置信息表"存储于 RTU 的外部 EEPROM 存储器，掉电不丢失。

RTU 可以采用手操器配置，也可以采用 RTU 智能软件进行配置，通常采用手操器进行常规参数的配置，特殊情况下采用 RTU 配置软件进行相关参数的修改。

常规参数包括无线 ZigBee 网络号、信道号、网络 IP 地址、网关、子网掩码、功图采集方式、功图数据包点数、数据同步时间等。非常规数据包括功图采集间隔时间、无线设备休眠时间、网络端口号、DO 脉冲保持时间、历史数据存储间隔配置，模拟量 4~20mA 量程下限 4mA 对应的参数量、上限 20mA 对应的参数量设定，上下限报警值设定，PID 控制规律的比例度 δ_p、积分时间 T_i、微分时间 T_D 配置等。

以油井采用无线载荷、位移传感器，无线温度、压力变送器为例，说明 RTU 配置。

(1) 配置 RTU 工作模式为 A-油井 RTU 模式。

(2) 配置工况数据采集模式为 D-混合模式。

(3) 配置油井示功图采集模式为 A（无线载荷传感器+无线位移传感器）。

(4) 配置 RTU 的数据采样周期、示功图数据包点数为 200。

(5) 配置 RTU 的示功图采集间隔为 30min。

（6）配置 RTU 与上级监控中心的通讯模式为 A（通过 RTU 的以太网接口（RJ45）网络模式）。

（7）配置 RTU 与上级监控中心的上行通信协议为 A（IEC60870-5-104 协议）。

（8）配置上行数据包帧格式：通过 RTU 的"配置信息表"构成 RTU 的上行通信数据帧。

11.2.3 数据通信系统

SCADA 技术的快速发展及其广泛的应用与网络和通信技术密切相关，没有现代的网络和通信技术，就无法实现分布范围极广、极其分散的众多设备的远程监控。可以毫不夸张地说，现代的各种通信与网络技术在各种类型的 SCADA 系统中几乎都得到了应用，这也是 SCADA 系统的重要特色，即通信手段的多样性与先进性。

数据通信系统是通过数据传输信道将分布在各处的数据终端设备连接起来，以实现数据通信为目的的系统。除了终端设备、传输媒介、交换机等硬件设备外，为了保证通信的正常运行，还必须有运行管理的软件，如标准、信令、协议等。

通信网络的分类方法很多，按照传输介质的不同，通信网可以分为公用通讯网、微波通信网、光纤通信网及无线通信网；按照拓扑结构形式，通信网可以分为总线形、环形、星形、网形和复合形等基本结构形式。

1. 数据通信系统组成

实际的数据通信系统是千差万别的。数据通信系统是由数据信息的发送—接收设备、传输介质（信道）、传输报文、通信协议等组成。发送端将信息数据按规定的通信协议打包，通过编码器编码、调制器调制变换为适合于信道上传输的信号经发射器发射出去。经过传输，在接收端收到的信号通过相反的顺序通过接收器、解调器、译码器还原为信息数据。

为了把接收到的信息还原为原有信息，并为接收者所理解，需要一套实现约定的协议。协议是数据通信规则的集合，如果没有协议，两台设备即使连接也无法通信。

发送设备、接收设备和传输介质是通信系统的硬件。发送设备按通信协议将数据经过编码变换为信号形式，送往传输介质；接收设备则需要完成发送设备的反变换，即从带有干扰的信号中正确恢复出原有信号，并进行解码、解密等操作。

2. 油气田 SCADA 系统的数据通信特点

数据通信系统，完成现场仪表-RTU、中心站-远程站 RTU 的数据传递与交换，是 SCADA 系统的重要组成部分，如图 11.7 所示。

在油田 SCADA 系统，包含多种层次的通信模式，既有有线通信，也有无线通信。根据数据传输量的大小、到中心站的距离等因素确定 RTU 的通信方式。各油气田从远程站 RTU 到中转汇聚站一般采用网桥通信。汇聚站到管理区生产指挥中心一般采用光纤通信方式。对于偏远井还可以采用基于移动公网的蜂窝通信仪表、利用 4G/NB-IOT（基于蜂窝的窄带物联网）通信、利用 DTU 通过移动公网通信。也可以租用移动公网的铁塔、光缆实现数据通信。通过光缆中不同纤芯分别传送实时数据、视频监控数据、WEB 发布数据，分别构成工控网、视频网、办公网。RTU 与井场仪表（载荷、位移、温-压传感器）一般采用

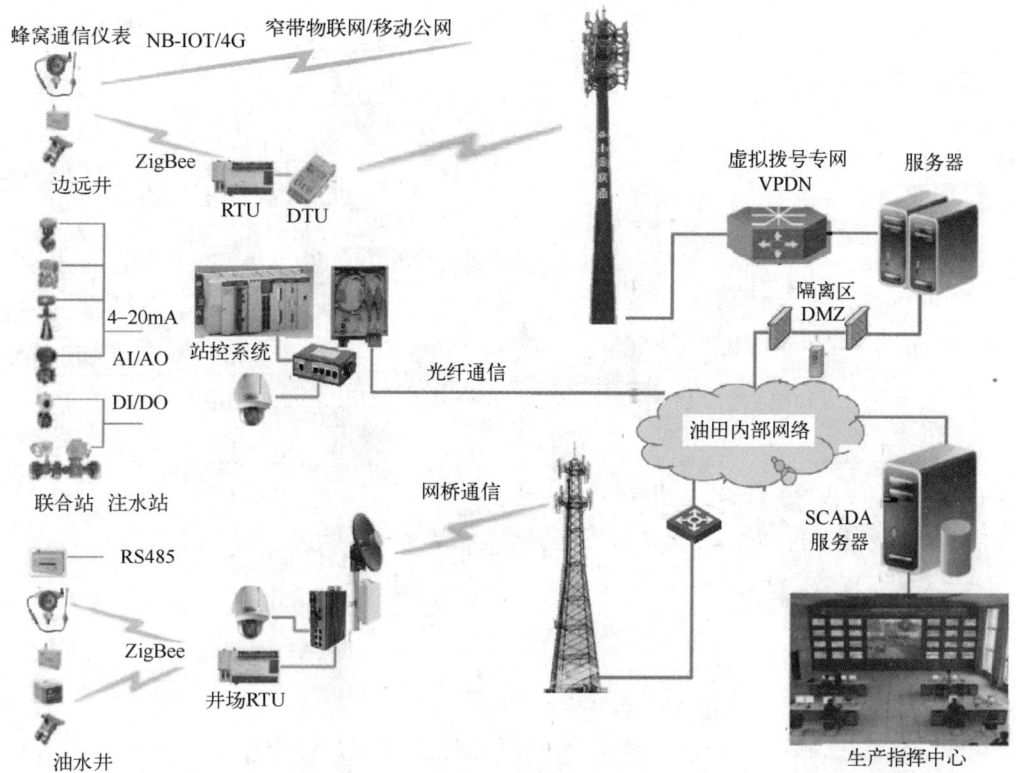

图 11.7　数据通信系统示意图

ZigBee 无线通信方式、Modbus RTU 通信协议，通信距离 50~150m。变频器、多功能电表及部分自动化仪表采用 RS-485 有线串口通信方式，采用 Modbus RTU 通信协议，通信距离 1200m 以内。

RTU 上行通信采用以太网口，采用 IEC104 规约。视频传输采用 H.264 协议。井场与中心站之间远距离通信，采用网桥/光纤两种通信方式均采用以太网通信，TCP/IP 协议。中心站服务器及客户终端之间也都是通过以太网通信。

11.2.4　管理区监控中心

管理区监控中心是油气生产信息化系统的基础。因此，管理区监控中心采用的是三级生产指挥系统管理软件（PCS），硬件配置如图 11.8 所示。

管理区监控中心是整个 SCADA 系统的大脑及中枢。主要由冗余的数据采集服务器（实时数据采集服务器、示功图采集服务器、流媒体服务器）、数据库服务器、WEB 服务器及客户终端（工程师站、操作员站等），通过网络交换机、路由器等设备组成工控网络。从安全性角度，服务器一般采用冗余（热备）配置。当一台出现故障时，系统自动切换到另外一台上工作。

实时数据采集服务器通过数据库管理将远端各站 RTU 的原始值、变换的中间值、最终值、报警点及发生时刻等相关信息存储起来，同时更新不必要的数据。在操作员站可随时查询调用实时数据服务器处理计算后的有关数据。为了提高系统的可靠性，服务器采用双机热备配置。

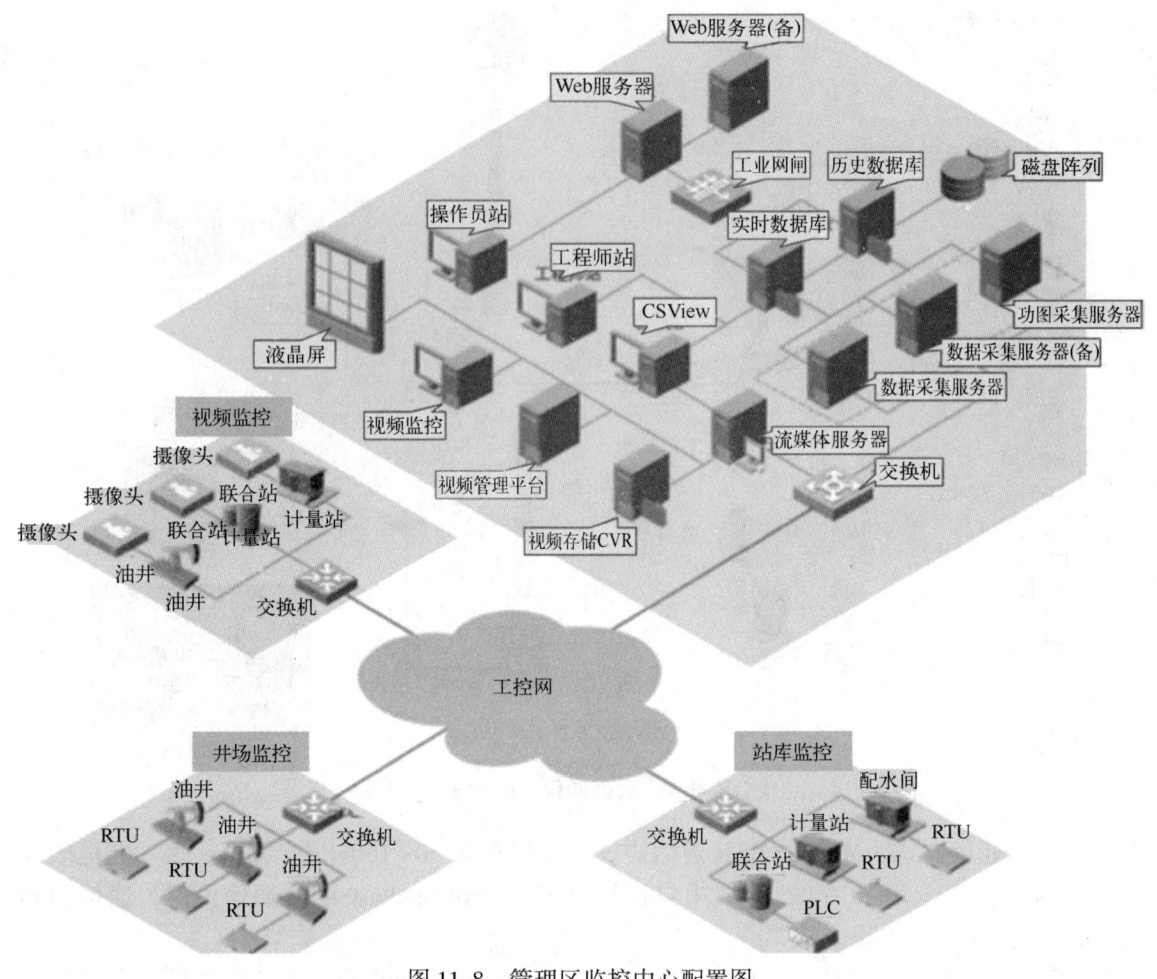

图 11.8 管理区监控中心配置图

多台操作员工作站对重要站场或关键的监测点进行定点监视。有些检测点未被显示器直接显示，但只要发生事件，都有声光信号通报，操作员通过查询能迅速识别报警点位置和报警发生条件。操作员工作站可以通过遥控指令改变各站场 RTU 的运行状态，也可以授权 RTU 独立运行。系统提供完善的优先级和权限控制功能，对于不同级别的操作员，提供不同的控制功能，防止越权操作。

调度中心中还安装有一台工程师工作站，用于完成程序编制、修改和工程计算、管理等任务，有的系统为优化管理设置了在示功图诊断及人工智能专家系统，配置实时模型软件、预测模型软件和决策模型软件，从而完成先进管理功能。

操作员工作站和工程师工作站均作为局域网上的一个节点，共享服务器的资源，中心局域网采用冗余配置。

由服务器和客户端可以构成 C/S 结构或 B/S 结构。服务器配置在不同的机器上，甚至不同的操作系统平台上，彼此分工协作，形成统一整体，构成了 SCADA 的分布式体系结构。

习题

一、选择题

1. 传输自动采集数据和控制信号的网称为（　　）。
   [A] 办公网　　　　　[B] 视频网　　　　　[C] 工控网
2. 三级生产指挥系统指的是局级生产指挥平台、厂级生产指挥平台和（　　）。
   [A] 管理区生产指挥平台　　　　　[B] 中四化生产指挥平台
   [C] 社区指挥平台
3. 油田公司局级生产指挥平台6大功能模块包括生产监控、（　　）、生产动态、调度运行、生产管理、应急处置。
   [A] 智能管道　　　[B] 石油工程　　　[C] 报警预警　　　[D] 社区服务
4. PCS的中文全名是（　　）。
   [A] 油气生产运行指挥系统　　　　　[B] 生产运行指挥系统
   [C] 油气生产指挥系统　　　　　[D] 油气生产运行系统
5. 数据采集与监控远程终端单元的英文简称是（　　）。
   [A] RTU　　　　[B] DCS　　　　[C] PLC　　　　[D] SCADA
6. 数字量输入的英文缩写为（　　）。
   [A] DI　　　　[B] DO　　　　[C] AI　　　　[D] AO
7. 数字量输出的英文缩写为（　　）。
   [A] DI　　　　[B] DO　　　　[C] AI　　　　[D] AO
8. 模拟量输入的英文缩写为（　　）。
   [A] DI　　　　[B] DO　　　　[C] AI　　　　[D] AO
9. 油气生产信息化的网络传输系统为保证稳定可靠和高传输质量，通常采用（　　）传输方式为主。
   [A] 光纤网络　　　[B] 数传电台　　　[C] 无线网桥　　　[D] 卫星通信
10. 监视与数据采集系统的英文简称是（　　）。
    [A] PCL　　　　[B] DCS　　　　[C] PLC　　　　[D] SCADA
11. 远程测控单元的简称是（　　）。
    [A] RTU　　　　[B] DCS　　　　[C] PLC　　　　[D] SCADA
12. 要实现RTU与无线载荷通信之前，需要先配置（　　），并与本井RTU的一致。
    [A] ZigBee网络号、通道号　　　　　[B] IP地址
    [C] RTU内部子网掩码　　　　　[D] 以上都不是
13. 油田RTU电源可采用AC220V，也可采用（　　）。
    [A] AC380V　　　[B] AC660V　　　[C] DC48V　　　[D] DC24V
14. 看到RTU"运行"灯闪烁时，代表RTU处于以下（　　）状态。
    [A] 通信故障　　　[B] 电压不稳　　　[C] 正常运行　　　[D] 都不对
15. 油田标准RTU有（　　）路数字量输入。
    [A] 8　　　　[B] 10　　　　[C] 12　　　　[D] 16

16. 油田标准 RTU 有（　　）路模拟量输入。
[A] 4　　　　　　[B] 5　　　　　　[C] 10　　　　　　[D] 12

17. 油田标准 RTU 有（　　）路数字量输出。
[A] 6　　　　　　[B] 8　　　　　　[C] 10　　　　　　[D] 12

18. 油田标准 RTU 能完成（　　）功能。
[A] 实时数据采集　　[B] 远程参数配置　　[C] 远程控制　　[D] 以上均可以

二、判断题

1. 标准化井场监控的数据参数主要包括井口油温、井口油压、井口套压、载荷、位移、电量参数、变频器参数、单井加热炉数据等。（　　）

2. 油田标准 RTU 通信接口包括 ZigBee 接口、RS485 接口、RS232 接口、以太网接口。（　　）

3. 油田标准 RTU 支持光纤传输。（　　）

4. 与常用的可编程控制器 PLC 相比，RTU 适用于更恶劣的温度和湿度环境。（　　）

5. 三级生产指挥系统指的是局级生产指挥平台、厂级生产指挥平台、管理区生产指挥平台。（　　）

6. 厂级生产指挥系统包括 5 大功能模块，即生产监控、报警预警、生产动态、调度运行、生产管理。（　　）

7. 前端数据无线采集设备与 RTU 通信协议统一采用 Zigbee 无线通信协议。（　　）

8. 信息化项目组网方式是针对不同的环境，网络构建采取有线、有线加无线、无线等不同的传输方式。（　　）

9. 相比于有线网络，无线网络的主要优点是可以摆脱有线的束缚，支持移动性。（　　）

10. 生产指挥系统中数据来源具有多样性，通常有 SCADA 系统、功图系统、动液面系统、视频服务系统等。（　　）

11. 井场 RTU 只能采集油井油压、油温和载荷。（　　）

12. 井场 RTU 通过 RS232 信号与变频器通信。（　　）

13. 井场 RTU 通过 TCP/IP 协议与网桥通信。（　　）

14. 井场 RTU 除能通过无线 ZigBee 通信外，也能采集有线仪表 4～20mA 模拟信号。（　　）

15. 与常用的可编程控制器 PLC 相比，RTU 适用于更恶劣的温度和湿度环境。（　　）

16. 井场 RTU 的 DI2 端子接抽油机"启动"开关信号。（　　）

17. 井场 RTU 的 DI5 端子接本地控制信号。（　　）

三、填空题

1. 油气生产信息化系统架构主要由（　　　　　　）、（　　　　　　）、（　　　　　　）三部分组成。

2. 油气田 SCADA 系统的中文名称全称是（　　　　　　）。

3. 计算机通信分为（　　　　）和（　　　　）。

4. 油气生产信息化是通过对油气生产管理实施可视化改造、自动化升级、（　　　　　　），为提高生产效率和管理水平提供支撑。

5. 加快推进油田板块"两化"深度融合，利用信息化手段助推油田企业提质增效、转型发展。"两化"是指（　　　　　　）。

四、简答题

1. 简述三级生产指挥系统。
2. 简述局级、厂级、区级生产指挥系统功能模块。
3. 画图说明胜利油田标准 RTU 的接线规定。

项目十二　抽油机采油井工况数据采集及远传

本教学项目以项目驱动方式通过油田抽油机井工况数据采集及无线远传任务的实现为载体，利用相关教学模块组合教学及实践训练，完成对项目任务的认知、项目目标的实现和相关测控仪表的掌握。本教学项目主要介绍了油田采油生产中广泛应用的抽油机井工况监控要求，无线载荷—位移传感器、一体式无线温度—压力变送器等数据采集仪表。

【学习重点】
1. 无线载荷传感器、无线位移传感器、无线温压一体化变送器的结构原理、安装维护与参数配置知识。
2. 油井远程测控单元 RTU 的功能、接线、指示灯辨识。

【核心知识点】
1. 抽油机井工况数据监控要求、示功图测量原理。
2. 无线载荷传感器的结构、原理。
3. 无线位移传感器的原理。
4. 无线温—压一体化变送器的结构、原理。
5. RTU 的功能、作用及应用。
6. 无线仪表的参数配置。

模块 12.1　抽油机采油井工况监控需求及示功图量油

目前我国先期开发的老油田已进入开发后期，传统的人工巡井测试、不定期测量示功图等简单粗放的油井诊断管理方式，不能准确反映油井的动态变化，无法满足根据油井状态进行精细化管理的需求。为了及时掌握油井的生产状况，需要缩短油井计量周期，实现采油井工况实时监控和单井日产量计量。

油气井工况监控系统是目前油田生产信息化建设中的重要组成部分。井场数据采集仪表将油井工况数据传递给井口的远程测控单元 RTU，通过通信系统，传送到管理区生产指挥中心 PCS，这三部分一起构成了油田 SCADA 系统，实现了对广大范围油田内分散油井的远程数据采集和监督控制（见项目十一）。

本教学项目主要介绍油田生产信息化系统中的核心内容——采油井工况监控及数据采集系统（SCADA）中的采油井数据监控仪表和设备。油田各种油、气、水井监控要求有所不同。采油井也有自喷井、电潜泵井、螺杆泵井、抽油机井之分，下面以游梁式抽油机井工况监控为例进行介绍。虽然全国各油田在油气生产信息化建设方面的需求及建设进程有所不同，但所采用的仪表及装备基本相同。下面主要以胜利油田 SCADA 系统中比较典型的仪表及 RTU 型号为例进行介绍。

12.1.1 游梁抽油机的结构及示功图

1. 游梁式抽油机的结构

游梁式抽油机是采油生产中应用最为广泛的采油设备。游梁式抽油机有多种类型，基本结构如图 12.1 所示。

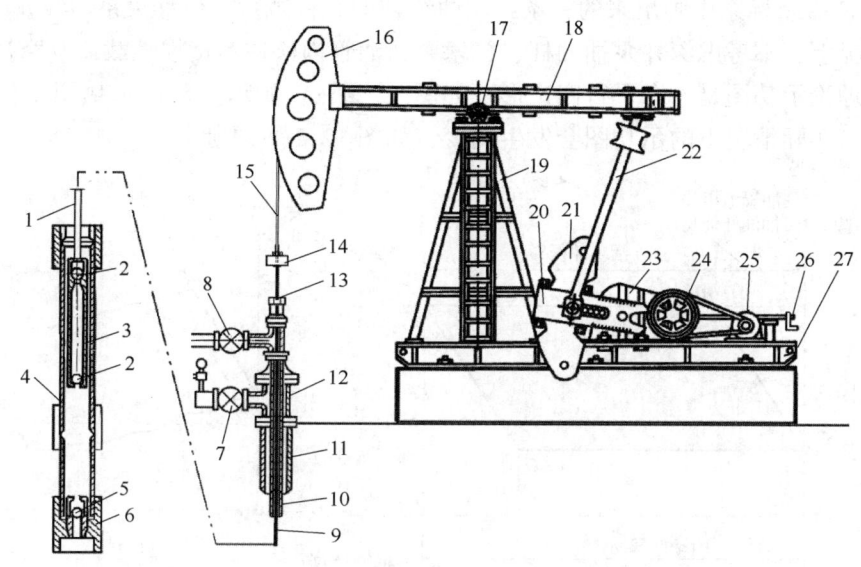

图 12.1 游梁式抽油机-深井泵装置

1—抽油杆；2—游动阀；3—空心柱塞；4—深井泵工作筒；5—固定阀；6—锥形阀座；7—套管阀门；
8—油管阀门；9—光杆；10—油管；11—套管；12—井口装置；13—密封盒；14—悬绳器；15—钢丝绳；
16—驴头；17—中轴轴承；18—游梁；19—支架；20—曲柄；21—平衡块；22—连杆；
23—减速箱；24—皮带及皮带轮；25—电动机；26—刹车；27—底座

三相异步电动机 25 转动时，通过皮带及皮带轮 24、减速箱 23 减速，使曲柄 20 绕轴旋转，驱动连杆 22、带动游梁 18 和驴头 16 做上下往复运动。经固定在驴头上的钢丝绳 15、悬绳器 14、光杆 9、抽油杆 1，带动井下深井泵工作。深井泵的柱塞 3 与抽油杆 1 连接，做上、下往复运动。

当柱塞 3 受抽油杆 1 重力作用向下运动（下冲程）时，固定阀 5 受深井泵工作筒 4 内液体压力作用关闭，而游动阀 2 受泵筒内液体压力作用而开启，从而使泵筒内液体通过空心柱塞 3 进入柱塞上方液柱区。

当柱塞 3 被抽油杆 1 带动向上运行（上冲程）时，深井泵工作筒 4 内压力降低，深井泵下方的原油和水推开固定阀 5 进入深井泵工作筒 4 内。在柱塞 3 上提过程中，游动阀 2 受柱塞上方液柱压力作用而关闭，并推动其上方液体向井口举升。抽油杆柱带动深井泵周期性工作，将井下原油汲提至地上，由井口及外输管线输送至集油站点（如增压站）。

在下冲程时依靠巨大的抽油杆重力工作，电动机负荷很小，甚至处于发电机状态，而在上冲程过程中抽油机的电动机负荷很大。为克服这一矛盾，抽油机中设置平衡块 21，在下冲程时电动机 25 驱动平衡块 21 向上运动，储存能量，待到上冲程时平衡块 21 与电动机 25

一块做功，提油举升，平衡了电动机负载。

2. 示功图产量计量

示功图是分析深井泵、抽油机与抽油杆工作状况的重要手段。功图量油技术通过建立抽油机运动系统的数学模型，根据地面示功图推算深井泵的有效冲程与载荷，计算出油井产液量。示功图是抽油机在一个行程周期内，光杆载荷 F 随着光杆位移 L 变化从上冲程逐渐到下冲程，在 $F-L$ 坐标系中画出来的一条封闭曲线，即光杆载荷—位移关系曲线。

理想情况下，不考虑深井泵抽油杆、柱塞泵、油管内液柱运动惯性载荷及摩擦载荷的影响，得到的理论示功图是一个平行四边形，如图 12.2(a) 所示。理论示功图是作为分析示功图的基础，实际情况下的示功图会发生畸变，如图 12.2(b) 所示。

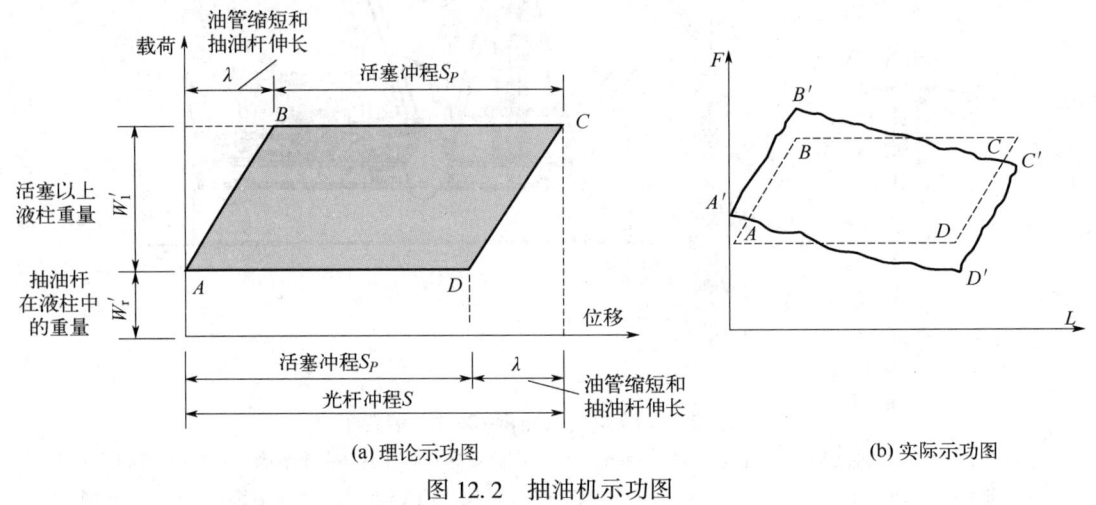

图 12.2 抽油机示功图

从抽油机光杆上测到的地面示功图和井底深井泵的示功图不一样。因为光杆上比柱塞多承受了光杆重量；而柱塞位移比光杆小，原因是抽油杆受力伸长，油管长度也有变形，并且上下冲程它们的变形也不一样。

示功图量油的基本原理是基于有效冲程法。它主要是通过示功图的有效冲程长度来计算油井的单井日产液量。通过载荷—位移传感器测到的油井地面示功图，依据油井结构参数建立的数学模型计算得到井下泵功图。然后采用梯度法来计算泵功图的拐点 D，这就是油井深井泵的固定阀开闭点。示功图上 $D-A$ 段就是活塞的有效冲程。由 D 到 A 柱塞下移，泵筒中液体流入工作筒内。一个抽吸周期深井泵进液体积为工作筒面积与有效冲程的乘积。油井日产液量为

$$F_Q = 1440 n \frac{\pi}{4} D_P^2 S_P \tag{12.1}$$

式中 F_Q——单井日产液量，m^3；

D_P——泵径，mm；

n——冲次 r/min；

S_P——柱塞的有效冲程。

由于深井泵在工作过程中受到多种复杂因素的影响，其真实产液量与抽油机示功图的面

积、冲程、冲次、泵径、井液黏度、井下供液能量、深井泵柱塞阀的密封效率等多种因素有关。考虑到不同区块原油物性不同，溶解气含量不同，原油脱气体积收缩引起的地层原油与地面原油的体积差，在每个井投用前，用移动计量车进行标产测试，然后经对比、分析得出功图计算结果的修正值 K，由此得到实际日产量计算公式为

$$F_s = K_Q F_Q \tag{12.2}$$

12.1.2 抽油机井监控需求

1. 抽油机井监控参数

抽油机井工况监控系统需要自动采集光杆载荷—位移，生成示功图。同时要测量井口油管压力、套管压力、油管油液温度、电动机电压和电流等电量参数。井场需要安装视频监控摄像机和远程喊话系统，实时监测现场异常情况，进行自动保护，实现无人值守。各油井工况信息为采油工艺、地质、生产部门提供了详细、实时的生产基础数据，用于优化生产参数，达到高效、节能、增产的目的。对老油田的节能降耗、挖潜增效具有重要的指导意义。

游梁式抽油机示功图测量设备主要由安装在抽油机光杆悬绳器上的载荷传感器、游梁上的位移传感器、一体化多功能控制柜（内置电参数采集器、远程测控单元 RTU），井口安装的油管压力、温度变送器、监控立杆上的数据通信用无线网桥、高增益天线等组成，如图 12.3 所示。

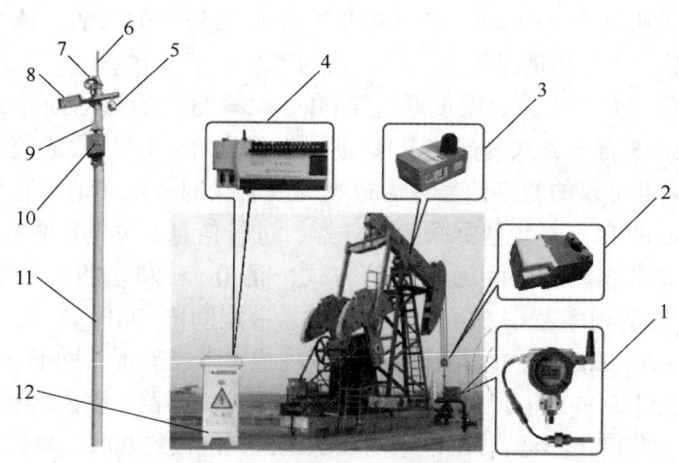

图 12.3 井场数据采集组成示意图

1—无线压力—温度变送器；2—无线载荷传感器；3—无线位移传感器；4—远程测控单元 RTU；
5—高清球型摄像机；6—避雷针；7—网桥定向天线；8—LED 补光灯；9—室外扬声器；
10—通信箱；11—监控立杆；12—油井多功能控制柜

2. 抽油机示功图测量过程

示功图的测量不同于一般温度、压力等单参数的测量。因为它是在抽油机一个冲程周期内"载荷—位移"两个参数的相互关系。因此载荷、位移必须同步测量有限个点，然后 RTU 将各时间点的载荷、位移关联起来发送出去，因此，载荷、位移传感器必须在 RTU 的指挥下，在同一时刻（抽油机下死点）开始、同步进行测量。

受限于通信速率及容量限制，示工图的测量点数不能太多，一般在抽油机一个冲程周期 T 内测量 200 个点，测量间隔则为 $T/200$s。测量时由 RTU 唤醒载荷位、移传感器同步测量。由于抽油机示功图不会变化太快，没有必要一直测量下去，通常半小时测量一次，何时开始测量，也由 RTU 控制完成。

示功图测量过程中，载荷、位移传感器从下死点开始每隔 $T/200$s 采集一次光杆载荷与位移，并将其转换为 ZigBee 无线数字信号发送给 RTU。RTU 接收、存储同一点的载荷—位移数据，并通过无线网络上传到功图采集服务器上。通过软件画出载荷—位移坐标系内 200 个关联数据点，连接成曲线，就在后台得到了实时的示功图。

3. 数据通信方式

鉴于采油井处于比较恶劣的野外环境下，绝大部分无人看守。因此对测量仪表及传感器的选型和数据通信带来一定的挑战。

油井载荷、位移传感器装在抽油机上，处于不停地运动状态。修井时会连同温度、压力变送器都要进行频繁拆装，不宜采用有线传输方式。常规有线传输方法也无法适应油、气井分布量大、分布面广的情况。采油井工况数据实时传输成为油田生产数据通信的瓶颈。各油田尝试采用了多种传输手段，如电缆有线传输、光纤有线传输，以及微波、电台、GPRS 传输等。

目前采油井场比较成熟的数据传输方案，是现场仪表与 RTU 之间采用短距离 ZigBee 无线通信，RTU 与管理区生产指挥中心之间采用光纤通信（有线）或网桥通信（无线）。对于孤立的油井也可以采用具有 NB-lot（窄带物联网）通信功能的仪表，依托联通、移动公司的 4G 网络转发数据。这些都是国际上比较成熟的工业通信方式。

油井载荷、位移、井口压力、温度通过 ZigBee 无线通信传送给油井 RTU，电动机三相电压、电流通过 RS485 有线方式传送给 RTU 进行汇总处理。RTU 的通信模块将采集数据转换为 Modbus RTU 标准协议的数字信号，通过光纤或无线网桥搭建的自建网络，上传到油田管理区生产指挥中心的 PCS 系统数据采集服务器，进行信息数据的汇总处理及分发。

ZigBee 是一种非常成熟的国际通用通信方式，是 IEEE 制定的一种无线网络通信标准（IEEE802.15.4）。通信频率范围 $2.4 \sim 2.485$GHz，带宽间隔 5MHz。分成 16 个物理通信信道，信道编号为 $11 \sim 26$。ZigBee 网络拓扑结构可以构成星形、簇形、网形。ZigBee 设备可以分成两种：一是全功能设备 FFD（如 RTU），能组网，作为协调器、路由器和终端使用。二是精简功能设备 RFD（如载荷传感器），不能组网和协调，只能做终端收发数据。

ZigBee 通信的特点如下：

（1）低通信速率：典型通信速率为 $10 \sim 250$kbit/s。
（2）高容量网络：网络可容纳 65000 个设备。
（3）低耗电技术：发射功率仅为 1mW，采用周期休眠模式功耗更低。
（4）短距离传输：$50 \sim 100$m 的范围内，增加天线增益通信距离 ≥ 1000m。
（5）短延时：典型搜索时延 30ms，休眠激活的时延是 15ms。
（6）低成本：协议免专利费、低复杂度、开发成本小、模块成本低。
（7）高可靠性：网内设备自动组网、节点故障自寻路径通信。
（8）安全：支持循环冗余校验（CRC），对数据包完整性检查，采用 AES-128 加密算法，支持鉴权和认证，安全性高。

4. 仪表性能要求

载荷传感器用来测量光杆的受力，装在抽油机悬绳器上。载荷传感器一般采用压电式、应变式传感器，ZigBee 无线通信。量程范围为 100~200kN，精度 0.5 级，工作温度 -40~+80℃。

位移传感器用来测量光杆的位移量。一般采用集成角位移传感器，装在抽油机游梁上，通过测量游梁转动角度间接测量悬绳器位移，采用 ZigBee 通信。量程范围一般为 -30°~30°，精度 1 级，工作温度 -40~+80℃。

压力、温度变送器装在井口装置油管管线上。温度变送器采用热电阻温度传感器，量程范围一般为 0~150℃，精度 0.5 级，额定工作压力 ≤1MPa。压力变送器采用扩散硅压力传感器，量程范围一般为 0~1MPa，精度 0.5 级，工作温度 -40~+125℃。

模块 12.2　无线载荷传感器

12.2.1　载荷传感器的类型及特点

载荷传感器主要有无线载荷传感器（锂电池型、太阳能充电型）、有线载荷传感器、一体化载荷—位移传感器三种类型，如图 12.4 所示。有线载荷传感器将抽油机光杆载荷转换为 4~20mA 的标准电流信号，与 RTU 之间通过一条电缆连接，由 RTU 提供 24V 电源，工作时间和信号功率不受电池容量限制，数据传输稳定，可连续工作。但由于有线载荷传感器的信号电缆随光杆上下运动，容易损坏；油井作业施工时需要拆线，野外环境条件下可靠性差，目前应用较多的是无线载荷传感器。

(a) 筒形有线载荷传感器

(b) U形有线载荷传感器

(c) U形太阳能ZigBee无线载荷位移一体化传感器

(d) U形430MHz无线载荷传感器

(e) U形ZigBee无线载荷传感器

(f) U形ZigBee无线载荷传感器

图 12.4　载荷传感器类型

无线载荷传感器有锂电池型、太阳能充电型两种。太阳能充电型的优点是无需考虑电池容量影响，可用于频繁通信、功耗稍大的需求；缺点是太阳能板安装位置朝阳、积灰积垢影响充电效果，作业施工容易碰坏。

无线载荷传感器需要将载荷数据通过无线电波传输给 RTU，无线通信可选用不同的传输频率和通信协议。井口小范围、短距离无线通信数据传输一般采用 ZigBee 无线通信方式，也有的采用 433MHz ISM 频段通信方式。

上述这几种载荷传感器全国各油田都有所应用，但以电池型、太阳能充电型无线载荷为主。区别在于供电方式有所不同，但载荷测量、通信方式基本一样。下面以电池型无线载荷传感器为例进行介绍。

12.2.2 无线载荷传感器的结构及原理

1. 无线载荷传感器的结构

载荷传感器装在抽油机悬绳器上，如图 12.5 所示。载荷传感器有一 U 形或环形缺口，用以穿引光杆。载荷传感器装在抽油机光杆悬绳器横梁和光杆上方卡子之间，这样光杆载荷就完全加载到载荷传感器上了。

无线载荷传感器结构如图 12.6 所示。U 形缺口两边对称安装两个载荷弹性体，光杆载荷通过悬绳器横梁均匀分布在两个弹性体上。

载荷传感器由载荷弹性体、电阻应变片、高容量锂电池、数据采集板、ZigBee 通信模块、外壳、天线等组成。其中，电池、ZigBee 通信模块、数据采集板安装在传感器尾部，并采用高性能密封胶进行密封。

弹性体是一个合金钢材料制成的圆柱体，下端固定在基座上，上端自由（与传感器外壳间涂有密封软胶）凸出两个承力面。侧面前后铣出两个平面，正面、反面各贴有两个电阻应变片，并且一个沿弹性元件轴线纵向安装、一个横向安装。构成应变式力传感器件。

无线载荷传感器，以低功耗微处理器 CPU 为核心，内置大容量锂电池、低功耗无线 ZigBee 通信接口及超短波唤醒单元，满足油井示功图采集的需求；具有测量精度高、重复性好、使用方便、抗过载能力强等特点，适用于多种抽油机。

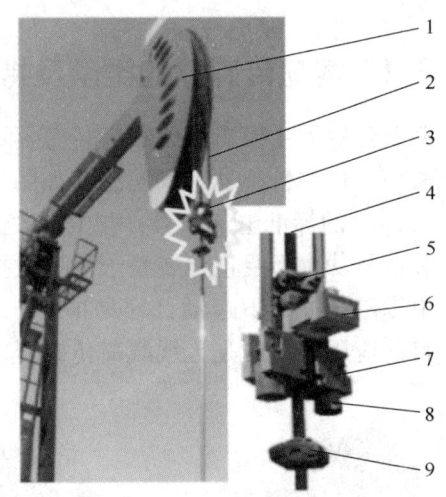

图 12.5 载荷传感器在抽油机光杆悬绳器上的安装

1—抽油机驴头；2—钢丝绳；3—悬绳器；4—光杆；
5—上方卡子；6—载荷传感器；7—悬绳器横梁；
8—钢丝绳固定头；9—下方卡子

2. 无线载荷传感器的工作原理

载荷传感器与我们日常用的电子秤所用称重传感器相同，用于将抽油机加在光杆上的力转换为电信号。无线载荷传感器工作原理如图 12.7 所示。

载荷传感器测量力的传感元件是两个柱状弹性体和其上的应变片 [图 12.7(a)]。应变片是由绝缘塑料基片和上面的金属箔光刻而成的"栅状"电阻元件。当栅状电阻应变片被拉伸时，电阻丝变细、变长，电阻增加。反之，当栅状电阻应变片被压缩、电阻丝变粗变短时，电阻减小。

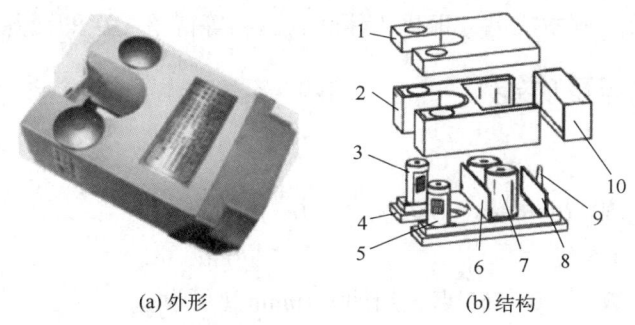

(a) 外形　　　　　　　　　(b) 结构

图 12.6　无线载荷传感器

1—上盖；2—壳体；3—载荷弹性体；4—基座；5—应变片；6—数据采集板；
7—电池；8—通信模块；9—天线；10—塑料护套

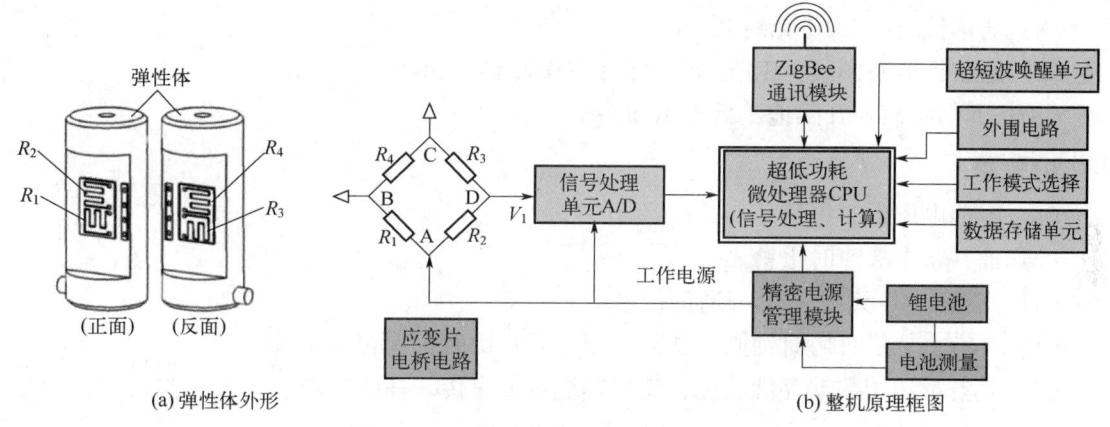

图 12.7　无线载荷传感器电路组成框图

柱状弹性体上有载荷作用时，弹性体产生相应的弹性变形。弹性体变短、变粗，使贴在弹性元件上的电阻应变片的电阻发生变化。其中横向应变片 R_2、R_4 被拉伸、电阻增加；纵向应变片 R_1、R_3 被压缩、电阻减小。正反两面四个应变电阻首尾相连构成一个测量电桥 [图 12.7(b)]。在 A—C 端加上电源电压后，B—D 端就会有不平衡电压输出，输出电压大小与载荷成正比。

测量电桥输出毫伏电压经信号处理单元放大、模拟/数字化转换（A/D），经过微处理器 CPU 按预设程序进行计算处理，得到载荷数值，经 ZigBee 无线通信模块，按标准通信协议发送到 RTU。

为降低功耗，载荷传感器通常处于休眠状态，但内部的无线超短波唤醒单元一直处于工作状态，当开始采集功图时，RTU 发送一个唤醒信号，载荷传感器被唤醒后立即打开 ZigBee 通信接口等待接收 RTU 指令，RTU 发送启动载荷采集数据帧（该数据帧包括油井冲程周期 T、校时时间）。载荷传感器接收到该数据帧后启动载荷数据采集程序，按采集周期（T/200 秒）完成 200 个点的载荷数据后，将载荷数据与公用数据分包发送至 RTU，RTU 将载荷数据与对应的位移信号数据组合，得到油井示功图数据。

RTU 接收到载荷传感器发来的数据包后需要有应答数据返回给载荷传感器，表示数据发送成功。若载荷传感器在 1 秒内未收到响应，则会重复发送该数据包，若重复发送 5 次仍未收到 RTU 正确应答，则本产品立即进入休眠状态，等待下一次的油井载荷采集。

12.2.3　性能指标及功能

1. 性能指标

(1) 载荷测量范围：0~50kN、0~100kN、0~150kN。

(2) 测量精度：0.5 级。

(3) 载荷采集点数：100~255 点，周期≥10min（可设）。

(4) 载荷传感器 ID 地址：4 字节可设。

(5) 电源：SMBty 3.6V 锂电池组 3.6V/38,000mAh，工作时间：≥1.5 年。

(6) 工作电流：休眠时电流<22uA，唤醒后平均工作电流<50mA。

(7) 防护等级：IP67。

(8) 通信接口：2.4G 无线 ZigBee。

(9) 通信标准及频段：IEEE 802.15.4 ISM 2.4~2.5GHz。

(10) 通信距离：开阔地不低于 100m。

2. 功能

(1) 电池电压低时报警。

(2) 油井状态故障时报警。

(3) 支持 2.4G 无线 ZigBee 通信传输。

(4) 具有上位机日历时钟同步功能，掉电后日历时钟保存 3 个月。

(5) 具备示功图数据存储功能，支持掉线数据重传、在线升级。

12.2.4　参数配置

无线仪表不同于 4~20mA 模拟信号有线仪表，它们通过数据传输线就可以确定该仪表的测量参数及数据地址。无线仪表必须在使用前进行参数配置，赋予该仪表参数地址及工作模式，以便通信系统和后台计算机能够辨识、传输和存储该仪表发来的数据。

载荷传感器在安装前，需要用一个专用手持操作器或配置软件按照它所工作的油井的"井号"对其进行参数的配置，包括代表数据地址的"通道号、网络号、仪表组号、仪表编号"，还有代表工作模式的"模式编号、工作周期、休眠时间、传输功率"等进行设置。由于无线载荷传感器通常时间都处于休眠状态，因此要对其进行参数配置时，必须用一强磁铁在外壳的磁控开关处（有"激活点"标志）刷（吸）一下，以便唤醒传感器并使其复位，进入设置状态。通过 ZigBee 连接手操器、接受手操器设置参数写入指令。激活成功时，内部蜂鸣器会响 3 声，约 30s 后又响 1 声。此时就可以用手操器进行设置了。

无线载荷传感器所设置的参数意义及设定值介绍如下：

(1) 通道号：设定 ZigBee 通信物理频率信道编号（设置范围 11-26）。

(2) 网络号（ID）：区分油井的唯一电子地址。

通道号和网络号根据油井名按规定算法计算得到，同一口油井是唯一的。载荷传感器的通道号、网络号必须和同油井的 RTU 及其他 ZigBee 无线仪表相同，否则无法建立在同一个网络里。

(3) 仪表组号：当 RTU 监控其他井口设备时，用于区分其他同类仪表（RTU 只监控一口井时，可设为 0）。

(4) 仪表编号：区分同井的仪表类型（无线载荷为 1）。

(5) 地址号：就是分节点网络号。由通道号、网络号、仪表编号及生产厂家计算得到。

(6) 最大休眠时间：为唤醒仪表周期，一般应小于功图测量周期（1800s）。

(7) 工作模式：载荷传感器类型+冲程测量方式等 8 种。

（工作模式在 RTU 配置中设定）

12.2.5 安装及维护

1. 安装

(1) 检查所安装载荷传感器型号、规格、配置参数与该井要求是否一致。

(2) 将抽油机停在下死点稍偏上一点位置，拉上手刹。

(3) 将专用下方卡子固定在光杆的下部（紧贴井口盘根盒位置），防止光杆下滑。

(4) 继续使抽油机驴头向下死点位置慢慢下移，由于下方卡子固定住了光杆，悬绳器下移、卸掉了载荷，悬绳器横梁撑开。此时拉上手刹，断开电源空气开关。

(5) 将载荷传感器填进悬绳器横梁与光杆上方卡子之间，如图 12.8(a) 所示。

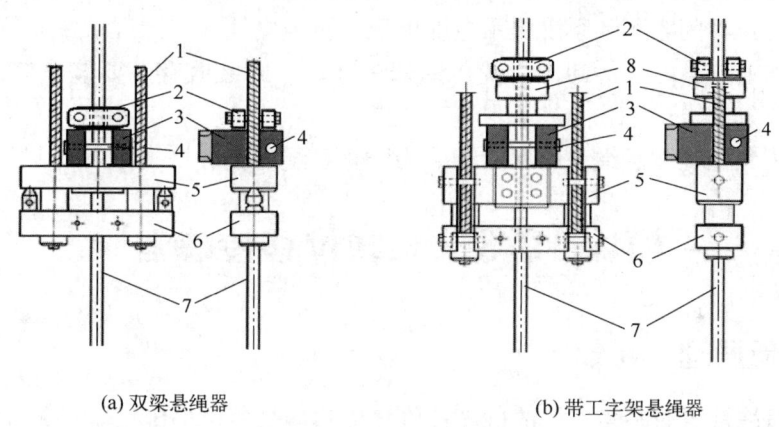

(a) 双梁悬绳器　　　　　　　　　(b) 带工字架悬绳器

图 12.8　载荷传感器安装

1—悬绳器上方卡子；2—悬绳；3—载荷传感器；4—锁销；5—悬绳器上横梁；
6—悬绳器下横梁；7—光杆；8—工字架

(6) 对于具有工字架结构的油井，如图 12.8(b) 所示，载荷传感器可以安装在工字架与悬绳器之间。安装传感器时必须保证工字架上下板平行正装，确保传感器加载平正且受力均匀。悬绳器上表面若有圆形凹窝，装此位置务必在传感器与悬绳器间加装隔板。

(7) 安装时要求光杆处于传感器 U 形缺口正中央，使载荷传感器上的两个弹性体承力点与光杆对称居中放置，全部落在悬绳器横梁中间，防止偏载。

(8) 注意载荷传感器的安装方向，箭头方向向上，不能倒置（一般都是承力点向下）。

(9) 检查抽油井上控制柜内 RTU 与载荷传感器的通讯情况（ZigBee 通信指示灯闪烁）。

(10) 为防止悬绳器在工作过程中，因偏载挤飞伤人，将保险链挂在悬绳上，连接固定。

（11）现场修井作业时必须由维修人员现场监督，按照规范拆卸载荷传感器，防止传感器偏载受力。严禁摔碰，轻拿轻放，以免损坏传感器后端塑料天线护盖。

（12）请确保传感器安装前后悬绳器在光杆上的位置保持不变，以保证传感器安装不改变油井防冲距。

2. 日常检查

（1）检查仪表外观是否完好，塑胶护盖有无老化、裂纹，必要时更换。

（2）检查传感器位置是否发生偏移，光杆是否处于U形缺口中心。

（3）检查传感器上的两个凸出承力点与悬绳中心冲齐。

（4）检查RTU上的指示灯L6（功图正在传输时常亮）、L10（无线载荷采集时闪烁）是否每隔半小时亮几秒，否则工作就不正常。

（5）检查RTU上的ZigBee数据传输指示灯是否正常闪烁。

3. 维护保养

（1）载荷传感器规定每6个月标定一次，必须按规定周期标定，并做好标定记录和检定合格资料。

（2）根据维保计划进行现场维护，清理油污，紧固锁销，紧固悬绳器各插销螺栓。

（3）校正传感器的安装位置，防止偏载，保证受力均衡。

（4）根据工作时间累积和系统提示电池电压，更换电池。

（5）油井作业施工时，拆卸、清洗传感器，登记、封装收存。要轻拿轻放，做好拆装记录。

（6）检查、紧固挂在悬绳上的保险链。为防止悬绳器偏载挤飞伤人。

模块12.3　无线位移传感器

12.3.1　测量原理

目前，油田最常用的游梁式抽油机光杆位移传感器是角位移传感器。无线角位移传感器安装在抽油机游梁上（图12.9），通过测量抽油机游梁倾斜角α，间接测量光杆位移：

$$y = R\alpha \tag{12.3}$$

式中　R——游梁等效半径；

　　　α——游梁倾斜角（自下死点）。

由最大、最小倾角可以确定光杆的上死点、下死点，由经过上、下死点的时间间隔就可以确定光杆的冲程周期T。计算出的最大位移就是光杆冲程。位移传感器与载荷传感器配合，由RTU控制定时测量油井的示功图。

无线角位移传感器，技术设备成熟，安装方便，维护工作量小。缺点是精度稍显不高、难在线校准；无法用于非游梁抽油机。角位移传感器有有线角位移传感器和无线角位移传感器两种形式，但以无线角位移传感器应用较多。无线角位移传感器采用ZigBee无线传输技术，低功耗设计，满足-40~70℃野外运行环境，IP67防护等级。适合多种功图采集方式，支持无线配置，便于安装维护。

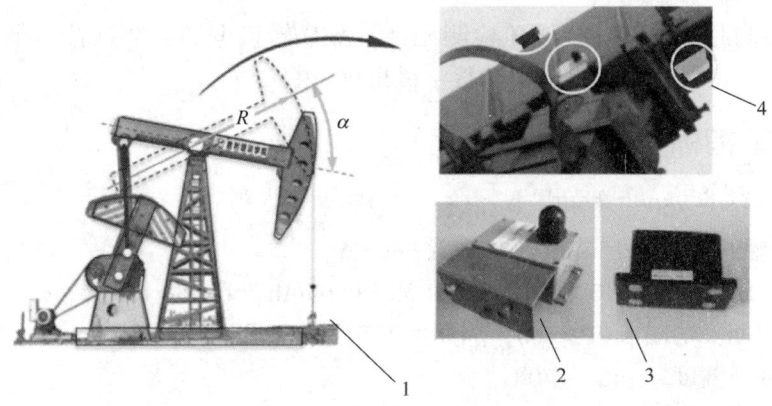

图 12.9 光杆位移测量原理图

1—光杆位移测量原理；2—无线角位移传感器（带安装底板）；3—无线角位移传感器（反面强磁钢）；4—安装位置

12.3.2 角位移传感器结构原理

无线角位移传感器由壳体、天线、锂电池组、信号处理电路板组成，如图 12.10 所示。信号处理电路的核心是 MEMS 集成倾角检测模块。

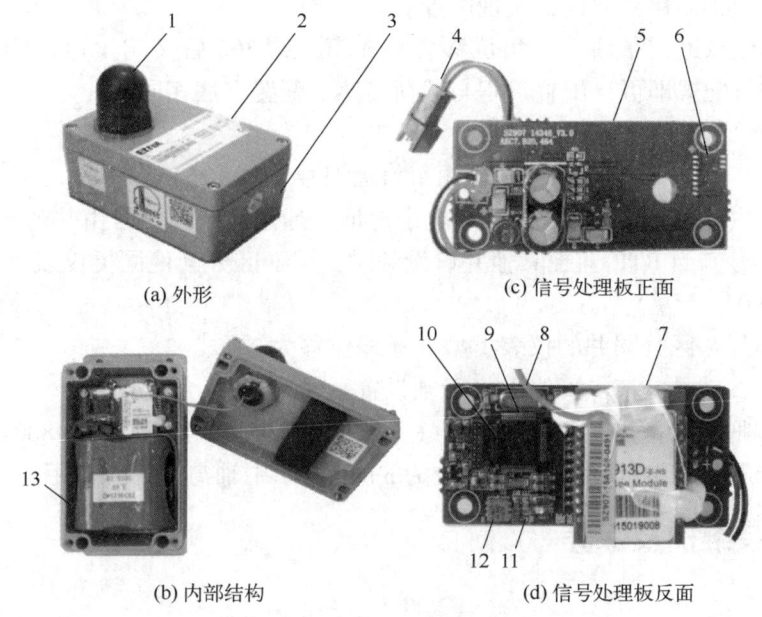

图 12.10 无线角位移传感器结构

1—天线；2—上盖；3—壳体；4—电池接头；5—外围元件；6—电源管理模块；7—ZigBee 模块；
8—射频线；9—晶振；10—倾角检测模块；11—外围电路；12—磁控 IC；13—锂电池组

MEMS 集成倾角检测模块（芯片）就是一种单轴倾角传感器芯片。基于 3D MEMS 的工艺技术，在单晶硅材料基片上经过微机电加工刻蚀而成的悬空质量块，通过弹性梁与基座相连。质量块上刻有移动电极，插在底座上凸起的固定电极之间。当器件倾斜、质量块相对底座产生位移。改变了固定电极与移动电极间电容的大小，电容变化产生电流信号由信号处理单元放大处理输出。

集成倾角检测芯片把 MEMS 倾角检测元件、A/D 转换电路、数据接口电路、通信单元全都集成在一起。可以直接输出模拟和数字输出（SPI）。

12.3.3 性能指标

(1) 量程：$-50°\sim 50°$，精度：0.5 级。
(2) 功耗：睡眠电流<15uA，工作电流<40mA。
(3) 供电：SMBty 3.6V 电池组，3.6V/38,000mAh，寿命≥1.5 年。
(4) 采集周期：功图点数≥200，周期≥0.5 小时（可设）。
(5) 工作环境温度：$-40\sim +70℃$。
(6) 无线通信：ZigBee pro 2.4G，最大传输距离 90~150m。
(7) 防护等级：IP65。

12.3.4 参数配置

无线角位移传感器的配置与载荷传感器相似（都是用统一手操器配置）。配置参数包括通道号、网络号、仪表组号、仪表编号、休眠时间、游梁半径。角位移传感器出厂默认的信道号为壳体标注的网络号和信道号。配置角位移传感器时，输入壳体上默认的网络号和信道号即可与角位移传感器建立通信，实现配置。

用磁铁刷复位点进行激活后，角位移会响 3 声，约 30s 后又响 1 声说明已进入激活状态，用手操器进行配置即可，配置过程与载荷传感器配置方法相同。

基本配置参数及其意义如下：

(1) 通道号：设定 ZigBee 通信物理频率信道编号（11~26）。
(2) 网络号（ID）：区分油井的唯一电子地址（通道号、网络号由井名计算得到）。
(3) 仪表组号：当 RTU 监控其他井口设备时，用于区分其他同类仪表（RTU 只监控一口井时，可设为 0）。
(4) 仪表编号：区分同井的仪表类型（无线位移为 2）。
(5) 地址号：就是分节点网络号（无须设置）。
(6) 最大休眠时间：为唤醒仪表周期（一般应小于功图测量周期（1800s）。
(7) 游梁半径：在 RTU 中设置，单位为 mm，等于中轴与光杆中心距。

12.3.5 安装维护及保养

1. 安装

无线角位移传感器的安装方式有磁吸安装和底板固定安装方式两种（图 12.9）。一般安装在游梁中轴轴承附近即可。无线角位移传感器反面装有 4 块强磁钢，可以直接吸附到游梁上。采用底板安装方式时，首先要将位移传感器四角用螺钉固定在专用 L 型底板上，把 L 型底板扣在游梁钢板加强筋上，拧紧顶丝即可固定，无须焊接或打孔。安装注意事项：

(1) 检验出厂合格证、出厂检验报告等资料齐全，型号、规格、测量范围、防护等级符合设计要求。
(2) 传感器必须安装在抽油机中轴附近游梁处。安装时要保证传感器底板水平基准线与游梁下边缘平行，垂直基准线与轴心对齐。安装底板、传感器外壳和游梁长边夹角小于5°。

（3）安装在游梁的上侧、下侧、两侧均可，要注意无线角位移传感器上的箭头标志指向驴头方向，切勿装反！否则做出来的示功图会是反的。

（4）磁吸方式安装时，如果游梁有油漆浮锈，需要将其打磨掉。有条件的情况下，最好用万能胶将角位移传感器粘接，防止传感器时间久了后游移。

（5）底板安装方式安装时，拧紧顶丝后要注意重新对中、找水平，防止传感器歪斜。

（6）注意所有连接部位的防潮、防锈，保证连接可靠、拆装方便。

2. 日常检查

（1）检查仪表外观是否完好，塑料护盖有无老化、裂纹，必要时更换。

（2）检查传感器位置是否发生偏移，天线及箭头标示是否冲向驴头。

（3）检查 RTU 上的指示灯 L4（无线位移采集时闪烁）、L6（功图正在传送时常亮）是否每隔半小时亮几秒，否则工作就不正常。

3. 维护保养

（1）必须按规定定期标定（规定每 6 个月标定一次）。

（2）根据维保计划定期维护，清理油污，紧固锁紧螺母螺钉。

（3）检查传感器的安装位置，保证不松不动。中心线与游梁边缘平行（平行误差<5°）。

注意：一旦安装完成，经过游梁半径修正，就不能随意改变传感器位置，否则会产生测量误差。

（4）根据工作时间累积和系统提示电池电压，更换电池。

（5）油井作业时，派专人拆卸、清洗传感器，登记、封装收存，专井专用，不能互换。

模块 12.4　无线温度-压力一体化变送器

无线温度-压力一体化变送器是油田在油气生产信息化建设中，为适应油井数据采集及远传的现场环境专门研制的一种特殊仪表。

12.4.1　无线温度-压力一体化变送器的类型特点及选择

无线温度-压力一体化变送器是一种采用电池供电，具有无线通信功能的温度、压力变送器。在井场条件下，有线温度、压力变送器在进行现场作业时容易出现碰伤、刮断变送器电缆事故。因此在野外井场特殊条件下，使用无线、温度压力变送器具有其独特的优越性。

由于采用电池供电，仪表一般采用超低功耗设计，无背光液晶显示现场数据，自动休眠、定时发送数据等节电措施，以延长电池使用寿命。

井口无线温度-压力变送器有内置式和组装式两种。

1. 内置式

内置式无线温压一体化变送器（图 12.11），由中原油田研制，应用不很普遍。将扩散硅压力传感器和铂电阻温度传感器，并列安装到同一个圆柱形外螺纹不锈钢壳体中。整个温压一体变送器采用嵌入式安装，装到井口装置的油管接头处或管道拐弯处。具有易保温、不凝油。需要采用专用工具拆装，防护性防盗性好等特点。壳体采用不锈钢材质，机械强度大、抗腐蚀性强、抗破坏性好。压力、温度信号通过数字信号微处理器处理，由高低双频段无线模块传输。内置通信天线透过POM材料圆壳向外发射。抗干扰能力强。缺点是无现场指示，不能带压更换。取压点与测温点距离太近，对静压力测量有干扰。

图12.11　内置式无线温压一体化变送器外形及安装环境

2. 组装式

组装式油井无线温度—压力变送器，主要以胜利油田应用为主（图12.12）。是在无线压力变送器的基础上通过增加温度传感探头及测量电路，制成的一种同时测量温度、压力双参数的复合仪表。

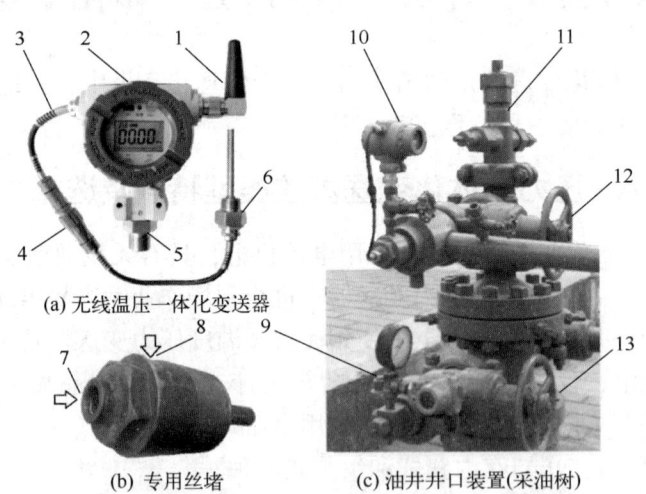

图12.12　组装式无线温压一体化变送器外形及安装环境
1—天线；2—表头；3—温度探头信号电缆；4—电缆密封接头；5—压力传感器；6—温度传感器；
7—温度探头安装螺孔；8—压力探头安装螺孔；9—套压变送器；10—油管温压一体变送器；
11—光杆密封盒；12—油管阀门；13—套管阀门

无线温压一体化变送器安装在油井井口装置油管接头的专用丝堵上。专用丝堵中空，上边开一 M20×1.5 螺纹孔，用于安装压力传感器接头。专用丝堵的中央插进一根里边封闭的温度探头保护管，管子外边与丝堵封头焊接；温度传感器插到保护套管里并拧紧。为了增加导热，减小温度滞后，温度传感器和保护套管之间可以填充导热胶。

12.4.2 结构原理

组装式无线温度压力一体化变送器原理框图如图 12.13 所示，主要由扩散硅式压力传感器、热电阻温度传感器，主电路板（程控电子开关、信号处理模块、微处理器 CPU、精密电源管理模块、无线通信模块），液晶显示器 LCD 组成。温度、压力信号处理及通信电路共用一套，通过程序切换压力、温度传感器信号，信号处理电路按相应的计算软件计算压力、温度。轮换测量、显示压力、温度两个参数，并通过 ZigBee 无线模块传送到 RTU。

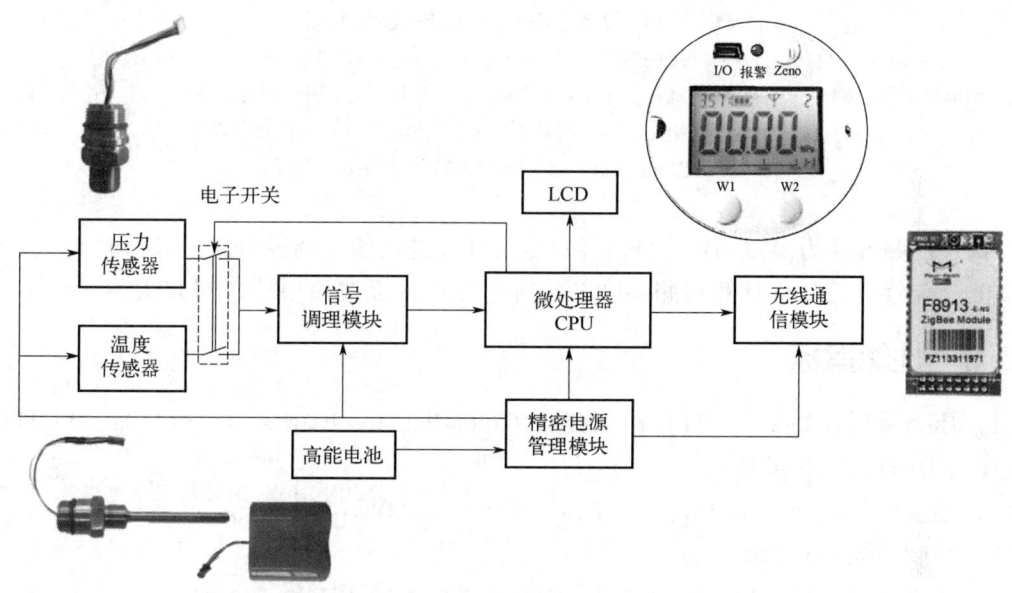

图 12.13 组装式无线温度压力一体化变送器原理框图

变送器零件图如图 12.14 所示。压力变送器表壳为压铸铝合金，有前后两个空腔。可分别用前、后盖拧紧密封，前盖有透明玻璃。前面腔体内装液晶显示器和主电路板，后面为电池仓，二者分开，更换电池不会触及电路圆板。天线和温度传感器引线分别占用外壳的两个密封接线口。天线和温度探头的电缆通过橡胶塞、引线密封螺母与外壳密封，温度探头通过防水航空插头插接。压力传感器安装在外壳的下部，由一个锁紧螺丝锁紧。

1. 压力检测部分

扩散硅压力传感器（见项目二模块 2.3）将压力转换为模拟 mV 信号，通过电子开关进入信号调理电路，进行放大、A/D 转换，CPU 按压力计算软件计算被测压力，并通过 ZigBee 无线模块传送到 RTU。并通过无线网桥传送到计算机监控系统。

2. 温度检测部分

采用 Pt100 热电阻温度传感器（见项目二模块 2.2），将原油温度转换为电阻值，并通

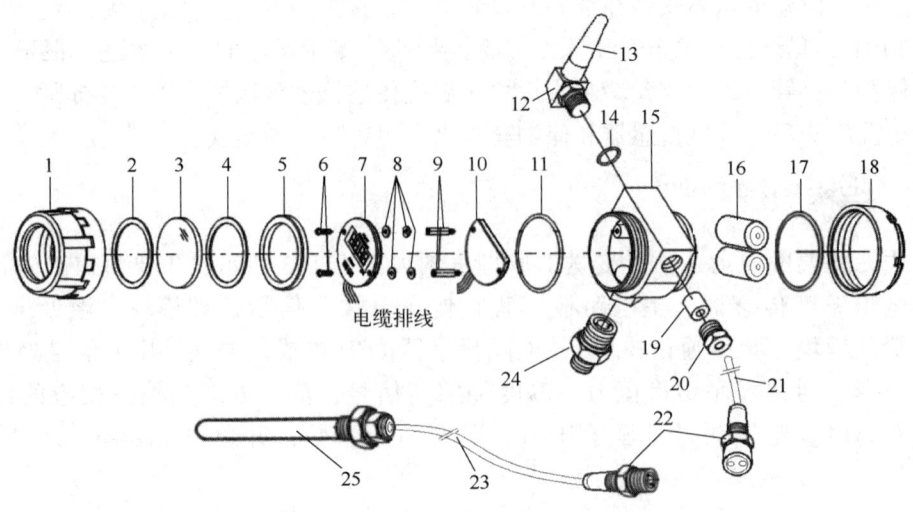

图 12.14 无线温压一体化变送器组装图

1—前盖；2,11,14,17—O 形橡胶密封圈；3—前盖玻璃；4—密封平垫；5—压环；6—螺钉；
7—液晶显示器；8—四氟垫；9—长螺柱；10—主电路板；12—天线；13—天线护套；15—表壳；16—电池；
18—后盖；19—橡胶塞；20—温度传感器引线密封螺母；21、23—护套屏蔽信号电缆；
22—信号电缆连接器；24—压力传感器；25—温度传感器

过信号调理电路转换为模拟 mV 信号，经过电子开关进入信号调理电路，进行放大、A/D 转换，CPU 按温度计算软件计算被测温度，并通过 ZigBee 无线模块传送到 RTU。

12.4.3 性能指标

（1）压力量程：0~2.5MPa、0~4MPa、0~6MPa、0~10MPa、0~16MPa、0~25MPa、0~40MPa、0~60MPa（可选）。

（2）温度量程：-50~150℃；0~100℃、300℃、500℃（可选）。

（3）精度等级：0.5 级。

（4）工作环境：温度为-40~+65℃；湿度为 5%~95%RH。

（5）供电：SMBty 3.6V 电池，38000mAh 采集周期：60s（可设），电池使用寿命≥1.5 年。

（6）无线通信：ZigBee 2.4GHz 最大传输距离 90~150m。

（7）防爆标志：本安型 Ex ib ⅡB T4。

（8）防护等级：IP65。

12.4.4 参数配置

无线温压一体化变送器的参数配置与载荷传感器相似（都是用统一手操器配置）。配置参数包括通道号、网络号、仪表组号、仪表编号、休眠时间。无线温压一体化变送器出厂默认的网络号和信道号一般在壳体标注的。配置时，输入默认的网络号和信道号即可进入变送器的配置。

出厂时无线温压一体化变送器通常都处于深度休眠状态，因此要对其进行参数配置时，必须用一强磁铁在外壳的磁控开关处（一般为正面表玻璃正上方）刷（吸）一下，以便唤醒变送器并使其复位，进入设置状态。激活成功时，显示面板上的通讯指示灯会亮 3 下，然后保持常亮状态。此时就可以用手操器进行设置了。

无线温压一体化变送器的设置参数意义如下：

(1) 通道号：设定 ZigBee 通信物理频率信道编号（11-26）。

(2) 网络号（ID）：区分油井的唯一电子地址（通道号、网络号由井名计算得到）。

(3) 仪表组号：当 RTU 监控其他井口设备时，用于区分其他同类仪表（RTU 只监控一口井时，可设为 0）。

(4) 仪表编号：区分同井的仪表类型（温压一体为 13）。

(5) 地址号：就是分节点网络号（无须设置）。

(6) 最大休眠时间：为唤醒仪表周期（一般设置 60s 上传一次）。

12.4.5 安装使用与维护

1. 安装注意事项

(1) 安装前请仔细阅读产品说明书，并检查型号、量程是否符合要求。严禁被测介质的压力或温度超过额定使用范围。

(2) 温压一体变送器应尽量安装在温度梯度和温度波动小的地方，当测量高温注蒸汽井，温度超出压力传感器的工作温度范围时，可使用引压管把温度降至温压一体变送器使用温度范围内。冬天时为了防止专用丝堵处原油凝固，影响温度、压力测量，需要提前保温。

(3) 温压一体变送器一般都是安装在油井井口采油树专用丝堵上，进压孔垂直向上、变送器竖直向上安装。建议丝堵上首先加装取压阀，便于今后调试和维护。

(4) 温压一体变送器安装时切勿强力冲击、摔打，避免天线护套破裂进水。安装和拆卸时，切勿用手转动表头外壳，应使用扳手转动压力传感器六角螺母。以防止传感器探头与壳体脱离，扯断引线。

(5) 安装时，压力传感器 M20×1.5 螺纹接头要缠绕四氟带密封。切勿松动天线和温度探头的密封螺母，温度传感器信号电缆密封接头以及表头前、后壳盖也必须拧紧，尽量避免潮气和雨水进入。平常不允许随意打开后盖，专业人员调式后，一定要做好密封，拧紧后盖。

(6) 清洁压力传感器引压孔时，可以用汽油等稀料注入引压孔中浸泡、冲洗。禁止使用铁丝、螺丝刀等尖锐器具伸入引压孔内清理，以免损坏压力传感器内部娇贵的隔离膜片。

2. 日常检查

(1) 检查仪表外观是否完好，有无油污。检查两边端盖有无拧紧。

(2) 检查表内有无进水、表玻璃处有无结露受潮。

(3) 压力、温度是否正常交替显示，指示灯定时闪烁（发送数据）。

(4) 检查仪表显示组号、编号、通道号、通信符号、电池显示是否正常。

(5) 检查 RTU 上的指示灯 L8（无线温压一体采集时闪烁）是否每分钟亮几秒，否则工作就不正常。

3. 维护保养

(1) 必须按规定定期标定（规定每 12 个月标定一次）。

(2) 根据维保计划定期维护，清理油污，紧固各连接件（建议每3月一次）。
(3) 根据工作时间累积和系统提示电池电压，更换电池。
(4) 油井作业时，派专人拆卸、清洗、登记、封存，专井专用，不能互换。
(5) 冬天原油易凝，影响测量。需要对专用丝堵、温度探头、取压阀进行保温。

习题

一、选择题

1. 抽油机井理论示功图是描绘光杆载荷随（　　）的变化关系。
   [A] 减速箱扭矩　　　[B] 冲程　　　[C] 冲速　　　[D] 光杆位移
2. 井场无线仪表及传感器的网络号、信道号是通过（　　）计算所得。
   [A] 油田名　　　[B] 井名　　　[C] 队名　　　[D] 管理区名
3. 为了省电，前端井场仪表与传感器通常处于（　　）状态。
   [A] 休眠　　　[B] 活动　　　[C] 通信　　　[D] 配置
4. 无线载荷传感器通过"通用手操器"配置参数时，必须将无线载荷传感器（　　），进入配置状态。
   [A] 打开电源　　　　　　　　　　　[B] 将电池拔下
   [C] 用磁铁激活复位　　　　　　　　[D] 进入标定状态
5. 无线载荷传感器安装时，安装方向为载荷弹性体承力点向（　　），且尽可能保证2个承力点受力均匀，不能出现有悬空的情况，否则影响载荷测量数据的准确性。
   [A] 上　　　[B] 下　　　[C] 左　　　[D] 右
6. 角位移传感器配置时，除了配置无线网络号、信道号、分节点网络号、采集间隔外，另一个重要参数就是要配置（　　）。
   [A] 抽油机前臂长　　[B] 游梁架高度　　[C] 光杆行程　　[D] 冲次
7. 如果角位移传感器实测光杆冲程与实际不相符时，可以通过调整（　　）来修正。
   [A] 游梁前臂长　　[B] 安装位置　　[C] 配置　　[D] 通信
8. 无线角位移传感器，最大传输距离（空旷距离）（　　）m。
   [A] 10　　　[B] 150　　　[C] 300　　　[D] 1200
9. 角位移传感器用磁铁复位后，角位移会响3声，约30s后又响1声说明已进入（　　）状态。
   [A] 设置　　　[B] 休眠　　　[C] 激活　　　[D] 正常工作
10. 角位移传感器采集间隔设置时要（　　）RTU的功图采集间隔。
    [A] 大于　　　[B] 小于　　　[C] 等于　　　[D] 无要求
11. 压力变送器安装时仪表和取压点之间要加装（　　），以便检修。
    [A] 丝堵　　　[B] 截止阀　　　[C] 绝缘胶垫　　　[D] 隔离罐
12. 无线温压一体化变送器的压力测量精度为（　　）级。
    [A] 0.1　　　[B] 0.25　　　[C] 0.5　　　[D] 1
13. 无线温压一体化变送器，被测介质温度允许范围（　　）℃。
    [A] 0~80　　　[B] -20~85　　　[C] -40~+125　　　[D] -20~+150

二、判断题

1. 抽油机井示功图有理论示功图与实际示功图之分。（ ）
2. 抽油机井的实际示功图是由专门测试仪器在抽油机井口悬绳器处测得。（ ）
3. 抽油机前臂长是指井口光杆至抽油机中心轴的水平直线距离。（ ）
4. 载荷传感器的测量精度为±0.5%F.S。（ ）
5. 无线载荷传感器，可以互换外壳和电池，电子单元部分及测力元件不能在不同的井间互换。（ ）
6. 角位移的测量范围一般为−30°~+30°。（ ）
7. 角位移传感器需要按照标识方向安装，箭头指向驴头方向。（ ）
8. 角位移传感器安装时保证底板水平基准线与游梁下边缘平行，垂直基准线与轴心对齐，误差≤5°。（ ）
9. 角位移传感器装反时，会造成功图异常，上下冲程颠倒。（ ）
10. 角位移传感器采集间隔设置时要大于RTU的功图采集间隔。（ ）
11. 如果实测冲程与实际不符，可以通过调整角位移传感器游梁臂长修正。（ ）
12. 无线温压一体化变送器用磁铁激活时，红色LED指示灯闪亮3次后常亮表示进入设置模式。（ ）
13. 无线温压一体变送器的原装电池使用寿命为3年。如果无线通信间隔小于4s，或长期运行在−25℃以下的环境中，会大幅度降低电池的使用寿命。（ ）
14. 无线温压变，禁止为电池充电，电池电量不足时必须更换规定配置3.6V、19000mAh锂电池。（ ）
15. 验收温压一体化变送器时要检查仪表外观完整、附件齐全，合格证、说明书、检验报告等随机文件齐全。（ ）
16. 无论是有线还是无线压力变送器，都严格禁止使用尖头工具伸入引压孔内清理油污，这样有可能损坏压力传感器感压膜片，造成变送器失效。（ ）

三、简答题

1. 井场工况监控系统功能及作用有哪些？
2. 标准化井场监控有哪些数据参数？
3. 无线载荷传感器由哪些部分组成？
4. 无线位移传感器是如何测量光杆位移的？
5. 简述无线温度压力一体化变送器组成原理。
6. 井场无线仪表、传感器都设置哪些参数？列举一种说明。

参考文献

[1] 厉玉鸣. 化工仪表及自动化 [M]. 5版. 北京：化学工业出版社，2011.
[2] 《集输站库数据采集与工况监控》编写组. 集输站库数据采集与工况监控 [M]. 北京：石油工业出版社，2017.
[3] 王克华. 过程检测仪表 [M]. 北京：电子工业出版社，2007.
[4] 杜鹃. 测量仪表及自动化 [M]. 东营：石油大学出版社，2000.
[5] 谢建昌，王克华. 测量仪表及自动化 [M]. 北京：石油工业出版社，1996.
[6] 蔡武昌，等. 流量测量方法和仪表的选用 [M]. 北京：化学工业出版社，2001.
[7] 余成波，传感器与自动检测技术 [M]. 2版. 北京：高等教育出版社，2000.
[8] 王克华. 油气集输仪表自动化 [M]. 北京：石油工业出版社，2012.
[9] 何衍庆，邱宣振，杨洁，等. 控制阀工程设计与应用 [M]. 北京：化学工业出版社，2005.
[10] 杨丽明. 化工自动化及仪表（工艺类专业适用）[M]. 北京：化学工业出版社，2004.
[11] 叶江祺. 热工测量和控制仪表的安装 [M]. 北京：中国电力出版社，2005.
[12] 王一平，张金利，黄群武. 化工测试技术 [M]. 天津：天津大学出版社，2005.
[13] 《天然气流量计量》编写组. 天然气流量计量 [M]. 北京：石油工业出版社，2001.
[14] 解怀仁，杨彬彦. 石油化工仪表控制系统选用手册 [M]. 北京：中石化出版社，2004.
[15] 左国庆，明赐东. 自动化仪表故障处理实例 [M]. 北京：化学工业出版社，2003.
[16] 郭祖樑. 石油化工工程师实用技术手册 [M]. 北京：化学工业出版社，2005.
[17] 张建宏. 自动检测技术与装置 [M]. 2版. 北京：化学工业出版社，2010.
[18] 《石油化工仪表自动化培训教材》编写组. 调节阀与阀门定位器 [M]. 北京：中国石化出版社，2009.
[19] 陆会明. 控制装置与仪表 [M]. 2版. 北京：机械工业出版社，2011.
[20] 台方. 可编程序控制器应用教程 [M]. 北京：中国水利电力出版社，2001.
[21] 张毅，张宝芬，曹丽，等. 自动检测技术及仪表控制系统 [M]. 4版. 北京：化学工业出版社，2023.
[22] 柳桂国. 检测技术及应用 [M]. 北京：电子工业出版社，2011.
[23] 梁森，欧阳三泰，王侃夫. 自动检测技术及应用 [M].. 北京：机械工业出版社，2019.
[24] 许秀，肖军，王莉. 石油化工自动化及仪表 [M]. 北京：清华大学出版社，2017.
[25] 王彦，张铭刻. 指挥器型自力式减压阀调节性能下降的原因分析与改进 [J]. 科学技术创新，2018（4）：185-186.
[26] 李宝对. 油气管道仪表及自动化系统维护 [M]. 北京：石油工业出版社，2014.
[27] 李学聪. 化工仪表与自动化 [M]. 北京：机械工业出版社，2017.
[28] 刘子云. 双法兰差压液位变送器与浮筒液位计的比较 [J]. 化工自动化及仪表，2020，42（1）：20-25.
[29] 李忠明. 用水校法校验浮筒式液位计 [J]. 物流工程与管理，2015，37（1）：213-214.
[30] 乐嘉谦. 仪表工手册 [M]. 北京：化学工业出版社，2007.
[31] 王海生，张布悦，王桂增，等. 输油管线实时泄漏监测系统的设计与应用 [J]. 油气储运，2001.12：17-22.
[32] 常贵宁，张炯. 输油管道检漏系统设计 [J]. 石油规划设计，2008.（1）：49-50.